**beck**'sche **reihe**

W0039986

Dieser Band vereint die wichtigsten Studien Jan Philipp Reemtsmas über Gewalt in der Literatur. Reemtsmas Essays erkunden von der Odyssee bis zum Werk des Nobelpreisträgers Imre Kertész, wie literarische Texte Gewalt zur Sprache bringen und was sie uns über Gewalt in den Gesellschaften mitteilen können, aus denen sie hervorgegangen sind. Ein abschließender Beitrag setzt sich darüber hinaus mit der (Pseudo-)Legitimation von Gewalt im Terrorismus auseinander. Stets steht dabei der Versuch im Vordergrund, das Verstehen von Gewalt durch die Verbindung von ästhetischen, philosophischen und historischen Perspektiven zu befördern. Jan Philipp Reemtsmas Essays sind nicht nur Kabinettstücke der Interpretationskunst, sondern zugleich eindrucksvolle Plädoyers für die Aktualität großer Literatur.

*Jan Philipp Reemtsma*, Dr. phil. Dr. h.c., ist Professor für Neuere Deutsche Literatur an der Universität Hamburg und Vorstand des Hamburger Instituts für Sozialforschung. Bei C. H. Beck sind von ihm erschienen «‹Wie hätte ich mich verhalten?› und andere nicht nur deutsche Fragen» (bsr 1489) sowie gemeinsam mit Winfried Hassemer «Verbrechensopfer. Gesetz und Gerechtigkeit» (2002) und gemeinsam mit Saul Friedländer «Gebt der Erinnrung Namen. Zwei Reden» (bsr 1308)

Jan
Philipp
Reemtsma

**Warum Hagen
Jung-Ortlieb erschlug**

Unzeitgemäßes
über Krieg und Tod

Verlag C. H. Beck

Originalausgabe
© Verlag C. H. Beck oHG, München 2003
Gesamtherstellung: Druckerei C. H. Beck, Nördlingen
Umschlagentwurf: + malsy, Bremen
Printed in Germany
ISBN 3 406 49427 7

www.beck.de

# Inhalt

Einleitung   7

Einige Gedanken zu den Versen 426 bis 438
des 24. Gesangs der Odyssee   15

Warum Hagen Jung-Ortlieb erschlug   36

Nathan schweigt   78

Graungestalt und Nachtviole. Ein Versuch, den Krieg
im Werke Heinrich von Kleists zu kommentieren   95

Nicht Kösteins Paradox   202

Überleben als erzwungenes Einverständnis.
Gedanken bei der Lektüre von Imre Kertész'
«Roman eines Schicksallosen»   220

«Ja, wenn der Beckett im Konzentrationslager gewesen
wäre ...» – Überlegungen anläßlich einer in der
«Negativen Dialektik» mitgeteilten Anekdote   250

Sonst nix oder: Wer ist Caliban?   267

Drucknachweise   279

Anmerkungen   281

# Einleitung

Im Jahre 1915 schrieb Sigmund Freud in der psychoanalytischen Zeitschrift «Imago» über den Krieg, der nun in sein zweites Jahr ging: «Es will uns scheinen, als hätte noch niemals ein Ereignis so viel kostbares Gemeingut der Menschheit zerstört», und er spricht von der «Enttäuschung des Krieges».[1] Mit «Enttäuschung» meint Freud das durch diesen Krieg zerstörte Selbstbild einer Kultur, die von sich meinte, Zeiten exzessiver Gewalt und Grausamkeit hinter sich gelassen und auf unumkehrbarem Weg in eine wo nicht gewaltfreie, so doch gewaltarme Zukunft zu sein, in der, sollte es entgegen aller berechtigt erscheinenden Hoffnung noch einmal zu einem Kriege kommen, dieser allenfalls als «ritterlicher Waffengang» vorzustellen sei, «der sich darauf beschränken wollte, die Überlegenheit des einen Teiles festzustellen, unter möglichster Vermeidung schwerer Leiden, die zu dieser Entscheidung nichts beitragen könnten, mit voller Schonung für den Verwundeten, der aus dem Kampfe ausscheiden muß, und für den Arzt und Pfleger, der sich seiner Herstellung widmet. Natürlich mit allen Rücksichten für den nicht kriegführenden Teil der Bevölkerung (…) Auch mit Erhaltung all der internationalen Unternehmungen und Institutionen, in denen sich die Kulturgemeinschaft der Friedenszeit verkörpert hatte.»[2]

Freud nannte diese Enttäuschung darüber, daß alles so wider Erwarten gekommen sei, die «Zerstörung einer Illusion»: «Illusionen empfehlen sich uns dadurch, daß sie Unlustgefühle ersparen und uns an ihrer Statt Befriedigungen genießen lassen. Wir müssen es dann ohne Klage hinnehmen, daß sie irgend einmal mit einem Stücke Wirklichkeit zusammenstoßen, an dem sie zerschellen.»[3] Die Illusion habe darin bestanden, daß die Menschen ihre «Kultureignung» überschätzt hätten. Sie hätten sie für im Wesentlichen angeboren und also durch äußere Umstände unerschütterbar angesehen und dabei übersehen, daß sie vor allem kulturell erworben, d. h. durch Umlenkung im Grunde kulturfeindlicher Triebziele erreicht worden sei. Eine solche kulturdienliche Formgebung – «Kulturgehorsam» – sei aber jederzeit zerstörbar, zumal dann, wenn die Kultur selber diese Zerstörung prämiere, etwa wenn der Staat sich der Fähigkeiten seiner Bürger zu hassen und grausam zu sein zu bedienen wisse. Das alles sei nicht schön, aber so schrecklich nicht, wie man im Schock der Desillusionierung meine: «In Wirklichkeit sind (die Menschen) nicht so tief gesunken, wie wir fürchten, weil sie gar nicht so hoch gestiegen waren, wie wir's von ihnen glaubten.»[4]

Freud plädierte also dafür, die schmerzliche Enttäuschung als eine heilsame Desillusionierung aufzufassen, gewissermaßen das Beste aus diesem kulturellen Unfall zu machen. Er hatte sicher recht damit, zu betonen, daß die Kultur dem Menschen seine Fähigkeit zur Gewalttätigkeit und Grausamkeit nicht einfach abtrainieren könne. Man wird ihm allerdings nicht darin folgen können, die kulturelle Stimulierung dieser Fähigkeit für einen bloßen Unfall zu halten. Zur selben Zeit als Freud diesen Aufsatz veröffentlichte, arbeitete gleichfalls in Wien Karl Kraus an seinem großen Wortprotokoll der kulturellen Katastrophe des Ersten Weltkriegs. Er veröffentlichte es 1918 in Form eines viele hundert Seiten umfassenden Theaterstücks mit dem Titel «Die letzten Tage der Menschheit». Während Freud annahm, die Menschen des Weltkriegs würden nach dessen Ende wieder in den vorherigen Stand der Kultureignung hineinfinden, war Kraus' Diagnose eine durchaus andere: der Krieg werde tiefgreifende kulturelle Veränderungen zur Folge haben:

DER OPTIMIST: Wenns nur schon zu Ende wäre! Was sagen Sie zu den Grab- und Leichenschändungen bei den Engländern und Franzosen? Die deutsche Propaganda behauptet, daß die Knochen der Gefallenen verwertet werden und aus Soldatenleichen Fett gewonnen wird.

DER NÖRGLER: Ich kann es nicht nachprüfen, aber als Metapher scheint es mir eine weitere Realität zu beglaubigen, dem weltüblichen Sachverhalt zu entsprechen und ganz und gar den Gebrauch zu bezeichnen, den die überlebende Menschheit in allen ihren Bestrebungen und Interessen vom Heldentod und von der Glorie macht.

DER OPTIMIST: Wenn man Sie sprechen hört, möchte man allerdings glauben, daß der allgemein erwartete Seelenaufschwung tatsächlich nicht eingetreten ist.

DER NÖRGLER: Fast glaube ich es selbst. Aber ich glaube auch, daß das Blutgeschäft, das die Agenten mit dieser Chance verlockend machen wollen, als der größte Bankrott, den je der Planet erlebt hat, enden wird. Und vor allem in den Reichen dieser mißgebornen Mittelwelt. Denn wir haben den Mord mit der Bibel und den Raub mit der Fibel in der Hand betrieben. Wir wollten den Weltmarkt in der Ritterrüstung erobern – wir werden mit dem schlechteren Geschäft vorlieb nehmen müssen, sie am Tandelmarkt zu verkaufen.

DER OPTIMIST *(will eine Zigarette anzünden)*: Sonderbar, kein Zündholz fängt.

DER NÖRGLER: Das kommt vom Ultimatum an Serbien.

DER OPTIMIST: Ich sage, kein Zündholz fängt!

DER NÖRGLER: Ich sage, weil es gelungen ist, die Welt in Brand zu stecken!

DER OPTIMIST: Besteht auch hier ein Zusammenhang?

DER NÖRGLER: Gerade hier! Nichts von allem, was wir stündlich berühren, ist unverändert geblieben, innen und außen, in Wert und Preis. Hätte 1914 ein Staatsmann gelebt, der so viel Phantasie hatte, zu wissen, daß 1918 kein Zündholz zünden werde, er hätt's mit der Welt nicht getan! Er hätte den Krieg, den er erklären sollte, auch gesehn und dazu den Frieden, in den aller Jammer noch wachsend hineinreichen wird.

DER OPTIMIST: Aber wenn einmal der Frieden kommt –

DER NÖRGLER: – so wird der Krieg beginnen!

DER OPTIMIST: Jeder Krieg wurde doch noch durch einen Frieden beendigt.

DER NÖRGLER: Dieser nicht. Er hat sich nicht an der Oberfläche des Lebens abgespielt, sondern im Leben selbst gewütet. Die Front ist ins Hinterland hineingewachsen. Sie wird dort bleiben. Und dem veränderten Leben, wenns dann noch eines gibt, gesellt sich der alte Geisteszustand. Die Welt geht unter, und man wird es nicht wissen. Alles was gestern war, wird man vergessen haben; was heute ist, nicht sehen; was morgen kommt, nicht fürchten. Man wird vergessen haben, daß man den Krieg verloren, vergessen haben, daß man ihn begonnen, vergessen, daß man ihn geführt hat. Darum wird er nicht aufhören.

DER OPTIMIST: Aber wenn nur erst der Friede da ist –

DER NÖRGLER: – so wird man vom Krieg nicht genug kriegen können!

DER OPTIMIST: Sie nörgeln selbst an der Zukunft. Ich bin und bleibe Optimist. Die Völker werden durch Schaden –

DER NÖRGLER: – dumm. Dumdum.[5]

Wir wissen heute, daß die großen Gewaltexzesse, die für das vorige Jahrhundert kennzeichnend geworden sind – der Gulagsozialismus, der Zweite Weltkrieg, der Völkermord an den europäischen Juden – ohne die kulturelle Katastrophe des Ersten Weltkriegs nicht zu verstehen sind, wenn sie auch nicht als bloße Folgen verstanden werden können. Freuds Appell an die Ehrlichkeit des Menschen mit sich selbst, seine Hoffnung auf die heilsame Kraft der Desillusionierung verkannte, daß das Verhältnis des Menschen zu sich als Kulturwesen komplizierter ist. Das Bild, das Menschen von sich und ihren kulturellen Umwelten entwerfen, wird immer ein Stück weit illusionär sein, weil Menschen sich immer gerne vormachen, sie seien bereits dort angekommen, wo sie in Wirklichkeit erst hinmöchten. Das liegt an der normativen Aufladung dieser Selbstbilder, denn niemand agiert gerne unterhalb der Standards, die er für sich selbst für verbindlich erklärt. Es geht dabei nicht so sehr um den «alten Adam», der unter der kulturellen Tünche hervorlugt – wobei der gar nicht verleugnet werden soll –, als vielmehr um die Frage, was den jeweiligen kulturellen Institutionen an Stabilität zugetraut werden kann. Hier nun hat sich die Moderne tatsächlich mit einer Illusion ausgestattet, die folgenreich gewesen ist. Man war nach den Krisen des sechzehnten und siebzehnten Jahrhunderts zunehmend der Meinung, man sei auf dem Wege wo nicht in eine gewaltfreie, so doch gewaltarme Zukunft – darum konnte von manchen der Erste Weltkrieg als vermutlich letzter Krieg begrüßt werden: The war to end all wars. Es ist die Zerstörung *dieser* Illusion, um die es eigentlich ging. Die Bereitschaft, künftig Gewalt – kriegerische und in weit umfassenderem Sinne mörderische – in ungekannt exzessivem Maße zu verwenden, hat direkt damit zu tun, daß der Schreck über das in seinen Grundfesten erschütterte Zivilisationsprojekt der europäischen

Moderne nur Teile seiner kulturellen Repräsentanz erfaßte, und in der Politik die Desillusionierung eher als befreiend und als Lizenz zur gewalttätigen Transformierung der Gesellschaft bis hin zur Abschaffung ganzer Bevölkerungsgruppen empfunden wurde. – Auch hier finden wir in den «Letzten Tagen der Menschheit» Prognostisches – zwei Passanten tauschen ihre Weltsicht aus:

> ERSTER VEREHRER DER REICHSPOST: Wenn jetzt die Offensive kommt, dann paß auf – rrtsch obidraht!
> ZWEITER VEREHRER DER REICHSPOST: Und nachher mit die Juden – ramatama![6]

Es ist interessant, daß vormoderne Kulturen, die Illusionen über zunehmende Gewaltresistenz ihrer Institutionen nicht kannten, gleichwohl einen wachen Sinn für die Risiken, die in exzessiver Gewaltanwendung stecken, hatten. Sowohl für den Dichter der Odyssee wie den des Nibelungenlieds gehört mörderische Gewalt zum Weltalltag, beide schwelgen zuweilen in ihrer Darstellung und lieben den Helden, sprich: den erfolgreichen Gewalttäter. Dennoch handeln beide Epen vom nachhaltig zerstörerischen Potential exzessiver Gewalt. Am Ende des Nibelungenliedes hören wir nur noch Klagen und Weinen, am Ende der Odyssee steht eine erstaunliche Rede gegen den Helden Odysseus, der als tyrannischer Gewalttäter bezeichnet wird. Beide Epen geben Hinweise darauf, wie Kriegskulturen sich auf den Weg zur Selbstzerstörung machen können.

Im Dreißigjährigen Krieg hatte Mitteleuropa genau das erlebt, und der Schock dieses Erlebens führt zu einem veränderten Verhältnis zur Gewalt und zu jenem Selbstbild der Moderne, das erst durch den Ersten Weltkrieg in seinen Fundamenten erschüttert wurde, obwohl sich innerhalb und außerhalb Europas auch vorher eine Menge abgespielt hatte, das zu ihm nicht recht passen wollte. Für dieses Selbstbild ist charakteristisch, was Niklas Luhmann «die bürgerliche Technik der Temporalisierung der Gewalt» nennt: ein «Abschieben in die Vergangenheit und» ein «Abschieben in die Zukunft (…) Die Gewalt wird als Anfang des Systems gesetzt (…) zugleich wird die Gewalt als ein zukünftiges Ereignis dargestellt, dessen Eintritt gegenwärtig noch vermieden werden kann».[7]

Lessings «Nathan der Weise» ist ein Stück, das dieses Verhältnis zur Gewalt thematisiert. Gewalt – das christliche Pogrom von Gath und die Ermordung von Nathans Familie – liegt in der Vergangenheit. Drohende Gewalt durch den Patriarchen – «der Jude wird verbrannt» – kann durch aufgeklärte Intervention verhindert werden. Allerdings liegt die Bedeutung des Stücks weniger darin als in der das ganze Stück durchziehenden, doch implizit bleibenden Frage, wie erlebtes Leid in eine funktionierende, zur Gewaltarmut tendierende Gesellschaft integriert werden kann. Die Antwort ist aporetisch.

Die Art und Weise, wie der Krieg im Werk Heinrich von Kleists thematisiert wird, zeigt, wie – so würde Freud es ausgedrückt haben – die moderne Anstrengung, das Selbstbild einer zu Gewaltabstinenz tendierenden Kultur aufrechtzuerhalten, als Zumutung empfunden werden kann. Die Antwort auf die Frage, welcher Art die Verführung, die von der Imaginierung von Gewalttaten ausgeht, sei, dürfte weniger darin zu suchen sein, daß sie bestimmten Triebregungen entgegenkomme, als vielmehr in der Entlastung von den unser modernes Leben bestimmenden Komplexitäten. Wenn in «High Noon» am Ende geschossen und getötet wird, geschieht nicht nur Gewalt, sondern Gewalt bedeutet, daß alles andere keine Rolle mehr spielt: die vielen Rücksichten, die die anderen Bewohner der Stadt nehmen müssen, und die sie daran hindern, ihr Leben aufs Spiel zu setzen – bis hin zu der immer wieder neu zu stellenden Frage, was Vorrang habe: ein glückliches Privatleben oder die staatsbürgerlichen Pflichten. Wenn Grace Kelly zum Gewehr greift, ist die Frage nicht nur beantwortet – sie stellt sich nicht mehr. – Kleist, ein in sich selbst überkomplexes Individuum, hat sich als Dichter immer wieder die Wonnen des Unterkomplexen gegönnt. In primitivsten Kriegsliedern und in der Imaginierung der begründungslosen Tat, der reinen Dezision. In Kleists Werk können die selbstzerstörerischen Energien der modernen Kultur besichtigt werden wie unterm Mikroskop.

In welcher Weise der Zivilisationsbruch, der später den unglücklichen Namen «Holocaust» erhielt, in den Tendenzen der Moderne und des Zivilisationsprozesses überhaupt angelegt sei, haben Max Horkheimer und Theodor W. Adorno in den philosophischen Fragmenten der «Dialektik der Aufklärung» gefragt. In welcher Weise die Art ihrer Antwort durch das Überleben der beiden Autoren im Exil geprägt ist, fragt der Aufsatz «Nicht Kösteins Paradox», und auch die folgenden beiden Texte – über Imre Kertész' «Roman eines Schicksallosen» und Adornos «Negative Dialektik» – thematisieren Formen, die Zivilisationskatastrophe der 40er Jahre literarisch und philosophisch – nicht: zu verarbeiten oder bewältigen, aber wohl ihr in einem Akt bewußter Formgebung zu begegnen.

Freud hatte im zweiten Teil des zitierten Aufsatzes postuliert, die Erfahrung mit dem Massentod in den Schützengräben müsse unser Verhältnis zum Tode verändern und ein neues Bewußtsein unserer Sterblichkeit – das der nicht abschaffbaren Todesverleugnung durch unser Unbewußtes entgegenzusetzen sei – herbeiführen. Er stellt dem «Si vis pacem, para bellum» das «Si vis vitam, para mortem» entgegen, ganz in der Tradition Montaignes, der die Todesangst durch die Hereinnahme des Todesgedankens ins Leben besiegen wollte. Freuds Gedanken von 1915 wirken angesichts der Urbanisierung des Massenmords und Massensterbens durch das deutsche Lagersystem der 40er Jahre anachronistisch. Man vergleiche das «para mortem» mit dem Versuch Adornos, auf die veränderte Erfahrung des Todes eine Erneuerung der abendländischen Metaphysik zu gründen, mit Jean Amérys durch das Überleben des Vernichtungslagers Auschwitz geprägte nahezu entgegengesetzte Schlußfolgerungen und mit Kertész Roman-Gedanken über das Überleben.

Der eigene Tod als Mittel zum Massenmord ist die Form extremer Gewalt, die am Beginn unseres neuen Jahrhunderts steht. Daß auch Gedanken zu dieser Aktualität unter «Unzeitgemäßes» aufgenommen worden sind, liegt daran, daß ich – wie in vielen der anderen Texte auch – einen literarischen Bezug bemüht habe, der zwar in einem außerliterarischen Sinn gänzlich unaktuell ist, aber zur Verdeutlichung des Problems, das wir mit dieser neuen Art von extremer Gewalt haben, tauglich ist. Die Texte dieses Bandes, zu heterogenen Gelegenheiten entstanden, vereint das Bemühen, das Verstehen von Gewalt durch Einstellung wechselnder Abstände zu befördern. Die Gewalt in der Geschichte der Menschheit wiederholt sich nicht einfach und ist auch nie völlig neu. In einem Hin und Her zwischen Historisierung und Aktualisierung müssen wir stets über-prüfen, ob wir die uns bedrückenden und oft verzweifeln machen-den Phänomene richtig befragen. Man mag bezweifeln, ob der ge-sellschaftliche Nutzen solcher intellektuellen Tätigkeit sehr groß ist. Dem Zweifel sei entgegengehalten, daß die Gewalt sprachlos ist und macht. Solange man über Gewalt nachdenkt und spricht, beherrscht sie das Terrain nicht.

# Einige Gedanken zu den Versen 426 bis 438
# des 24. Gesangs der *Odyssee*

*«Freunde! Gewaltige Untat sann jener Mann den Achaiern.*
*Erst hat er viele und Edle auf Schiffen entführt, dann verlor er*
*Jene geräumigen Schiffe und hat auch die Leute verloren.*
*Jetzt aber kam er und tötete diese, die weitaus Besten*
*Unter den Kephallenen. Doch ehe nach Pylos er forteilt*
*Oder ins heilige Elis zum Herrschersitz der Epeier,*
*Gehn wir! Sonst müssen wir später und immer uns unter ihm*
ducken.
*Schande wohl wär es und Schmach, wenn die Späteren gar noch*
erführen,
*Daß wir wirklich die Mörder der Söhne und Brüder nicht straften.*
*Mir zumindest verginge die Lust am bewußten Erleben,*
*Eiligst möchte ich sterben und mich zu den Toten gesellen.*
*Auf denn und fort! Sonst kommen sie durch und behalten den*
Vorsprung.»
*Weinend sprach ers und alle Achaier ergriff nun das Mitleid.*[1]

Das sind bemerkenswerte Worte, und sie stehen an seltsamer Stelle. Was ist geschehen? Nach zehnjähriger Irrfahrt ist Odysseus wieder daheim, in Ithaka. Sein Haus ist von den Söhnen der umwohnenden Aristokraten in Beschlag genommen, seit Jahren halten sie sich dort auf, freien um seine Frau und verzehren, was Keller, Acker und Weide zu bieten haben. Seinem Sohn Telemach und einem seiner wenigen Getreuen, dem Sauhirten Eumaios, offenbart er seine Identität und spioniert dann, in Gestalt eines Bettlers, den Palast aus. Darauf verabredet er einen Plan, in dessen Ausführung er und seine beiden

Helfer alle Freier in einem spektakulären Gemetzel umbringen. Danach gibt er sich seiner Frau zu erkennen. Ein dramatischer Schluß und ein Happy-End. Doch in der Stadt werden von einem der Väter der Erschlagenen die zitierten Worte gesprochen, und sie sind deutlich: Odysseus, der König, wird delegitimiert. Erst hat er Männer von Ithaka in den Krieg geführt, dann ist er als einziger wiedergekommen, und seine erste Tat ist, die Besten der lokalen Aristokratie umzubringen. Er ist ein mörderischer Tyrann, der beseitigt werden muß! Die ihn Umstehenden pflichten ihm bei, und man rüstet sich zum Kampf, auch Odysseus und die Seinen tun das, und ein weiteres Gemetzel – mit offenem Ausgang – steht ins Haus. Da tritt die Göttin Athene, deren Protegé Odysseus in der ganzen Geschichte gewesen ist, dazwischen und stiftet Frieden.

Eine seltsame Stimme, die da am Ende ertönt, eine, die Odysseus die Legitimität seiner Rache abspricht, eine, die den Helden des Epos plötzlich als fragwürdige Gestalt dastehen läßt. Eine fast modern klingende Stimme, eine aus dem 20. Jahrhundert beinahe, die allem heroischen Pomp und Pathos widerspricht – eine Stimme ähnlich der in Brechts «Verhör des Lukullus», in dem die Soldaten und Witwen, die nicht am Ruhm, sondern am Leben interessiert sind, über den Feldherrn zu Gericht sitzen:

*Mein Sohn*
*Ist im Kriege gefallen.*
*(…)*
*Eines Tages hieß es, daß die Schiffe*
*Der Zurückgekommenen aus dem Asienkriege*
*Eingelaufen sei'n. Ich lief vom Markte*
*Und ich stand am Tiber viele Stunden*
*Wo sie ausgebootet wurden, und am Abend*
*Waren alle Schiffe leer. Mein Sohn war über ihre Planken nicht*
                                                        *gekommen.*[2]

Eine so fremde Stimme läßt Homer an formal befremdlichem Orte ertönen. Der Film, wenn man so will, ist ja zu Ende. Showdown und Happy-End sind gewesen, was kann noch kommen – allenfalls der Abspann. Und in diesen Abspann hinein erklingt eine

Stimme, die das gesamte vorherige Geschehen mitsamt unserer Begeisterung für den Helden und sein blutiges Großreinemachen in Frage stellt.

Wäre natürlich noch zu fragen: Ist die Stimme tatsächlich so fremd? Kennt nicht die *Ilias* den Thersites? In der Tat haben wir die gleichsam pazifistische Einrede auch dort. Thersites schmäht den Krieg der Griechenfürsten als Raubzug und fordert auf, den Heerführer Agamemnon doch allein vor Troja zu lassen mit seinen Schätzen und Beischläferinnen – mal sehen, wie weit er allein damit kommt! Aber dieser Thersites ist ein anderer als Eupeithes, der Vater des erschlagenen Antinoos. Thersites ist ein zur Abwechslung eingesetztes Rüpelelement, er ist ein garstiger Clown, er bezieht für seine Rede auch kräftige Prügel – von Odysseus übrigens. Zwar wird Aristophanes den Thersites-Ton in den *Acharnern* moralisch legitimieren, aber bis dahin hat es noch eine gute Weile. Mit Thersites meldet sich ein Ungleicher zu Wort, den schon sein Erscheinungsbild mit Buckel, Säbelbeinen und Hinkefuß neben den gewöhnlich als «göttergleich» apostrophierten aristokratischen Helden disqualifiziert; mit Eupeithes spricht ein Gleicher, ein Angehöriger derselben Elite, der auch Odysseus angehört.

Und wie ist es mit der formalen Auffälligkeit? Wahrscheinlich hätte eine frühere Homer-Philologie, die im Dichter eher den Sammler und Redakteur sah, mit dieser Charakterisierung wenig anfangen können. Wo ein Autor nur als der Arrangeur von Eingesammeltem gilt, ergeben sich Formprobleme, die zu Interpretationen nötigen, kaum. Heute aber erkennt man immer mehr Homer als hochbewußt Gestaltenden, der aus Überliefertem Neues und vollkommen Eigenständiges schafft. «Wir treten dem Genie nicht zu nahe, wenn wir annehmen, daß es mit Tinte und Papier gearbeitet hat», schreibt der 1996 verstorbene Gräzist Uvo Hölscher.[3]

Vor allem ist der Zuwachs an formalem Raffinement in der *Odyssee* verglichen mit der *Ilias* stupend. Erwies Homer[4] sich in der Ilias vor allem als jemand, der aus dem weit über das in ihr Präsentierte hinausreichenden Stoff den für ein dramatisches Geschehen geeigneten auszuwählen und effektvoll zu präsentieren weiß, den Zorn des Achill, so blieb er dort doch ein, von Enklaven abgesehen, linearer Erzähler. Ein Virtuose im stofflichen Detail in der *Ilias* wie in der

*Odyssee.* Wie so viele Ependichter nach ihm schwelgt er in seinem Können: im anatomischen Detail des Schwertkampfs mit letalem Ausgang, in der Beschreibung eines von Woge zu Woge geworfenen Floßes, in der Ausrichtung einer Opferzeremonie – wie später Gottfried von Straßburg, wenn er im *Tristan* das korrekte Ausderdeckeschlagen eines Hirsches beschreibt.

In der *Odyssee* aber haben wir eine Exposition, die die Verhältnisse im Hause des abwesenden Odysseus schildert und in die erste Handlung, die Suche des Telemach nach Kunde von seinem Vater, übergeht; dann den Kameraschwenk auf die Insel der Kalypso, auf Odysseus, der weinend am Strand sitzt, auf Kalypso, die Hermes' Befehl entgegennimmt, Odysseus gehen zu lassen. Meeresfahrt und Sturm. Odysseus' Aufnahme bei den Phaiaken. Die Abenteuer des Odysseus – also das, was im Sagenbuch den Hauptteil ausmacht – als Rückblende. Die Rückfahrt, die Verbindung der Odysseus-Geschichte mit der Telemachs und damit der Plan zur Rückeroberung des von den Freiern der Penelope besetzten Hauses und seine Ausführung bis zum erfolgreich-glücklichen Ende. Dazwischen entzückende Einfügungen wie etwa die Widerspiegelung des «unordentlichen» weil extern mißbrauchten Haushalts des Odysseus «oben» im «ordentlichen» des Eumaios «unten». Die Epenrede wechselt in die Anrede: Eumaios wird stets wohlwollend aus dem Text heraus geduzt. Nein, das alles ist nicht Arbeit eines Redakteurs, der nicht gewußt hätte, wohin mit der Rede des Eupeithes, und sie achselzuckend in den Abspann gepackt hätte. Man wird die Merkwürdigkeit ernst nehmen müssen, vom Stofflichen wie vom Formalen her. Hier *soll* etwas gesagt werden, das in gewisser Hinsicht nicht gesagt werden *kann,* und also erhält es einen Ort, aber einen unmöglichen.

Erste Hypothese: Es ist hier etwas an historischer Erinnerung aufbewahrt, das sich nicht vergessen ließ, obwohl der Text an sich ungeeignet war, es aufzunehmen. Zweite Hypothese: Hier geschieht, textimmanent, etwas, das nur von einem beinahe textexternen Ort aus geschehen kann, etwas wie eine finale Dissonanz, eine Kontrapointe dem gesamten Text gegenüber.

Nehmen wir die erste Hypothese. Was hat hier an Historisch-Stofflichem eine solche Resistenz gegen eine befriedigende formale

Eingliederung entwickeln können? Auf die Spur bringt uns die Art, wie die Angelegenheit erledigt wird, durch die dea ex machina nämlich. Es ist wie im Buche Hiob: der bloße Verweis auf die Machtverhältnisse erledigt das Argument.

*Es plante Odysseus*
*Sicher nicht all diese Werke ohne die Götter (…)*
*Eben noch sah den Unsterblichen neben Odysseus ich stehen,*
*Wie er mit Mut ihn erfüllte, dann wieder die Freier im Saale*
*Stürmisch umhertrieb. Die aber fielen einer beim andern.*[5]

Das Dazwischentreten der Göttin erledigt die verbliebenen Ambitionen. Die Sache wäre sonst anders ausgegangen, ein blutiges Gemetzel, in dem sich die dezimierte Nachkriegsaristokratie in internem Kampf selber um Kopf und Kragen bringt. Ist die Sache *tatsächlich* anders – so – ausgegangen? Die *Odyssee* ist durchzogen von einem Motiv, das erst in Aischylos' erstem Teil der Orestie uns bekannte selbständige Literatur werden sollte, dem Mord an Agamemnon durch seine Frau Klytemnästra und deren Liebhaber Ägisth. In dieser Geschichte wird ein heimkehrender Heerführer nach langer Abwesenheit erschlagen, und die Herrschaft übt nach langer Vakanz königlicher Gewalt ein anderer aus.

Der Geoarchäologe Zangger[6] sieht in beiden Geschichten Erinnerungen an die Folgen eines großen mittelmeerischen Kriegs, in den Griechenland, Kreta, Ägypten, Klein- und Vorderasien verwickelt waren, und für den als Realie wie als Großmetapher der Krieg um Troja steht.[7] «Nur wenige Archäologen haben erkannt», schreibt Zangger, «daß die Abwesenheit der achaiischen Fürsten während des Trojanischen Krieges dazu beigetragen haben könnte, daß das politische System in Griechenland zusammenbrach. Diese Überlegung wird unter anderem dadurch gestützt, daß der Trojanische Krieg und der Untergang der Achaier fast gleichzeitig stattfanden.»[8] Nimmt man diesen Blickwinkel ein, so schildert Homer ein durchaus plausibles Szenario eines Untergangs, das im Epos nur durch göttliche Intervention aufgehalten werden kann. Eine Kriegeraristokratie verbraucht sich in einem Krieg, der außer Kontrolle gerät, der, wie viele Kriege nach ihm, dadurch gekennzeichnet ist, daß die an ihm Beteiligten nicht mehr aufhören können. Nach Hause kommt am Ende nur ein Bruchteil derer, die ausgezogen waren, und die nun ihre alte Machtstellung und die alten Rechtstitel wieder behaupten. Inzwischen sind andere an ihre Stelle getreten, aber die Zurückgekehrten versuchen, ihre Position mit Gewalt wieder einzunehmen. Das Resultat ist ein Bürgerkrieg, in dem sich die Eliten ein weiteres Mal so sehr dezimieren, daß ihnen die Fähigkeit zur Herrschaftsausübung endgültig verlorengeht. Revolten brechen aus, deren sie nicht mehr Herr werden. Am Ende steht das, was die Archäologie kennt: verlassene, zum Teil zerstörte und niedergebrannte Adelssitze, ein kultureller Zusammenbruch, von dem sich Griechenland erst nach langer Zeit wieder erholt.

Das bronzezeitliche Griechenland wäre nicht die einzige Kultur, die sich durch Krieg selbst zerstört hat. Zu nennen wären zum Beispiel die Megalith-Kultur auf der Osterinsel[9] und die Kultur der Maya, die sich in zahllosen Kriegen selbst erschöpft hatte, bevor die Spanier ihr den Garaus machten. Etwas Derartiges scheint im bronzezeitlichen Griechenland der Fall gewesen zu sein, und *Ilias* und *Odyssee* sind die Dokumente, in denen die Erinnerung an diese Katastrophe zur Weltliteratur wurde. So betrachtet ist die Rede des Eupeithes keineswegs marginal. Allerdings ist die *Odyssee* eben keine Dokumentarliteratur, und auch nicht Teil von etwas, das wir heute «Erinnerungskultur» nennen würden. Sie ist ein Heldenepos, das vor allem aus Märchenstoffen herausgesponnen ist[10] und das allerdings auch Spuren historischer Realität aufnehmen konnte. In der Regel scheinen die formalen Erfordernisse die stofflichen Details so umgeformt zu haben, bis sie paßten, hier aber behauptet das Historisch-Stoffliche erratisch seinen Platz. Man könnte argumentieren, hier habe etwas seinen formwidrigen Platz erhalten, weil zur Zeit der Abfassung des Epos noch die außerepische Erinnerung an die Katastrophe stark genug war, um solche Prioritäten zu setzen. Später sei es gerade der formwidrige Ort, der der Erinnerungsspur Aufmerksamkeit und Bedeutung geschenkt und also seine Tilgung durch ästhetische Glättung verhindert habe. Das mag so sein, aber ich denke, daß noch etwas anderes hinzukommt, und so gehe ich zur zweiten Hypothese über, daß in der Rede des Eupeithes eine finale Dissonanz, eine textinterne Kritik des Menschen-

oder Heroenbildes, für das die *Odyssee* «eigentlich» steht, zu finden ist.

Uvo Hölscher hat natürlich recht: Es graust uns vor der Vergeltung des Odysseus, vor allem, wenn er – wie es uns scheint: zu allem Überfluß – auch noch die Mägde, die sich mit den Freiern eingelassen haben, aufhängen läßt:

> *Also sprach er und band das Seil eines Schiffes mit dunklem*
> *Bug an eine der großen Säulen des stattlichen Rundbaus,*
> *Zog es dann straff und hoch; kein Fuß erreichte den Boden.*
> *Wie wenn Drosseln mit langen Schwingen und Tauben in Schlingen*
> *Plötzlich geraten – gestellt ist die Falle in dichten Gebüschen –*
> *Heimwärts ziehn sie zum Nest, nun empfing sie ein grausiges Lager;*
> *Gradso hingen sie nebeneinander und senkten die Köpfe.*
> *Jeden Nacken umwand der Strick – ein klägliches Ende –*
> *Kurz nur zappelten sie mit den Füßen, doch gar nicht sehr lange.*[11]

Goethe übrigens ließ sich dieses Motiv nicht entgehen und bereitete es mit einem gewissen a-sozialen Behagen in Faust II, IV noch einmal auf – «Phorkyas erfreut sich am Homer», schreibt Albrecht Schöne.[12]

> PHORKYAS: *Doch am hohen Balken drinnen, der des Daches Giebel*
> *                                                                                            trägt,*
> *Wie im Vogelfang die Drosseln, zappelt ihr der Reihe nach.*[13]

Um solches Schaudern, das zwar vielleicht unser bestes Teil ist, geht es dennoch hier nicht. Antik las man es anders – und, gestehen wir es nur, beim Showdown in der Halle gehen wir mit, als wäre es «High Noon». Nein, nicht die Grausamkeit des Odysseus ist es, die die Rede des Eupeithes provoziert, sondern die Illegitimität seines Handelns. Diese Illegitimität wird von Homer nie herausgestrichen (von dieser einen Stelle eben abgesehen), aber dem Leser nicht verschwiegen, der sich vom Sog der Geschichte nicht einfach mitreißen läßt. Allerdings wird sie von Homer verdeckt. Homer zeichnet die Freier als mehrheitlich ausgesprochen unangenehme Menschen. Sie benehmen sich unhöflich, großmäulig, unbeherrscht, sie nehmen für sich Gastfreundschaft und -recht bis zur Grenze des Erträglichen in Anspruch und sind selber – nämlich als Odysseus als Bettler verkleidet unter sie tritt – mit entsprechenden Tugenden nicht versehen. Und: sie planen die Ermordung Telemachs, als sie befürchten, der plötzlich aus der Rolle des Muttersöhnchens Herausgewachsene könne ihnen Ärger machen. Keine Frage: die Freier sind schlimme Leute, und so erleben wir das finale Gemetzel mit Genugtuung. Nur erfolgt es nicht, um ihren Mordplan zu durchkreuzen, nicht einmal als Strafe dafür. Von dieser Angelegenheit hat Odysseus gar keine Kenntnis. Odysseus schlägt zu, weil sie in seinem Haus und mit seinen Mägden geschlafen, von seinen Tellern gegessen und sich um seine Frau beworben haben. *Durfte* er das? Die Frage hat nur Sinn, wenn wir allein die Maßstäbe heranziehen, die wir aus der *Odyssee* selbst gewinnen.

Wir erfahren, daß sich die Freier seit drei Jahren im Haus des Odysseus aufhalten.[14] Daß der Trojanische Krieg seit zehn Jahren zu Ende ist, weiß der Leser ebensogut wie die Bewohner von Ithaka es wußten, denn die Kunde hat sich verbreitet. Immer wieder wird gesagt, daß das Schicksal der anderen griechischen Heerführer – ob gut, ob böse – allseits bekannt ist. Nur von Odysseus weiß man nichts. Sieben Jahre lang hat sich also niemand um Penelope beworben. Sind sieben Jahre die Zeitspanne, nach der jemand, von dem jede Kunde fehlt, für tot erklärt werden kann? Oder sind es die märchenhaften sieben Jahre, à la «Als man aber sieben Jahre nichts mehr von ihm gehört hatte, machten sich Prinzen aus aller Herren Länder zum Königshof auf und ...»? Wir wissen es nicht. Wir wissen nur, daß sich die Freier nicht bei erstbester Gelegenheit aufgemacht haben, um die Nachfolge des Odysseus anzutreten, sondern daß hier eine Frist (ob nun eine, die realem Brauchtum entsprochen hat, oder eine, die von der Ästhetik des Genres produziert wird) eingehalten worden ist, und eine nicht unrealistische Frist: sieben Jahre verschollen in der Ägäis? Wäre Penelope nicht die, die uns Homer zeigen wollte, hätte sie schon seufzen können wie Marthe Schwertlein.

Gleichwohl ist die Situation merkwürdig. Die Freier belagern die vermeintliche Witwe, verzehren die Vorräte des Hauses – warum eigentlich wirft sie niemand raus? Was wir erfahren, ist dies. Was Telemach angeht, so war der zunächst zu jung und hat sich dem Regiment der Mutter auch über die Zeit hinaus, in der das verständlich wäre, ganz untergeordnet. Erst die in Gestalt Mentors ihn besuchende Athene macht ihn darauf aufmerksam, daß er mündig sei und sich wie ein Mündiger zu benehmen habe:

*Nimmermehr geht es so weiter mit dir in kindischer Haltung,*
*Dazu bist du zu alt.*[15]

Ähnlich heißt es später, wenn Telemach bei Nestor in Pylos Kunde einholt vom Schicksal des Vaters:

*Sage mir, läßt du dich willig so knechten? oder verachten,*
*Weil einer Gottesstimme sie folgen, im Volk dich die Leute?*[16]

Bis zu diesem Zeitpunkt ist Penelope Haushaltsvorstand und übrigens entsprechend verblüfft, als Telemach sie plötzlich gleichsam entmachtet:

*«Du aber gehe ins Haus und besorge die eignen Geschäfte,*
*Spindel und Webstuhl, heiß deine dienenden Frauen, sie sollen*
*Auch ans Geschäft sich begeben; die Rede ist Sache der Männer,*
*Aller, vor allem die meine! Denn mein ist die Macht hier im Hause.»*
*Sie aber ging voll Staunens zurück in die Wohnung.*[17]

Warum aber hat Penelope die Freier nicht vorher rausgeworfen? Aus demselben Grund, aus dem Telemach, nun mündig geworden, diese zwar auffordern kann, das Haus zu verlassen, aber keinen Rechtsanspruch darauf hat, daß sie es auch wirklich tun. Es gibt nämlich ein Verfahren, das einzuhalten ist, das Penelope bisher nicht hat einhalten wollen, und dem sich Telemach erst fügen will, wenn er genauere Kunde hat, ob Odysseus wirklich tot ist. Das Verfahren besteht darin, daß die (zur) Witwe (Erklärte) zu ihrem Vater zurückkehrt und sich in seine Gewalt begibt. Der entscheidet dann, wen sie zum Mann bekommt. Die Freier sind nur deshalb in Odysseus' Haus, weil Penelope es nicht *verläßt*. Athene in Mentors Gestalt spricht so zu Telemach:

*Fordere, daß sich die Freier zerstreun auf die eigenen Güter!*
*Drängt aber gar das Gemüt deine Mutter nach richtiger Ehe,*
*Kehre sie wieder zurück in den Saal ihres machtvollen Vaters.*
*Hochzeit werden dann jene schon machen, Geschenke auch bringen*
*Reichlichst, wie es die Sitte verlangt für geliebte Töchter.*[18]

Zuvor möge er aber ein Schiff rüsten, ausfahren und herausfinden,
ob sein Vater noch lebe. Daß es Penelope ist, die den Schritt zurück
ins Vaterhaus und von dort zu neuer Ehe nicht tun will, sagt Telemach selbst in der Ratsversammlung:

*Freier sind da und bestürmen die Mutter, trotz ihres Neinworts,*

– da sagt Telemach nicht die ganze Wahrheit –

*Liebe Söhne von Männern, die Blüte des hiesigen Adels.*
*Aber der bloße Gedanke, sie ginge ins Haus ihres Vaters,*
*Macht sie schon frieren: Es könnte Ikarios selbst ja die Tochter*
*Ganz nach Belieben vergeben und dem, der willkommen ihm*
*wäre.*
*Nein! Sie gehen jetzt alle die Tage in unser Besitztum,*
*Opfern und schlachten die Rinder, die Schafe, die fettesten Ziegen,*
*Schlemmen und schmausen und trinken die funkelnden Weine und*
*all das*
*Nur so drauflos (...)*
*Dieses Treiben ist nicht mehr erträglich; mein Haus ist vernichtet.*[19]

Auch einer der Prominentesten unter den Freiern, Antinoos, kommt
auf diesen Brauch zurück, wenn er in der Ratsversammlung die An-
schuldigungen Telemachs zurückweist:

*Nein! Die Freier Achaias sind dir in gar nichts verschuldet,*
*Sondern die liebe Mutter versteht sich auf trefflichsten Vorteil.*
*Sind es doch drei volle Jahre, das vierte wird auch bald verfließen,*
*Seit sie mit Lügen betrügt das Gemüt in der Brust der Achaier.*
*Alle vertröstet sie, jedem verspricht sie besondere Aussicht.*
*Botschaft sendet sie aus, doch ihr Denken sucht andere Ziele.*
*Denn sie ersann und ergrübelte folgende andere Ausflucht:*

Stellte zunächst einen wuchtigen Webstuhl auf im Palaste,
Wob ein feines, umfassendes Stück und sagte uns plötzlich:
Jünglinge! ihr meine Freier: Tot ist der hehre Odysseus.
Wartet! drängt nicht zur Ehe! ich möchte ein Tuch erst vollenden –
Nutzlos, fürcht ich, müßte das Garn sonst verderben – für unsren
Helden Laërtes das Grabtuch, eh noch das grausige Schicksal
Endlich ihn packt, wenn der Tod an ihn kommt, der keinen noch
                                                          schonte.
Soll mich doch keine Achaierin schelten im Volke und sagen:
«Vieles hat er erworben, doch fehlt seiner Leiche das Laken.»
Trotzig war unser Gemüt; ihrem Wort doch gehorchte es wieder.
So nun wob sie am großen Webstuhl alle die Tage,
Nachts aber nahm sie sich Fackeln und trennte und trennte. So blieb
                                                              sie
Drei volle Jahre verborgen und hielt die Achaier beim Glauben.
Schließlich nahte das vierte Jahr und die Jahreszeiten
Kreisten; da redete endlich eines der wissenden Weiber,
Und wir entdeckten sie wirklich beim Trennen des glänzenden
                                                          Tuches.
Nun aber mußte, was nie sie doch wollte, aus Zwang sie vollenden.
Diese Antwort geben die Freier; erst dir, daß du selber
Tief im Gemüt es weißt und auch alle Achaier es wissen.
Schick deine Mutter nachhaus und befiehl ihr mit jenem die Heirat,
Dem sie ihr Vater bestimmt, und dem sie auch selber geneigt ist.
Hält sie noch länger so kränkend die Söhne Achaias zum besten,
Denkend in ihrem Gemüt, was Athene ihr gab vor den andern:
Tüchtigen Sinn und Verständnis für hohe Werke der Schönheit,
Schlaues Berechnen – nie noch hörten wir solches von alten
Frauen Achaias mit herrlichen Flechten, die früher einst lebten:
Nicht von Tyro, Alkmene, der herrlich bekränzten Mykene,
Keine von diesen hatte Gedanken wie Penelopeia –
Aber gerade nun hier hat das Schickliche nicht sie gesehen.
Also werden die Männer hier Hab und Gut dir verzehren,
Eben so lange, als jene Gedanken noch hegt, wie die Götter
Jetzt in die Brust sie ihr senken. So schafft sie sich hohe Berühmtheit,
Dir aber Harm und Verzicht auf die vielen Güter des Lebens.
Wir aber gehen im Feld oder sonst wo nicht an die Arbeit,
Bis sie nicht selbst den Achaier sich wählt, den gerne sie möchte.[20]

Das dreijährige Weben und Wiederauftrennen ist natürlich ein Märchenmotiv, wir brauchen uns keine Gedanken darüber zu machen, wie wahrscheinlich so etwas ist. Klar ist nur, daß sie einen Trick anwenden muß. Sie schützt eine Arbeit vor, die sie vollenden will, bevor sie mit einem neuen Mann das Haus verläßt. Ihr Weben zögert nicht nur den Zeitpunkt hinaus, sondern bekräftigt die Versicherung, er werde kommen. Daran schließen sich zwei Fragen. Erstens: Warum zögert sie den Zeitpunkt hinaus, an dem das normale Verfahren der Wiederverheiratung in Gang gesetzt wird?

*Meine Mutter wollen sie freien und plündern das Hausgut.*
*Sie aber sagt nicht Nein zu der grausigen Ehe und kann sich*
*Doch nicht zum Letzten entschließen; derweil aber essen mir die dort*
*Arm unser Haus,*[21]

klagt Telemach. Dafür gibt Penelope im 18. Gesang eine auf den ersten Blick plausible Erklärung: Odysseus habe ihr geboten, erst wieder zu heiraten, wenn Telemach erwachsen sei:

*Ja, als er damals ging und verließ das Land seiner Heimat,*
*Faßte er mich bei der Rechten am Knöchel und sagte die Worte:*
*«Du mein Weib! Daß alle geschienten Achaier aus Troja*
*Heil und ohne Gebrechen die Heimat wieder erreichen,*
*Glaube ich nicht; die Troer, so heißt es, sind männliche Kämpfer (...)*
*Ob es vor Troja mich trifft, ob ein Gott mich errettet – ich weiß nicht!*
*Darum sollst du mir alles, was hier ist, treulich besorgen.*
*Denk meines Vaters und denk meiner Mutter hier im Palaste,*
*Jetzt schon tust dus –, doch tu es noch mehr, wenn ich dir so fern bin.*
*Siehst du dann gar schon sprossenden Bart an dem Sohne, dann*
                                                        *sollst du*
*Ganz wie du willst, dich vermählen und hier dieses Haus verlassen.»*
*Also sprach er und all das wird sich jetzt wirklich erfüllen.*
*Nacht wird es werden, dann steht sie vor mir, die entsetzliche Ehe,*
*Mir, der Verfluchten, der Zeus ein beglückendes Leben verwehrte.*[22]


Gebot ihr Odysseus gar die Ehe? Nein, hier wird überhaupt nicht die Wahrheit gesprochen, sondern die Freier werden ein weiteres

Mal an der Nase herumgeführt. Der Zeitpunkt des Erwachsenwerdens von Telemach ist ein ad hoc ersonnener Grund, um mit den Freiern das alte Spiel zu spielen und ihnen vorzumachen, es stünde der Moment der Entscheidung für einen von ihnen kurz bevor. Es ist ein letzter Trick, um sie alle loszuwerden. Sie fährt nämlich fort:

> *Trifft doch mein Herz und Gemüt noch weiterer grausiger Kummer;*
> *Bisher war es nicht Sitte gewesen bei freienden Männern:*
> *Wollte ein andrer ein tüchtiges Weib, eine Tochter mit Mitgift*
> *Heim sich holen zur Frau und mit andern Bewerbern sich messen,*
> *Brachte er selber die Rinder zum Mahl der Freundschaft des*
> > *Mädchens,*
> *Brachte auch kräftiges Kleinvieh, schenkte auch glänzende Gaben;*
> *Nicht doch verzehrte er ohne Vergütung das fremde Besitztum.*[23]

Sie vergißt natürlich, daß der Normalfall, den sie hier beschreibt, ohne ihre Vorleistung, die ihn erst eintreten lassen würde, keiner ist. Sie will die Freier dazu bewegen, mit Geschenken um sie zu werben – und, so ist anzunehmen, zu gehen und die Entscheidung abzuwarten. Dann aber könnte man die Tore des Hauses verschließen. Odysseus, der inkognito Zeuge dieses Auftritts ist, durchschaut seine Frau und freut sich:

> *Sprach es, dem großen Dulder, dem hehren Odysseus, zur Freude,*
> *Wie sie mit schmeichelndem Wort die Gemüter berückte und Gaben*
> *Schlau sich zu sichern gewußt, ihr Verstand aber anderes dachte.*[24]

Der Plan geht aber nur zur Hälfte auf. Geschenke werden gebracht, aber die Freier gehen nicht. Antinoos, der Sohn des Eupeithes, wiederholt beinahe wörtlich, was er schon früher zu Telemach gesagt hatte:

> *Tochter Ikarios', höre, gescheite Penelopeia!*
> *Hat ein Achaier die Absicht, Gaben hieher dir zu bringen,*
> *Nimm sie nur an; denn unschön ist eine Gabe zu weigern.*
> *Wir aber gehen im Feld oder sonstwo nicht an die Arbeit,*
> *Ehe du nicht dich zur Heirat entschließt mit dem besten Achaier.*[25]

Sie will nicht heiraten, sie nutzt jede Möglichkeit, Zeit zu gewinnen, sei es, weil sie hofft, in letzter Minute könne doch noch das schon beinahe nicht mehr Gehoffte Wirklichkeit werden, sei es, um das Verhaßte – das Ehebett mit einem andern als Odysseus – hinauszuschieben. Ergibt sich die zweite Frage: Warum erklärt Penelope nicht einfach, nicht wieder heiraten zu wollen? Um bloße Konventionen kann es nicht gehen. Penelope wird als eine Frau gezeichnet, die sich darüber würde hinwegsetzen können. Ihre Intelligenz und Unkonventionalität wurde von Antinoos ja durchaus hervorgehoben, wenn er auch tadelt, daß sie in Sachen Wiederverheiratung diese Gaben auf unschickliche Weise mißbrauche. Es bleibt nur ein Schluß: Es ist nicht Penelopes Entscheidung, ob sie sich wieder verheiratet oder nicht. Es ist die Entscheidung des männlichen Haushaltsvorstands. Der aber ist, solange er nicht für tot erklärt ist, Odysseus. Ist Odysseus tot, so tritt Telemach an seine Stelle und könnte Penelope ins Haus des Vaters schicken, wo diesem dann die Entscheidung über Penelopes Verheiratung obläge.

Bleibt noch eine Frage: Wer würde dann König von Ithaka? Schließt sich die Frage an: Wie wird man überhaupt König auf Ithaka (und im übrigen Griechenland)? Ganz eindeutig ist die Sache nicht, wir müssen sie aus dem erschließen, was wir darüber wissen, wie man *nicht* König wird. Zum Beispiel geht die Königswürde nicht auf die Frau des Königs über. Penelope ist keine Königin, und wir hören auch nichts darüber, daß sie es würde, wäre der Tod des Odysseus eine Tatsache. Die Königswürde ist auch nicht erblich. Telemach ist nicht König, auch nicht im Status des Infanten, und er wird auch nicht automatisch König, wenn er volljährig ist. Als er das erste Mal, von Athene encouragiert, wie ein Mann und Haushaltsvorstand mit den Freiern redet, verstehen die das auch als Prätention, dereinst wie der Vater auch die Königswürde zu erringen, aber daraus soll nichts werden:

*Wirklich und wahrlich, Telemachos, lehrten die Götter dich selber*
*Kühn und als Sprecher erhabener Worte vor allen zu reden.*
*Trotzdem soll der Kronide zum König auf Ithakas Insel*
*Nicht grade dich erheben, obschon du vom Vater es erbtest.*[26]

«Erbtest» ist ein wenig mißverständlich. Gemeint ist kein Präteritum, sondern ein Äquivalent für den Optativ des Originals: «erbtest» im Sinne von «erben würdest, wenn es dir zuteil würde», also «obwohl du ja dann in die Fußstapfen deines Vaters trätest». Denn Telemach antwortet entsprechend:

> *«Ja, wenn Zeus es gewährte, erwürbe ich gerne auch dieses. (…)*
> *Herrschen als König ist wirklich kein Übel; da häufen gar rasch sich*
> *Güter im Haus und er selbst steigt höher an Ehre und Würde.*
> *Freilich viele und andre achaïsche Könige gibt es,*
> *Junge und alte, die mitten im Meere auf Ithaka herrschen,*
> *Mancher wohl kann es erreichen, es starb ja der hehre Odysseus.*
> *Ich aber herrsche in unserem Haus, über unsere Diener,*
> *Die mir der hehre Odysseus erbeutet, und bleibe der Herrscher.»*
> *Ihm doch entgegnete Polybos' Sohn Eurymachos wieder:*
> *«Ach, Telemachos! all dies liegt vor den Knieen der Götter,*
> *Welcher Achaier als König herrscht auf Ithakas Eiland.*
> *Du doch behältst, was du hast, und herrschst im eignen Palaste.»*[27]

Die erwähnten vielen Könige auf Ithaka sind etwas verwirrend. Gemeint sind wohl geeignete Anwärter auf die Königswürde. Ansonsten wird klar unterschieden zwischen der Macht über Haus und Hof und der königlichen. Telemach, der die erstere als Sohn des Odysseus von seinem Vater erbt, erbt mit ihr nicht die letztere, wohl aber zählt er als wohlhabender Aristokrat zu den möglichen Kandidaten. Bleibt noch die Möglichkeit, daß Penelope zwar nicht die Königswürde erbt, sie aber passiv trägt und an ihren nächsten Ehemann weitergibt. Dann wäre der Wettstreit der Freier auch einer um diese. Es gibt einen Hinweis, daß das so sein könnte. Vom Mörder Agamemnons, Ägisth, heißt es:

> *(Er) schlug den Atriden tot; sein Volk aber mußte sich ducken.*
> *Sieben Jahre dann trieb ers als Herrscher im goldnen Mykene.*[28]

Aber ob hier eine legitime Nachfolge durch Heirat mit der Witwe gemeint ist, bleibt fraglich; wahrscheinlich ist von bloßer Usurpation die Rede. Immerhin kann natürlich eine Ehe mit der Königinwitwe die Chancen eines Aristokraten auf die Königswürde verbessern. Mehr dann wohl nicht, sonst wäre gewiß – und als spannungssteigerndes Element – irgendwo erwähnt, daß die Freier hofften, nicht nur mit der schönen Penelope, sondern auch mit der ebenso schönen Basileia ins Bett zu steigen.

Warum aber ist der Thron vakant? Nun, doch wohl nur, weil Odysseus nicht für tot erklärt ist. Und er ist nicht für tot erklärt, weil Penelope nicht wieder heiratet. Sie heiratet nicht, weil sie sich nicht unter die Gewalt eines Haushaltungsvorstands begibt, der über sie verfügt – sei es ihr Vater oder sei es ihr Sohn, der sie zum Vater schicken würde. Warum tut sie das nicht? Weil sie die scheinbare Fiktion, daß Odysseus noch lebt, aufrechterhalten will, denn solange ist sie ihm untergeordnet. Mit der öffentlichen Weigerung Penelopes, das nur zu Wahrscheinliche zu akzeptieren – tatsächlich glaubt sie an Odysseus' Tod[29] – verhindert sie, daß die politische Macht auf Ithaka auf ordentliche Weise weitergegeben und verwaltet wird. Die Freier wollen sie durch ihre penetrante Anwesenheit auf den Weg der Normalität zwingen: nach sieben Jahren anzuerkennen, daß der Vermißte aller Wahrscheinlichkeit nach tot ist, daß die Herrschaft über den Haushalt an einen Nachfolger übergeht, daß dieser dann über die Wiederverheiratung der Penelope entscheidet – und daß dann auch der Weg frei ist für die Wahl eines neuen Königs aus dem Kreise der wohlhabendsten und angesehensten Aristokraten.

All das blockiert Penelope mit ihrer Weigerung, Odysseus für tot zu erklären. Warum weigert sie sich? Weil sie nur ihn liebt. Weil ihr die Vorstellung, mit einem andern Tisch und Bett zu teilen, zuwider ist. Penelope ist nicht nur eine konventionell treue Ehefrau, sie ist eine große Liebende. Und Odysseus ist ein gleichermaßen großer Liebender. Wenn wir ihn das erste Mal in der *Odyssee* erblicken, sehen wir ihn am Strand von Kalypsos Insel in Tränen.

*(Er) saß an der Küste und weinte wie früher so oft schon,*
*Aufgewühlt im Gemüt von Tränen, Stöhnen und Schmerzen*
*Spähte er, Tränen vergießend, hinaus auf die endlose Salzflut.*[30]

Hermes überbringt Kalypso den göttlichen Befehl, Odysseus gehen zu lassen. Sie, selbst zu den Unsterblichen gehörend, gehorcht, wie sie muß, grollend, wie sie darf, versucht aber, Odysseus zum freiwilligen Bleiben zu überreden. Wir erfahren dabei ein wenig über den Tageslauf auf der Insel:

*Ihn aber fand sie; er saß an der Küste. Sein Auge ward niemals*
*Trocken von Tränen; die süßen Tage des Lebens verrannen.*
*Heimkehr! war seine Klage; die Nymphe war ihm zuwider.*
*Freilich nachts, da schlief er bei ihr in geräumiger Grotte,*
*Wollte es nicht und zwang sich zu ihr, die gerne es wollte.*

Ein Mann und Gentleman – wie heißt das Epitheton? Polytropos, übersetzt mit «vielerfahren», aber auch «wendig» oder «wandlungsfähig».

*Tagsüber ließ er sich nieder im Felsengeklüft und am Strande;*
*Aufgewühlt im Gemüt von Tränen, Stöhnen und Schmerzen,*
*Spähte er, Tränen vergießend, hinaus auf die rastlose Salzflut.*[31]

Sie verkündet ihm, daß sie ihn gehen läßt, auch wie er allein aufs Meer sich wagen kann und in welche Richtung er das Floß, das er sich bauen soll, zu lenken habe. Aber er möge es sich überlegen: was er für seine in zwanzig Jahren gealterte Frau aufgebe: eine unsterblich Schöne, immer junge und schöne Unsterbliche, und auch ihm verspreche sie Unsterblichkeit und ewige Jugend.

*«Ja, du würdest unsterblich trotz all deinem Sehnen, die Gattin*
*Wiederzusehen, die her du dir wünschest alle die Tage.*
*Sicherlich bin ich nicht schlechter als sie, des darf ich mich rühmen,*
*Weder an Wuchs noch Gestalt: Nicht schickt sichs für sterbliche*
                                                                    *Frauen*
*Streit um Gesicht und Gestalt mit unsterblichen Frauen zu suchen.»*
*Antwort gab ihr und sagte der einfallsreiche Odysseus:*
*«Hohe Göttin! Sei deshalb nicht böse! Ich weiß ja doch selber*
*Alles, warum neben dir die kluge Penelopeia*
*Schwächlich erschiene an Größe und Aussehn, ständet ihr vor mir;*
*Sie ist sterblich, du bist unsterblich und nie wirst du altern.*
*Aber auch so doch wünsche und hoffe ich alle die Tage,*
*Heimzukommen, die Stunde der Rückkehr noch zu erleben.»*[32]

Das ist sehr deutlich. Das Ehepaar mag in die Jahre gekommen sein, will aber doch wieder zusammenkommen. Daß Penelope nicht mehr die Jüngste ist, läßt Homer uns des öftern aus dem Munde der Penelope selbst erfahren, etwa so:

*Ach, mir haben die Götter, die Herrn im Olympos, die Schönheit*
*Lange verdorben, seit er mit den hohlen Schiffen davonzog.*[33]

Zwar läßt Homer auch hier Athene einmal intervenieren, die ja auch Odysseus' Äußeres je nach Anforderung der Geschichte variiert. Vor der zitierten Rede an die Freier läßt die Göttin sie in einen Schönheitsschlaf verfallen – mit durchschlagendem Erfolg, was die Freier anlangt:

*Jenen wurde da schwach in den Knien; im Gemüte bezaubert*
*Gierten sie alle begehrlich, im Lager an sie sich zu schmiegen.*[34]

Penelope ist eine schöne Frau, aber solche Auftritte sind die Ausnahme, sie ist durch Zeit und Leid gezeichnet, und auch ihr Mann ist in die Jahre gekommen, ein Kriegsveteran, mehrfach Schiffbrüchiger, vernarbt und ausgefranst. Sie erkennt ihn ja auch nicht, obwohl man ihr sagt, er sei zurückgekehrt. Es ist eine vertrackte Szene und schon überschattet von der drohenden Revolte gegen den Zurückgekehrten. Sie prüft ihn, indem sie von einem Ehebett spricht, das zu richten sei; sie fragt, ob es einer weggeräumt habe. Darauf Odysseus:

*Weib, das ist wahrlich ein Wort, das schmerzt mich tief im Gemüte.*
*Wer hat mein Bett woanders errichtet?*[35]

Denn er hatte einst das Ehebett so gebaut, daß der Bettfuß aus dem Stumpf eines im Boden verwurzelten Ölbaums geschnitten war – unverrückbar. Er weiß es, sie erkennt ihn, es folgt eine der großen Liebesszenen unserer Literatur:

*Weinend hielt er die sorgende Gattin, den Wunsch seines Herzens.*
*So wie von Schwimmern ein sichtbares Ufer freudig begrüßt wird,*
*Denen Poseidon auf See ihr festgezimmertes Fahrzeug*

*Völlig zerriß, da Winde es trieben und prallende Wogen –*
*Wenige kommen heraus aus den schäumenden Fluten ans Festland,*
*Salziges Wasser trieft dann den Schwimmern vom Körper, doch*
$\qquad\qquad\qquad\qquad\qquad\qquad\qquad\qquad$ *glücklich*
*Treten sie endlich auf Grund, ihrem Unheil sind sie entronnen:*
*So beglückend erschien der Gemahl ihr, sooft sie ihn ansah;*
*Immer noch gab seinen Hals sie nicht frei aus den weißen Armen.*[36]

Groß, weil ihr als Metapher sein Schicksal zuteil wird, groß auch, weil einsichtig nach so langem Leid keine Freude folgt, nur Erleichterung. Aber auch für die mag es noch zu früh sein:

*Liebes Weib, wir stehn ja noch gar nicht am Ende der Plagen.*[37]

Odysseus sieht den Aufruhr in der Stadt voraus. Kehren wir zu ihm zurück, zur Rede des Eupeithes:

*«Freunde! Gewaltige Untat sann jener Mann den Achaiern.*
*Erst hat er viele und Edle auf Schiffen entführt, dann verlor er*
*Jene geräumigen Schiffe und hat auch die Leute verloren.*
*Jetzt aber kam er und tötete diese, die weitaus Besten*
*Unter den Kephallenen. Doch ehe nach Pylos er forteilt*
*Oder ins heilige Elis zum Herrschersitz der Epeier,*
*Gehn wir! Sonst müssen wir später und immer uns unter ihm*
$\qquad\qquad\qquad\qquad\qquad\qquad\qquad\qquad$ *ducken.*
*Schande wohl wär es und Schmach, wenn die Späteren gar noch*
$\qquad\qquad\qquad\qquad\qquad\qquad\qquad\qquad$ *erführen,*
*Daß wir wirklich die Mörder der Söhne und Brüder nicht straften.*
*Mir zumindest verginge die Lust am bewußten Erleben,*
*Eiligst möchte ich sterben und mich zu den Toten gesellen.*
*Auf denn und fort! Sonst kommen sie durch und behalten den*
$\qquad\qquad\qquad\qquad\qquad\qquad\qquad\qquad$ *Vorsprung.»*
*Weinend sprach ers und alle Achaier ergriff nun das Mitleid.*

Was uns den privaten Odysseus, was uns das Paar Odysseus und Penelope so nahe sein läßt, stimuliert die öffentliche Revolte. Was Homer uns mit diesem Paar zeigt, gibt es in der Literatur frühestens wieder in – er sei noch einmal herangezogen – Gottfried von Straß-

burgs *Tristan:* daß die Wünsche eines Paares mehr sind als der Rest
der Welt. Und bei Gottfried sind sie das aufgrund einer Vergiftung
durch einen Liebestrank. Odysseus und Penelope sind ohne Magie
und toxische Einwirkung einfach zwei Liebende, die einander mehr
sind als alle erotischen Versuchungen und Unsterblichkeitsverspre-
chen, zwei Liebende, die, um einander wiederzufinden, alle Konventionen brechen, alle möglichen Gefahren bestehen und so weiter.
In der *Odyssee* – und vergessen wir nicht, daß sie der *Ilias* folgt, die
einen mörderischen Krieg als Folge ehelicher Untreue schildert –
wird uns das Hohelied der unbeirrbaren Lebensgemeinschaft zwischen Frau und Mann besungen, for richer or poorer, for better or
worse, bis daß der Tod uns scheide und vielleicht darüber hinaus, bis
wir uns drüben wiederfinden. Darum gehen wir mit, wenn uns der
Tod des Antinoos gleichsam in Zeitlupe vorgeführt wird:

(...) *Der war*
*Eben dabei seinen Becher mit doppelten Henkeln, den schönen,*
*Goldnen, zu heben und schwang ihn wirklich bereits mit den*
$\qquad\qquad\qquad\qquad\qquad\qquad\qquad$ *Händen;*
*Trinken wollt er vom Wein; denn er sorgte sich nicht im Gemüte,*
*Daß es ein Morden jetzt gäbe. Wer denkt unter schmausenden*
$\qquad\qquad\qquad\qquad\qquad\qquad\qquad$ *Männern,*
*Einer werde, und wär es der Stärkste, im Kreise von vielen,*
*Üblen Tod ihm und düsteres Schicksal planen und bringen?*
*Grad auf ihn aber zielte Odysseus und traf seine Gurgel*
*So, daß die Spitze des Pfeiles beim zarten Nacken herausstand.*
*Er aber sank auf die Seite, der Becher entfiel seinen Händen,*
*Tödlich war er getroffen; ein dicker Strahl seines Blutes*
*Schoß durch die Nase; den Tisch stieß schnell er von sich mit*
$\qquad\qquad\qquad\qquad\qquad\qquad\qquad$ *dem Fuße,*
*Schlug und fegte die Speisen zur Erde, daß Brote und Braten*
*Völlig verschmutzten.*[38]

Wie immer wir auch praktisch zu jenem Liebesideal stehen, wir
gehen doch mit, wenn es diese Radikalität annimmt. Odysseus
und Penelope umarmen einander gleichsam auf einem Haufen Leichen.

Das ist eben der Einwand. Ideale, absolut gesetzt, werden destruktiv. Das Königspaar, das seine Liebe über alles triumphieren ließ, hinterließ politische Agonie, Mord, Chaos. Liebe ist, ihrer redensartlichen Entelechie nach, einen anderen Menschen «über alles» zu lieben. Es gibt aber kein moralisch akzeptables «Über alles» in der Welt. Das läßt Homer im Abspann nach Showdown und Happy-End in den Versen 426 bis 438 des 24. Gesangs seiner *Odyssee* uns wissen.

Die Welt fügt sich nicht dem Wunsch nach ungestörtem Glück, und macht man die Welt sich fügen, mißrät es zum öffentlichen Unglück. So spiegelt der Dichter im Triumph einer Liebe über die Welt den Untergang einer Kultur, in der die aristokratischen Tugenden einer Kriegerkaste erst mörderisch, dann selbstmörderisch wurden.

# Warum Hagen Jung-Ortlieb erschlug

## Die Frage

*Dô sluoc daz kint Ortlieben Hágen der hélt guot. ...* – da erschlug Hagen, der wackere Held, das Kind Ortlieb.[1] Es ist eine fürchterliche Szene. Ob das Epitheton «guot» (tüchtig, wacker) nun eines in der Stilnachfolge Homers ist, wo das «göttergleich» ohne Ansehen der sonstigen Person verliehen wird, wenn nur der athletische Körperbau einigermaßen garantiert ist, oder ob der Dichter des Nibelungenliedes eine Pointe setzen wollte – in der Sache ist sie gegeben. Hagen, der wackere Held, tötet ein wehrloses Kind, und so hört sich das im Original an:

> *Dô sluoc daz kint Ortlíeben  Hágen der hélt gúot,*
> *daz im gegen der hende  ame swérte vlôz daz bluot,*
> *unt daz der küneginne  daz hóubet spránc in die schôz.*

Realistisch: das Blut fließt von der Klinge auf die Hände zu – er erhebt also das Schwert im Triumph, während der Kopf des Kindes Kriemhild in den Schoß springt. Dann

> *Huop sich under degenen  ein mort vil grimmec unde grôz*

beginnt das Gemetzel im Saal. Sie erinnern sich, was voraufgegangen war: Auf Kriemhilds Geheiß hatte Etzels Bruder Blödelin, während die burgundischen Ritter an Etzels Tafel sitzen, mit seinen Kriegern das Gefolge der Burgunden überfallen und alle bis auf einen, den Marschall Dankwart, niedergemetzelt. Bei diesem Kampf war auch kein Hunne übriggeblieben. Blutüberströmt, doch selber unverletzt,

stürmt Dankwart in den Festsaal und überbringt die Schreckens-
nachricht. Dann erfolgt der Mord an Jung-Ortlieb.

Die Frage, der ich im Folgenden nachgehen möchte, ist: warum begeht Hagen diese Meintat? Nicht alle stellen sie, Peter Wapnewski stellt sie in seiner wunderbaren Vorlesung nicht,[2] der Kommentar von Hoffmann[3] stellt sie nicht, sondern nur fest, daß hier
ein Mord und nicht die Tat eines Helden vorliegt. Ursula Schulze
schließlich schreibt: «der kleine Sohn wird zum exponierten Ziel
der Rache»,[4] und unterstellt so eine bloße Handlungsautomatik.
Aber ist Hagen einer, der so handelt? Der Dichter des Nibelungenlieds hat ihn bisher anders präsentiert. Er ist der Ratgeber seiner
Könige; er ist durchaus nicht nur erster Krieger, sondern auch Di-
plomat; er weiß sich im Zaume zu halten. Der Mord an Siegfried
war – wir werden es noch erörtern – Staatsraison. Was wäre der
Mord an einem Kind? – Der Kommentar von Grosse stellt die Frage
auch nicht, sondern merkt nur an, daß der Dichter diese Tat nicht
kommentiere.


## Zwei Antworten

Zwei mögliche Antworten hat der Soziologe Lars Clausen in
einem Gespräch über dieses Thema gegeben. Er wies darauf hin,
wie unzureichend die durch das Nicht-Stellen der Frage unterstellte Dynamik der Rache doch sei. Hagen reiße durch seine Tat
die Burgundenkönige ins Verderben, indem er ihnen die Rache
des bis zu diesem Zeitpunkt unengagierten Etzel auf den Hals lade.
Seine Argumentation (die ich mit seiner Erlaubnis hier zusam-
menfasse) geht davon aus, daß man Hagen nicht bloße Rachgier
und Unbesonnenheit unterstellen dürfe. Er ist der treue Ratgeber
und Vasall der Burgundenkönige, ein single-issue-man, wie sein
Kampf gegen den Freund Walther von Aquitanien und sein Mord
an Siegfried zeigen. Er hatte von der Reise ins Hunnenland ab-
geraten, aber als sich seine Herren nicht umstimmen ließen, ja
ihm unterstellten, er riete ab, weil er als Mörder Siegfrieds in erster
Linie um die eigene Haut fürchte, hatte er das Kommando über-

nommen, – und – «wie ein Fanfarenstoß» sagt Wapnewski[5], klinge
das:

*Dô reit von Tronege Hagene z'aller vorderôst*
*er was den Nibelungen ein helferlicher trôst*[6]

Da ritt Hagen von Tronje allen voran. Er war der Nibelungen Hilfe
und Zuversicht. – Diese Rolle als Regisseur (Wapnewski) des Geschehens auf Seiten der Burgunden wird er nicht mehr aufgeben –
bis zum Ende, bis zu seinem Ende. Unterstellen wir also, daß Hagen
bleibt, der er ist, als der er vom Dichter präsentiert wird, verläßlich
und treu, skrupellos nach unseren Maßstäben, aber alles andere als
irrational, von nur einem Ziel getrieben: für Leib, Leben und Ehre
seiner Könige zu handeln. Mithin, so Clausens Argument, könne
der Mord an Ortlieb keine Handlung sein, die geeignet wäre, das
Geschehen ins Mörderische zu treiben. Es müsse eine Handlung der
Deeskalation, nicht der Eskalation gewesen sein. Wie wäre das denkbar?

Was passierte, wenn die Burgundenkönige im Kampfe fielen, wer
wäre ihr Erbe? Die Antwort: über den Umweg der Mutter Kriemhild, der Schwester der Burgundenkönige, der Sohn Ortlieb.[7] Hagen
würde nach dieser Interpretation prophylaktisch ein zum Motiv der
Rache für den Mord an Siegfried hinzutretendes und sie zusätzlich
pointierendes anderes Motiv – der Sohn der Witwe wird König von
Burgund – außer Kraft setzen. Zu gewinnen – in einem profanen
Sinn – hätten weder Kriemhild noch Etzel etwas vom Tode der
Burgundenkönige.[8] Hagen verringere mit seiner Tat also die Risiko-
prämie des Kampfes mit den Burgunden und mindere damit das Es-
kalationsrisiko. – Soweit die erste Antwort. Die zweite, und beide
Antworten können einander ergänzen: Zunächst sei das Eskala-
tionsrisiko auf Seiten der Burgunden. Sie müssen den Tod ihres Gefolges rächen. Das wisse Etzel, und er wisse auch, daß das reziproke
Niedermetzeln einer entsprechenden Anzahl von Hunnengefolge
keine angemessene Vergeltung für den Bruch des Gastrechts wäre.
Etzel könnte also versucht sein, einem auf die eigene Familie zielen-
den Racheakt vorzubeugen und den Angriff auf die Burgundenkönige befehlen. Dem komme Hagen zuvor, indem er Etzels Sohn

töte und damit, bevor einer einen klaren Gedanken fassen könne, die Rache schon vollziehe: Sieh, das Schlimmste ist schon geschehen, wir sind quitt. «Also», so Clausen, «wird man Etzel durch die Ermordung seines Sohnes milder stimmen.» Das Gesetz der Talion, ihm so geläufig wie allen andern, sei gewahrt, und gleichzeitig werde ihm demonstriert, daß die Burgunden es nicht auf die Spitze treiben wollen.

Das Schöne an dieser Interpretation ist, daß sie das Geschehen nicht als blind ablaufendes Fatum auffaßt. Hagen ist kein blindwütiger Rächer, sondern ein Stratege. An diesen Einsichten möchte ich festhalten; aber dennoch überzeugt mich die Interpretation nicht. Mein Haupteinwand ist, daß es keinerlei Hinweis im Epos gibt, daß Hagen so raisonniert, wie unterstellt. Denn der Dichter läßt Hagen an anderer Stelle sein Handeln durchaus begründen, und auch wenn hier keine Zeit für Zwischenbetrachtungen seitens des zu schnellem Handeln genötigten Helden ist, so unterliegt der Dichter solchen Restriktionen ja nicht, und er ist zu Kommentaren sonst auch gerne bereit. Mein zweiter Einwand ist, daß es nicht funktioniert. Nehmen wir an, Hagens hypothetisches Raisonnement wäre für die zeitgenössischen Rezipienten des Nibelungenliedes so selbstverständlich gewesen, daß es des Hinweises seitens des Dichters nicht bedurft hätte – warum hat er sich dann so verschätzt? Warum versteht ihn Etzel nicht? Und warum kommentiert der Dichter dieses Nichtverstehen nicht?

## Noch einmal die Frage

Ich möchte das Problem anders angehen, aber im Auge behalten, daß es für das Handeln Hagens – das eigentlich nicht zu ihm zu passen scheint – einen guten Grund geben sollte. Zuvor möchte ich mir aber Kriemhilds Vorgehen ansehen, denn sie ist es, die Ortlieb in den Saal bringen läßt. Das wird vom Dichter kommentiert:

*Als den Degen Blödel entließ die Königin,*
*Daß er den Streit begänne, zu Tische ging sie hin*

*Mit Etzeln dem Könige und manchem Untertan.*
*Sie hatte schlimme Räte wider die Gäste getan (…).*

*Da nicht anders konnte erhoben sein der Streit*[9]
*Kriemhilden lag am Herzen begraben altes Leid,*
*Da ließ sie zu den Tischen tragen Etzels Sohn:*
*Wie konnt' ein Weib aus Rache wohl entsetzlicher tun?*[10]

Kriemhilds Auftrag an Etzels Bruder Blödelin und der Auftrag, den Sohn zu Tische zu holen, werden also in enge Beziehung gebracht, aber warum heißt es: *dô der strît niht anders kunde sîn erhaben*? Er ist doch schon, wenn auch noch nicht im Saal, im Gange? Geht es also Kriemhild darum, den Streit im Quartier des Gefolges *und* im Saal in Gang zu bringen? Das ergibt Sinn, denn ihre Feinde sind im Saal, der Angriff auf das Gefolge wäre dann nur eine Maßnahme, den burgundischen Rittern den Nachschub abzuschneiden. So also war Jung-Ortlieb tatsächlich das Mittel, den Kampf in der Festhalle zu provozieren?

In Fassungen des Stoffes, die vor der Synthese des um 1200 verfaßten Nibelungenliedes entstanden sind und ihr zu Grunde liegen, ist Hagens Tat klar motiviert und hat mit dem eben Erwähnten gar nichts zu tun. Jung-Ortlieb benimmt sich schlecht, ja er schlägt Hagen ins Gesicht. Daraufhin erschlägt Hagen erst ihn, dann dessen Erzieher. Daß letzteres auch in der «modernen» Fassung geschieht, und zwar ohne daß etwas vorgefallen wäre, für das den Erzieher irgendeine Schuld träfe, zeigt, daß hier in der Tat etwas stehengeblieben ist, ein archaischer Fremdkörper sozusagen, den der Dichter um 1200 nicht befriedigend hat integrieren können – ein «blindes Motiv» nennt man das. Manche Kommentare neigen dazu, mit diesem Hinweis das Gesamtproblem zu erledigen,[11] aber auch das scheint mir nicht befriedigend. Zwar ist nicht zu leugnen, daß bei der Neufassung des Stoffes dem Dichter allerlei Inkonsequenzen und Fehler unterlaufen sind. Aber dennoch sollte man nicht zu schnell bei der Hand sein, einen anzunehmen. Als Literaturwissenschaftler ist man ja gehalten, so lange nicht auf die Behauptung, der Dichter habe geschlampt, zurückzugreifen, solange man eine (nicht allzu gezwungene) Interpretation anbieten kann, die den scheinbaren Fehler als sinnvolles Textmanöver zu verstehen lehrt – die Kleist-Philologie weiß ein Lied davon zu singen. Ich gehe darum nicht von einer redaktionellen Schlamperei aus, auch nicht, was Hoffmann anzunehmen scheint, davon, daß sich der Dichter plötzlich selbst nicht mehr verstanden habe,[12] sondern davon, daß der Dichter ein grobes Motiv der Vorlage gemäß den eigenen Intentionen verfeinert hat.

Der Dichter betont, daß Kriemhild Hagens Tat provozieren will, und das entspricht ihrem Wesen – jedenfalls so, wie es im zweiten Teil des Nibelungenliedes entworfen wird. Sie ordnet der Rache alles andere unter, warum nicht den Sohn aus der Ehe mit einem Ungeliebten, die sie nur – das jedenfalls argwöhnt Hagen von Anfang an – eingeht, um nach dem Verlust des Nibelungenschatzes wieder über Ressourcen zu verfügen, die sie instand setzen können, ihre Ziele weiterzuverfolgen. Man wird auch feststellen, daß sie mit der Opferung des Sohnes Erfolg hat. Die Bitte um Frieden, die die Burgunden später vortragen, wird von Etzel zurückgewiesen:

*Er sprach zu den Gästen: «Sagt, was begehrt ihr mein?*
*Wollt ihr Frieden haben? Das könnte nun schwerlich sein*

*Nach so großem Schaden als ihr mir habt getan.*
*Es kommt euch nicht zustatten so lang ich atmen kann:*
*Mein Kind, das ihr erschluget und viel der Freunde mein,*
*Fried und Sühne soll euch stets dafür verweigert sein.»*[13]

Dieses Ergebnis von Hagens Tat macht sie nun eben besonders rätselhaft. Wen man Clausen in seiner Interpretation, der Mord sei im Grunde als Versuch einer Deeskalation gedacht, nicht gerade darum nicht folgen will, weil Etzel sie nicht so versteht, muß man zugeben, daß sie eine Eskalation darstellt. Man kann Kriemhild unterstellen, daß sie die Eskalation will. Der Dichter macht das unmißverständlich klar. Man kann aber Hagen nicht unterstellen, daß er sich – und sei es aus Unbeherrschtheit – zu Kriemhilds Werkzeug macht.

Kriemhild und Hagen verfolgen klare Ziele. Kriemhild will Hagens Tod. Hagen will, daß die Könige der Burgunden Kriemhilds Einladung überstehen. Der mögliche Ausweg, daß Hagen sich für seine Könige opfert, ist durch die ritterlichen Auffassungen von Treue verstellt. Kriemhild und Hagen verfolgen zur Erreichung ihrer Ziele jeweils eigene Strategien. Sie überkreuzen sich im Akt des Mordes an Ortlieb. Aber Hagen tut, was er tut, nicht aus den Gründen, die Kriemhild, damit ihre Strategie erfolgreich ist, unterstellt. Zwar sind sich beide darin einig, daß dieser Mord Etzel provozieren muß. Aber beide unterstellen diese Absicht einander wechselseitig nicht, weil sie in ihren jeweiligen Strategien einen unterschiedlichen Stellenwert hat. Für Hagen soll diese Provokation die Rettung der Burgunden bringen, für Kriemhild ihren Untergang, aber anders, als er sich dann letztlich vollzieht. Rekonstruieren wir zunächst Kriemhilds Strategie.

Ihr Zentrum ist, noch einmal, Hagen. Sie will seinen Tod, Giselhers, des jüngsten der Könige, will sie nicht, auf Gernots und Gunthers Tod kann sie zur Not verzichten. Hagen ist ihr Feind, aber Hagen ist auch ihr feind, und er ist es nicht erst seit der Ermordung Siegfrieds. Die Feindschaft Hagen/Kriemhild überspannt beide Teile des Nibelungenlieds, und sie ist das eigentliche Thema des Epos – eine Handschrift aus dem 14. Jahrhundert nennt es «Das Buch Kriemhild», biblisch gleichsam à la «Das Buch Esther». Die Feindschaft Kriemhild/Hagen datiert nicht erst aus dem Streit Kriemhilds mit Brünhild um den gesellschaftlichen Vorrang, sondern ist bereits angelegt in Siegfrieds erstem Auftreten in Worms. Er trägt nämlich eine Fehde an:

«Von wannen edler Siegfried, ihr kamt in dieses Land,
Oder was ihr wollet suchen zu Worms an dem Rhein?»
Da sprach der Gast zum König: «Das soll euch unverhohlen sein.»

«Ich habe sagen hören in meines Vaters Land,
An eurem Hofe wären, das hätt ich gern erkannt,

*Die allerkühnsten Recken, so hab ich oft vernommen,*
*Die je gewann ein König: darum bin ich hierher gekommen.»(...)*

*«Wenn ihr denn so kühn seid wie euch die Sage zeiht,*
*So frag ich nicht, ists jemand lieb oder leid:*
*Ich will von euch erzwingen was euch angehört,*
*Das Land und die Burgen unterwerf ich meinem Schwert.»*[14]

Es ist Ortwin, Hagens Neffe, der daraufhin kämpfen will. Hagen,
kein Draufgänger, außerdem einer, der um Siegfrieds Stärke weiß,
hält sich zurück, worauf der Ortwin zum Kampfe fordert. Es
kommt nur darum nicht zum Kampf, weil Gernot ihn ausdrücklich
untersagt:

*Nach Schwertern rief da heftig von Metz Herr Ortewein:*
*Er durfte Hagens Schwestersohn von Tronje wahrlich sein.*
*(...) Da sprach zum Frieden Gernot, ein Ritter kühn und allbereit:*

*«Laßt euer Zürnen bleiben», hub er zu Ortwein an,*
*«Uns hat der edle Siegfried noch solches nicht getan;*
*Wir scheiden es in Güte wohl noch, das rat ich sehr,*
*Und haben ihn zum Freunde; es geziemt uns wahrlich mehr.»*

Jetzt mischt sich Hagen ein:

*Da sprach der starke Hagen: «Uns ist billig leid*
*Und allen euren Degen, daß er je zum Streit*
*Kam an den Rhein geritten: was ließ er das nicht sein?*
*So übel nie begegnet wären ihm die Herren mein.»*

*Da sprach wieder Siegfried, der kraftvolle Held:*
*«Wenn euch, was ich gesprochen, Herr Hagen, mißfällt,*
*So will ich schauen lassen, wie noch die Hände mein*
*Gedenken so gewaltig bei den Burgunden zu sein.»*

Und:

*«Warum zögert Hagen und Ortewein?» (...)*
*Sie blieben Antwort schuldig, das war Gernotens Rat.*[15]

Das war das, was ich die erste «Hagen-Krise» nennen möchte. Hagen hat die Provokation Siegfrieds nicht einfach hingenommen. Er hat – verbal – die Ehre seiner Könige verteidigt und hat sich von Gernot gewissermaßen zurückpfeifen lassen. Wenn da etwas bleibt, ein kleiner Makel, daß er nicht gegen Siegfried gekämpft hat, so an ihm; das mag hingehen, sein Amt ist so beschaffen, daß dergleichen vorkommt. Die Burgunden wollen mit Siegfried keinen Krieg, sie werden sich – auch auf Grund von Hagens Rat – seiner Stärke zu bedienen wissen, und am Ende, wir wissen es, bekommt Siegfried Kriemhild zur Frau. Aber vorher findet die bekannte Brünhild-Affaire statt: Siegfried hilft Gunther nicht nur, Brünhild im Wettkampf zu besiegen, sondern auch noch im Brautbett. Gleichzeitig hatte sich Siegfried als Lehnsmann Gunthers ausgegeben (vielleicht, um gar nicht erst als möglicher Mitbewerber in Brünhilds Betracht zu kommen), und Brünhild empfindet die Heirat ihrer Schwägerin mit einem Mann, der dem ihren nicht ebenbürtig ist, als Schande, die auf sie zurückschlägt. Als nun Siegfried und Kriemhild in Siegfrieds Stammlande aufbrechen, will diese das nicht als Ehefrau, sondern als mit ihren Brüdern gleichberechtigte Königin.[16] Sie verlangt die Übereignung ihres Erbteils – und das bedeutet, den gemeinsamen Besitz entscheidend zu vergrößern, und zwar auf Kosten des Burgundenlandes:

> *Sie sprach zu ihrem Manne: «Wann sollen wir nun fahren?*
> *So sehr damit zu eilen will ich mich bewahren:*
> *Erst sollen mit mir teilen meine Brüder dieses Land.»*

Giselher ist sofort bereit:

> *«Wir wollen auch mit euch teilen», sprach Geiselher das Kind,*
> *«Das Land und die Burgen, die unser eigen sind,*
> *Und was im weiten Reiche uns ist untertan»,*

aber Siegfried ist nicht einverstanden:

> *«Gott laß euch euer Erbe gesegnet immer sein,*
> *Und auch die Leute drinnen: es mag die liebe Fraue mein*
> *Des Teils wohl entraten, den ihr ihr wollet geben»*

Denn sie sei ohnehin reicher *als wer ist auf der Welt.*[17] Darauf kommt es zur zweiten Hagen-Krise, denn Kriemhild verlangt als Ausgleich für den von Siegfried verordneten Verzicht einen Anteil an den burgundischen Lehnsleuten. Sie wiederholt ein wenig Siegfrieds Initialprovokation:

*Da sprach König Gernot: «Nimm die du willst mit dir.*
*Die gerne mit dir reiten, du findest viele hier.*
*Von dreißig hundert Recken nimm dir tausend Mann*
*Zu deinem Hausgesinde.» Kriemhild zu senden begann*

*Nach Hagen von Tronje und nach Ortwein,*
*Ob sie und ihre Freunde Kriemhildens wollten sein?*
*Da gewann darüber Hagen ein zorniges Leben:*
*Er sprach: «Uns kann Gunther in der Welt an niemand vergeben.*

*Ander Ingesinde nehmt zu eurer Fahrt;*
*Ihr werdet ja wohl kennen der Tronejer Art.*
Wir müssen bei den Königen bleiben auch fortan
*Und denen ferner dienen, deren Dienst wir stets versahn.»*[18]

und das ist ja schon etwas wie ein Vorausblick in die finale Katastrophe – ein Stilmittel, das der Dichter so liebt. Er zeigt Kriemhild, die von Hagen am Ende «valandinne», Teufelin, genannt werden wird, als eine Frau, die aus bloßem Mutwillen – oder aus Selbst- und Machtbewußtsein – die Stabilität des Burgundenreiches untergraben will. Damit ist die Feindschaft mit Hagen, jenseits aller Psychologie, nur auf Grund von dessen Rolle, festgeschrieben.

Es folgt der zweite Teil der Brünhild-Affaire. Als Siegfried und Kriemhild einmal wieder in Worms weilen und Siegfried sich in Kampfspielen hervortut, wiederholt Kriemhild gegenüber der Schwägerin die Provokation Siegfrieds bei seinem ersten Auftritt in Worms:

*Da sprach die schöne Kriemhild: «Ich hab einen Mann,*
*Dem wären diese Reiche als billig untertan.»*[19]

Daraufhin verlangt Brünhild, daß Siegfried, der sich, wie erwähnt, bei der Brautwerbung als Lehnsmann ausgegeben hatte, ihr und ihrem Mann endlich den Dienst leiste, zu dem er verpflichtet sei. Der Streit eskaliert und schließlich soll die Probe aufs Exempel gemacht werden: wer die Höherstehende sei, werde man morgen beim Gang ins Münster sehen. Vor dem Münster kommt es nun zu der ebenso berühmten wie pikanten Szene, daß Brünhild der vermeintlichen Frau eines Leibeigenen (sie übersteigert die Zuschreibung «Lehnsmann») den Vortritt verwehrt, und Kriemhild ihr vorhält, wenn Siegfried ein Leibeigener sei, so sei sie, Brünhild, die Kebse eines Leibeigenen:

> «Wen willst du hier verkebsen?» sprach des Königs Weib.
> «Das tu ich dich», sprach Kriemhild: «deinen schönen Leib
> Hat Siegfried erst geminnet, mein geliebter Mann»[20]

Zum Beweis ihrer Behauptung weist sie dann Ring und Gürtel vor, die Siegfried, nachdem er Brünhild für Gunther sagen wir: zurechtgelegt hatte, hatte mitgehen heißen und später beides Kriemhild geschenkt. Dieser Streit der Königinnen führt zur dritten Hagen-Krise. Der Dichter führt uns einen Hagen von Tronje vor, der nach der zweimaligen Provokation wie Cato d. Ä. so lange sein ceterum censeo sagt, bis Gunther und Gernot der Ermordung Siegfrieds zustimmen. Es ist darauf hingewiesen worden, daß Hagens Argumentation nicht konsistent sei, auch blinde Motive aus früheren Textschichten enthalte.[21] Das spielt aber für die Argumentation, um die es mir hier geht, keine Rolle, denn entscheidend ist, worauf Hagen reagiert, nicht wie er die seiner Meinung nach zu ziehenden Konsequenzen begründet. Siegfried hatte die Könige der Burgunden herausgefordert, und Kriemhild hatte sich der Präzedenz dieser ersten Herausforderung bedient, um ihre Selbständigkeit auf Kosten der Königsbrüder zu begründen. Einen Teil der Länder wollte sie, und als ihr Mann, längst im Frieden mit Gunther, Gernot und Giselher, auch mit Hagen und Ortwin, ihr diesen Anspruch zu erheben verbot, folgte ihr Begehren, Hagen, das Rückgrat der burgundischen Macht, sich unterzuordnen, und sich damit sowohl als Frau des mächtigeren Siegfried über die Brüder aufzuwerfen, als auch deren Macht tatsächlich zu schwächen. Ihre Versuche, die Stabilität des Regimes der drei Burgundenkönige aufs Spiel des eigenen Machtgenusses als Frau des größten zuhandenen Helden zu setzen, waren vergeblich, jetzt tut sie es noch einmal, und Siegfried spielt eine zweideutige Rolle, denn er verkennt den Ernst der Lage. Schließlich hat er durch seine indiskrete Prahlerei die Angelegenheit möglich gemacht, und nun versucht er sie dadurch unter den Teppich zu kehren, daß er sie als Weibergezänk abtun möchte:

> «*Man soll so Frauen ziehen*», *sprach Siegfried der Degen,*
> «*Daß sie üppige Reden lassen unterwegen.*
> *Verbiet es deinem Weibe, ich will es meinem tun.*»[22]

Gunther nimmt diese Lesart an – er agiert damit als Privatmann und nicht als König. Und also faßt Hagen ihn nicht am Portepée, sondern bei seinen problematischen Charaktereigenschaften, etwa seiner Geldgier und seiner immer wieder durchbrechenden Feigheit. Das sind Züge, die – die Sage von Walther und Hildegunde, auf die das Nibelungenlied an anderem Ort anspielt, zeigt das – zur epischen Person Gunthers gehören. Insofern kommt es bei Hagens manipulativer Rhetorik nicht darauf an, ob seine Gründe eine insgesamt konsistente Argumentation abgeben, sondern darauf, ob sie geeignet sind, den «Typus Gunther» zu überzeugen. So bringt er den Gewinn des Nibelungenschatzes als Mordmotiv mit ein.

Hagen bedient sich der bekannten List, um Siegfrieds verwundbare Stelle herauszufinden, und vollzieht den Mord. Man wird den «Typus Hagen» ebenso wenig wie die vom Dichter individualisierte Gestalt Hagens verstehen, wenn man unterstellt, es wäre um Siegfried gegangen. Es geht um Kriemhild und darum, ihr das Instrument der Destabilisierung – man kann sich auf Siegfried diesbezüglich trotz seines seit der Initialprovokation gemäßigten Benehmens nicht verlassen – zu nehmen. Solange Siegfried lebt, kann sich eine Szene wie die vor dem Münster jederzeit wiederholen und vor allem: so lange er lebt, gibt es keine Möglichkeit, das permanente Risiko Kriemhild auszuschalten. Das demonstriert Hagen, indem er ihr

Siegfrieds Leiche vor die Tür legt. Das hieß: um dich ging es, nicht um ihn.

Allerdings bleibt Kriemhild ein Macht- und Störfaktor. Sie besitzt den Nibelungenschatz. Hagen rät Gunther dazu, sich mit Kriemhild auszusöhnen, damit diese den Schatz nach Worms bringen lasse. Es geschieht so. Gunthers Goldgier siegt über sein Schamgefühl. Als der Schatz in Worms ist, beginnt Kriemhild, ihn zu nutzen:

> *Als sie den Hort nun hatte, da bracht es in das Land*
> *Viel der fremden Recken (...)*

> *Den Armen und den Reichen zu geben sie begann,*
> *Hagen sprach zum König: «Läßt man sie so fortan*
> *Noch eine Weile schalten, so wird sie in ihr Lehn*
> *So manchen Degen bringen, daß es uns übel muß ergehn.» (...)*

> *Hagen sprach zum König: «Vertraut ein kluger Mann*
> *Doch solche Schätze billig keiner Frauen an.*
> *Sie bringt es mit Gaben wohl noch an den Tag,*
> *Daß es sehr gereuen die kühnen Burgunden mag.*

> *Da sprach König Gunther: «Ich schwur ihr einen Eid,*
> *Daß ich ihr nie wieder fügen wollt ein Leid,*
> *Und will es künftig meiden: sie ist die Schwester mein.»*
> *Da sprach wieder Hagen: «Laßt mich den Schuldigen sein.»*[23]

> Dô sprach aber Hagene: «lat mich den schúldigen sin.»

Die Königsbrüder gehen kurz außer Landes

> *Hagen nur alleine verblieb um seinen Haß,*
> *Den er Kriemhilden hegte: ihr zum Schaden tat er das.*

Der «Haß» Hagens ist, der Dichter hat es deutlich gemacht, das, was wir heute Staatsraison nennen würden.

> *Eh der reiche König wieder war gekommen,*
> *Derweil hatte Hagen den ganzen Schatz genommen:*

*Er ließ ihn bei dem Loche versenken in den Rhein.*
*Er wähnt', er sollt ihn nutzen; das aber konnte nicht sein.*

*Die Fürsten kamen wieder, mit ihnen mancher Mann.*
*(...) Sie sprachen einhellig: «Er hat nicht wohlgetan.»*[24]

Man beachte die renaissancehafte Hypokrisie der Burgundenkönige (auch Giselhers), denn die Reise war einzig und ausdrücklich
zu dem Zwecke unternommen worden, Hagen die Möglichkeit zu
geben, den Schatz zu versenken.[25]

Hagen versucht auch, Kriemhilds Heirat mit dem Hunnenkönig
Etzel zu verhindern, denn er sieht in ihr einen Versuch, sich erneut
mögliche Unterstützung zum Schaden der Burgunden zu verschaffen:

*«Wenn ihr Etzeln kenntet wie ich und seine Macht,*
*Und ließt ihr sie ihn minnen, wie ich euch höre sagen,*
Das müßtet ihr vor allen mit großem Rechte beklagen (...)*

*«Daß ich das wohl erkenne, das sei euch frei bekannt.*
*Und sollte sie Etzel nehmen und kommt sie in sein Land,*
*Wie sie es fügen möge, viel Leid tut sie uns an.*
*Wohl kommt in ihre Dienste da mancher waidliche Mann»*

Vergeblich:

*Dawider sprach zu Hagen der kühne Gernot:*
*«Es mag dabei verbleiben bis an beider Tod,*
*Daß wir niemals kommen in König Etzels Land.»*[26]

Gernot hat selbst das Untergangsszenario beschrieben, die Reise der
Burgundenkönige in Etzels Land. Auf dieses setzt Kriemhild mit
ihrer Einladung Jahre später. Hagen versucht, die Reise zu verhindern, als er dies nicht kann, versucht er bis zuletzt, die Katastrophe
zu vermeiden – die Reise der Burgunden ins Hunnenland ist kein
apokalyptischer Zug in den Tod. Doch dazu gleich.

Als die Burgunden in Etzels Burg angekommen sind, versucht Kriemhild, Hagen ermorden zu lassen, aber es finden sich keine Krieger, die mutig genug wären, dies zu unternehmen. So überredet sie schließlich Etzels Bruder Blödelin, das burgundische Gefolge zu überfallen. Etzel, den sie zu einem Bruch der Gastfreundschaft nicht überreden könnte, weiß davon nichts. In der Festhalle versucht sie inzwischen, Hagen zu einer Tat zu provozieren, die Etzel dazu bringen *muß*, Hagen töten zu lassen. Sie benutzt dazu den gemeinsamen Sohn. Wie?

Vor Siegfrieds Tod schildert der Dichter Kriemhild als Naive.[27] Nach seinem Tod wird sie zur Planerin. Die Rache siegt über den Vorsatz, keinen andern Mann als Siegfried je zu lieben. Etzels Brautwerber, Rüdiger von Bechelaren, versucht, ihr die Angst vor dem Aufenthalt in der heidnischen Fremde zu nehmen, aber sie hört eine andere Möglichkeit heraus und verpflichtet sich Rüdiger durch einen Eid – wozu, weiß er noch nicht:

Er sprach zu der Königin: «Laßt euer Weinen sein;
Hättet ihr bei den Heunen niemand als mich allein,
*Meine getreuen Freunde und die mir untertan,*
*Er sollt es schwer entgelten, hätt euch jemand ein Leid getan.»*

*Davon ward erleichtert der Frauen wohl der Mut.*
*Sie sprach: «So schwört mir, Rüdiger, was mir jemand tut,*
*Ihr wollt der erste werden, der rächen will mein Leid.»*
*Da sprach zu ihr der Markgraf: «Dazu bin ich, Frau, bereit.»*

*dô sprach der marcgrâve: «des bin ich, vróuwé, bereit.»*

Eine in ihrer Schlichtheit ungeheuer wuchtige Stelle, die etwas einleitet, das, obwohl die Idee der Tragödie dem Mittelalter fern gewesen ist, als größtmögliche Annäherung an einen tragischen Konflikt gelesen werden muß.

*Mit allen seinen Mannen schwur ihr da Rüdiger,*
*Ihr immer treu zu dienen, und daß die Recken hehr*
*Ihr nichts versagen wollten in König Etzels Land,*
*Was ihre Ehre heische: das gelob' ihr Rüdigers Hand.*

*Da gedachte die Getreue: «Wenn ich gewinnen kann*
*So viel steter Freunde, so seh ichs wenig an,*
*Was auch die Leute reden in meines Jammers Not.*
*Vielleicht wird noch gerochen meines lieben Mannes Tod.»*

*Sie gedachte: «Da Herr Etzel der Recken hat so viel,*
*Denen ich gebiete, so tu ich was ich will.*
*Er hat auch solche Schätze, daß ich verschenken kann;*
*Mich hat der leide Hagen meines Gutes ohne getan.»*[28]

Sie weiß, was sie tut, und wofür es gut sein wird. Sie weiß es, als sie in
Worms die Brautwerbung annimmt, sie weiß es, als sie ihre Brüder
einlädt in dem Wissen, daß Hagen sie begleiten wird. Sie weiß aber
auch, daß die Burgunden selbstbewußt genug sind, zu meinen, trotz
allen Machtaufgebots auf Kriemhilds Seite mit heiler Haut aus der
Sache herauszukommen, und also will sie während des Gastmahls
Hagen demonstrieren, daß das nichts nützt. Sie präsentiert Hagen
in Gestalt ihres Sohnes Ortlieb die Fortsetzung der Drohung für die
Stabilität der Herrschaft der Burgunden-Könige. Die Botschaft
lautet: es nützt euch nichts, zu überleben, so lange mein Sohn lebt.
So will sie Hagen, dessen Loyalität – *lát mich den schúldigen sin* – zu
seinen Königen sie kennt, zur Meintat zwingen. Er soll als wackerer
Held tun müssen, was einem wackeren Helden normalerweise nicht
gut zu Gesicht stünde:

*Als den Degen Blödel entließ die Königin,*
*Daß er den Streit begänne, zu Tische ging sie hin*
*Mit Etzeln dem Könige und manchem Untertan.*
*Sie hatte schlimme Räte wider die Gäste getan (…).*

*Da nicht anders konnte erhaben sein der Streit,*
*Kriemhilden lag im Herzen begraben altes Leid,*
*Da ließ sie zu den Tischen tragen Etzels Sohn:*
*Wie konnt ein Weib aus Rache wohl entsetzlicher tun?*

*Da kamen vier gegangen aus Etzels Ingesind*
*Und brachten Ortlieben, das junge Königskind,*
*Den Fürsten an die Tafel, wo auch Hagen saß.*
*Das Kind mußt ersterben durch seinen mordlichen Haß.*

*Als der reiche König seinen Sohn ersah,*
*Zu seinen Frauen Brüdern gütlich sprach er da:*
*«Nun schaut, meine Freunde, das ist mein einzig Kind,*
*Und das eurer Schwester, von dem ihr Frommen einst gewinnt.*[29]

*Gerät es nach dem Stamme, es wird ein starker Mann,*
*Reich dazu und edel, kühn und wohlgetan.*
*Erleb ich es, ich geb ihm zwölf reicher Könige Land:*
*So tut euch wohl noch Dienste des jungen Ortliebens Hand.*

*Darum bät ich gerne euch lieben Freunde mein,*
*Wenn ihr heimwärts reitet wieder an den Rhein,*
*Daß ihr dann mit euch nehmet eurer Schwester Kind;*
*Und seid auch dem Knaben immer gnädig gesinnt.*

*Erzieht ihn nach den Ehren bis er gerät zum Mann:*
*Hat euch in den Landen jemand ein Leid getan,*
*So hilft er euch es rächen, erwuchs ihm erst der Leib.»*
*Die Rede hörte Kriemhild mit an, König Etzels Weib.*[30]

Denn diese Rede hatte sie erwartet: so reden nämlich Könige von ihren Söhnen. Man beachte bei dieser Rede die etzelgemäße herrscherliche Anmaßung, die sich in Bescheidenheit verbirgt. Ortlieb soll in Worms zum Ritter erzogen werden, und zum Dank werde er treu zu den Burgunden stehen – ist damit Heeresfolge gemeint? Gewiß nicht. Gemeint ist, daß Ortlieb als König der Hunnen den Burgunden dort wird helfen können – wie Siegfried im Krieg gegen die Sachsen – wo ihre Macht begrenzt ist. Nicht umsonst wird auf ein Reich von zwölf Ländern, das er erben werde, angespielt. Ortlieb wird Erbe einer Großmacht sein und den Burgunden wird ein Freundschaftsvertrag angeboten, in dem die Machtrelation klar ist. Die Freundschaft mit dem Hunnenreich ist eine Schutz- und damit nach feudalem Verständnis eine Abhängigkeitsofferte.

Kriemhilds Botschaft ist eindeutig: wenn du, Hagen, zu Ende führen willst, was du angefangen hast, als du dich weigertest, deine Loyalität auf Siegfried und mich zu übertragen, wenn du zu Ende führen willst, was du mit dem Mord an Siegfried fortgesetzt hast, wenn du zu Ende führen willst, was du fortgesetzt hast, als du den Nibelungenhort stahlst, was du fortsetzen wolltest, als du versucht hast, meine Heirat mit Etzel zu verhindern, und was du nun versuchst, indem du nach einem Weg suchst, euch allen die Haut zu retten, wird – auch wenn du Erfolg haben solltest – alles vergeblich gewesen sein, wenn Ortlieb Etzels Erbe antritt.

Was Kriemhild will, findet statt: Hagen tötet Ortlieb. Aber er tut es nicht aus dem Grund, den sie wie einen Köder auswirft. Wenn Kriemhild Hagen richtig berechnet hätte, wäre sie nicht die, die sie ist. Sie hat in all den Jahren den Politiker Hagen kennengelernt, den Mörder auch, der aus politischer Raison einen Meuchelmord begeht, aber sie hat in all der Zeit nicht den Krieger kennengelernt. Sie wollte den Politiker provozieren, damit er als Krieger einen Fehler mache und einen Präventivschlag unternehme, der ihn und den Königen den Hals kosten werde. Eine künftige Bedrohung, so rechnet sie, wird er abwenden wollen und übersehen, daß er dabei in eine Falle tappt. Aber Hagen tötet Ortlieb weder als Politiker noch im Affekt, sondern als Krieger. Seine Logik ist nicht ihre, obwohl beide Logiken in der Ermordung eines Kindes konvergieren. Wenden wir uns Hagens Strategie zu.

## Hagens Strategie

Nachdem er seinen Herren den Zug ins Hunnenland nicht hatte ausreden können, hatte er auf militärische Stärke gesetzt und das Kommando übernommen:

«*Wenn ihr's euch unterwindet, so entbietet euer Heer,*
*Die Besten, die ihr findet und irgend wißt umher,*
*Aus ihnen allen wähl' ich dann tausend Ritter gut:*
*So mag euch nicht gefährden der argen Kriemhild Mut.*»

*Hagen wählte tausend, die waren ihm bekannt;*
*Was sie in starken Stürmen gefrommt von ihrer Hand*
*Und sonst begangen hatten, das hatt' er oft gesehn*[31]

Er läßt die Abreise der Gesandten Kriemhilds verzögern, damit sich diese nicht auf die Menge anrückender Krieger vorbereiten kann:

*Die Boten Kriemhildens der Aufenthalt verdroß;*
*Die Furcht vor ihrem Herren war gewaltig groß:*
*Sie hielten alle Tage um den Urlaub an.*
*Den gönnt' ihnen Hagen nicht: das ward aus Vorsicht getan.*

*Er sprach zu seinem Herren: «Wir wollen uns bewahren,*
*Daß wir sie reiten lassen, bevor wir selber fahren*
*Sieben Tage später in König Etzels Land:*
*Trägt man uns argen Willen, das wird so besser gewandt.*[32]

Dann setzt er sich an die Spitze:

*Dô reit von Tronege Hagene  z'aller vorderôst*
*Er was den Nibelungen  ein helferlicher trôst.*[33]

*Da ritt von Tronje Hagen den andern all zuvor:*
*Er hielt den Nibelungen zumal den Mut empor.*[34]

Es folgt die Sache mit der Prophezeiung der Flußnymphen. Sie weissagen, daß niemand den Hunnenzug überleben werde – «bis auf den Kaplan des Königs». Hagen macht die Probe aufs Exempel, wirft den Kaplan ins Wasser und versucht, ihn zu ertränken. Der aber ertrinkt nicht, sondern entkommt ans andere Ufer. Ein klassisches Motiv: der Versuch, die Vorhersage zu widerlegen, führt zu ihrer Erfüllung. Der Nibelungendichter tut nun dreierlei: einmal läßt er Hagen denken:

Diese degene  müezen verlíesen den lîp

Diese Krieger müssen ihr Leben verlieren[35] – zweitens läßt er ihn die Schiffe zerstören – und drittens auf die Frage, warum er das tue, antworten: um eventuellen Feiglingen den Rückweg zu verlegen. Diese Bemerkung wird nun von Volker von Alzey, Hagens Freund, der sich freiwillig für den Hunnenzug gemeldet hatte, ausdrücklich gebilligt. Volker aber weiß von der Prophezeiung nichts. Also hat die Zerstörung der Schiffe auch noch einen anderen als den möglichen fatalistischen Sinn, daß nicht ausgerechnet die Feiglinge mit dem Leben davonkommen sollen. In der Tat ist die Geste dadurch sozusagen geadelt, daß sie den Beginn von Alexanders Feldzug gegen das Reich des persischen Großkönigs markierte – von hier an gibt es nur noch eine Richtung: nach vorn! Die Angelegenheit ist ambivalent. Die Katastrophe ist möglich und wahrscheinlich – wenn sie abgewendet werden kann, dann nur durch zielgerichtete Aggressivität. Hagen hält das Schlimmste für möglich, aber ist, wie an anderer Stelle betont,[36] doch nicht der Mann, Vorhersagen ohne weiteres zu glauben. Hagen reitet dem Zug nicht voller Siegeszuversicht voran, aber doch so wie einer, der das Schicksal vielleicht noch zwingen kann, und so verengt sich seine Strategie aufs rein Kriegerische, dort, wo Sieg und Niederlage unter dem Aspekt der Ehre beinahe eines sind, wenn man sich denn wacker schlägt. Ob nun Hagen auf Sieg oder auf ehrenvollen Untergang setzt – seine Strategie ist im einen wie im anderen Fall dieselbe. Der Politiker Hagen hat beschlossen, allein auf die militärische Option zu setzen. Darum ist der Politiker Hagen für Kriemhild nicht mehr erreichbar.

In Bechelaren machen sie auf Rüdigers Burg Halt. Dramatisch das retardierende Moment. In der Person Rüdigers begegnen sich zum ersten Mal Kriemhilds und Hagens Strategien. Kriemhild hatte, wie oben zitiert, Rüdiger per Eid an sich gebunden. Hagen läßt Gunther Rüdigers Gastfreundschaft erbitten, und der, der von Kriemhilds strategischen Überlegungen nichts weiß, gewährt sie und geht damit eine Schutzverpflichtung den Burgunden gegenüber ein. Zudem schließt er persönliche Freundschaft mit ihnen. Seine Tochter wird mit Giselher verlobt. Es ist Hagen, der das einfädelt. Aus einer Höflichkeit – Volker sagt, wenn er ein König wäre, er würde Rüdiger um die Hand seiner Tochter bitten, und Gernot pflichtet bei: wenn er ans Heiraten dächte, dann ... –, worauf Hagen:

*«Nu sol mîn herre Gîselher  nemen doch ein wîp:*
*ez ist sô hôher mâge  der marcgrâvinne lîp,*
*daz wir ir gerne dienten,  ich unde sîne man,*
*und solches' under krône  dâ zen búrgónden gân.»*

*«Nun soll sich doch beweiben mein Herr Giselher:*
*Es ist so hohen Stammes die Markgräfin hehr,*
*Daß wir ihr gerne dienten, ich und all mein Lehn,*
*Wenn sie bei den Burgunden unter Krone sollte gehen.»*

Kurz: Hagen macht Bündnispolitik. Er verpflichtet sich Etzels mächtigen Lehnsmann, indem er sich und seine Lehnsleute zu künftigem Dienste an Schwiegersohn und Tochter verpflichtet. Geschenke werden gemacht. Gunther erhält eine Rüstung, Gernot ein Schwert, Hagen wählt sich sein Geschenk selbst:

*«Alles des ich je gesach»,  sprach dô Hagene,*
*«sone gért ich niht mêre  hinnen ze tragene*
*niwan jenes schildes  dort an jener want.*
*Den wolde ich gerne füeren  an daz Étzélen lant.»*[37]

*«Alles, was ich je gesehn,» entgegnete Hagen,*
*«So begehr ich nichts weiter von hinnen zu tragen*
*Als den Schild, der dorten hängt an der Wand:*
*Den möchte ich gerne führen mit mir in der Heunen Land.»*[38]

Damit ist nach Hagens Kalkulation Rüdiger – verschwägert und durch Geschenke als Gastgeber gebunden – als Gefahrenquelle ausgeschaltet. – Auf der Etzelburg läßt Hagen einerseits keine Vorsichtsmaßnahme außer Acht. Er sorgt dafür, daß man – zum Befremden der hunnischen Gastgeber – in Waffen den Gottesdienst besucht, und bereits in der ersten Nacht stehen er und Volker Wache. Vom Dichterischen her betrachtet ein durchaus poetischer Einschub – Volker singt den Burgunden ein Schlaflied:

*Dô klungen sîne seiten,  daz al daz hus erdôz.*
*Sîn ellen zuo der fuoge  diu beidiu wâren grôz.*

*ie süezer und senfter videln er begin:*
*do entswébte er àn den betten vil manegen sórgénden man.*[39]

«Lyrik in Eisen» nennt Peter Wapnewski das,[40] Simrock übersetzt
so:

*Da tönten seine Saiten, daß all das Haus erscholl;*
*Seine Kraft und sein Geschicke die waren beide voll.*
*Süßer und sanfter zu geigen hub er an:*
*So spielt er in den Schlummer gar manchen sorgenden Mann.*[41]

Andererseits legt Hagen es sofort auf Kampf und Eskalation an.
Hagen und Volker sitzen vor dem Haus, in dem die Burgunden ein-
quartiert sind. Kriemhild geht an ihnen vorbei, und trotz des höf-
lichen Volker Mahnung steht er nicht auf, wie es die Sitte gebietet,
sondern zieht Siegfrieds Schwert und legt es über die Knie. Es
kommt zu einem Wortwechsel, während dessen er sich zum Mord
an Siegfried bekennt.

*Als sie das Schwert erkannte, das schuf ihr große Not.*
*Der Griff war von Golde, der Scheide Borte rot.*
*Ermahnt war sie des Leides, zu weinen hub sie an;*
*Ich glaube, Hagen hatt' es auch eben darum getan. (...)*

*Sie sprach: «Nun sagt, Herr Hagen, wer hat nach euch gesandt,*
*Daß ihr zu reiten waget her in dieses Land,*
*Da ihr doch wohl wußtet, was ihr mir habt getan?*
*Wart ihr bei guten Sinnen, ihr durftet's euch nicht unterfahn.»*

*«Nach mir gesandt hat niemand», sprach er entgegen,*
*«Her zu diesem Lande lud man drei Degen,*
*Die heißen meine Herren: ich steh' in ihrem Lehn;*
*Bei keiner Hofreise pfleg' ich daheim zu bestehn.»*

*Sie sprach: «Nun sagt mir ferner, was tatet ihr das,*
*Daß ihr es verdientet, wenn ich euch trage Haß?*
*Ihr erschlugt Siegfrieden, meinen lieben Mann,*
*Den ich bis an mein Ende nicht gut beweinen kann.»*

*«Wozu der Rede weiter?»* sprach er, *«es ist genug:*
*Ich bin halt der Hagen, der Siegfrieden schlug*

*«waz sol des mêre ? der rede ist nu genouc.*
*Ich binz aber Hagene, der Sifriden sluoc.»*

*Ich bin halt der Hagen, der Siegfrieden schlug,*
*Den behenden Degen: wie schwer er das entgalt,*
*Daß die Frau Kriemhild die schöne Brunhilde schalt!»*

Er eskaliert: Ihr, Kriemhild seid schuld an eures Mannes Tod! Er-
gänze: darum habe ich Euch die Leiche Eures Mannes vor die Tür
gelegt.

*«Es wird euch nicht geleugnet, reiche Königin,*
*Daß ich an all dem Schaden, dem schlimmen, schuldig bin.*

Schuldig heißt hier: ich allein nehme die Verantwortung auf mich.

*Nun räch' es, wer da wolle, Weib oder Mann.*
*Ich müßt' es wahrlich lügen, ich hab euch viel Leid getan.»*[42]

Die Provokation gelingt nur darum nicht, weil die Hunnenkrieger,
die Kriemhild in einem Hinterhalt postiert hat, nicht wagen, gegen
Hagen und Volker anzutreten. – Am folgenden Tag gibt es ein Tur-
nier. Volker und Hagen sind darauf aus, die Hunnen zum Kampf zu
reizen, aber Etzel läßt es nicht zu. Dann verspricht Kriemhild Etzels
Bruder Blödelin Gold und Lehen, wenn er die Burgunden angreife.
Blödelin verspricht, ihr Hagen gebunden zu übergeben, aber man
wird das als Großsprecherei werten müssen, denn er fällt zunächst,
wie bereits berichtet, über das Gefolge her. Alle Hunnen lassen ihr
Leben, vom burgundischen Gefolge überlebt einzig Dankwart – von
Hunnenblut überströmt erscheint er im Festsaal.

*Als der kühne Dankwart unter die Türe trat*
*Und Etzels Ingesinde zurückzuweichen bat,*
*Mit Blut war beronnen all sein Gewand;*
*Eine scharfe Waffe trug er bloß an seiner Hand.*

*Hellauf rief da Dankwart einem Degen zu:*
*«Ihr sitzt, Bruder Hagen, hier zu lang in Ruh.*
*Euch und Gott vom Himmel klag' ich unsre Not:*
*Ritter und Knechte sind in der Herberge tot.»*

*Der rief ihm entgegen: «Wer hat das getan?»*
*«Das tat der Degen Blödel und die ihm untertan.*
*Auch hat er's schwer entgolten, das will ich euch sagen:*
*Mit diesen Händen hab' ich ihm sein Haupt abgeschlagen.»*

*«Das ist ein kleiner Schade», sprach Hagen unverzagt,*
*«Wenn man solche Märe von einem Degen sagt,*
*Daß er von Heldenhänden zu Tode sein geschlagen:*
*Den sollen desto minder die schönen Frauen beklagen.*

*Nun sagt mir, lieber Bruder, wie seid ihr so rot?*
*Ich glaube gar, ihr leidet von Wunden große Not.*
*Ist der wo hier im Lande, von dem ist das geschehn?*
*Der üble Teufel helf' ihm denn: sonst muß es ihm ans Leben gehen.»*

*«Ihr seht mich unverwundet: mein Kleid ist naß von Blut.*
*Das floß nur aus den Wunden andrer Degen gut,*
*Deren ich so machen heute hab' erschlagen,*
*Wenn ich's beschwören sollte, ich wüßte nicht die Zahl zu sagen.»*

*Da sprach er: «Bruder Dankwart, so hütet uns die Tür*
*Und laßt von den Heunen nicht einen Mann herfür.*
*So red' ich mit den Recken, wie uns zwingt die Not:*
*Unser Ingesinde liegt ohne Schuld von ihnen tot. (…)*

*Ich hörte schon lange von Kriemhilden sagen,*
*Daß sie nicht ungerochen ihr Herzleid wollte tragen.*
*Nun trinken wir die Minne und zahlen Etzels Wein:*
*Der junge Vogt der Heunen muß hier der allererste sein.»*

*Ortlieb das Kind erschlug da Hagen der Degen gut,*
*Daß vom Schwerte nieder zur Hand ihm floß das Blut*
*Und das Haupt herabsprang der Kön'gin in den Schoß.*
*Da hob sich unter Degen ein Morden grimmig und groß.*[43]

*dô huop sich under degenen  ein mort vil grimmec unde grôz.*

Kriemhild hat Hagen ein für ihn unerwartetes Mittel vor die Klinge gespielt, seine Strategie zu forcieren, und der Dichter teilt uns durch den grimmigen Jargon, in dem der Wortwechsel Hagen-Dankwart gehalten ist, die Genugtuung mit. Die Hunnen haben den Kampf begonnen, Hagen hat ihn durch den Angriff auf des Königs Familie maximal eskaliert. Was ist das Ziel dieser Eskalation? Es ist natürlich der Kampf mit Etzel selbst, den Hagen auf jeden Fall gewinnen würde. Ist aber erst einmal die hunnische Streitmacht führerlos, so haben die Burgunden eine Chance. Gunther, Gernot und Giselher sind nicht eingeweiht, sie verstehen auch die Strategie ihres Generals nicht, der sie mit Volker, der wie so oft intuitiv den Sinn der Handlungen seines Freundes erfaßt, in den Kampf hineinzwingt:

Volkêr der vil snelle  von dem Tische sprang

*Ouch sprungen von den tischen  die drîe künege hêr*
*si woldens gerne scheiden,  ê daz scháden geschæhe mêr*
*sine mőhtenz mit ir sinnen  dô niht understân,*
*dô Volkêr unde Hagene  sô sére wűetén begán.*[44]

*Auch sprangen von den Tischen die drei Könige hehr.*
*Sie wollten's gerne schlichten, eh' Schadens würde mehr.*
*Doch strebten ihre Kräfte umsonst dawider an,*
*Da Volker und Hagen so sehr zu wüten begann.*[45]

Hagens Rechnung geht beinahe auf. Nur Kriemhilds Bitte an Dietrich von Bern, der sich als Exilant an Etzels Hof befindet, rettet ihr und vor allem Etzel das Leben. Hier rächt sich, daß Hagen hinter dem Rücken seiner Herren, die er, wie so mancher Ratgeber, nicht ganz für voll nimmt, agiert. Gunther läßt Dietrich Kriemhild und Etzel hinausbegleiten. – Als aber hinterher der Saal von den Toten und Verwundeten gesäubert wird – die Verwundeten überleben die Saalreinigung nicht, denn man wirft sie mit den Toten aus dem Fenster, und wer sich um eventuelle Überlebende kümmern will, wird erschossen – nutzt Hagen die Gelegenheit, Etzel doch noch zum persönlichen Eingreifen zu motivieren:

*Da stand vor dem Hause Etzel mit manchem Mann.*
*Volker und Hagen huben zu reden an*
*Mit dem Heunenkönig nach ihrem Übermut*

mit Etzeln dem dem künege állén ir muot – also eher: sie sprachen
freimütig

*«Wohl wär' es», sprach da Hagen, «des Volkes Trost und Leid,*
*Wenn die Herren föchten allen voran im Streit,*
*Wie von meinen Herren hier jeglicher tut:*
*Die hauen durch die Helme, daß von den Schwertern fließt das Blut.»*
*(...)*

*So kühn war der König, er ließ nicht vom Streit,*
*Wozu so mächt'ge Fürsten nun selten sind bereit.*
*Man mußt' ihn bei den Riemen des Schildes ziehn hindann.*
*Hagen, der grimme ihn mehr zu höhnen begann:*

*«Eine nahe Sippe war es», sprach Hagen gleich zur Hand,*
*«Die Etzeln zusammen und Siegfried verband:*
*Er minnte Kriemhilden, eh' sie gesehen dich:*
*Feiger König Etzel, warum rätst du wider mich?»*[46]

*War umbe rætést an mich?* – Warum schmiedest du Ränke gegen
mich? Hagen ist also der Meinung, Etzel selbst habe den Angriff seines Bruders befohlen. Keine unplausible Annahme. Hagen fordert
ihn also auf, das, was er ohne Not eingebrockt habe, auszulöffeln.
Ohne Not, denn Hagen bedeutet Etzel, er müsse sich Kriemhilds
Sache nicht zu eigen machen: «eine nahe Sippe war es» – Ironie: eben
nicht, Verwandtschaftsbande spielen keine Rolle, und Etzel hat
Kriemhild vor der Eheschließung nicht einmal gesehen, es gibt also
keine voreheliche Abrede in dieser Angelegenheit. Aber Hagens
Hohn hat keinen Erfolg. Etzel geht nicht in den Kampf.

Hagens Strategie ist nicht aufgegangen. Etzel hat nicht so funktioniert, wie erwartet. Er läßt sich, obwohl er zunächst zu den Waffen
greift, vom Kampf abhalten. Dazu kommt: der Ort, den Kampf aufzunehmen, ist der denkbar schlechteste gewesen. Die Burgunden

sitzen in der Falle, zwar schlagen sie mehrere Angriffe erfolgreich zurück, aber ein Ende ist doch abzusehen, und so versuchen sie – Hagen muß persönlich nicht mehr intervenieren – ganz in seinem Sinne ein Letztes: die offene Feldschlacht zu erreichen. Die Burgunden signalisieren, daß sie verhandeln wollen. Etzel weist etwaige Bitten um Frieden zurück:

«Sagt, was begehrt ihr mein?
Wollt ihr Frieden haben? das könnte nun schwerlich sein

Nach so großen Schaden, als ihr mir habt getan.
Es kommt euch nicht zu statten, solang ich atmen kann:
Mein Kind, das ihr erschluget, und viel der Freunde mein,
Fried' und Sühne soll euch stets dafür geweigert sein. (...)

Dô sprach zuo dem künege  der starke Gêrnôt
«so sol iu got gebieten,  daz ir frümeclíchen tuot.
sláht uns élléndén  und lât uns zuo z'iu gân
hin nider an die wîte:  daz ist iu éré getân.»[47]

frümeclíchen – anständig, fromm im weiteren Sinne: laßt uns ins Weite, ins Freie gehen – das wäre ein ehrenvoller Kampf. Ein Kampf, dessen Ausgang nicht ungewiß sein kann: sláht uns élléndén, erschlagt uns Fremde (nicht: Elende; Gernot appelliert nicht ans Mitleid, sondern bringt noch einmal das Gastrecht ins Spiel), bittet aber dann doch ums Ende mit Schrecken statt daß ein Schrecken mit fernem Ende geschehe:

« Was uns geschehen könne, das laßt schnell ergehn:
Ihr habt so viel Gesinde, die dürfen uns bestehn
Und geben uns vom Streite Müden leicht den Tod:
Wie lange soll'n wir Recken bleiben in so grimmer Not?»

Es ist das Erliegen bloßer Übermacht auch nicht ehrenvoll – vor allem nicht für den Angreifer. Die Rede bringt beinahe die Wende, und mit ihr eben auch die Chance, die nicht zu haben Gernot beteuert, und auf der Hagens Strategie beruht: in der offenen Feldschlacht möchten sie sich vielleicht einen Abzug erkämpfen können. Kriemhild weiß das.

*Von König Etzels Recken wär' es fast geschehn,*
*Daß sie die Helden ließen aus dem Saale gehen,*
*Als das Kriemhilde hörte, es war ihr grimmig leid. (…)*

*«Nein, edle Recken, worauf euch sinnt der Mut,*
*Ich will euch treulich raten, daß ihr das nimmer tut (…)*

*Es wurden kühn're Degen noch nie auf Erden geboren.»*[48]

Kriemhild hat die Bitte um einen Tod in offener Feldschlacht als Kriegslist durchschaut. Aber sie macht ihrerseits ein Angebot: man möge ihr Hagen ausliefern. Das lehnen die Burgunden ab. Kriemhild läßt den Saal anzünden.

Ein letztes Mal überkreuzen sich die Strategien Kriemhilds und Hagens in der 37. Aventiure, überschrieben:

## Wie Rüedegêr erslagen wart

Rüdiger von Bechelaren will an dem Kampf gegen die Burgunden nicht teilnehmen, obwohl Kriemhild und Etzel ihn erst dazu auffordern, dann, in einem Akt der Selbsterniedrigung, darum bitten. Er sei ihr Gastfreund, sagt er, ihr Geleiter, auch sei er mit ihnen verschwägert. Er ist bereit, sein Lehen zurückzugeben:

Da sprach zu dem Könige dieser kühne Mann:
*«Herr Etzel, nehmt zurücke, was ich von euch gewann,*
*Das Land mit den Burgen; bei mir soll nichts bestehn:*
*Ich will auf meinen Füßen hinaus ins Elend gehen.»*[49]

*Hinaus ins Elend gehen* hat Simrock für *in daz éllénde gân* – gemeint ist: in die Fremde gehen, ins Ausland ist gemeint, aber die Bedeutungsverschiebung mag vor solchem Hintergrund angebotenen sozialen Abstiegs – *ich will ûf mînen füezen gân*: er will zu Fuß gehen, nicht einmal ein Pferd soll ihm bleiben – mitempfunden werden. Aber man läßt ihn nicht aus seinen Eiden, vor allem läßt ihn Kriemhild nicht, denn der Eid, der ihn an *sie* bindet, kann nicht durch Rückgabe des Lehens gelöst werden. Rüdiger geht also in den Kampf. Gunther mag es nicht glauben, aber es ist wahr.

> *Rüdiger, der edle rief da in den Saal:*
> *«Ihr kühnen Nibelungen, nun wehrt euch allzumal. (…)*
> *Wir waren ehmals Freunde: der Treue will ich ledig sein.» (…)*
>
> *«Das verhüte Gott im Himmel!» sprach Gunther der Degen,*
> *«Daß ihr eurer Freundschaft tätet so entgegen*
> *Und der großen Treue, darauf uns sann der Mut:*
> *Ich will euch wohl vertrauen, daß ihr das nimmermehr tut.»*
>
> *«Es ist nicht mehr zu wenden», sprach der kühne Mann:*
> *«Ich muß mit euch streiten, wie ich den Schwur getan.*
> *Nun wehrt euch, kühne Degen, wenn euch das Leben wert,*
> *Da mir die Königstochter nicht andre Willkür gewährt.»*[50]

Gernot beschwört die Tragik der Situation:

> *Hier trag' ich eure Waffe*[51]

Das Schwert nämlich, das Gernot als Gastgeschenk von Rüdiger erhalten hatte und mit dem er jetzt gegen Rüdiger kämpfen soll. Es habe sich gut bewährt, doch wenn Rüdiger auf dem Kampf bestehe…:

> *Erschlagt ihr mir die Freunde, die hier noch bei mir stehn,*
> *Mit euerm Schwerte nehm ich Leben euch und Leib*

Und Giselher erinnert Rüdiger daran, daß er sein Schwiegersohn sei:

> *«Wie tut ihr so, Herr Rüdiger? Die mit mir kommen sind,*
> *Die sind euch all gewogen; ihr greift übel zu:*
> *Eure schöne Tochter wollt ihr verwitwen allzufruh.»*

und Rüdiger repliziert, er möge die Sache bitte nicht persönlich nehmen, und falls er, Giselher, überlebe, solle er es doch die Tochter nicht entgelten lassen. Aber Giselher – *das Kind*, wie er, der jüngste der drei Könige immer genannt wird – weist diesen Vorschlag der Trennung der Sphären zurück – er klingt wie der Terrorist in *Die hard*, dem Bruce Willis den Bruder erschossen hat: *We are both professionals – but this is personal!*

> *«So sollt ich's billig halten», sprach Geiselher das Kind;*
> *«Doch meine hohen Freunde, die noch im Saal hier sind,*
> *Wenn die von euch ersterben, so muß geschieden sein*
> *Diese stete Freundschaft zu dir und der Tochter dein.»*[52]

Das ist das Signal zum Kampf:

> *«Nun möge Gott uns gnaden», sprach der kühne Mann.*
> *Da hoben sie die Schilde und wollten nun hinan*
> *Zu streiten mit den Gästen in Kriemhildens Saal.*

Doch Hagen interveniert:

> *«Verzieht noch eine Weile, viel edler Rüdiger»,*
> *Also sprach da Hagen: «wir reden erst noch mehr,*
> *Ich und meine Herren, wie uns zwingt die Not.*
> *Was hilft es Etzeln, finden wir in der Fremde den Tod?*

Was soll das? Will er Zeit gewinnen? Nun, zunächst nimmt er den Druck aus der Situation, der sich in den Wortwechseln mit Gernot und Giselher aufgebaut hat – laß uns noch eine Weile reden, es hat keine Eile, denn wenigstens Etzel, der Lehnsherr, hat ja von der Angelegenheit sowieso nichts. So verändert er die Situation. In den vorherigen Wortwechseln hatten ehemalige Freunde sich darüber verständigt, daß sie nunmehr Feinde seien, und deutlich gemacht, daß Pardon nicht gegeben werde. Das Gemetzel kann also beginnen. Da fängt Hagen an zu reden:

> *wir wolden reden mêr*[53]

und er redet von Lehnsmann zu Lehnsmann: *we're both professionals*. Und auf diesem so zurückgewonnenen Terrain der talking terms macht er weiter Konversation, jetzt über den Zustand seiner Bewaffnung. Sein Schild – wir erinnern uns: auch ein Gastgeschenk Rüdigers, – dessen Frau Gotlind hatte es Hagen überreicht – sei zerhauen.

> *«Ich steh in großen Sorgen», sprach wieder Hagen,*
> *«Der Schild, den Frau Gotlind mir gab zu tragen,*
> *Den haben mir die Heunen zerhauen vor der Hand;*
> *Ich bracht ihn doch in Treuen her in König Etzels Land.*
>
> *«Daß es Gott im Himmel vergönnen wollte,*
> *Daß ich so guten Schildrand noch tragen sollte,*
> *Als du hast vor den Händen, viel edler Rüdiger:*
> *So bedürft' ich in dem Sturme keiner Halsberge mehr.»*

Rüdiger versteht. Er versteht die indirekt vorgetragene Bitte, Hagen seinen eigenen Schild zu geben. Hagen hat in der Konversation die Rolle gewechselt: jetzt spricht er als ehemaliger Gast und als einer, der von Rüdiger ins Hunnenland geleitet worden ist – auf Treu und Glauben. Noch einmal ist Rüdiger in einem Konflikt: Kriemhild oder Hagen? Er entscheidet sich für Hagen:

> *«Wie gern wollt' ich dir dienen mit meinem Schilde,*
> *Dürft ich ihn dir bieten vor Kriemhilde.*
> *Doch nimm ihn hin, Hagen, und trag' ihn an der Hand:*
> *Hei! Dürftest du ihn führen heim in der Burgunden Land.»*

Hagen:

> *«Nun lohn' ich euch die Gabe, viel edler Rüdiger:*
> *«Was euch auch widerfahre von diesen Recken hehr,*
> *Es soll euch nicht berühren im Streit meine Hand,*
> *Ob ihr sie all erschlüget die von der Burgunden Land.»*[54]

Hagen hat Rüdiger dazu bewogen, die Geste des Gastgeschenks zu erneuern, und hat nun den Zustand des Gast-Seins symbolisch erneuert.[55] Darum kann er vom Kampfe Abstand nehmen, und der Freund Volker tut es ihm gleich. Jeder fällt über die Gefolgschaft des jeweils anderen her. Die drei Burgundenkönige halten Abstand. Da wir dem Dichter der Nibelungen nicht unterstellen können, er habe uns plötzlich Hagen als jemanden präsentieren wollen, der sich mit einem Trick dem Kampf habe entziehen wollen, dürfen wir in jenem Abstand-Halten den Sinn seiner Aktion erkennen. Rüdiger ist der stärkste Mann, den Etzel aufzubieten hat, und Hagen möchte einen direkten Kampf vermeiden. Der aber stand nach den Wechselreden kurz bevor. Darum trat Hagen dazwischen. Gunther, Gernot und Giselher können in den Hintergrund treten und sich dort aufhalten und Hagens Kampfabstinenz teilen. Bis es Gernot zuviel wird. Der Zweikampf endet mit dem Tod Gernots und Rüdigers.

## Die da sterben sollten ...

Die Rüdiger-Episode verdient nicht allein darum das ausführliche Referat, weil das Epos hier eine Komplexität und menschliche Resonanz erhält, die ihm seinen Platz unter den großen für allemal sichert, sondern weil hier sich ein Hinweis auf das findet, worauf es dem Nibelungendichter vor allem ankommt. Darauf nämlich, daß sich die Gewalt, das eigentliche Thema des Epos, am Ende doch ihren Weg sucht und findet. Es ist kein anonymes Schicksal, von dem man sagt, daß es *hinter* den Handlungen der Menschen unerkannt waltet, als vielmehr eine selbstgemachte und -verantwortete Tendenz, die sich *in* den Handlungen der Menschen durchsetzt. Hiergegen ließe sich das einwenden, was ich oben gegen die Interpretation von Lars Clausen eingewendet habe, daß nämlich der Dichter uns nichts darüber sage, und ich muß natürlich einräumen, daß das stimmt. Das Gedicht liefert uns keine Theorie der menschlichen Verhältnisse. Aber es sagt uns dauernd, daß der Menschen Handeln gewaltsame Konsequenzen dort haben kann, wo an irgendwelche Konsequenzen überhaupt noch nicht gedacht ward: Kriemhild:

*Es wuchs in Burgunden solch edel Mägdelein,*
*Daß in allen Landen nichts Schön'res mochte sein.*
*Kriemhild war sie geheißen und ward ein schönes Weib,*
*Um die viel Degen mußten verlieren Leben und Leib.*[56]

Gunther, Gernot, Giselher:

*Zu Worms am Rheine wohnten die Herrn in ihrer Kraft.*
*Von ihren Landen diente viel stolze Ritterschaft*
*Mit rühmlichen Ehren all ihres Lebens Zeit,*
*Bis jämmerlich sie starben durch zweier edeln Frauen Streit.*[57]

Siegfried:

*Durch dieses einen Sterben starb noch manch Mutter Sohn.*[58]

Das ist nicht nur das umgekehrte Märchenmotiv, daß Schönes sich in
Häßliches, Freud in Leid, Glück in Unglück wandelt – sicher, das
auch –, aber doch auch immer: erstens kommt es anders, und zweitens als man denkt. Besonders eindringlich führt das Gedicht dies
bei Rüdigers Gastgeschenken aus:

*Da gab er Gernot eine Waffe gut (...)*
*Doch verlor der gute Rüdiger davon noch Leben und Leib*

Sie hätten solche Geschenke nicht erhalten, wäre Rüdiger ihnen
nicht von Herzen zugetan gewesen, doch:

*Sie wurden ihm so feind hernach, daß sie ihn schlagen mußten tot.*[59]

Wenn nun der Dichter des Nibelungeliedes die Handlungen, deren
schreckliche Folgen er ankündigt, in ihrem Vollzuge darstellt, kann
man feststellen, daß er sich darum bemüht, der finalen Fatalität eine
realitätstaugliche Plausibilität zu verleihen. Da ist wenig Fatum, viel
Situationskenntnis und psychologische Beschlagenheit. Betrachtet
man die Strategien Kriemhilds und Hagens, kann man sehen, daß
Handlungsbögen über sehr große Textstrecken konsistent konstru-
iert werden. Am Ende, bei aller Konsequenz und gerade auf Grund

der Konsequenz, bei sträflicher Mißachtung dessen nämlich, was Clausewitz «Friktionen» genannt hätte, passiert etwas anderes als das Angepeilte. Nicht immer etwas *ganz* anderes, aber stets etwas, das schrecklicher, gewaltsamer ist als das, was die Akteure schlimmstenfalls befürchtet hätten. Zwar hat Kriemhild am Ende ihre Rache, aber vollständig ist sie nicht, da Hagen das Geheimnis des Nibelungenschatzes, der Brautgabe Siegfrieds, mit in den Tod nimmt; und da er diesen von Kriemhilds eigener Hand erleidet, überlebt sie ihn nur wenige Sekunden, da Dietrichs Waffenmeister Hildebrand diese letzte weibliche Eigenmächtigkeit nicht durchgehen läßt. Hagen hat zwar eine finale Katastrophe für möglich gehalten, aber kaum eine derartige Apokalypse, in die selbst ganz Unbeteiligte wie die gesamte Kriegerschaft Dietrichs von Bern hineingezogen werden.

Gerade diese Episode verrät viel von der Weltsicht des Nibelungendichters. Ganz am Ende nämlich scheint es einen Augenblick, als sei Hagens Rechnung doch noch aufgegangen. Rüdiger und seine Mannen liegen erschlagen. Kein Kampflärm ist mehr zu hören. Da Kriemhild und Etzel das scheinbar Unmögliche nicht glauben wollen, sind sie bereit, einen Verrat Rüdigers anzunehmen. Erst der Anblick von dessen Leiche lehrt sie die Wahrheit.

Etzel hat keine Truppen mehr, die er gegen die überlebenden Burgunden schicken könnte. Als nun die Leute Dietrichs von Bern das Wehgeschrei, das nicht nur die Trauer über den treuen Lehnsmann, sondern das Entsetzen über das Ende der militärischen Ressourcen ausdrückt, hören, fragen sie sich, was passiert sei. So laute Klage könne doch wohl nur bedeuten, daß auch König Etzel gefallen sei? Es geht um eine bloße Erkundigung.[60] Allerdings befürchtet Dietrich – man beachte, daß er hier zum Sprachrohr des Dichters wird, der im Vorgriff kommentiert, was geschehen wird –, das Auftauchen eines aus seinem Gefolge könne mißverstanden werden – einen Kampf will er auf jeden Fall vermeiden. – Dieser Kampf findet aber doch statt, einfach deshalb, weil ein paar schwerttragende, nervlich überforderte Männer ein paar Worte zuviel machen. Dadurch kommt es zu einem Gemetzel zu viel, und dieses bedeutet dann den Untergang der Burgunden, den sich

Kriemhild anders dachte und den Hagen am Ende eben doch nicht mehr verhindern kann.

*Da sprach der kühne Wolfhart: «Ich will zum Saale gehen,*
*Der Märe nachzufragen, was da sei geschehn,*
*Und will euch dann berichten, viel lieber Herre mein,*
*Wenn ich es dort erkunde, wie die Sache möge sein.»*

*Da sprach der edle Dietrich: «Wenn man sich Zorns versieht*
*Und ungestümes Fragen zur Unzeit dann geschieht,*
*Das betrübt den Recken allzuleicht den Mut:*
*Drum will ich nicht, Wolfhart, daß ihr die Frage da tut.*[61]

Denn Wolfhart hatte sich bereits während der Saalschlacht als durchaus unvorsichtig und begierig auf Händel erwiesen.[62] Der ausgesandte Bote kehrt mit der Nachricht zurück, Rüdiger von Bechelaren sei tot. Wolfhart – auch die Berner genossen Rüdigers Gastfreundschaft – will seinen Tod rächen. Dietrich will mehr erfahren. Er sendet seinen alten Waffenmeister Hildebrand um weitere Erkundigungen aus. Der ist ein kluger Mann, der weiß, wie die Welt läuft, und wie leicht es anders kommt, als man denkt. Er ist also vorsichtig und will nichts riskieren.

*Der sturmkühne Recke, Meister Hildebrand,*
*Weder Schild noch Waffen trug er an der Hand.*
*Er wollt in seinen Züchten zu den Gästen gehen*

*in sînen zühten:* höflich übersetzt Grosse, also: *in Zivil*

Von seiner Schwester Kinde

Wolfhart ist sein Neffe

*mußt' er sich gescholten sehn.*

*Da sprach der grimme Wolfhart: «Geht ihr dahin so bloß,*
*So kommt ihr ungescholten nimmer wieder los:*
*So müßt ihr dann mit Schanden tun die Wiederfahrt;*
*Geht ihr dahin in Waffen, so weiß ich, daß es mancher spart.»*[63]

Also: gehst du ohne Waffen, wird man dich verhöhnen, und du kommst in Schande wieder – mit Waffen wird man sich das kaum trauen.

Da rüstete der Alte sich nach des Jungen Rat

Im mittelhochdeutschen Text: *der wîse*, also nicht nur der Ältere, sondern der durch sein Alter Erfahrenere, man müßte also über Simrocks Kontrast Der Alte – Der Junge hinausgehen: Der Erfahrene – Der Grünschnabel. In Kriegsdingen gibt dieser nämlich oft den Ton an.

> *Eh Hildbrand es gewahrte, standen in ihrem Staat*
> *Die Recken Dietrichs alle, die Schwerter in der Hand.*
> *Leid war das dem Helden, er hätt’ es gern noch abgewandt.*[64]

Aber er verhindert es nicht. Ein paar unbesonnene Worte eines Grünschnabels machen einen alten Krieger, der doch längst niemandem mehr etwas beweisen muß, zum Narren. Und die ganze Ritterschaft um ihn wird es mit ihm. Er sieht, was vorgeht, und verhindert es nicht. Dietrich hat der Dichter so plaziert, daß er nicht sieht:

> *er in ein fenster saz.*

und blickt, wäre zu ergänzen, leiderfüllt nach draußen. – Hildebrand marschiert zum Saal der überlebenden Burgunden,

> *begürtet mit den swerten, si truogen schilt enhant,*[65]

also kampfbereit. Aber es kommt nicht zum Kampf. Hildebrand fragt nach Rüdiger.

> «*O weh, ihr guten Degen, was hatt’ euch Rüdiger getan?*

> «*Mich hat mein Herr Dietrich her zu euch gesandt,*
> *Ob erschlagen liege, Helden, von eurer Hand*
> *Dieser edle Markgraf, wie man uns gab Bescheid?*
> *Wir könnten nicht verwinden also schweres Herzeleid.*»

*Da sprach der grimme Hagen: «Die Mär ist ungelogen,*
*Wie gern ich's euch gönnte, wär't ihr damit betrogen,*
*Rüdigern zuliebe: so lebt' er uns noch,*
*Den nie genug beweinen mögen Fraun und Mannen doch.»*

*Als sie das recht vernahmen, Rüdiger sei tot,*
*Da beklagten ihn die Recken, wie ihre Treu gebot.*
*Dietrichens Mannen sah man die Tränen gehen*
*Übern Bart zum Kinne: viel Leid war ihnen geschehn.*[66]

Man betrauert gemeinsam den Toten. Dann bittet Hildebrand

*Vor siuften mohte vrâgen  niht mêre Hildebrand*[67]

er kann vor Seufzen kaum noch fragen, also: mit tränenerstickter Stimme:

*«So tut denn, ihr Degen, warum mein Herr uns gesandt.*

*Gebt uns den toten Rüdiger aus dem Saal,*
*An dem all unsre Freude erlitt den Jammerfall.*
*Laßt uns ihm so vergelten, was er an uns getan*
*Hat mit großer Treue und an manchem fremden Mann.»*

Die Bitte wird ihnen nicht verweigert, aber der cholerische Wolfhart scheint die Art und Weise, in der Gunther mit besonnen-melancholischen Worten es akzeptiert, als Hinhalten zu verstehen:[68]

*Da sprach der König Gunther: «Nie war ein Dienst so gut,*
*Als den ein Freund dem Freunde nach dem Tode tut.*
*Das nenn ich stete Treue, wenn man das leisten kann:*
*Ihr lohnt ihm nach Verdienste, er hat euch Liebes getan.»*

*«Wie lange soll'n wir stehen?» sprach Wolfhart der Held.*
*«Da unser Trost der beste liegt von euch gefällt.*
*Und wir ihn nun leider nicht mögen haben,*
*Laßt uns ihn hinnen tragen, daß wir den Recken begraben.»*

*Zur Antwort gab ihm Volker: «Man bringt ihn euch nicht her,*

*Holt ihn aus dem Hause, wo der Degen hehr*
*Mit tiefen Herzenswunden gefallen ist ins Blut:*
*So sind es volle Dienste, die ihr hier Rüdigern tut.»*[69]

Sie sind alle mit den Nerven sehr herunter. Volker will den Leichnam nicht wehren, er fordert nur die Berner auf, sich dem Anblick der Erschlagenen auszusetzen.[70] Wolfhart reagiert auf die latente Abschätzigkeit dieser Worte wie gewohnt aggressiv, und nun setzt uns der Dichter ein Musterstück eskalierender Rede hin – noch einmal: es geht um nichts, oder eben: nur um Worte:

*Da sprach der kühne Wolfhart: «Gott weiß, Herr Fiedelmann,*
*Ihr müßt uns nicht noch reizen; ihr habt uns Leid getan.*
*Dürft ich's vor meinem Herren, so kämt ihr drum in Not;*
*Doch müssen wir es lassen, weil er den Streit uns verbot.»*

*Da sprach der Fiedelspieler: «Der fürchtet sich zu viel,*
*Der, was man ihm verbietet, alles lassen will:*
*Das kann ich nimmer heißen rechten Heldenmut.» (…)*

*«Wollt ihr den Spott nicht lassen», fiel Wolfhart ein,*
*«Ich verstimm euch so die Saiten, daß ihr noch am Rhein,*
*Wenn ihr je heimreitet, habt davon zu sagen*
*Euer Überheben mag ich mit Ehren nicht ertragen.»*

*Da sprach der Fiedelspieler: «Wenn ihr den Saiten mein*
*Die guten Töne raubtet, eures Helmes Schein*
*Müßte trübe werden dabei von meiner Hand,*
*Wie ich halt auch reite in der Burgunden Land.»*

*Da wollt' er zu ihm springen; doch blieb nicht frei die Bahn.*
*Hildebrand, sein Oheim, hielt ihn mit Kräften an.*
*«Ich seh, du willst wüten in deinem dummen Zorn;*
*Nun hätten wir auf immer meines Herrn Huld verlorn.»*

*«Laßt los den Leuen Meister, er hat so grimmigen Mut;*
*Doch kommt er mir zu nahe», sprach Volker der Degen gut,*
*«Hätt' er mit seinen Händen die ganze Welt erschlagen,*
*Ich schlag' ihn, daß er nimmermehr ein Widerwort weiß zu sagen.»*

*Darob ergrimmte heftig den Bernern der Mut.*
*Den Schild ruckte Wolfhart, ein schneller Recke gut,*
*Gleich einem wilden Leuen lief er auf ihn an.*
*Die Schar der Freunde ihm rasch zu folgen begann.*

*Mit weiten Sprüngen setzt' er bis vor des Saales Wand*
*Doch ereilt ihn vor der Stiege der alte Hildebrand:*
*Er wollt' ihn vor ihm selber nicht lassen in den Streit.*[71]

Man möchte ja dann doch vor dem jungen Spund nicht wie ein alter
Feigling aussehen, und so führt dann der, der den Kampf verhindern
sollte und wollte, diesen an:

Dô vaht, alsam er wuote,  der alte Hildebrant.[72]

Er focht *alsam er wuote*, als wüte er, wie besessen, wie ein Ber-
serker. Sie hatten sich nur erkundigen wollen. Und Hildebrand
hatte sicherheitshalber unbewaffnet gehen wollen und allein. Giselher erschlägt Wolfhart und Wolfhart erschlägt Giselher, Hildebrand erschlägt Volker und flieht schwerverwundet vor Hagen
als letzter Überlebender der Berner. Auf Seiten der Burgunden
bleiben nur Gunther und Hagen am Leben. Man hatte sich erkundigen wollen, doch manchmal kommt es anders als man denkt.
Als letzter tritt nun Dietrich den beiden letzten Burgunden gegenüber:

«*Ihr fandet nicht Genüge an der großen Not,*
*Als ihr und Rüdigeren, den Recken, schluget tot:*
*Ihr mißgönnet sie mir alle, die mir untertan.*
*Wohl hätt' ich solchen Leides euch Degen nimmer getan.*

*Gedenkt an euch selber und an euer Leid,*
*Euer Freunde Sterben und all die Not im Streit,*
*Ob es euch guten Degen nicht beschwert den Mut?*
*O weh, wie so unsanft mir der Tod Rüd'gers tut!*

*So Leid geschah auf Erden niemandem je.*
*Ihr gedachtet wenig an mein und euer Weh.*

*Was ich Freuden hatte, das liegt von euch erschlagen:*
*Wohl kann ich meine Freunde nimmer genug beklagen.»*

*«Wir sind wohl nicht so schuldig», sprach Hagen entgegen.*
*«Zu diesem Hause kamen alle eure Degen*
*Mit großem Fleiß gewaffnet in einer breiten Schar.*
*Man hat euch wohl die Märe nicht gesagt, wie sie war.»*[73]

Dietrich ist bereit, auf seine Genugtuung zu verzichten, wenn die
beiden Überlebenden sich ihm ergeben. Er bietet ihnen Schutz und
Geleit ins Land der Burgunden an. Es ist Hagen, der das letzte Wort
hat und ablehnt:

*«Begehret es nicht weiter», sprach wieder Hagen:*
*Wie ziemt es, wenn die Märe wär' von uns zu sagen,*
*Daß zwei so kühne Degen sich ergeben eurer Hand?»*

Eine letzte Provokation kann er sich nicht verkneifen: er rede nur
darum allein von Dietrich, weil ja an seiner Seite nur Hildebrand
sei, und der habe ja zuvor schon die Flucht ergriffen. Dietrich verbietet den darauf unweigerlich sich entspinnenden Wortstreit. Doch
kommt es zum letzten Kampf, Dietrich bezwingt nacheinander
beide und führt sie gefesselt vor Kriemhild. Diese fragt Hagen nach
dem Ort, an dem er den Nibelungenschatz versenkt habe, und erhält
zur Antwort, er habe geschworen, das niemandem zu verraten, so
lange noch ein Burgundenkönig lebe. Kriemhild erschlägt daraufhin
ihren Bruder und zeigt Hagen dessen Kopf:

*Als der Unmutvolle*

*der ungemuote* – der Tieftraurige

*seines Herrn Haupt ersah,*
*Wider Kriemhilden sprach der Recke da:*
*«Du hast's nach deinem Willen zu Ende nun gebracht;*
*Es ist auch so ergangen, wie ich mir hatte gedacht.*

*Nun ist von Burgunden der edle König tot,*
*Geiselher der junge, dazu Herr Gernot.*

*Den Hort weiß nun niemand als Gott und ich allein:*
*Der soll dir Teufelsweibe immer wohl verhohlen sein.»*

Daraufhin erschlägt sie Hagen mit Siegfrieds Schwert und wird dann, wie schon erwähnt, von Hildebrand erschlagen.

*Hildebrand im Zorne zu Kriemhilden sprang:*
*Er schlug der Königstochter einen Schwerteschwang.*
*Wohl schmerzten solche Dienste von dem Degen sie;*
*Was konnt' es aber helfen, daß sie so ängstlich schrie?*

*Die da sterben sollten, die lagen all' umher:*
*Zu Stücken lag zerhauen die Königin hehr.*

Die Raserei ist zu einem Ende gekommen, das darum eines ist, weil es nichts mehr zu erschlagen gibt. Die Wucht des Nibelungenliedes besteht in der offensichtlichen Sinnlosigkeit des Ganzen. Wie bekannt und später öfter literarisch als Effekt genutzt (ich nenne nur zwei Titel «Das Erdbeben von Chili» und «Die Judenbuche») erweckt gerade das offenbar Kontingente den Eindruck höherer Notwendigkeit, der Zufall, die Panne, der bloße Irrtum den schicksalhafter Bestimmung. Es läßt sich nämlich mit dem Schicksal, und sei es noch so schlimm, besser leben als mit dem Zufall. Das Schicksal ist vielleicht letal, aber es füttert den Narzißmus. Der Zufall nicht. Das ist auch so eine Einsicht Hans Castorps oben im Schnee, daß man von den Elementen gar nicht dergestalt sprechen könne, daß sie es *darauf abgesehen* hätten *uns zu vernichten, was vergleichsweise anheimelnd wäre, sondern denen es auf ungeheuerste Weise gleichgültig ist, wenn das nebenbei mit unterläuft*[74]. Diese Neigung zur Umdeutung dessen, was im Nibelungenlied bloß passiert, von Toden, durch Gewalt und List bewirkt, und Plänen, die verfehlt zurückgefallen auf der Erfinder Haupt, in Verhängnisse, hat große Teile der Nibelungeninterpretationen bestimmt, die den Satz des Dichters, daß Liebe schließlich zum Leide führe, einen Satz, der auch schon um 1200 zu den Gemeinplätzen gehört haben dürfte, nicht als resignative Schlußbemerkung, als bewußte Anticlimax verstanden haben, als Banalität, die das richtungslos Böse des Ganzen sichtbar macht, sondern als Beschwörung eines beruhigenden fatum.

Warum Kriemhild Jung-Ortlieb in den Saal holen läßt? Warum Hagen ihn erschlägt? Weil beide sich in ihren Kalkulationen ein bißchen vertun. Aber gestorben muß sein.

# Nathan schweigt

Als Lessing die Kritik an der Gestalt des «Reisenden» in seinem Lustspiel «Die Juden» zurückwies, hatte er es mit unverkennbaren antisemitischen Affekten gegen sein Stück zu tun: kein Jude, hielt man ihm entgegen, könne ein so guter Mensch sein. Besonders – zynische Volte, bekannt von Shakespeares «Kaufmann von Venedig» bis hin zu Treitschkes Traktaten und weit darüberhinaus – besonders nach dem, was den Juden christlicherseits angetan worden sei. Lessing stritt darüber, wie plausibel ein guter Jude auf dem Theater sein könne – und verstieß dabei gegen die eigenen Überlegungen, die Frage betreffend, wie ästhetisch zulässig ein zu guter Mensch in der Literatur sei.

Lessing hat da durchaus gegen jenen Grundsatz, den er gegen Wielands verfälschende Nachdichtung der «Lady Johanna Gray» des Nicholas Rowe aufgestellt hatte, verstoßen, und mehr noch, sich über die Einsicht hinweggesetzt, eine Figur, die durch Identifikation des Publikums mit ihr wirken solle, müsse Ambivalenzen aufweisen. Hier stoßen sich der Theatermann und der Didaktiker – aber die Falle hatte er sich nicht selbst gestellt. Hätte Lessing seinem «Reisenden» auch nur ein Gränlein Shylock beigemengt, der Antisemit hätte sich bestätigt gefühlt, wie er sich durch seine Kritik am «zu guten Juden» in der Unmöglichkeit eines nicht auch bösen Juden bestätigt fühlte.

Nun sind gegen Antisemiten wenige Kräuter gewachsen, jedenfalls keine auf der Bühne, und auch ins Schulbuch kann man keines einlegen, gegen sie hilft nur die Staatsanwaltschaft und, unterhalb der Schwelle des Justiziablen, politische Intoleranz, doch über politische Strategien zur bürgerlichen Verbesserung der Deutschen wollte ich nicht sprechen, sondern darüber, daß es doch auffällig sei, wie wenig störend das Gut-Sein bei Nathan, den das Stück den Weisen nennt, ist. Der Grund für diesen überraschenden Umstand liegt in einem Kunstgriff, den man wohl fast immer unbeachtet läßt. Wir wissen nämlich nicht, ob Nathan in einem planen Sinne «gut» ist. Lessing gibt uns keine Monologpassagen, die uns erlaubten, Schein und Wahrheit miteinander abzugleichen. Anders als beim «Reisenden»; der hat seine Asides und wir wissen, daß er just so denkt, wie er spricht. Aber Nathan?

Könnte Nathan nicht ebensogut ein Heuchler sein? Der Tempelherr, den wir zum merklichen Kontrast aus seinen Monologen kennen, meint dies einmal durchaus: «der tolerante Schwätzer ist entdeckt!» und es wird ihm warm im Gemüte wie der Zeitung, die endlich wieder enthüllen darf, wie irgendjemand wirklich ist, d. h. so ganz anders als die Figur, mit der sie ihre Abonnenten das letzte halbe Jahr unterhalten hat. Aber die Sache mit Recha, auf die das gemünzt ist, klärt sich, wie wir wissen. – Wir wissen nicht, was Nathan denkt. Wir wissen nur, was er sagt und tut. Und wir wissen, daß er vorsichtig ist: «Was will der Sultan, was?» Denn er hat allen Grund. Die Denunziantin – in aller Frömmigkeit, versteht sich, Sagen und Denken meist ganz eins – hat er im Haus. Daja.

«So seid Ihr nun! Wenn Ihr nur schenken könnt! Nur schenken könnt!» «Nimm du so gern, als ich dir geb': – und schweig!» Worüber? Nun, über die nämliche Sache, die mit Recha. Daß er, der Jude, ein Christenkind aufzieht. «Und schweig! – Wer zweifelt, Nathan, daß Ihr nicht die Ehrlichkeit, die Großmut selber seid? Und doch …» «Doch bin ich nur ein Jude. – Gelt, Das willst Du sagen?» «Was ich sagen will, das wißt Ihr besser.» «Nun so schweig!» «Ich schweige. Was Sträfliches vor Gott hierbei geschieht, und ich nicht hindern kann, nicht ändern kann, – Nicht kann, – komm' über Euch!» «Komm über mich!» – Es ist der alte Fluch, der Fluch, der Fluch, der die antisemitische Karriere des Abendlandes bis zur Shoah begründet hat. Allein er sollte uns vorsichtig machen, Nathans Worte als Beschwichtigungen aufzufassen. Dajas Schweigen wird gekauft. Ihr Leben bei Nathan ist in aller Unschuld eine Einkunftsquelle – kaum sagt er, als er hört, Recha sei am Leben: «Meine Recha!», heißt es aufs Stichwort: «Eure Recha?» Und Daja weiter:

«O wie teuer laßt ihr Eure Güte, Nathan, mich bezahlen! Wenn Güt'
in solcher Absicht ausgeübt, Noch Güte heißen kann!» «In solcher
Absicht? In welcher?» «Mein Gewissen …» «Daja, laß vor allen Dingen dir erzählen …» «Mein Gewissen, sag' ich …» «Was in Babylon
für einen schönen Stoff ich dir gekauft.» Es reicht noch nicht: «Was
hilfts? Denn mein Gewissen, muß ich Euch nur sagen, läßt sich länger nicht betäuben.» Nathan legt nach: «Und wie die Spangen, wie
die Ohrgehenke, wie Ring und Kette dir gefallen werden, die in
Damascus ich dir ausgesucht: verlanget mich zu sehn.» Der Preis
wird akzeptiert: «So seid Ihr nun! Wenn Ihr nur schenken könnt!»
«Nimm du so gern, als ich dir geb': – und schweig!»

Mit dem «und schweig» und mit dem «Komm über mich» endet
die Exposition und beginnt die eigentliche dramatische Erzählung.
Lessing war ein Meister der Technik der Exposition, und die des
«Nathan» endet mit einer Erpressung und dem Zitat eines Fluches.
Und so geht es immer fort: Nathan wird vom Tempelherren erpreßt,
nachdem der in plakativer Reue seine Beinahe-Denunziation beim
Patriarchen ihm bekannt hat: der Fall mit dem adoptierten Christenkind werde herauskommen, daran sei nun nichts mehr zu drehen,
und allein seine, des Tempelherren Protektion könne Recha zureichend schützen. Und desgleichen Saladin: er will den Juden in eine
Position zwischen den beiden anderen Konfessionen manövrieren,
aus der er sich nur noch mit billigen Krediten freikaufen kann, ein
Anschlag, der dann zur Ringparabel, dem dramatischen Zentrum
des Stückes führt, der Humanitätsbotschaft.

Die Ringparabel – aber was ist mit dem sie einleitenden Monolog
Nathans, dem einzigen im Stück, in dem aber n. b. nichts Privates
fällt, nichts von inneren Geheimnissen ad spectatores laut wird, sondern allein taktisches Raisonnement?: «Nicht nur die Kinder speist
man mit Märchen ab»? Desavouiert diese kalte Bemerkung den
Ernst der Erzählung? dieser jene? Hier streiten sich die Ausleger
und sie streiten sich so ohne Aussicht auf einen verbindlichen
Schluß, daß man sie mit der Nase darauf stoßen möchte: es bleibt
eben offen, Lessing will hier keine Eindeutigkeit, er hätte sie sonst
hergestellt (auch die diesbezügliche hermeneutische Anweisung
findet sich nahe bei: «Soll mich bloß entschuldigen, wenn ich die
Ringe, mir nicht getrau zu unterscheiden, die der Vater in der Ab-

sicht machen ließ, damit sie nicht zu unterscheiden wären.») – Man kann auch die Wahrheit taktisch brauchen. Das sagt dann viel; weniger vielleicht über die Wahrheit und den, der sie ums Leben braucht.

Als aber der Klosterbruder den dramatischen Knoten aufzieht und Rechas Herkunft enthüllt, spricht Nathan, als wäre niemand dabei, trotz der Anrede des «Ihr wißt wohl nicht», die ihn immer weiter in jene eigene Erinnerung zieht, die ihn von aller Welt absondert: «Ihr traft mich mit dem Kinde zu Darun. Ihr wißt wohl aber nicht, daß wenige Tage zuvor, in Gath die Christen alle Juden mit Weib und Kind ermordet hatten; wißt wohl nicht, daß unter diesen meine Frau mit sieben hoffnungsvollen Söhnen sich befunden, die in meines Bruders Hause, zu dem ich sie geflüchtet, insgesamt verbrennen müssen (…) Als ihr kamt, hatt' ich drei Tag' und drei Nächt' in Asch' und Staub vor Gott gelegen, und geweint. – Geweint? Beiher mit Gott auch wohl gerechtet, gezürnt, getobt, mich und die Welt verwünscht; der Christenheit den unversöhnlichsten Haß zugeschworen – (…) Doch nun kam die Vernunft allmählig wieder. Sie sprach mit sanfter Stimm': ‹und doch ist Gott! Doch war auch Gottes Ratschluß das! Wohlan! Komm! übe, was du längst begriffen hast; was sicherlich zu üben schwerer nicht, als zu begreifen ist, wenn du nur willst. Steh auf!›» Nur das: Steh auf! Und selbst das ist nicht einmal schwerer als zu begreifen. Man hört dem von Schiller an abwärts ob seiner Nähe zur Alltagssprache getadelten Blankvers das noch in der Erinnerung mächtige Knirschen der Selbstüberredung an, die Fassung zu bewahren. Und die Vernunft? Daß sie im «doch war auch Gottes Ratschluß dies» nicht ins credo quia absurdum et crudele einstimmt, liegt auf der Hand. Wir kommen auf sie zurück.

Der Klosterbruder, damals noch Reitknecht, übergibt das verwaiste Kind. «So viel weiß ich nur; ich nahm das Kind, trugs auf mein Lager, küßt' es, warf mich auf die Knie' und schluchzte: Gott! auf Sieben doch nun schon eines wieder!» – Wie soll man das sprechen? Ergeben nicht. Wie – daß die Bitterkeit des göttlichen Handels, der Ekel über die Grandseigneurs- und Folterknechtsallüren aus dem Buch «Hiob» die Liebe zum Kind Recha nicht erstickt? – Nathan bleibt an das Pogrom, die Feuer, die Frau und Kinder verbrannten, gebunden. Die Exposition versteht nur, wer das Stück schon kennt. Wenn Daja von Feuer spricht, sieht Nathan schon Verbrannte.

Hannah Arendt hat vor fast vierzig Jahren in ihrer Hamburger Lessingrede ein Thema aus dem Kapitel «Die Aporien der Menschenrechte» aus ihrem Buch über die «Elemente und Ursprünge totaler Herrschaft» variiert, und es geht darin an zentraler Stelle um die Zurückweisung von Nathans Rede an den Tempelherren: «Sind Christ und Jude eher Christ und Jude, als Mensch? Ah! wenn ich einen mehr in Euch gefunden hätte, dem es genügt, ein Mensch zu heißen!» Sie dürfe, schreibt Arendt, «in diesem Zusammenhange nicht verschweigen», daß sie «eine Haltung, die im Sinne – nicht im Wortlaut – des Nathan auf die Aufforderung: ‹Tritt näher, Jude!› mit einem: Ich bin ein Mensch» antworte, «für ein groteskes und gefährliches Ausweichen vor der Wirklichkeit gehalten» hätte.

Menschsein ist keine politische Kategorie, sondern eine private. Als Menschen sind wir ungleich, als politische Akteure können wir Gleichheiten fordern. Wo wir «nichts als ein Mensch zu sein» wünschen, haben wir – politisch – bereits verloren. Wir empfehlen uns, statt uns auf Rechte berufen zu können, der willkürlichen Zuneigung an. Arendt spricht aus dem Zwanzigsten Jahrhundert ins Achtzehnte hinein, man ist versucht, von einer Erfahrung zu sprechen, die an die Stelle einer Illusion getreten ist, von einer Desillusionierung, von der aus das Achtzehnte Jahrhundert nicht mehr ganz ernst zu nehmen sei, aber gerade diese Erfahrung ist auch wie ein Licht – oder sagen wir besser: wie ein Scheinwerfer, der im «Nathan» Konturen sichtbar werden läßt, die zuvor zu sehen vielleicht nur nicht von Nöten gewesen ist.

Tatsächlich hat Nathan nichts als seine Rhetorik von Menschlichkeit und Freundschaft. Am Ende übrigens deutlicher als zu Beginn, denn sein Geld, zuvor wenigstens potentielles Mittel, der politischen Macht ein Partner zu sein, wird nicht mehr gebraucht. Das Stück weist ihm keine Gruppe, Gemeinde, Gemeinschaft zu, deren Teil er wäre. Privilegien hat sein potentieller Mörder, der christliche Patriarch; Saladin – «was braucht es mit den Schwachen für Gewalt, als ihre Schwäche?» – Macht und Willkür. Sogar Daja, die Hauswirtschafterin, sogar der Tempelherr, durch willkürliche Gnade dem Henkerbeil entgangen, haben mehr Zugang zu den Institutionen der Macht als er – sie können ihn erpressen, und sie können es nur, weil er Jude ist und ohne Privilegien, d. h. allein das,

was zu sein er, was bleibt ihm denn anderes übrig, als Tugend aus-
lobt: ein Mensch.

Menschlichkeit, nichts als ein Mensch zu sein – in Arendts Rede
steht das verständnisvollste und härteste Wort über diesen, sagen
wirs mit Daja und Nathan, «süßen Wahn, auch mir so süß»: «Es ist
richtig, daß in ‹finsteren Zeiten› die Wärme, die den Parias das Licht
ersetzt, eine große Faszination hat für alle, die sich der Welt, so wie
sie ist, so schämen, daß sie sich in die Unsichtbarkeit flüchten möchten. Und in der Unsichtbarkeit, in dem Dunkel, in dem man selbst
verborgen auch die sichtbare Welt nicht mehr zu sehen braucht,
kann allerdings nur die Wärme und die Brüderlichkeit der eng
aneinander gedrückten Menschen für die unheimliche Realitäts-
losigkeit entschädigen, die menschliche Beziehungen überall da annehmen, wo sie schlechterdings weltlos, unbezogen auf eine den
Menschen gemeinsame Welt, sich entfalten. In dieser Welt- und Rea-
litätslosigkeit liegt nichts näher, als zu meinen, daß das dem Menschen Gemeinsame nicht die Welt sei, sondern eine so oder anders
gedeutete Menschennatur» – für diese aber gelte nicht nur, daß «sie
sich nur im Dunkeln manifestiert und also wesentlich nicht feststell-
bar ist, sondern auch, daß sie in der Sichtbarkeit sich gleich einem
Phantom in nichts auflöst. Die Menschlichkeit der Erniedrigten und
Beleidigten hat die Stunde der Befreiung noch niemals auch nur um
eine Minute überlebt. Das heißt nicht, daß sie nichts sei, sie macht in
der Tat die Erniedrigung tragbar; «aber es heißt, daß sie politisch
schlechterdings irrelevant ist.»

Nathan weiß das, darum läßt er Al Hafi an den Ganges gehen. Al
Hafi weiß Schach zu spielen, Nathan – «zu klein? was ist für einen
Großen denn zu klein?» – weiß, wie Könige spielen, auch wenn sie
Schach spielen. «Al Hafi, mache, daß du bald in deine Wüste wieder
kömmst. Ich fürchte, grad' unter Menschen möchtest du ein Mensch
zu sein verlernen.» Es ist die Diagnose, die in Wielands «Geschichte
des Agathon» Aristipp dem bei Hofe gescheiterten Titelhelden
stellt: er sei zu gut für die Welt. Allerdings heißt das auch, daß er in
der Welt nicht recht zu etwas und für jemanden gut sei. – Lessing
plante für den «Nathan» eine Vorrede und ein dem Derwisch Al
Hafi gewidmetes Nachspiel. Wir können wahrscheinlich froh sein,
daß beide nicht geschrieben sind. Lessing hätte seinem Stück und

seiner Titelfigur mehr Eindeutigkeit verliehen als beide vertragen hätten und seinen Al Hafi, dem er sich manchmal gewiß nahe gefühlt hat, idealisiert, und der hätte das auch nicht vertragen, gerade wegen seiner – ich nehme das Wort auf – Weltlosigkeit, deren wegen er so sonderbar «angeschnitten» durch das Stück geistert.

Ein Mensch zu sein verlernen? Warum eigentlich? Ebenfalls darum, weil Al Hafi so ausdauernd nichts ist als ein Mensch, und das ist eben zu wenig. Wenn Nathan sich trotz des impertinenten Benehmens des Tempelherren über den Brandfleck in dessen Rocke beugt, tut er das mit den Worten: «Es ist doch sonderbar, daß so ein böser Fleck, daß so ein Brandmal dem Mann ein beßres Zeugnis redet, als sein eigner Mund. Ich möcht' ihn küssen gleich – Den Flecken! – Ah, verzeiht! – Ich tat es ungern (...) Eine Träne fiel darauf.» – Und dieses «Ich tat es ungern» ist wahrhaft doppelbödig. Dem christlichen Flaps und Schlagetot – «tut nichts! Er hat der Tropfen mehr» (was für Tropfen?) – Dankestränen schuldig zu sein, ist hart, und kann doch auch genutzt werden, ihn zu bezwingen – wenn sich der Jude gar dafür entschuldigt, mit der Träne den Mantel dessen, der seine Tochter rettete, zu verunreinigen. Nathan bezwingt den Tempelherren wie er Saladin bezwingt – am Ende spielen sie sein Spiel. Am Ende sind sie nicht Jude, Christ und Moslem, sondern nichts als Menschen – besser gesagt: Nathans Reden haben ihre Affekte neutralisiert. Am Ende sind sie gar Freunde. Tatsächlich?

Wenn Hannah Arendt Freundschaft von Solidarität unterscheidet – diene diese dazu, das ganz oder partielle Ausgeschlossensein von der Welt erträglich zu machen, so sei jene die gemeinsame Aneignung von Welt – so fügt sie hinzu, daß diese im Grunde der Antike angehörende Auffassung, die Freundschaft frei hält von persönlicher Intimität, um sie umso stärker im politischen Raum verortet zu sehen, auch im «Nathan» zu finden sei, der «mit einigem Recht das klassische Schauspiel der Freundschaft genannt werden könnte». Mir scheint, daß Arendt da etwas übersehen hat, daß nämlich Nathans Freundschaften darum frei von persönlicher Intimität bleiben müssen, weil sie sonst etwas teilen müßten, das sie nicht aufnehmen können: die Morde von Gath. Nur dem Klosterbruder spricht Nathan davon – und auch der ist ein Weltloser, der bald in seine Klause zurückkehren wird. Die einzige Spur der Morde von Gath ist

Rechas Leben und gerade das beschützt Nathan vor dieser Geschichte. Die Lebensgeschichte Nathans wird kein Teil der Welt, die er mit den anderen teilt. Und damit wird auch er nur zu Teilen Teil dieser Welt. Das ist es, was den Schluß des Stückes so seltsam macht, so wie hingetuscht, das ist es auch, warum man, obwohl von «allseitigen Umarmungen» die Rede ist, Nathan beiseite stehen sieht, was immer auch der Regisseur aus dem Umstand macht, daß eine eindeutige Regieanweisung fehlt.

Nathan hat darauf verzichtet, sich zu rächen. Dieser Verzicht wird als eine Anstrengung der Vernunft bezeichnet – das ist ganz gut, denn eine Tugend ist dieser Verzicht per se nicht. Im Verzicht auf Rache steckt auch die affirmative Haltung zu einer psychischen Verarmung, denn Rache ist kein schlechtes Mittel der Traumabewältigung – das andern zuzufügen, was einem zugefügt wurde, sei oft heilsam, schreibt Kurt Eissler in seiner Studie über Leonardo da Vinci. Nur sind derartige Strategien der Traumabewältigung sozial nicht wünschenswert. Man kann das einsehen und der Einsicht gemäß handeln. Sicher, es wäre auch möglich, daß einer die Welt umso mehr liebte, als er plötzlich erfahren hätte, wieviel Leid in sie hineinpaßt. Aber ich glaube das nicht von Nathan. Nathan, so, wie ich ihn lese, so wie ich ihn inszenieren oder spielen würde, liebt nicht die Welt, noch die Menschen. Recha – diese eine liebt er, doch exklusiv, schon gar nicht pro toto.

Mit dem Rest der Welt geht Nathan nur behutsam um. Nicht nur, weil ihn die Umstände zu Jerusalem dazu nötigen, nicht nur, weil er klug ist. Das auch, das spielt eine Rolle wie er eine spielt. Vielleicht hätte er auch ohne Erpressung Daja etwas von der Reise mitgebracht, vielleicht auch ohne das «Tritt näher, Jude!» dem Sultan eine geschliffene Parabel erzählt, wenn sich entspanntere Gelegenheit geboten hätte.

Wer einmal erlebt hat, daß die Welt einstürzen kann, der fährt zusammen, wenn nur der Wind durch sie hindurchgeht. Oder einer sieht Flammen und Tod, wenn nur die Rede von ihnen ist, um Mitteilung von der Rettung zu machen: «Verbrannt bei einem Haare! – Ha, sie ist es wohl! Ist wirklich wohl verbrannt! – Sag' nur heraus! Heraus nur! – Töte mich: und martre mich nicht länger. – Ja, sie ist verbrannt.» Flash-back heißt der psychiatrische Fachausdruck. Nathan, der Gute? So sollte ja, Lessings Notizen gemäß, das Stück enden: nicht Nathan, der Reiche, nicht der Weise, sondern Nathan der Gute solle er hinfort heißen, wird Saladin im Exposé in den Mund gelegt. Lessing hat Saladin das am Ende nicht sagen lassen, warum auch immer. Mag sein, es ist ihm zu plakativ gewesen, mag auch sein, daß Lessing im Verlauf der Fertigstellung gemerkt hat, was er seiner Figur schuldig war, daß nämlich im Zusprechen der Eigenschaft der Güte so etwas steckt wie ein Anspruch darauf. Der aber hat keine Rechtsgrundlage. Und die Vermutung der Güte aus Menschenliebe keine zureichende empirische. Ich höre Nathan, wie ich Primo Levi oder Imre Kertész lese: «Nur der hält aus, in dem genug Haß und Verachtung brennt; der sich sozusagen aus Rache am Leben hält (...) Manchmal fühle ich sowohl Haß als auch Verachtung in mir brennen; doch ich fürchte, daß diese Gefühle nicht beständig genug sind, um durch sie irgend etwas zu erreichen», schreibt Imre Kertész. Der humane Grundton, aus dem in ihren Werken immer wieder der Kontrapunkt zu allen dissonanten Klangführungen gewonnen wird, ist wesentlich phobischer Natur. Sie gehen mit der Welt und ihrem Mascheninventar um, als wär's aus Glas. Nichts falscher, als das mit der zugreifenden Vitalität der Güte zu verwechseln.

Hierin mag überhaupt der Zauber des Stückes liegen, das selber etwas Gläsernes hat, etwas zu Behutsames, was F. Th. Vischer (ja, der, dessen Lieblingsgestalt im gesamten «Faust» Valentin war) geradezu in den Harnisch brachte. Es mag so auch ein wenig weniger rätselhaft bleiben, wie Lessing nach dem Tod der so großen, liebenswerten, klugen und schönen Eva König und dem des neugeborenen Sohnes noch einmal die Energieleistung aufbrachte, alle Kraft und Kunst zusammenzunehmen und den «Nathan» zu schreiben.

Das Ende des «Nathan» zeigt noch einmal auf die Stelle des Schweigens in ihm, und die Schwierigkeiten, die der Regisseur hat, Nathan in die vom Text vorgeschriebenen «allseitigen Umarmungen» einzubeziehen, desgleichen. Es wäre komisch, schnitte es nicht so ins Herz. Nathans letzter Satz ist der, in dem er die Regie an Saladin abgibt: der möge nun die Geschichte so weit enthüllen, wie ihn richtig dünke. Saladin tut's und, wie es heißt: «rennt in ihre Umarmungen» (Tempelherr und Recha sind gemeint) und Sittah folgt ihm. Dann sind nur noch diese vier miteinander beschäftigt. Was im

Ernst auch sollte Nathan bei den Glücklichen? Der Teil der Geschichte, der auf ihm lastet, soll verborgen bleiben und kann doch nicht abgeworfen werden. Er hat keinen privaten und keinen öffentlichen Ort.

Wer heute einen «Nathan» schriebe, könnte die Morde von Gath nicht in Schweigen gehüllt stehen lassen. Er müßte mit seiner Hauptfigur brechen, könnte, dürfte sich ihrer Diskretion nicht fügen. Manches läßt sich noch lange lesen aber so nicht mehr schreiben. Wir können die «Geschichte der Abderiten», nachdem die Dummheit u. a. in Gestalt eines Eichmann die historische Bühne betreten hat, nicht mehr schreiben – doch eben neu lesen, wie den «Nathan» auch, und so, weil wir das Stück aus dem Ende des 20. Jahrhunderts ausleuchten, bemerken, welche Schatten seine Profile auch werfen können.

Die Geschlossenheit der Figur Nathans liegt in seinem Schweigen begründet. Das Angedenken der Morde von Gath ist in seinem Innern verschlossen und gelangt nicht in die Welt, der Klosterbruder, den der Zufall hatte Statist und dann Zeuge von Nathans Rede sein lassen, nimmt sie mit in die Weltlosigkeit seiner Klause. Nathans Geschlossenheit ist die Kehrseite einer Gesellschaft, die, so wie sie auf dem Theater skizziert ist, das Leid aus sich ausschließt. Am besten – «Er wußte was davon, und konnte mich zu seinem Mörder machen wollen! Wart!» – stellt sich auch die Todesdrohung noch als bloßes Mißverständnis heraus, wenn sie allerdings in diesem Satze auch noch irrlichtert. Es droht das Wort von der Menschheitsfamilie, in der alles harmonisch sich verbindet, vor allem Öffentlichkeit und Privatheit ununterscheidbar werden. Die politischen Risiken dieses auch in der Aufklärung selten ganz ernstlich geträumten Traumes brauche ich nicht zu erwähnen, darüber ist viel geschrieben worden.

Mich interessiert er in Bezug auf den Ort, den in ihm das Leid einnimmt. Der Schluß des «Nathan» zeigt ihn: der Ort ist nicht vorgesehen. Wo das Öffentliche wird wie das Private, zehrt es dieses auf; wo die öffentlichen Beziehungen wie private Nähe werden, verlischt das Private, das doch vor aller Nähe vor allem die Distanz zu unwillkommener Nähe ist. Dort, wo alles politisch ist, ist darum nichts mehr politisch, weil Politik voraussetzt, daß wir einander nicht so begegnen, wie wir uns privat geben, sondern so, wie wir im öffentlichen Raum auftreten wollen. Die Gleichheit im politischen Raum sieht von der individuellen – ich spreche nicht von der sozialen – Ungleichheit ab und hat mit ihr nichts zu schaffen.

Leid ist eine Privatangelegenheit. In den öffentlichen Raum gelangt Leid durch Recht und Ritual. In der Rechtsprechung dort, wo privates Leid als öffentliches Unrecht zur Kenntnis genommen wird. Im Ritual zeigt die Öffentlichkeit, daß sie Leid als Tatsache anerkennt, aber nicht, daß sie daran teilnimmt. Die öffentliche Anerkennung des Leides ist kein Geringes. Aber sie ist eben auch nicht mehr als die kollektive Feststellung, daß es sowas gibt. Der Leidende, der an dem Ritual teilnimmt, muß akzeptieren, daß es auch dazu da ist, die potentiell unberechenbare Gestik des Leidens in ihm stillzustellen.

Den Unterschied zwischen den Bereichen des Rechtes und denen des Rituals vergißt man gerne. Was mit Gesetzgebung und Rechtsprechung erreicht werden kann, ist begrenzt, aber gerade darum ist es unzulässig, hier unter dem Möglichen zu bleiben. Die trotz aller Anstrengungen so empörend defizitäre Verfolgungs-, Rechtsprechungs-, Rehabilitierungs- und Entschädigungspraxis der Bundesrepublik Deutschland als Rechtsnachfolgerin des Deutschen Reiches hat hier so viel und Vieles nicht nur versäumt, sondern bewußt nicht getan, daß manchmal von retrospektiver Komplizenschaft geredet werden muß. Es kommt nicht von ungefähr. Die für den politischen Entwurf der Bundesrepublik Deutschland in Anspruch genommenen Maßstäbe der Zivilität – und um sie geht es, nicht um eine noch defizitärere Praxis anderswo – kollidieren mit der endemischen Schäbigkeit und dem Mangel an politischem Anstand, von dem ich nicht weiß, ob ich ihm wirklich durch Pathologisierung den Schein des Aparten geben soll. Das Versagen vor dem Ritual, dessen soziale Funktion ungleich weiter und diffuser ist, hat seinen Grund aber in der Sache selbst. Die Stillstellung will nicht gelingen. Unendlich viel nützlicher sind die bizarren Vorgänge um das Berliner Holocaust-Mahnmal als es selbst sein wird, wenn es irgendwann einmal fertig ist, denn jene sind ein Zeichen für die Überforderung der Zivilisationsrituale mit dem Thema des Zusammenbruchs der Zivilisation. Das Holocaust-Mahnmal wird, schlimmstenfalls, ein

Versuch sein, dieses noch einmal ästhetisch zu fassen, und dann wird der Kitsch ziemlich unausweichlich sein.

Aber die Shoah hat eine neue Literaturgattung hervorgebracht, die Memoiren Überlebender. Sie haben an den genannten Orten vorbei, an denen Öffentlichkeit und Privatheit sich verschränken, dem Leid Stimme in der Öffentlichkeit gegeben und es ist eine unverstellt private Stimme gewesen und ist es noch und immer wieder. Dergleichen hat es zuvor nicht gegeben, einzig wohl Dostojewskis «Totenhaus» wäre zu nennen. Woran liegt die Bedeutung des Erfolges der Bücher von Ruth Klüger, Primo Levi, Robert Antelme, Roman Frister, Ladislaus Szücs?

Prekär ist dieser ja immerhin auch. Klügers Leserin liest, und gerne, was ihr, von der Verfasserin ins private Gespräch eingebracht, also ausgesprochen, die Sprache verschlüge. Aber lassen wir das hier. Die Bücher der Überlebenden der Lager konvergieren in einem Punkte, den man gerne übersieht. Sie teilen eine bittere Wahrheit mit, die in der Sentimentalität, die ihnen zuweilen entgegenschlägt, gerne untergeht, eine Wahrheit über die Kantische Ethik nämlich. Sie funktioniert auch in der Hölle, genauer: sie behindert das Funktionieren der Hölle nicht. Die Bedeutung von Roman Fristers «Self Portrait with a Scar» (ich ziehe den Originaltitel der albernen deutschen Fassung vor) liegt ja nicht so sehr in der Betonung der Differenz – daß dort andere moralische Gesetze gelten als anderswo –, als in dem Nachweis, daß man eine Realität der Unmenschlichkeit, der sich Menschen fügen, weil ihnen kaum anderes übrig bleibt, als eine beschreiben kann, die vollständig dem Imperativ unterworfen ist, so zu handeln, daß die Maxime jeden Handelns zur Grundlegung einer allgemeinen Gesetzgebung dienen könne, ohne daß es zu jener Selbstwidersprüchlichkeit kommen muß, auf die Kant den Erfolg seiner Moralauffassung gesetzt hatte.

Auch jene Szene zwischen Primo Levi und einem aus dem Management von IG Farben in Auschwitz-Monowitz, für Levi eine Szene, in der sich das Wesen des Nationalsozialismus wie in der Nußschale zeige, gehört hierhin. Der Blick des deutschen Chemikers Pannwitz auf den jüdischen Chemiker Levi: «Dieses Dingsda vor mir gehört einer Spezies an, die auszurotten selbstverständlich zweckmäßig ist. In diesem besonderen Fall gilt es festzustellen, ob nicht ein verwertbarer Faktor in ihm vorhanden ist.» Eine höllisch-parodistische Verkehrung der Maxime, daß man den Menschen nie als Mittel gebrauchen dürfe, ohne ihn zugleich als Zweck anzusehen, aber eben in ihrer höllisch-parodistischen Form auch frappierend angemessen und folgerichtig. Folgerichtig darum, weil sie deutlich macht, was geschieht, wenn man aus einem moraltheoretischen Gefüge jene seelische Dimension entfernt, ohne die es keine Zuwendung zum Anderen gibt, die Fähigkeit zur (partiellen) Identifikation, und also zum Mitleid.

Andererseits haben die Berichte aus den Lagern gezeigt, wie sehr diese Fähigkeit zur Identifikation die einzige Grundlage einer individuellen Moral blieb, die nicht die Konsequenz der SS zog. Natürlich bestimmte sie, die unseren Alltag auch nur sehr zuweilen bestimmt, das Leben im Lager wenig, aber umso berichtenswerter die Momente, die zeigten, daß sie auch dort nicht überall und nicht ganz zerstört werden konnte. Ich erinnere an das Bild der Familie Török, das uns Ladislaus Szücs überliefert hat.

Die Berichte aus den Lagern, die Schopenhauers Verdacht bestätigten, seine Hyperbel, daß der Mensch fähig sei, seinen Mitmenschen zu töten, um sich mit dessen Fett die Stiefel zu schmieren, sei keine Hyperbel, bestätigten auch seinen Angriff auf die Kantische Moralphilosophie und deren Verachtung für Mitleid und Empathie. Doch wie Kant aus seiner Ethik die Neigung verbannte, so verschwindet bei Schopenhauer die Pflicht. Die ist bei ihm ganz in die Sphäre des Rechtsschutzes durch die Staatsgewalt und die Sorge um den bürgerlichen Leumund abgedrängt. Anders gesagt: neben der Hinwendung zum Einzelnen hat bei ihm die Sorge um das Ganze keinen Platz. Es geht in dieser Sorge gar nicht um die Menschheit, gar um die Liebe zu ihr – liebenswert ist sie ja nicht.

Das Mitleid ist als Triebregung ebenso elementar und kreatürlich wie der Abscheu gegenüber dem Unglück und die Zurückstoßung des Unglücklichen, die häufiger vorkommt. Beide Regungen können in einem sozialen Gefüge positiv oder negativ sanktioniert werden, aber gerechtet werden kann in einem strengen Sinne nicht über sie, sie sind ihrerseits zu wenig welthaltig, darum können sie im privaten Bereich auch eine so große Rolle spielen und darum kann das Mitleid auch dort genutzt werden, wie im Falle von Spendenaufrufen für Elendsgebiete, mit denen die Öffentlichkeit ihren Verpflichtungen über den Appell an private Mitleidsregungen nachzukommen sucht. Die Sphäre der Öffentlichkeit kann die Fähigkeit zum Mitleid in vielerlei Weise instrumentalisieren, sehr wohl zum Guten, und der Nachgeschmack nach Kitsch, der zuweilen bleibt, ist uninteressant. Doch gestalten läßt sich, was nicht dem Privaten zugehörig ist, mit diesem Gefühl nicht. Es ist dem bloßen Menschsein verbunden und so wenig politisch wie dieses. Das «bloße Menschsein» und der mitleidige Affekt kommen mit der Komplexität der Wirklichkeit nicht zurecht. Das macht ihre Kraft in manchen Situationen ebenso aus, wie die Unmöglichkeit, auf ihrer Basis allein umsichtig zu handeln.

Der Hegelsche Ausweg, von der Moralität zur Sittlichkeit fortzuschreiten, d. h. moralische Probleme nicht als etwas anzusehen, was von außen an soziale Situationen und Institutionen herangetragen wird, sondern etwas, das in ihnen und durch sie produziert und in ihnen und durch sie gelöst werden muß, ist uns als spezifisch Hegelscher Ausweg ebenso verbaut wie als Platonischer, auf den er zurückgriff. Die teleologische Schließung, daß erst im perfekten Staat von Moral überhaupt sinnvoll die Rede sein könne, daß erst die große Partitur gestatte, die Stimme des Einzelnen hörenswert zu finden, wird sich von dem Verruf, in den sie durch die Versuche ihrer Verwirklichung geriet, hoffentlich so bald nicht erholen.

Anders sieht es aus, wenn man das Hegelsche Monendum, daß alle Moraltheorie an einem Mangel an Sinn für Empirie leide, ernst nimmt, aber auf alle Geschichtsphilosophie und politische Utopie dabei verzichtet. Dann bleibt die Bereitschaft, Komplexitäten wahrzunehmen, Abschied zu nehmen von der Idee einer Vernunft, die hinter der unordentlichen Empirie die klaren Konturen der Wahrheit zu finden vermag, vielmehr ein kasuistisches Denken, für das Normen und Werte zunächst einmal ebenso Fakten sind wie alles andere, was zum Problem gehört. Den Versuch, eine solche Kasuistik aus den Berichten von Überlebenden deutscher und sowjetischer Lager zu gewinnen, hat Tzvetan Todorov unternommen, und ich nutze die Gelegenheit, Sie auf diesen Autor ausdrücklich hinzuweisen.

Im «Nathan» sehen wir Größe und Grenzen des Mitleids in der Szene, wo Nathan seine Erinnerungen dem Klosterbruder mitteilt.

«Allgerechter!» sagt dieser und: «Ach! Ich glaubs Euch wohl!», als Nathan über den «unversöhnlichsten Haß» spricht, den er dem Christentum damals zugeschworen habe. Kein Erschrecken, reine Empathie. Der Klosterbruder ist in diesem Augenblick Nathan näher als sich selbst. Aber diese Regung bleibt auch dem Schweigegebot Nathans unterworfen, sie bleibe grundsätzlich abgetrennt von der öffentlichen Sphäre, in der es zu handeln gelte: «Aber laßt uns länger nicht einander nur erweichen. Hier brauchts Tat!»

Ebenso hört man Nathan immer gegen die leere Allgemeinheit einer Maximenethik angehen, so Saladin gegenüber: «Ha! das nenn' ich einen Weisen! Nie die Wahrheit zu verhehlen! für sie alles auf das Spiel zu setzen! Leib und Leben! Gut und Blut!»! «Ja! ja! wanns nötig ist und nutzt»; und wenn Al Hafi seine Erfahrungen zu Kalendersprüchen gerinnen, wird ihm von Nathan ein «O nicht doch, Derwisch!»

Das ist keine Lebensklugheit, keine Gewitztheit oder Gewetztheit, sondern Ausdruck einer Sorge um die Welt, die aus dem Wissen um ihre Fragilität kommt. Und aus dem Wissen, wieviel Destruktivität aus unterkomplexem Denken und Fühlen kommt. Sorge um die Welt, nicht, weil sie liebenswert sei, sondern weil Nathan – zu Gath – einen Blick in die Hölle getan hat. Was Lessing aus dem Schmerz um Frau und Kind, einer Lebenskatastrophe, deren Ausmaß wir daran erkennen können, daß ihm danach nur noch der «Nathan» wirklich gelang, empathisch zugänglich war, lesen wir und können es mit Recht historisch rückprojizieren aus den Lebensgeschichten Überlebender. Was für Nathan, nach Lessings Konzept, nur im privatesten Gespräch seinen Ort hatte – «Nur Ihr, Ihr sollt sie wissen! – Nehmt sie aber mit ins Grab!» –, steht heute in der Öffentlichkeit, nicht als Widerlegung, sondern als vexierbildhafte Bestätigung, zu der die Geschichte nötigte. «Wir (haben) gelernt», schreibt Primo Levi, «daß unsere Persönlichkeit zerbrechlich ist, daß sie weit mehr in Gefahr ist als unser Leben. Statt zu mahnen ‹Bedenke daß du sterben mußt›, hätten die alten Weisen besser daran getan, uns an diese größere Gefahr zu erinnern, die uns bedroht. Und könnte aus unserem Lager eine Botschaft hinausdringen zu den freien Menschen, so lautete sie: Sorget, daß euch in euerm Heim nicht geschehe, was uns hier geschieht!» Diese Sorge ist das offenbare Geheimnis der Weisheit und scheinbaren Güte Nathans.

Sie zeigt sich in der Unermüdlichkeit, in der der zwar Reiche aber doch reichlich Machtarme im Reden Einfluß zu gewinnen sucht mit dem einzigen Ziel, die Potentiale an Destruktivität um ihn herum zu neutralisieren. Es geht von der Exposition an, in der das phrasenhafte Geplapper der christlichen Hausangestellten und Blockwartsnatur Daja vom «Gottseidank!» und «daß ihr doch endlich einmal wiederkommt» durch sein Reden aufgenommen und neutralisiert wird: «Ja, Daja; Gott sei Dank! – Doch warum endlich? Hab' ich denn eher wiederkommen wollen? Und wiederkommen können? Babylon ist von Jerusalem, wie ich den Weg, seit ab bald rechts, bald links, zu nehmen bin genötigt worden, gute hundert Meilen; und ...» – gestehen wir es ruhig: Nathan schwatzt. Hier, wo er nicht überredet, durch Reden für sich gewinnt, im Reden die kommunikativen Regeln verändert, die Zumutungen der anderen unmerklich virtuos zurückgibt, durch Affirmationen lenkt, schiebt, an der Nase führt, dort, wo er dem leeren Geschwätz begegnet, schwatzt auch er und, wissend, was kommt – Bericht vom Brand, rückstürzende Erinnerung und dann folgende Erpressung – wissen wir, warum: um das, was kommt, vielleicht nicht kommen muß, doch kommen kann, aufzuhalten, wenigstens eine halbe Minute noch.

Man hat der Aufklärung oft eine gewisse Geschwätzigkeit nachgesagt, ihr Settembrinihaftes ihr vorgehalten. Adorno hat jene als Eigenschaft des Odysseus festgehalten: «Die Rede, welche die physische Gewalt übervorteilt, vermag nicht innezuhalten. Ihr Fluß begleitet als Parodie den Bewußtseinsstrom, Denken selber: dessen unbeirrte Autonomie gewinnt ein Moment von Narrheit – das manische.» Darum sei «der Gescheite – dem Sprichwort entgegen – immer in Versuchung, zuviel zu reden. Ihn bestimmt objektiv die Angst, es möchte, wenn er den hinfälligen Vorteil des Worte gegen die Gewalt nicht unablässig festhält, von dieser der Vorteil ihm wieder entzogen werden.»

Man kann es auch in Nathans Worten nicht lesen aber in seinem Reden hören. Man kann es auch Lessing abhören, wenn er gegen Goeze schreibt, und wenn ihm dort nicht gelingt, worin er seinen Nathan erfolgreich sein läßt: den Diskurs zu bestimmen. Er redet zu viel, er versucht mit dem hilflosen, in diesem Falle sogar tendenziell paradoxen Mittel der Polemik der ad-personam-Brutalität des Hamburger Hauptpastors zu begegnen bis sein Fürst ihm Publikationsverbot erteilt. Im «Nathan» läßt er seinen Nathan redend und nur redend gewinnen – doch am Schluß schweigen. Dieses Schweigen Nathans schließlich, dieser Moment, an dem seine Rede nicht mehr gebraucht wird, und mit ihr er nicht mehr, dieser Schluß, dramentechnisch scheinbar ein Happy End, mag ein Ort sein, an dem die Aufklärung sehen läßt, wie sehr sie zuweilen ihres so trostlosen wie angsterfüllten Selbstauftrages müde ist, den Weltlauf durch Filibustern aufzuhalten.

# Graungestalt und Nachtviole

**Ein Versuch,**
**den Krieg im Werke Heinrich von Kleists zu kommentieren**

*«O Gottes Welt, o Mutter, ist so schön!»*

## I

«Französisches Exercitium
das man nachmachen sollte»

«Ein Französischer Artillerie-Capitain, der, beim Beginn einer
Schlacht, eine Batterie, bestimmt, das feindliche Geschütz in Re-
spekt zu halten oder zu Grund zu richten, placieren will, stellt sich
zuvörderst in der Mitte des ausgewählten Platzes, es sei nun ein
Kirchhof, ein sanfter Hügel oder die Spitze eines Gehölzes, auf: er
drückt sich, während er den Degen zieht, den Hut in die Augen,
und inzwischen die Karren, im Regen der feindlichen Kanonenku-
geln, von allen Seiten rasselnd, um ihr Werk zu beginnen, abprot-
zen, faßt er mit der geballten Linken, die Führer der verschiedenen
Geschütze (die Feuerwerker) bei der Brust, und mit der Spitze des
Degens auf einen Punkt des Erdbodens hinzeigend, spricht er: ‹hier
stirbst du!› wobei er ihn ansieht – und zu einem Anderen: ‹hier du!›
– und zu einem Dritten und Vierten und allen Folgenden: ‹hier
du! hier du! hier du!› – und zu dem Letzten: ‹hier du!› – – Diese
Instruktion an die Artilleristen, bestimmt und unverklausuliert, an
dem Ort wo die Batterie aufgefahren wird zu sterben, soll, wie man

sagt, in der Schlacht, wenn sie gut ausgeführt wird, die außerordentlichste Wirkung tun.»[1]

## II
## Zwölf Jahre

Im Jahre 1799 quittierte Heinrich von Kleist den Militärdienst. Mir, schreibt er an Christian Ernst Martini,

«wurde der Soldatenstand, dem ich nie von Herzen zugethan gewesen bin, weil er etwas durchaus Ungleichartiges mit meinem ganzen Wesen in sich trägt, so verhaßt, daß es mir nach und nach lästig wurde, zu seinem Zwecke mitwirken zu müssen. Die größten Wunder militairischer Disciplin, die der Gegenstand des Erstaunens aller Kenner waren, wurden der Gegenstand meiner herzlichsten Verachtung; die Offiziere hielt ich für so viele Exerciermeister, die Soldaten für so viele Sclaven, und wenn das ganze Regiment seine Künste machte, schien es mir als ein lebendiges Monument der Tyrannei. Dazu kam noch, daß ich den übeln Eindruck, den meine Lage auf meinen Charakter machte, lebhaft zu fühlen anfing. Ich war oft gezwungen, zu strafen, wo ich gern verziehen hätte, oder verzieh, wo ich hätte strafen sollen; und in beiden Fällen hielt ich mich selbst für strafbar. In solchen Augenblicken mußte natürlich der Wunsch in mir entstehen, einen Stand zu verlassen, in welchem ich von zwei durchaus entgegengesetzten Prinzipien unaufhörlich gemartert wurde, immer zweifelhaft war, ob ich als Mensch oder als Offizier handeln mußte; denn die Pflichten Beider zu vereinen, halte ich bei dem jetzigen Zustande der Armee für unmöglich.
Und doch hielt ich meine moralische Ausbildung für eine meiner heiligsten Pflichten (...) und so knüpft sich an meine natürliche Abneigung gegen den Soldatenstand noch die Pflicht, ihn zu verlassen.»[2]

Dabei stammt er aus einer Familie, «der die preußische Krone seit dem 30jährigen Kriege 18 Generäle und 2 Feldmarschälle verdankte»[3], und in der der Großonkel Ewald von Kleist so etwas wie einen Krieger-Poeten gestellt hat (jedenfalls in den Augen einiger seiner Zeitgenossen). Der König antwortet: «Ich habe gegen Euren Vorsatz euch den Studien zu widmen nichts einzuwenden.»[4] So hatte Kleist den Schritt offziell begründet.

Im Jahre 1811 wird Heinrich von Kleist auf seinen Wunsch in das preußische Offizierkorps aufgenommen:

«Meine liebste Ulrike,
Der König hat mich durch ein Schreiben im Militair angestellt, und ich werde entweder unmittelbar bei ihm Adjutant werden, oder eine Compagnie erhalten.»[5]

Etwa zwei Monate später erschießt er sich mit Henriette Vogel.

Zwischen der Quittierung des Dienstes und der Wiederaufnahme liegen zwölf Jahre, eine Biographie voller Unklarheiten, Geheimnisse, ebenso jäher wie kurioser Wendungen, aufgegebener und gescheiterter Lebensentwürfe – drei Zeitschriften konzipiert und gibt er heraus, dreimal ohne nachhaltigen Erfolg –, wechselnder Aufenthalte – bei Wieland in Oßmannstedt, auf einer Insel beim Schweizerischen Thun –, Reisen hier- und dorthin – etwa nach Frankreich, um an Napoleons Invasion Englands teilzunehmen und dabei ums Leben zu kommen –, Ärger mit Zensurbehörden und militärischer Besatzung – 1807 wird er ein halbes Jahr in Joux und Charlons-sur-Marne als vermeintlicher Spion interniert –, zwölf Jahre, in denen er unvergleichliche Erzählungen schreibt in einer Prosa, wie sie vor und nach ihm nie wieder jemand geschrieben hat, Theaterstücke, die zum schönsten («Der zerbrochne Krug», «Amphitryon») und zum befremdlichsten («Penthesilea», «Käthchen von Heilbronn») gehören, was in diesem Genre auf deutsch je geschrieben worden ist, inclusive zweier Stücke, die sich mit dem Thema des Krieges auf so unterschiedliche Art und Weise befassen («Die Herrmannsschlacht», «Der Prinz von Homburg»), daß man allein schon bei diesen beiden sich fragt, wie sie vom selben Autor stammen können.

Zwölf Jahre, die den Aufstieg Napoleons vom Putschisten zum Konsul, vom Konsul auf Lebenszeit zum Kaiser und Herrscher über Europa sehen, vier der fünf sogenannten Koalitionskriege, die österreichische Niederlage bei Austerlitz, die preußische bei Jena und

Auerstedt, die Gründung des Rheinbunds, das Ende des Heiligen Römischen Reiches Deutscher Nation, die französische Besetzung der Iberischen Halbinsel und den Beginn des spanischen Guerilla-Krieges gegen die französischen Truppen.

## III
## Kulisse

Daß das Werk Kleists zu den gewalttätigsten der deutschen Sprache gehört, ist ein Gemeinplatz. Gewalttaten werden nicht nur begangen, sondern auch geschildert, man möchte fast sagen: con amore, jedenfalls rücken sie dem Leser buchstäblich zu Leibe durch die Schilderung ihrer Physiologie:

> «... jagte Gustav sich die Kugel, womit das andere Pistol geladen war, durchs Hirn. Diese neue Schreckenstat raubte den Verwandten völlig alle Besinnung. Die Hülfe wandte sich jetzt auf ihn; aber des Ärmsten Schädel war ganz zerschmettert, und hing, da er sich das Pistol in den Mund gesetzt hatte, zum Teil an den Wänden umher.»[6]

Oft fährt die Gewalt nahezu in die Sprache selbst, staucht sie, treibt alle Flüssigkeit des Parlando aus ihr, läßt die Sätze, die Neben- und Halbsätze, die Interjektionen wie Schläge werden, wird kurzatmig, atemlos – und ist doch nie unkontrolliert, im Gegenteil: ihre Effekte sind strategisch in den Absatzbögen wie taktisch im einzelnen Satz virtuos geplant oder von der überlegenen Intuition des Virtuosen so gesetzt, wie sie es sind.

Präsent ist in Kleists Werk nicht nur die Gewalt, sondern eine besondere Form organisierter Gewalt, der Krieg. Nicht in jedem Werk, aber doch so häufig und wenn, dann so explizit, daß die Einschränkung der Werkbetrachtung auf diesen Aspekt allemal gerechtfertigt ist. Sehen wir leider ab vom «Erdbeben von Chili», dem «Findling», der «Heiligen Cäcilie» und vom «Zweikampf», in denen zwar gekämpft, aber nicht Krieg geführt wird, von der «Familie Schroffenstein», wo es mehr eine Vendetta ist, und dem «Käthchen von Heil-bronn», wo es Ritterfehden sind, so ist eigentlich überall im Werk Krieg.

Ohne die Gelegenheit, die der Krieg macht, gäbe es die Verge-waltigung in der «Marquise von O.» nicht:

«Die Marquise kam, mit ihren beiden Kindern, auf den Vorplatz des Schlosses, wo die Schüsse schon, im heftigsten Kampf, durch die Nacht blitzten, und sie, besinnungslos, wohin sie sich wenden sollte, wieder in das brennende Gebäude zurückjagten. Hier, un-glücklicher Weise, begegnete ihr, da sie eben durch die Hintertür entschlüpfen wollte, ein Trupp feindlicher Scharfschützen, der, bei ihrem Anblick, plötzlich still ward, die Gewehre über die Schultern hing, und sie, unter abscheulichen Gebärden, mit sich fortführte. Vergebens rief die Marquise, von der entsetzlichen, sich unterein-ander selbst bekämpfenden, Rotte bald hier, bald dorthin gezerrt, ihre zitternden, durch die Pforte zurückfliehenden Frauen, zu Hülfe. Man schleppte sie in den hinteren Schloßhof, wo sie eben, unter den schändlichsten Mißhandlungen, zu Boden sinken wollte, als, von dem Zetergeschrei der Dame herbeigerufen, ein russischer Offizier erschien, und die Hunde, die nach solchem Raub lüstern waren, mit wütenden Hieben zerstreute. Der Marquise schien er ein Engel des Himmels zu sein. Er stieß noch dem letzten viehi-schen Mordknecht, der ihren schlanken Leib umfaßt hielt, mit dem Griff des Degens ins Gesicht, daß er, mit aus dem Munde vorquel-lendem Blut, zurücktaumelte; bot dann der Dame, unter einer ver-bindlichen, französischen Anrede den Arm, und führte sie, die von allen solchen Auftritten sprachlos war, in den anderen, von der Flamme noch nicht ergriffenen, Flügel des Palastes, wo sie auch völlig bewußtlos niedersank. Hier –»[7]

– und der Gedankenstrich nach dem «hier» ist der berühmteste der deutschen Literaturgeschichte. Wer die Novelle nicht kennt, liest darüber hinweg wie über so vieles bei Kleist, das er so in die Texte schreibt, daß man es nicht liest, obwohl es dasteht, und einfach wei-ter im Text: «Hier – traf er, da bald darauf ihre erschrockenen Frauen erschienen, Anstalten, einen Arzt zu rufen.»[8] Hier – Gedankenstrich – bald darauf. Wer die Geschichte zum zweiten Male liest, und um das Geschehen weiß, liest in drei Worten und einem Satzzeichen die Vergewaltigung – und vielleicht schon den Einsatz des Degenknaufs als deren symbolische Ankündigung.

Die lange Nacht nach dem Sieg ist es, die Jupiter nutzt, um Alkmene in Gestalt ihres Gatten, des Feldherrn Amphitryon, zu besuchen. Kein Kriegsstück, eines über die Liebe, das Göttliche in und außer ihr, über Sexualität und Treue, über fragile Identitäten vor allem, und nebenbei ein Stück, in dem über den Krieg so geredet wird:

«Jetzt, Freund, mußt du an deinen Auftrag denken;
Man wird dich feierlich zur Fürstin führen,
Alkmen', und den Bericht bist du ihr dann,
Vollständig und mit Redekunst gesetzt
Des Treffens schuldig, das Amphitryon
Siegreich für's Vaterland geschlagen hat.
– Doch wie zum Teufel mach ich das, da ich
Dabei nicht war? Verwünscht. Ich wollt: ich hätte
Zuweilen aus dem Zelt geguckt,
Als beide Heer' im Handgemenge waren.
Ei was! Vom Hauen sprech' ich dreist und Schießen,
Und werde schlechter nicht bestehn, als Andre,
Die auch den Pfeil noch pfeifen nicht gehört.»[9]

Ein dritter, wieder ganz anderer Ton im «Zerbrochenen Krug», in dem das ganze Geschehen nicht in Gang kommen würde ohne die drohende Einberufung des Ruprecht zum Dienst in der Kolonialarmee:

«Wir eben sitzen, Mutter, Vater, Ruprecht
Und ich, an dem Kamin, und halten Rat,
Ob Pfingsten sich, ob Pfingsten übers Jahr,
Die Hochzeit feiern soll: als plötzlich jetzt
Die Kommission, die die Rekruten aushebt,
In's Zimmer tritt, und Ruprecht aufnotiert,
Und unsern frohen Streit mit schneidendem
Machtspruch, just da er sich zu Pfingsten neigte,
Für, Gott weiß, welches Pfingstfest nun? – entscheidet.»[10]

Da ist kein einheitlicher Kriegston in den Stücken, da sind Blicke, unterschiedlicher kaum möglich, die auf den Krieg geworfen werden: das Getümmel mit Heldentum und Frauenraub, falstaffisches Sich-Entziehen, resignatives Sich-Bescheiden der potentiellen Witwe im Brautkleid. Geführt werden Kriege im Fragment «Robert Guiskard», einer Völkerwanderungsepisode, der «Penthesilea», einem Seitenstück zum Trojanischen Krieg, im «Michael Kohlhaas», wo ein Rachefeldzug zum Bürgerkriegsunternehmen ausartet, in der «Verlobung in St. Domingo» und der «Herrmannsschlacht» – beidemalen geht es um einen Befreiungskrieg, wie man so sagt –, schließlich im «Prinzen von Homburg», wo es um den Lorbeer geht.


## IV
## Die Pest

Aus dem «Robert Guiskard» hat Kleist Christoph Martin Wieland auf dessen Gut in Oßmannstedt bei Weimar vordeklamiert, nachdem dieser, durchaus enerviert durch Kleists exzentrisches Betragen, fragte, was ihm denn auf der Seele liege, und erfuhr, daß es eine Dichtung sei. Es gehörte zu Wielands Fähigkeiten, sich auch für Literatur begeistern zu können, die ihm persönlich nicht lag; Goethe konnte das nicht, Kleist hat beider Fähigkeiten diesbezüglich erprobt. Wieland hat Kleist nahezu bestürmt, den «Robert Guiskard» zu beenden, und ihm gesagt, er habe das Zeug, die deutsche Tragödie in Nachfolge von Aischylos und Shakespeare zu schaffen und also eine Lücke zu schließen, die zu füllen weder Schiller noch Goethe vermocht hätten. Ein größeres Lob aus kundigerem Munde ist nicht denkbar. Fertiggeworden ist das Stück dennoch nicht, oder vielleicht sollte man lieber sagen: gerade darum nicht. Kleist hat es verbrannt; das später gedruckte Fragment ist vermutlich eine Nachdichtung aus dem Gedächtnis.

Das Heer der «Normänner» belagert Konstantinopel. Es wird von der Pest dezimiert. Eine Katastrophe steht bevor. Im Heer herrscht Unklarheit: was wird Guiskard tun? Wie geht es ihm selbst? Eine

Delegation will Klarheit und eine eindeutige Entscheidung zur Abwendung der Katastrophe.

> *«Mit heißem Segenswunsch, ihr würd'gen Väter,*
> *Begleiten wir zum Zelte Guiskard's euch!*
> *Euch führt ein Cherub an, von Gottes Rechten,*
> *Wenn ihr den Felsen zu erschüttern geht,*
> *Den angstempört die ganze Heereswog'*
> *Umsonst umschäumt! Schickt einen Donnerkeil*
> *Auf ihn hernieder, daß ein Pfad sich uns*
> *Eröffne, der aus diesen Schrecknissen*
> *Des greulerfüllten Lagerplatzes führt!*
> *Wenn er der Pest nicht schleunig uns entreißt,*
> *Die uns die Hölle grausend zugeschickt,*
> *So steigt der Leiche seines ganzen Volkes*
> *Dies Land ein Grabeshügel aus der See!»*[11]

Eine schlechte Eindeutigkeit – Hingerafftwerden durch die Pest – steht gegen eine gute – Abzug. Als die Delegation vorspricht, wird sie in Zweideutigkeiten geworfen: hat Guiskard etwa die Pest? Gibt es bereits einen Machtkampf zwischen Sohn und Neffen um die Nachfolge? Jedenfalls bleibt Guiskard im Zelt; die einen sagen, er, der Frühaufsteher, schlafe noch, die andern, er habe zu tun.

> *«ROBERT Kehrt morgen wieder. – Oder heut, ihr Freunde.*
> *Vielleicht zu Mittag, wenn's die Zeit erlaubt. – –*
> *– Ganz recht. So geht's. Ein ernst Geschäft hält eben*
> *Den Guiskard nur auf eine Stunde fest;*
> *Will er euch sprechen, wenn es abgetan,*
> *Wohlan, so komm' ich selbst, und ruf' euch her.*
> *ABÄLARD Tust du doch mit dem Heer, als wär's ein Weib,*
> *Ein schwangeres, das niemand schrecken darf!*
> *Warum hehlst du die Wahrheit? Fürchtest du*
> *Die Niederkunft? – –*
> *zum Volk gewandt: Der Guiskard fühlt sich krank.*
> *DER GREIS erschrocken: Beim großen Gott des Himmels und der*
> > *Erde,*

*Hat er die Pest?*
*ABÄLARD     Das nicht. Das fürcht' ich nicht. –*
*Obschon der Arzt Besorgnis äußert: ja.*
*ROBERT Daß dir ein Wetterstrahl aus heitrer Luft*
*Die Zunge lähmte, du Verräter, du!»*[12]

Wenn Guiskard dann doch auftritt, erleben wir den Versuch, Eindeutigkeit wiederherzustellen. Demonstriert werden soll Gesundheit als Voraussetzung von Autorität, Weisungssicherheit. Aber die Rede will nicht, wie sie sollte:

«*Zwar trifft sich's seltsam just, an diesem Tage,*
*Daß ich so lebhaft mich nicht fühl', als sonst:*
*Doch nicht unpäßlich möcht' ich nennen das,*
*Vielwen'ger pestkrank! (…)*
*S'ist der Red' nicht wert, sag ich!*
*Hier diesem alten Scheitel, wißt ihr selbst,*
*Hat seiner Haare keins noch wehgetan!*
*Mein Leib ward jeder Krankheit mächtig noch.*
*Und wär's die Pest auch, so versichr' ich euch:*
*An diesen Knochen nagt sie selbst sich krank!»*[13]

Die Botschaft «Ich bin gesund!» soll die eigentliche «Der Krieg geht weiter!» vorbereiten. In Guiskards Rede soll der Krieg die gute Eindeutigkeit gegenüber den beiden schlechten (Tod und Abzug) werden, und damit werden die beiden schlechten Eindeutigkeiten zur schlechten Uneindeutigkeit (Tod oder Abzug) gegenüber der guten Eindeutigkeit des Krieges. Aber Guiskard kann die Eindeutigkeit des Krieges nicht mehr verkörpern:

« *(…) Zur Sache jetzt!*
*Was bringst du mir? sag' an! Sei kurz und bündig;*
*Geschäfte rufen mich in's Zelt zurück.»*[14]

Der Führer der Delegation, so ganz zur Gradlinigkeit der Rede aufgefordert, beginnt, da sieht sich Guiskard um, «der Greis stockt», man schiebt Guiskard eine Sitzgelegenheit unter. Noch einmal, aber «halblaut» die Mahnung, nicht um den heißen Brei herumzureden, zur Eindeutigkeit:

*«Bring deine Sache vor, und laß es frei*
*Hinströmen, bange Worte lieb' ich nicht!»*

Scheinbar wird Eindeutigkeit gefordert, tatsächlich aber aus der Schwäche heraus delegiert, und so:

*«Und weil du denn die kurzen Worte liebst:*
*O führ uns fort aus diesem Jammertal!*
*Du Retter in der Not, der du so Manchem*
*Schon halfst, versage deinem ganzen Heere*
*Den einz'gen Trank nicht, der ihm Heilung bringt,*
*Versag' uns nicht Italiens Himmelslüfte,*
*Führ uns zurück, in's Vaterland!»*[15]

Das «Guiskard»-Fragment zeigt einen Krieg, der nicht zustande-kommt, weil die Eindeutigkeit und Einseitigkeit, die zum Krieg nötig ist, sich nicht finden läßt oder einfinden will. Guiskard läßt nicht darum nicht Konstantinopel stürmen, weil er geschwächt ist, sondern die Krankheit selber ist der Hereinbruch des Uneindeuti-gen, des Zweifelhaften, desjenigen, was dem Zugriff nicht zugäng-lich ist und so kontaminierend den Willen lähmt.

V
Der Statthalter des Erzengels

Die Geschichte vom Michael Kohlhaas ist bekannt, aber wie kommt der Krieg ins Werk?

«Warum willst du dein Haus verkaufen? rief sie,» – Kohlhaasens Frau – «indem sie mit einer verstörten Gebärde, aufstand. Der Roßkamm, indem er sie sanft an seine Brust drückte, erwiderte: weil ich in einem Lande, liebste Lisbeth, in welchem man mich, in

meinen Rechten, nicht schützen will, nicht bleiben mag. Lieber
ein Hund sein, wenn ich von Füßen getreten werden soll, als ein
Mensch! Ich bin gewiß, daß meine Frau hierin so denkt, als ich. –
Woher weißt du, fragte jene wild, daß man dich in deinen Rechten
nicht schützen wird? Wenn du dem Herrn bescheiden, wie es
dir zukommt, mit deiner Bittschrift nahst: woher weißt du, daß sie
bei Seite geworfen, oder mit Verweigerung, dich zu hören, beantwortet werden wird? – Wohlan, antwortete Kohlhaas, wenn meine
Furcht hierin ungegründet ist, so ist auch mein Haus noch nicht
verkauft.»[16]

Dem Kriege eine Galgenfrist. Kohlhaas verrät, daß es um die Emi-
gration nicht geht, sondern daß er sich bereits als Desperado sieht:
«Lieber ein Hund ...» Lisbeth hörts und repliziert «wild». Sie will
retten, was zu retten ist, und muß erkennen, daß nichts mehr zu
retten ist:

«Der Herr selbst, weiß ich, ist gerecht; und wenn es mir nur gelingt,
durch die, die ihn umringen, bis an seine Person zu kommen,»

er redet wie ein Attentäter

«so zweifle ich nicht, ich verschaffe mir Recht, und kehre fröhlich,
noch ehe die Woche verstreicht, zu dir und meinen alten Geschäften
zurück. Mögt' ich alsdann noch, setzt' er hinzu, indem er sie küßte,
bis ans Ende meines Lebens bei dir verharren! – Doch ratsam ist es,
fuhr er fort, daß ich mich auf jeden Fall gefaßt mache; und daher
wünschte ich, daß du dich, auf einige Zeit, wenn es sein kann, ent-
ferntest, und mit den Kindern zu deiner Muhme nach Schwerin
gingst, die du überdies längst hast besuchen wollen. – Wie? rief die
Hausfrau. Ich soll nach Schwerin gehen? (...) Und das Entsetzen er-
stickte ihr die Sprache. – Allerdings, antwortete Kohlhaas, und das,
wenn es sein kann, gleich, damit ich in den Schritten, die ich für
meine Sache tun will, durch keine Rücksichten gestört werde. – ‹O!
Ich verstehe dich!› rief sie. ‹Du brauchst jetzt nichts mehr, als Waffen
und Pferde; alles Andere kann nehmen, wer will!› Und damit
wandte sie sich, warf sich auf einen Sessel nieder und weinte.»[17]

Er will Handlungsfreiheit, keine Rücksichten nehmen müssen, und will doch allein die Freiheit zur Rücksichtslosigkeit. Tatsächlich schränkt er seine Optionen ein, weil er nur noch in eine Richtung sieht. Frau und Kinder will er aus den Augen, sie sind dann aus dem Sinn, dem Spiel. Lisbeth kennt ihn. Dann hat sie noch einen Einfall, der wenigstens das Risiko eines Attentats durch ihren Mann mindern soll; sie selbst will die Bittschrift übergeben, dabei antichambrieren, der Kastellan des fürstlichen Schlosses habe früher um sie geworben, und so . . . – Kohlhaas läßt sie gehen. Bald ist sie wieder da und stirbt an einer Brustverletzung, die sie als Folge unglücklichen Agierens der fürstlichen Leibwache erhalten hatte. Ihre letzte Lebensregung ist, auf den Bibelvers «Vergib deinen Feinden» zu zeigen.

Der Tod seiner Frau räumt Kohlhaas die Bahn frei. Die Perspektive verengt sich, die Erzählung wird rasant, und zwar schon in der Begräbnisschilderung, die dramaturgisch gesehen ein retardierendes Moment ist:

«Kohlhaas dachte: ‹so möge mir Gott nie vergeben, wie ich dem Junker vergebe!› küßte sie, indem ihm häufig die Tränen flossen, drückte ihr die Augen zu, und verließ das Gemach. Er nahm die hundert Goldgülden, die ihm der Amtmann schon, für die Ställe in Dresden, zugefertigt hatte, und bestellte ein Leichenbegängnis, das weniger für sie, als für eine Fürstin, angeordnet schien: ein eichener Sarg, stark mit Metall beschlagen, Kissen von Seide, mit goldnen und silbernen Troddeln, und ein Grab von acht Ellen Tiefe, mit Feldsteinen gefüttert und Kalk. Er stand selbst, sein Jüngstes auf dem Arm, bei der Gruft, und sah der Arbeit zu. Als der Begräbnistag kam, ward die Leiche, weiß wie Schnee, in einen Saal aufgestellt, den er mit schwarzem Tuch hatte beschlagen lassen. Der Geistliche hatte eben eine rührende Rede an ihrer Bahre vollendet, als ihm die landesherrliche Resolution auf die Bittschrift zugestellt ward, welche die Abgeschiedene übergeben hatte, des Inhalts: er solle die Pferde von der Tronkenburg abholen, und bei Strafe, in das Gefängnis geworfen zu werden, nicht weiter in dieser Sache einkommen. Kohlhaas steckte den Brief ein, und ließ den Sarg auf den Wagen bringen. Sobald der Hügel geworfen, das Kreuz darauf gepflanzt, warf er sich noch einmal vor ihrem, nun verödeten Bette nieder, und übernahm sodann das Geschäft der Rache. Er setzte sich nieder und verfaßte einen Rechtsschluß, in welchem er den Junker Wenzel von Tronka, kraft der ihm angeborenen Macht, verdammte, die Rappen, die er ihm abgenommen, und auf den Feldern zu Grunde gerichtet, binnen drei Tagen nach Sicht, nach Kohlhaasenbrück zu führen, und in Person in seinen Ställen dick zu füttern. Diesen Schluß sandte er durch einen reitenden Boten an ihn ab, und instruierte denselben, flugs nach Übergabe des Papiers, wieder bei ihm in Kohlhaasenbrück zu sein. Da die drei Tage, ohne Überlieferung der Pferde, verflossen, so rief er Hersen; eröffnete ihm, was er dem Jungherrn, die Dickfütterung derselben anbetreffend, aufgegeben; fragte ihn zweierlei, ob er mit ihm nach der Tronkenburg reiten und den Jungherrn holen; auch, ob er über den Hergeholten, wenn er bei Erfüllung des Rechtsschlusses, in den Ställen von Kohlhaasenbrück, faul sei, die Peitsche führen wolle? und da Herse, so wie er ihn nur verstanden hatte: ‹Herr, heute noch!› aufjauchzte, und, indem er die Mütze in die Höhe warf, versicherte: einen Riemen, mit zehn Knoten, um ihm das Striegeln zu lehren, lasse er sich flechten! so verkaufte Kohlhaas das Haus, schickte die Kinder, in einen Wagen gepackt, über die Grenze; rief, bei Anbruch der Nacht, auch die übrigen Knechte zusammen, sieben an der Zahl, treu ihm jedweder, wie Gold; bewaffnete und beritt sie, und brach nach der Tronkenburg auf.»[18]

Die Ablehnung der Bittschrift war ebenso antizipiert wie Herses Bereitschaft und die der anderen Knechte. Unsicherheiten, oder sagen wir mit Clausewitz: Friktionen solcher Art, daß etwa der Kriegsgrund entfalle oder es ihm an Mannschaft gebräche, waren in seinem Kriegsplan nicht vorgesehen, Lisbeth wußte das. Die Kinder schafft er beiseite wie Sachen – «in einen Wagen gepackt» – als wären sie schon gar nicht mehr da.

Bei der Schilderung des Überfalls auf die Tronkenburg steigert Kleist das Tempo noch mehr:

«Kohlhaas, der, beim Eintritt in den Saal, einen Junker Hans von Tronka, der ihm entgegen kam, bei der Brust faßte, und in den Winkel des Saals schleuderte, daß er sein Hirn an den Steinen versprützte, fragte, während die Knechte die anderen Ritter, die zu den Waffen gegriffen hatten, überwältigten, und zerstreuten: wo der Junker Wenzel von Tronka sei? Und da er, bei der Unwissenheit der betäubten Männer, die Türen zweier Gemächer, die in die Seitenflügel des Schlosses führten, mit einem Fußtritt sprengte …»[19]

Wer den «Kohlhaas» verfilmen wollte, könnte bei solchen Szenen seine Schnittechnik an der Interpunktion orientieren. Frauen werden bei Kleist übrigens oft an der Brust verwundet – Lisbeth, die Babekan und Toni der «Verlobung in St. Domingo» – Männer verspritzen ihr Hirn: Gustav, Hans von Tronka. Kleist schießt beim Doppelselbstmord Henriette Vogel in die Brust, sich in den Mund.

Die Burg brennt er nieder. Tronka ist geflohen, Kohlhaas will ihn nach wie vor «holen» wie der Teufel die Seele. Jetzt wird die Fehde zum Krieg, den er der Welt erklärt. Erklärt in doppeltem Sinne. Er verfaßt

«ein sogenanntes ‹Kohlhaasisches Mandat›, worin er das Land aufforderte, dem Junker Wenzel von Tronka, mit dem er in einem gerechten Krieg liege, keinen Vorschub zu tun, vielmehr jeden Bewohner, seine Verwandten und Freunde nicht ausgenommen, verpflichtete, denselben bei Strafe Leibes und des Lebens, und unvermeidlicher Einäscherung alles dessen, was ein Besitztum heißen mag, an ihn auszuliefern.»[20]

Wer nicht für ihn ist, ist wider ihn. Kohlhaas sagt der Welt, daß es ihr ab jetzt unmöglich sei, in seiner Sache neutral zu bleiben. Wer nicht auf seiner Seite ist, wird umgebracht, die Spur seines Erdenlebens getilgt.

Ihm läuft ein Heer zu. Mordend und brennend ziehen sie durchs Land, durch strategische wie taktische Kompetenz gewinnen sie Schlachten gegen die landesherrlichen Truppen. Die Welt aufzuteilen nach denen zur Rechten und denen zur Linken, ist apokalyptische Manier, und so hält Kohlhaas Gerichtstag über die Welt, so weit er sie in Reichweite hat. In einem zweiten Manifest erklärt er den Tronka zum «Feind aller Christen», zum Antichrist also, in einem weiteren nennt er, Michael Kohlhaas, sich «einen Statthalter Michaels, des Erzengels, der gekommen sei, an Allen, die in dieser Streitsache des Junkers Partei ergreifen würden, mit Feuer und Schwert, die Arglist, in welcher die ganze Welt versunken sei, zu bestrafen. (...) und das Mandat war, mit einer Art von Verrückung, unterzeichnet: ‹Gegeben auf dem Sitz unserer provisorischen Weltregierung, dem Erzschlosse zu Lützen.›»[21]

Er ist verrückt geworden, denn das ist Verrücktheit: die Welt nicht in ihrer meiner nicht achtenden Komplexität wahrzunehmen. Der Paranoiker ist vor allem (und das macht den Umgang mit ihm so überaus zermürbend) Narziß: die ganze Welt hat sich gegen ihn verschworen, was eben auch heißt, daß alles nur um ihn kreist. Seine Weltsicht wird fugenlos und ordentlich. Alles kann auf die Verschwörung bezogen werden. Wer ihm das ausreden will, verstummt bald vor der Selbstsicherheit des Wahnsinns. – (Ein nicht zur Sache gehörender Gedanke, der sich gleichwohl anschließt: es gehört zur Seriosität wissenschaftlicher Erklärungen, daß sie viel, aber nicht zu viel erklären.)

Die Begegnung mit Martin Luther stellt die Komplexität wieder her, mit der der Krieg unmöglich wird. Luthers, des «teuersten und verehrungswürdigsten Namen(s), den er kannte»,[22] Autorität macht ihn ein mit diesem Namen unterzeichnetes Plakat lesen und den aufsuchen, der ihn führt. Er will sich ihm wie der Welt erklären, nur daß er bei Luther Verständnis sucht, keinen Krieg. Luther ist wider ihn, aber er will ihn nicht zum Feind – das allein bringt die neue Weltordnung durcheinander. Es kommt zu einer Begegnung:

«Luther, indem er sich niedersetzte, fragte: was willst du? Kohlhaas erwiderte: eure Meinung von mir, daß ich ein ungerechter Mann sei, widerlegen! Ihr habt mir in eurem Plakat gesagt, daß meine Obrigkeit von meiner Sache nichts weiß: wohlan, verschafft mir freies Geleit, so gehe ich nach Dresden, und lege sie ihr vor. ‹Heilloser und entsetzlicher Mann!› rief Luther, durch diese Worte verwirrt zugleich und beruhigt: ‹wer gab dir das Recht, den Junker von Tronka, in Verfolg eigenmächtiger Rechtsschlüsse, zu überfallen, und da du ihn auf seiner Burg nicht fandst mit Feuer und Schwert die ganze Gemeinschaft heimzusuchen, die ihn beschirmt?› Kohlhaas erwiderte: hochwürdiger Herr, niemand, fortan! Eine Nachricht, die ich aus Dresden erhielt, hat mich getäuscht, mich verführt! Der Krieg, den ich mit der Gemeinheit der Menschen führe, ist eine Missetat, sobald ich aus ihr nicht, wie ihr mir die Versicherung gegeben habt, verstoßen war! Verstoßen! rief Luther, indem er ihn ansah. Welch eine Raserei der Gedanken ergriff dich? Wer hätte dich aus der Gemeinschaft des Staats, in welchem du lebtest, verstoßen? Ja, wo ist, so lange Staaten bestehen, ein Fall, daß jemand, wer es auch sei, daraus verstoßen worden wäre?»[23]

Kohlhaas: verstoßen sei, wem der Schutz der Gesetze versagt sei, der werde aus der Staatsobhut in den Naturzustand gestoßen, in dem er sich mit der Keule in der Hand selbst verteidigen müsse. Das ist als zeitgenössisch rechtstheoretische Reflexion in der Forschung erörtert worden, bleibt aber doch eher krauses Zeug, mit dem wir uns hier nicht beschäftigen müssen. Interessant bleibt, daß Kohlhaas wieder da ist, wo er vor Lisbeths Tod war: wenn ich mich geirrt habe, und man meinen Fall seitens der zuständigen Obrigkeit nicht kennt, mache ich den Hausverkauf wieder rückgängig, resp. entschuldige ich mich bei allen Enthaupteten und Verbrannten. Nur war er damals dabei, sein Gesichtsfeld zu verengen auf den einen finalen Schlag hin. Jetzt ist ihm einer in die Quere gekommen, der in das manichäische Schema nicht paßt, und auf einmal gewinnt die Welt, peu à peu, Komplexität zurück.

«Wer hat dir den Schutz der Gesetze versagt? rief Luther. Schrieb ich dir nicht, daß die Klage, die du eingereicht, dem Landesherrn, dem du sie eingereicht, fremd ist? Wenn Staatsdiener hinter seinem Rücken Prozesse unterschlagen, oder sonst seines geheiligten Namens, in seiner Unwissenheit, spotten; wer anders als Gott darf ihn wegen der Wahl solcher Diener zur Rechenschaft ziehen, und bist du, gottverdammter und entsetzlicher Mann, befugt, ihn deshalb zu richten?»

Das hätte Kleist seinen Kohlhaas leicht von der Hand weisen lassen können, aber er läßt ihn sich dreingeben:

«Wohlan, versetzte Kohlhaas, wenn mich der Landesherr nicht verstößt, so kehre ich auch wieder in die Gemeinschaft, die er beschirmt, zurück.»[24]

So kann es enden mit einem Krieg. Was heißt hier Unrecht, Mann, was heißt hier Erzengel, provisorische Weltregierung und Antichrist, was heißt hier Feuer, was heißt Schwert –: Schlamperei und Intrige, in Dresden nicht anders als in Wien, so ist die Politik. Und dem Wahsinnigen fällt es wie Schuppen von den Augen, daß seine Apokalypse ein Irrtum gewesen ist. Der merkwürdige, schicksalssive zufallsgetränkte Rest der Geschichte vom Kohlhaas folgt, wie bei Kleist nachzulesen. Er wird eine Geschichte von Recht, Standespsychologie, Magie (oder auch nicht?), in der sich Alltagsbanalitäten und lokale Weltgeschichte sonderbar verbinden – die Eindeutigkeit zum Kriege gewinnt sie nicht mehr.


VI
Die blutumtriefte Graungestalt

«Die blutumtriefte Graungestalt» – gemeint ist der Krieg, genauer: «der Krieg, der unter Bürgern ras't». Er ist entsetzlich genug, nur Penthesilea selbst ist noch wilder, noch scheußlicher. Das, was in «Penthesilea» geschieht, ist ebensowenig ein richtiger Krieg wie das Ganze homerisch ist oder überhaupt antik. Es ist auch nicht archaisch, allenfalls so wie die Futur-Welt von «Clockwork Orange» archaisch ist, denn es geht um Sex und Gewalt. Das ist hier nicht unser Thema, schon oben hatten wir auf den Degenknauf des rettenden russischen Offiziers nur hingewiesen. Die Amazonen sind ein traumatisiertes Volk, das sein Trauma beständig re-inszeniert. Man hatte es einst im Kriege besiegt, die Männer getötet, die Frauen vergewaltigt. Die Frauen brachten ihre neuen Herren um und beschlossen, unter sich zu bleiben. Nur ab und zu in den Krieg zu ziehen, um sich Männer zu Fortpflanzungszwecken zu verschaffen. Eine jede Amazone darf den selbstbesiegten Mann mit nach Hause nehmen, wo er, nach vollzogenem Begattungsfest, umgebracht wird. Im Stück geraten die Amazonen auf einem ihrer Raubzüge mitten in den Trojanischen Krieg hinein.

Die Königin Penthesilea kämpft gegen den griechischen Helden Achill und unterliegt. Als sie aus ihrer Ohnmacht erwacht, macht man ihr weis, es sei umgekehrt gewesen. Sie verliebt sich in Achill, er sich in sie. Er will ihr folgen, da er Wunderbares über das «Rosenfest» bei den Amazonen gehört hat; den letalen Ausgang hat man ihm verschwiegen. Penthesilea aber hat beschlossen, auf ihre Würde zu verzichten, die Amazonen zu verlassen und Achill als ganz normale Ehefrau zu folgen. Achill aber möchte sich nun richtig besiegen lassen, um Penthesilea zu folgen und fordert sie erneut zum Kampfe. Es soll nur pro forma sein, er geht kaum bewaffnet in den Kampf.

Als Penthesilea die Herausforderung übermittelt wird, verfällt sie in wahnsinnige Wut. Es geht um Dominanz. Sie liebt ihn, sie will ihm folgen, seinen Sieg anerkennen, sich unterwerfen, aber darin liegt der Triumph ihrer Subjektivität. In dieser Freiwilligkeit der Wahl der Unterwerfung bleibt sie die Dominante. Achills Kampfbegehren versteht sie als Negation dieser Freiwilligkeit, als Angriff auf die Souveränität ihrer Entscheidung. Sie versteht ihn nicht. Aber verstünde sie ihn, wäre auch nicht viel gewonnen – die beiden sind von ihrem Dichter, der Küsse auf Bisse reimt, nicht so gemacht, daß sie einander lachend in die Arme fallen könnten. Ein Achill, der sich freiwillig unterwerfen will, da sie doch beschlossen hat, sich zu unterwerfen, setzt ebenfalls seine Dominanz gegen die ihre. Auch ist das Ende des Zweikampfs heillos, wie immer es sei: wenn sie verliert, ist sie entehrt, wenn sie gewinnt, muß sie ihn töten. Ihr Ausweg ist: Verzicht auf den Status der Amazone, und werden wie ein normales Weib. Diesen Ausweg verstellt ihr Achill. Aber zurück kann sie auch nicht mehr, denn wie eine normale Amazone kann sie nicht mehr reagieren (und damit auch nicht mehr regieren). Die Situation ist ebenso überkomplex wie ausweglos geworden, da kein Handlungsschema mehr paßt. Penthesilea wird verrückt und wird das, was man eine Allegorie reiner Destruktivität nennen könnte. Nach Kleist: einer Allegorie des Bürgerkrieges. So krude der Plot dieses Stücks, so albern manchmal auch, so atemberaubend dieser Bericht, den man sich laut vorlesen sollte, um die Tonwechsel, vor allem den der Zeilen, in denen Achill zu sprechen beginnt, zu erleben:

«Ihr wißt,
Sie zog dem Jüngling, den sie liebt, entgegen,
Sie, die fortan kein Name nennt –
In der Verwirrung ihrer jungen Sinne,
Den Wunsch, den glühenden, ihn zu besitzen,
Mit allen Schrecknissen der Waffen rüstend.
Von Hunden rings umheult und Elefanten,
Kam sie daher, den Bogen in der Hand:
Der Krieg, der unter Bürgern ras't, wenn er,
Die blutumtriefte Graungestalt, einher,
Mit weiten Schritten des Entsetzens geht,
Die Fackel über blühnde Städte schwingend,
Er sieht so wild und scheußlich nicht, als sie.
Achilleus, der, wie man im Heer versichert,
Sie bloß ins Feld gerufen, um freiwillig
Im Kampf, der junge Tor, ihr zu erliegen:
Denn er auch, o wie mächtig sind die Götter!
Er liebte sie, gerührt von ihrer Jugend,
Zu Dianas Tempel folgen wollt' er ihr:
Er naht sich ihr, voll süßer Ahndungen,
Und läßt die Freunde hinter sich zurück.
Doch jetzt, da sie mit solchen Greulnissen
Auf ihn herangrollt, ihn, der nur zum Schein
Mit einem Spieß sich arglos ausgerüstet:
Stutzt er, und dreht den schlanken Hals, und horcht,
Und eilt entsetzt, und stutzt, und eilet wieder:
Gleich einem jungen Reh, das im Geklüft
Fern das Gebrüll des grimmen Leu'n vernimmt.
Er ruft: Odysseus! mit beklemmter Stimme,
Und sieht sich schüchtern um, und ruft: Tydide!
Und will zurück noch zu den Freunden fliehn;
Und steht, von einer Schar schon abgeschnitten,
Und hebt die Händ' empor, und duckt und birgt
In eine Fichte sich, der Unglücksel'ge,
Die schwer mit dunklen Zweigen niederhangt. –
Inzwischen schritt die Königin heran,
Die Doggen hinter ihr, Gebirg' und Wald
Hochher, gleich einem Jäger, überschauend;

*Und da er eben, die Gezweige öffnend,*
*Zu ihren Füßen niedersinken will:*
*Ha! sein Geweih verrät' den Hirsch, ruft sie,*
*Und spannt mit Kraft der Rasenden, sogleich*
*Den Bogen an, daß sich die Enden küssen,*
*Und hebt den Bogen auf und zielt und schießt,*
*Und jagt den Pfeil ihm durch den Hals; er stürzt:*
*Ein Siegsgeschrei schallt roh im Volk empor.*
*Jetzt gleichwohl lebt der Ärmste noch der Menschen,*
*Den Pfeil, den weit vorragenden, im Nacken,*
*Hebt er sich röchelnd auf, und überschlägt sich,*
*Und hebt sich wiederum und will entfliehn;*
*Doch, hetz! schon ruft sie: Tigris! hetz, Leäne!*
*Hetz, Sphynx! Melampus! Dirke! Hetz, Hyrkaon!*
*Und stürzt – stürzt mit der ganzen Meut', o Diana!*
*Sich über ihn, und reißt – reißt ihn beim Helmbusch,*
*Gleich einer Hündin, Hunden beigesellt,*
*Der greift die Brust ihm, dieser greift den Nacken,*
*Daß von dem Fall der Boden bebt, ihn nieder!*
*Er, in dem Purpur seines Bluts sich wälzend,*
*Rührt ihre sanfte Wange an, und ruft:*
*Penthesilea! meine Braut! was tust du?*
*Ist dies das Rosenfest, das du versprachst?*
*Doch sie – die Löwin hätte ihn gehört,*
*Die hungrige, die wild nach Raub umher,*
*Auf öden Schneegefilden heulend treibt;*
*Sie schlägt, die Rüstung ihm vom Leibe reißend,*
*Den Zahn schlägt sie in seine weiße Brust,*
*Sie und die Hunde, die wetteifernden,*
*Oxus und Sphynx den Zahn in seine rechte,*
*In seine linke sie; als ich erschien*
*Troff Blut von Mund und Händen ihr herab.»*[25]

Als ihr bewußt wird, was sie getan hat, bringt sie sich um; durch Autosuggestion, sprich: Konzentration aller Gefühle auf den Punkt «Hier stirbst du!» – es ist ein imaginärer Dolch, den sie sich in die Brust stößt.

# VII
## Puppe am Draht

Kurz nachdem er den Militärdienst quittiert hat, schreibt Kleist an die Schwester Ulrike:

«Tausend Menschen höre ich reden u sehe ich handeln, u es fällt mir nicht ein, nach dem Warum? zu fragen. Sie selbst wissen es nicht, dunkle Neigungen leiten sie, der Augenblick bestimmt ihre Handlungen. Sie bleiben für immer unmündig u ihr Schicksal ein Spiel des Zufalls. Sie fühlen sich wie von unsichtbaren Kräften geleitet u gezogen, sie folgen ihnen im Gefühl ihrer Schwäche wohin es sie auch führt, zum Glücke, das sie dann nur halb genießen, zum Unglücke, das sie dann doppelt fühlen.

Eine solche sclavische Hingebung in die Launen des Tyrannen Schicksaal, ist nun freilich eines freien, denkenden Menschen höchst unwürdig. Ein freier denkender Mensch bleibt da nicht stehen, wo der Zufall ihn hinstößt; oder wenn er bleibt, so bleibt er aus Gründen, aus Wahl des Bessern. Er fühlt, daß man sich über das Schicksaal erheben könne, ja, daß es im richtigen Sinne selbst möglich sei, das Schicksaal zu leiten. Er bestimmt nach seiner Vernunft, welches Glück für ihn das höchste sei, er entwirft sich seinen Lebensplan, und strebt seinem Ziele nach sicher aufgestellten Grundsätzen mit allen seinen Kräften entgegen. Denn schon die Bibel sagt, willst Du das Himmelreich erwerben, so lege selbst Hand an.

So lange ein Mensch noch nicht im Stande ist, sich selbst einen Lebensplan zu bilden, so lange ist u bleibt er unmündig, er stehe nun als Kind unter der Vormundschaft seiner Ältern oder als Mann unter der Vormundschaft des Schicksals; Die erste Handlung der Selbständigkeit eines Menschen ist der Entwurf eines solchen Lebensplan's. Wie nöthig es ist, ihn so früh wie möglich zu bilden, davon hat mich der Verlust von sieben kostbaren Jahren, die ich dem Soldatenstande widmete, von sieben unwiderbringlich verlornen Jahren, die ich für meinen Lebensplan hätte anwenden gekonnt, wenn ich ihn früher zu bilden verstanden hätte, überzeugt.»[26]

Ein «Spiel des Zufalls» zu sein, eine «Puppe am Drahte des Schicksals» hält er für einen «unwürdigen Zustand» und «verächtlich».[27] Liest man, wie sehr die Abneigung gegen den Zufall, das onkelhafte Gerede vom Lebensplan (nicht nur als Selbstvorsatz, sondern auch als Mahnung an Ulrike) die frühen Briefe beherrscht, wundert man sich, wie sehr später im Werk der Gedanke Raum gewinnt, im Grunde sei alles Zufall, der Wille ahme ihn als Dezision allenfalls nach, und das sei gut so.

Wenn man das widersprüchliche Wesen Kleist – noch einmal: wie kann einer einen «Amphitryon» *und* ein «Käthchen von Heilbronn» schreiben, einen Herrmann sprechen lassen, wie er spricht, und wenig später einen Prinzen so um sein Leben bangen wie den von Homburg? – beschreiben, gar einen Nenner finden will, auf den es sich zu Interpretationszwecken bringen läßt, dann sollte es einer sein, der diese manchmal ins Bizarre sich auseinanderdrehende Widersprüchlichkeit nicht verkleinert, verdeckt, wegerklärt. Vielleicht ist es der Nenner des Extremismus. Es gibt keines, jedenfalls keines von Kleists großen Werken, für das nicht der Begriff des Extremen und meistens des Extremismus zutreffend wäre. Kein anderer als Kleist hätte wohl für das Gefühl des Hasses die Formel gefunden, die uns im «Findling» angeboten wird: da schlägt der Mörder seines Findelsohnes vor der Hinrichtung die Absolution aus, und als man ihm vorhält, dann werde er ewig in der Hölle sein, sagt er, eben dahin, wohin ihm der Ermordete vorangegangen sei, wolle er ihm folgen, er sei noch nicht fertig mit dem. Extremeren Haß als einen, auf den der Preis ewiger Höllenqualen gesetzt ist, welcher aber gleichwohl gern entrichtet wird, kann man nicht denken. (Der Vater bringt den Findling übrigens um, indem er ihm das Gehirn eindrückt und ihm das Dokument seiner Schurkerei in den toten Mund stopft.)

Kleist ist nicht nur vom Extremen fasziniert – absolute Hingabe des Käthchen von Heilbronn, absolutes Dominanzbegehren der Penthesilea – zum Extremisten macht ihn, daß er mit vielen Dingen erst dann zurechtkommt, wenn er sie übertreibt. Daß der Zufall, den er auch das Schicksal nennt, im Leben nun einmal eine nicht zu unterschätzende Rolle spielt – biedere, vielleicht philisterhafte An- und Einsichten diesbezüglich nebst der unaufgeregten Formulierung derselben wären ihm nicht in den Sinn gekommen. Wen hat er im Brief nicht durch Zitat als Eideshelfer aufgeboten: den Lessing des «Nathan» («und wenn er bleibt, bleibt er aus Gründen, Wahl des Bessern»), den Kant der Aufklärungsschrift («unmündig», «Vormund»). Als er aber des Zufalls in seinem Leben nicht Herr wird, ernennt er ihn flugs zum Weltenherrscher. Die Bewußtlosigkeit wird für ihn zur eigentlichen Durchsetzungskraft. Hierfür steht der berühmte Satz aus dem Aufsatz «Über die allmähliche Verfertigung der Gedanken beim Reden»: «Vielleicht, daß es auf diese Art zuletzt das Zucken einer Oberlippe war, oder ein zweideutiges Spiel an der Manschette, was in Frankreich den Umsturz der Ordnung der Dinge bewirkte.»[28]

Was in der «Familie Schroffenstein» noch in Form einer Bedenklichkeit zu lesen ist:

> «*Das eben ist der Fluch der Macht, daß sich*
> *Dem Willen, dem leicht widerruflichen,*
> *Ein Arm gleich beut, der fest unwiderruflich*
> *Die Tat ankettet*»

das finden wir in dem «eine Paradoxe» genannten Text «Von der Überlegung» so:

> «Man rühmt den Nutzen der Überlegung in alle Himmel; besonders der kaltblütigen und langwierigen, vor der Tat. Wenn ich ein Spanier, ein Italiener oder ein Franzose wäre: so mögte es damit sein Bewenden haben. Da ich aber ein Deutscher bin, so denke ich meinem Sohn einst, besonders wenn er sich zum Soldaten bestimmen sollte, folgende Rede zu halten.
> ‹Die Überlegung, wisse, findet ihren Zeitpunkt weit schicklicher *nach*, als *vor* der Tat. Wenn sie vorher, oder in dem Augenblick der Entscheidung selbst, ins Spiel tritt: so scheint sie nur die zum Handeln nötige Kraft, die aus dem herrlichen Gefühl quillt, zu verwirren, zu hemmen und zu unterdrücken; dagegen sich nachher, wenn die Handlung abgetan ist, der Gebrauch von ihr machen läßt, zu welchem sie dem Menschen eigentlich gegeben ist, nämlich sich dessen, was in dem Verfahren fehlerhaft und gebrechlich war, bewußt zu werden, und das Gefühl für andere künftige Fälle zu regu-

lieren. Das Leben selbst ist ein Kampf mit dem Schicksal; und es verhält sich auch mit dem Handeln wie mit dem Ringen. Der Athlet kann, in dem Augenblick, da er seinen Gegner umfaßt hält, schlechthin nach keiner anderen Rücksicht, als nach bloßen augenblicklichen Eingebungen verfahren; und derjenige, der berechnen wollte, welche Muskeln er anstrengen, und welche Glieder er in Bewegung setzen soll, um zu überwinden, würde unfehlbar den Kürzeren ziehen, und unterliegen. Aber nachher, wenn er gesiegt hat oder am Boden liegt, mag es zweckmäßig und an seinem Ort sein, zu überlegen, durch welchen Druck er seinen Gegner niederwarf, oder welch ein Bein er ihm hätte stellen sollen, um sich aufrecht zu erhalten. Wer das Leben nicht, wie ein solcher Ringer, umfaßt hält, und tausendgliedrig, nach allen Windungen des Kampfs, nach allen Widerständen, Drücken, Ausweichungen und Reaktionen, empfindet und spürt: der wird, was er will, in keinem Gespräch, durchsetzen; vielweniger in einer Schlacht.»[29]

Die Bewußtseinsverengungen von Kohlhaas und Penthesilea sind Kriegstugenden, und es scheint diesbezüglich das Leben polemomorph. Wenn er «Betrachtungen über den Weltlauf» anstellt, so stellt er der Idee einer Verfeinerung der menschlichen Sitten und eines Fortschritts in Differenzierungs- und Reflexionsvermögen die Idee eines moralischen Abstiegs in Folge des Verlusts der Lust zum gedankenlosen Tätlichwerden entgegen.[30] Dem entspricht bei Kleist eine Lust am sacrificium intellectus et artis, die, ich will es altmodisch sagen: schaudern macht. Nicht nur, daß er in seinen Kriegsliedern in die Gattung der «Haßproduzenten», wie Enzensberger die Leute genannt hat,[31] zu rechnen ist, sondern welche Lust am ästhetisch Regressiven in diesen Gesängen zu Tage tritt, ist schrecklich:

*«Zottelbär und Panthertier*
*Hat der Pfeil bezwungen;*
*Nur für Geld, im Drahtspalier,*
*Zeigt man noch die Jungen»*

– es folgen weitere Schädlinge: Wolf, Fuchs, Raubvögel –

*«Schlangen sieht man gar nicht mehr,*
*Ottern und dergleichen,*

*Und der Drachen Greuelheer,*
*Mit geschwollnen Bäuchen.»*

– und nun, «Kriegslied der Deutschen» heißt das Machwerk:

*«Nur der Franzmann zeigt sich noch*
*In dem deutschen Reiche;*
*Brüder, nehmt die Keule doch,*
*Daß er gleichfalls weiche.»*[32]

Diese Regression ist natürlich keine, der sich der Verfasser hinge-
geben hätte, er hat sie sich angelacht. Denken wir an das «Mario-
nettentheater»: zum Bären kann keiner mehr werden – warum
Herrmanns Thusnelda zur Bär*in* werden kann, werden wir sehen –
aber sehr wohl zum Marionettenspieler. Naivität der Glieder-
puppe.

VIII
Tonis Verlobung

*«Ebony and ivory*
*live in perfect harmony*
*on my piano keyboard»*
*Paul McCartney*

«Die Verlobung in St. Domingo» ist eine Episode aus einem kolonialen Befreiungskrieg. Auf der Insel war einst Kolumbus gelandet,
er hatte sie Hispaniola genannt. Später nannte man sie St. Domingo.
Die Spanier plünderten die Insel gründlich aus und entvölkerten
sie, so daß sie an kolonialer Attraktivität einbüßte und ein Teil der
Kolonisatoren sie wieder verließ. Die Verbleibenden importierten
Sklaven aus Westafrika. Französische Seeräuber wählten den West-
teil der Insel zum Stützpunkt, Siedler folgten. Spanien ratifizierte

1697 die Landnahme. Das nunmehr französische St. Domingue produzierte Zuckerrohr und wurde zur reichsten Kolonie Frankreichs. «Damals gliederte sich die Gesellschaft auf St. Domingue in drei Hauptgruppen: die weißen Herren, die privilegierten Mulatten (die ‹freien Farbigen›) und die schwarzen Sklaven», schreibt der Kommentar zur Kleist-Ausgabe des Deutschen Klassiker Verlages, dem ich bei dieser Darstellung folge.[33] Das liest sich so, als beziehe sich die Bezeichnung «Mulatte», die eine wichtige Rolle in der Erzählung spielt, auf den Stand des Betreffenden. Für Kleist sind diese Bezeichnungen aber eindeutig Rassenzuschreibungen: der «Neger» Congo Hoango ist ein freigelassener Schwarzer, seine Frau Babekan, ebenfalls frei, ist eine «Mulattin», ein «Mischling», denn sie ist mit dem ehemaligen Herrn der beiden, einem Franzosen «weitläufig verwandt».[34] Dies entspricht auch dem damaligen Sprachgebrauch.

Die französische Nationalversammlung hatte im Jahre 1791 die Gleichberechtigung der «freien Farbigen» verfügt, zieht dieses Dekret aber aufgrund der alsbald losbrechenden Aufstände wieder zurück – der Kommentar schreibt: «Aufstände der Mulatten und auch der Sklaven»,[35] also vermutlich der «Mulatten», die sich durch die Gleichberechtigung der freien «Neger» um ihre Privilegien gebracht sehen, und der unfreien «Neger», die um ihre Freiheit kämpfen. 1793 verfügt man auf St. Domingue die Freilassung aller Sklaven, ein Schritt, der 1794 von Paris bestätigt wird. Der Grund: aufständische Schwarze hatten sich mit den Spaniern, die den Ostteil der Insel beherrschten, verbündet. Die Aufständischen treten mehrheitlich wieder zu Frankreich über und kämpfen gegen Spanier, Engländer sowie die restlichen Aufständischen. Ihr Anführer, der ehemalige Sklave Toussaint Louverture, wird 1795 zum Brigadegeneral, 1796 zum Divisionsgeneral ernannt. Unter Louverture wird der spanische Teil der Insel annektiert; er selbst macht sich zum Gouverneur auf Lebenszeit, während sein Unterführer Jean-Jaques Dessalines die Elite der «Mulatten» massakriert.

1802 schickt Napoleon eine Invasionsarmee auf die faktisch unabhängige Insel. Toussaint Louverture und Dessalines kapitulieren. Toussaint wird nach Frankreich deportiert, auf Fort Joux –

jener Festung, auf der auch Kleist im Jahre 1807 interniert war – in Haft gehalten, wo er 1803 stirbt. In St. Domingue dezimiert das Gelbfieber die französischen Truppen. Unter Dessalines besiegen im selben Jahre «die vereinigten Mulatten und Schwarzen die französischen Truppen».[36] 1804 wird die Unabhängigkeit proklamiert, Dessalines zum Gouverneur auf Lebenszeit ernannt. Alle verbleibenden Franzosen werden ermordet. 1806 läßt sich Dessalines zum Kaiser von Haiti krönen und wird elf Tage später von aufständischen «Mulatten» ermordet. Kleist, das weiß man, kannte die Geschichte der Insel recht gut.

Seine Erzählung spielt «zu Anfang des Jahrhunderts», kurz vor der französischen Kapitulation, auch die Gelbfieberepidemie wird erwähnt, also 1803/4:

«Zu Port au Prince, auf dem französischen Anteil der Insel St. Domingo, lebte, zu Anfange dieses Jahrhunderts, als die Schwarzen die Weißen ermordeten, auf der Pflanzung des Hrn. Guillaume von Villeneuve, ein fürchterlicher alter Neger, namens Congo Hoango. Dieser von der Goldküste von Afrika herstammende Mensch, der in seiner Jugend von treuer und rechtschaffener Gemütsart schien, war von seinem Herrn, weil er ihm auf einer Überfahrt nach Cuba das Leben gerettet hatte, mit unendlichen Wohltaten überhäuft worden. Nicht nur, daß Hr. Guillaume ihm auf der Stelle seine Freiheit schenkte, und ihm, bei seiner Rückkehr nach St. Domingo, Haus und Hof anwies; er machte ihn sogar, einige Jahre darauf, gegen die Gewohnheit des Landes, zum Aufseher seiner beträchtlichen Besitzung, und legte ihm, weil er nicht wieder heiraten wollte, an Weibes Statt eine alte Mulattin, namens Babekan, aus seiner Pflanzung bei, mit welcher er durch seine erste verstorbene Frau weitläufig verwandt war. Ja, als der Neger sein sechzigstes Jahr erreicht hatte, setzte er ihn mit einem ansehnlichen Gehalt in den Ruhestand und krönte seine Wohltaten noch damit, daß er ihm in seinem Vermächtnis sogar ein Legat auswarf; und doch konnten alle diese Beweise von Dankbarkeit Hrn. Villeneuve vor der Wut dieses grimmigen Menschen nicht schützen. Congo Hoango war, bei dem allgemeinen Taumel der Rache, der auf die unbesonnenen Schritte des National-Konvents in diesen Pflanzungen aufloderte, einer der Ersten, der die Büchse ergriff, und, eingedenk der Tyrannei, die ihn seinem Vaterlande entrissen hatte, seinem Herrn die Kugel durch den Kopf jagte. Er steckte das Haus, worein die Gemahlin desselben mit ihren drei Kindern und den übrigen Weißen der Niederlassung sich geflüchtet hatte, in Brand, verwüstete die ganze Pflanzung, worauf die Erben, die in Port au Prince wohnten, hätten Anspruch machen können, und zog, als sämtliche zur Besitzung gehörige Etablissements der Erde gleich gemacht waren, mit den Negern, die er versammelt und bewaffnet hatte, in der Nachbarschaft umher, um seinen Mitbrüdern in dem Kampfe gegen die Weißen beizustehen.»[37]

Er führt sich auf wie der Kohlhaas. Nur daß einem nicht in den Sinn käme, Congo Hoango anders denn einen fürchterlichen alten Neger zu nennen, kaum einen der «rechtschaffensten zugleich und entsetzlichsten Menschen seiner Zeit». Congo Hoango ist, anders als sein Herr, der Dankbarkeit nicht fähig. Das sagt uns der Text ausdrücklich, so ausdrücklich, daß leicht aus der Wahrnehmung fällt, was dort nicht ganz so ausdrücklich, aber eben doch sehr wohl und bewußt steht: daß Villeneuve ein Sklavenhalter und -händler war (die Lebensrettung fand auf der Überfahrt *nach* Cuba, nicht *von* Cuba nach St. Domingo, statt, d. h. auf der Überfahrt von der afrikanischen Küste in die Karibik). Congo Hoango ist nicht nur verschleppt worden, er ist von seiner Frau getrennt, was er zeitlebens nicht verwindet. Die Geste, mit der der Herr seinem Untergebenen eine Frau ins Bett legt, mag der eine als eine der Dankbarkeit ansehen, der andere als Hohn.

Diese Frau nun, Babekan, die eine Tochter namens Toni mit ins Konkubinat bringt, macht mit Congo Hoango gemeinsame Sache. Während der mit seiner Guerilla-Armee durch die Insel streift, geben sich Mutter und Tochter reisenden oder fliehenden Weißen gegenüber gastfreundlich – die Mutter ermuntert die Tochter,

«den Fremden keine Liebkosung zu versagen, bis auf die letzte, die ihr bei Todesstrafe verboten war: und wenn Congo Hoango mit seinem Negertrupp von den Streifereien, die er in der Gegend gemacht hatte, wiederkehrte, war unmittelbarer Tod das Los der Armen, die sich durch diese Künste hatten täuschen lassen.»[38]

Babekan und Toni haben ihre eigene Geschichte: Toni war das Er-gebnis einer Affaire Babekans, die diese auf einer Europareise, auf der sie die Frau des Herrn Villeneuve begleitet hatte, mit einem Mar-seiller Kaufmann gehabt hatte. Der Vater hatte seine Vaterschaft vor Gericht unter Eid geleugnet, worauf Babekan mit sechzig Peitschen-hieben bestraft wurde,

> «und in deren Folge sie bis auf diesen Tag an der Schwindsucht leide».[39]

Eine Angabe, die, wenn man sie beim im physiologischen Detail ge-nauen Kleist, richtig versteht, auf eine Brustverletzung deutet, etwa gebrochene Rippen, die, schlecht verheilt, die Lunge verletzt haben und ständig reizen.

Die Geschichte ist einfach, und doch nicht ganz einfach nach-erzählt. Ein Weißer, Gustav, ein Schweizer von Herkunft, klopft an die Tür des Mörderhauses. Er ist Führer einer Flüchtlings-gesellschaft im Walde. Widerstrebend läßt er sich bereden, daß keine Gefahr drohe, es ist ein Mulattenhaus, und Toni ist beson-ders hellhäutig. Er erzählt Mutter und Tochter von einem Mäd-chen

> «vom Stamme der Negern»,[40]

die ihren ehemaligen Herrn, dem sie sich verweigert, worauf er sie verkauft hatte, zu Zeiten des Aufstands aufsucht und verführt, denn sie selber hat das Gelbfieber und will eine Epidemie unter den Weißen auslösen. Dann erzählt er der Tochter von einem Mädchen, das ihn so geliebt habe, daß sie, auf eine Verleumdung hin, sich in Frankreich an seiner Statt dem Revolutionstribunal gestellt habe und zum Tode verurteilt worden sei. Toni und Gustav schlafen mit-einander. Er verspricht ihr die Ehe, Toni verliebt sich in ihn – sie wei-gert sich Babekan gegenüber, weiter mitzumachen, Babekan bedroht sie, sie ändert scheinbar wieder ihre Haltung – sie vertauscht die

Botschaft Babekans, die Flüchtlinge möchten im Walde bleiben mit der Botschaft, sie möchten kommen – Congo Hoango kommt unverhofft zurück – sie fesselt Gustav – es gelingt ihr, Congo Hoango damit zu täuschen – sie führt die Flüchtlinge herbei – man kämpft, zwei Kinder aus der Familie Congo Hoangos werden als Geiseln genommen – Congo Hoango kapituliert – Gustav, befreit, erschießt Toni, weil er denkt, sie habe ihn verraten – als man ihm die Wahrheit sagt, erschießt er sich – Rückzug der Weißen mit den Geiseln, die sie, wie verabredet, später freilassen.

Warum geschieht, was geschieht? Wie so oft bei Kleist aus bloßem Zufall und aus Unbedacht. Warum sagt Toni nichts, als sie Gustav fesselt? Warum fragt Gustav nichts, bevor er schießt? Ebenso wie Kleist das Schicksal des Negers und der Mulattin berichtet, aber nicht mit ihrem Handeln verknüpft – Kleist ist, was Handlungsmotivationen angeht, der Antipsychologe schlechthin –, erfahren wir nicht, was zwischen Gustav und Toni vorgeht. Liebt er sie wirklich? Oder hat er ein schlechtes Gewissen, denn den Flirt begann er aus Mißtrauen, um sie zu testen? Umso schrecklicher dann seine Wut über ihren vermeintlichen Verrat. Und sie? Warum liebt sie ihn? Weil Babekan mit ihrem Verbot wußte, was der erste Beischlaf würde anrichten können? Oder umgekehrt: muß Toni die Seiten wechseln, weil sie ein todeswürdiges Verbrechen begangen hat? Sie sagt nichts, sie weint und dann handelt sie nur noch, entschlossen und konsequent.

Vom Bau der Geschichte her braucht es keine Motivation, sondern nur Ähnlichkeiten. Darum die beiden Rahmengeschichten. Gustav hat Angst, Toni könne handeln wie das Gelbfiebermädchen. Toni will handeln wie das Mädchen auf der Guillotine – es heißt, daß sie für ihn sterben will, nicht in erster Linie ihn retten. Als sie ihn gerettet hat, ist Gustav überzeugt, sie habe gehandelt, wie das Gelbfiebermädchen. Sie müssen darum nichts sagen, nichts fragen. Für beide gibt es beide Geschichten, aber nur eine taugt für den und die eine jeweils zum Muster. Beide leiden an zu großer Eindeutigkeit.

Ruth Klüger hat die Geschichte als einen Konflikt zweier Wertsphären interpretiert: der der (revolutionären) Politik und der der privaten Humanität. Ein analoger Konflikt wird in der «Herrmannsschlacht» zwischen Herrmann und Thusnelda auftreten. In letzterem Falle beziehe Kleist Stellung für die Moralität der Politik, in ersterem für die des Privaten.[41] Die Liebesbeziehung, so könnte man sagen, bricht die Hermetik des politischen Fanatismus auf. Auf einmal kommt all das in Sicht, worauf man auch noch achten kann: Schuld und Unschuld, wo einer herkommt, was für einer einer ist und was er erlebt hat, ob jemand schön ist, was er zu erzählen hat, und nicht nur, ob er schwarz ist oder weiß.

Kleist führt uns unterschiedliche Wertorientierungen vor. Was sind die normativen Bezugsgrößen für das Handeln der Personen? Congo Hoango und Babekan handeln sozusagen «prinzipiell», ob sie nun individuell aus unversöhnlicher Rachsucht handeln oder als Revolutionäre, spielt keine Rolle. Kleist läßt das Gustav in Bezug auf die Aufständischen insgesamt so formulieren: verhaßt hätten sich die Weißen

«durch das allgemeine Verhältnis, das sie, als Herren der Insel, zu den Schwarzen hatten»

gemacht. Punctum.

Gustav wird präsentiert als die Sorte Liberaler, die man in Revolutionszeiten nicht mag. So lautet sein Statement vollständig: Verhaßt gemacht hätten sich die Weißen

«durch das allgemeine Verhältnis, das sie, als Herren der Insel, zu den Schwarzen hatten, und das ich, die Wahrheit zu gestehen, mich nicht unterfangen will, in Schutz zu nehmen; das aber schon seit vielen Jahrhunderten auf diese Weise bestand! Der Wahnsinn der Freiheit, der alle diese Pflanzungen ergriffen hat, trieb die Negern und Kreolen, die Ketten, die sie drückten, zu brechen, und an den Weißen wegen vielfacher und tadelnswüdiger Mißhandlungen, die sie von einigen schlechten Mitgliedern derselben erlitten, Rache zu nehmen.»[42]

Das einzige, was man dazu sagen kann, ist, daß es gute und weniger gute Zeiten für derlei Differenzierungen und Ambivalenzen gibt. Tasächlich weiß Gustav erst im Augenblick seines Selbstmords, als er sich eine Kugel durch den Kopf jagt – so, wie

Congo Hoango einst dem Herrn Villeneuve – was überhaupt los ist.

Toni aber ist die Geschichte selbst, und wenn man sie verstanden hat, hat man die Geschichte verstanden. Wie begründet sie ihre Verhaltensänderung der Mutter gegenüber?:

«Toni, halb im Bette aufgerichtet, indem die Röte des Unwillens ihr Gesicht überflog, versetzte: ‹daß es schändlich und niederträchtig wäre, das Gastrecht an Personen, die man in das Haus gelockt, also zu verletzen. Sie meinte, daß ein Verfolgter, der sich ihrem Schutz anvertraut, doppelt sicher bei ihnen sein sollte; und versicherte, daß, wenn sie den blutigen Anschlag, den sie ihr geäußert, nicht aufgäbe, sie auf der Stelle hingehen und dem Fremden anzeigen würde, welch eine Mördergrube das Haus sei, in welchem er geglaubt habe, seine Rettung zu finden.› Toni! sagte die Mutter, indem sie die Arme in die Seite stämmte, und dieselbe mit großen Augen ansah. – ‹Gewiß!› erwiderte Toni, indem sie die Stimme senkte. ‹Was hat uns dieser Jüngling, der von Geburt gar nicht einmal ein Franzose, sondern, wie wir gesehen haben, ein Schweizer ist, zu leide getan, daß wir, nach Art der Räuber, über ihn herfallen, ihn töten und ausplündern wollen? Gelten die Beschwerden, die man hier gegen die Pflanzer führt, auch in der Gegend der Insel, aus welcher er herkömmt? Zeigt nicht vielmehr Alles, daß er der edelste und vortrefflichste Mensch ist, und gewiß das Unrecht, das die Schwarzen seiner Gattung vorwerfen mögen, auf keine Weise teilt?› – Die Alte, während sie den sonderbaren Ausdruck des Mädchens betrachtete, sagte bloß mit bebenden Lippen: daß sie erstaune. Sie fragte, was der junge Portugiese verschuldet, den man unter dem Torweg kürzlich mit Keulen zu Boden geworfen habe? Sie fragte, was die beiden Holländer verbrochen, die vor drei Wochen durch die Kugeln der Neger im Hofe gefallen wären? Sie wollte wissen, was man den drei Franzosen und so vielen andern einzelnen Flüchtlingen, vom Geschlecht der Weißen, zur Last gelegt habe, die mit Büchsen, Spießen und Dolchen, seit dem Ausbruch der Empörung, im Hause hingerichtet worden wären? ‹Beim Licht der Sonne›, sagte die Tochter, indem sie wild aufstand, ‹du hast sehr Unrecht, mich an diese Greueltaten zu erinnern! Die Unmenschlichkeiten, an denen ihr mich Teil zu nehmen zwingt, empörten längst mein innerstes Gefühl; und um mir Gottes Rache wegen Alles, was vorgefallen, zu versöhnen, so, schwöre ich dir, daß ich eher zehnfachen Todes sterben, als zugeben werde, daß diesem Jüngling, so lange er sich in unserm Hause befindet, auch nur ein Haar gekrümmt werde.› – Wohlan, sagte die Alte, mit einem plötzlichen Ausdruck von Nachgiebigkeit: so mag der Fremde reisen! Aber wenn Congo Hoango zurückkömmt, setzte sie hinzu, indem sie um das Zimmer zu verlassen, aufstand, und erfährt, daß ein Weißer in unserm Hause übernachtet hat, so magst du das Mitleiden, das dich bewog, ihn gegen das ausdrückliche Gebot wieder abziehen zu lassen, verantworten.»[43]

Die Mutter geht; Toni steht auf, ihr Blick fällt auf das an die Tür genagelte Mandat (wieder ein solches Mandat – es ist der textliche Wiederholungszwang, denn plausibel ist es nicht, daß da eines hängt), das bei Todesstrafe verbietet, Weißen Schutz zu gewähren, dreht sich zur Mutter um, bittet die um Verzeihung, sie sei nicht bei Sinnen gewesen – worauf die Mutter die vergiftete Milch, die sie schon vorbereitet hatte, vom Herde nimmt. Was habe denn die Verwirrung verursacht, fragt die Mutter, «und ob sie viel mit dem Fremden gesprochen hätte?» – und es folgt eine der herzrührendsten Stellen bei Kleist:

«Doch Toni, deren Brust flog, antwortete hierauf nicht, oder nichts Bestimmtes; das Auge zu Boden geschlagen, stand sie, indem sie sich den Kopf hielt, und berief sich auf einen Traum; ein Blick jedoch auf die Brust ihrer unglücklichen Mutter, sprach sie, indem sie sich rasch bückte und ihre Hand küßte, rufe ihr die ganze Unmenschlichkeit der Gattung, zu der dieser Fremde gehöre, wieder ins Gedächtnis zurück: und beteuerte, indem sie sich umkehrte und das Gesicht in ihre Schürze drückte, daß, sobald der Neger Hoango eingetroffen wäre, sie sehen würde, was sie an ihr für eine Tochter habe.»[44]

Das letztere ist ein Lügen mit der Wahrheit, sie werden sehen, daß ihre Tochter sie verraten wird – darum wendet sie den Blick ab. Aber vorher? Sie verschweigt, was mit dem Fremden gewesen ist und schützt einen Traum vor. Was für einen Traum? Einem fällt ein Satz aus dem vorigen Jahrhundert ein, der klingt, als könne er gemeint sein: «I have a dream!» Der Traum von der Einigkeit und Gleichberechtigung der Rassen, ein Nathan-Traum, daß es jedem genügen möge, ein Mensch zu sein, nichts weiter. Der Blick auf die zerstörte Brust der Mutter – die Mutter hatte vorher das mütterliche Getränk der Milch vergiftet – belehrt sie, daß sie diesen Traum mit der Geschundenen nicht werde teilen können. Sie kann es ihr so sehr nicht übelnehmen, auch darum wendet sie sich ab.

Ist es so? Gehen wir zurück zum Gespräch der Mutter mit der Tochter und fragen wir nochmal, wie Toni ihre Sinneswandlung begründet. Zunächst mit dem Gastrecht. Sie beruft sich auf eine internationale, interethnische Universalie. Das Gastrecht gilt überall, bei Zivilisierten und Barbaren, die ebendarum keine sind. Es ist heilig, der Verstoß gegen das Gastrecht ist überall geächtet, man mag in sonstigen Moralfragen dissentieren. Die Mutter antwortet: nichts. Was sollte sie sagen? Ebendiese Unterstellung, daß auch im Krieg, auch im Befreiungskrieg, auch im Rachekrieg das Gastrecht gelte, ist die Voraussetzung, daß die Falle funktioniert. Eben weil das Gastrecht universal gilt, ist es zu brechen so effektvoll. Tonis Einwand ist keiner, gerade weil sie recht hat. Darum schweigt die Mutter.

Das zweite Argument bringt die Frage nach Schuld und Unschuld ins Spiel und die nach der Gruppenzugehörigkeit. Der Fremde sei unschuldig, weil er Schweizer sei und kein Franzose. Gegen die Franzosen kämpfe man, weil sie die Mißstände auf der Insel zu vertreten hätten, nicht gegen andere Weiße. Die Mutter weist auf den Umstand hin, daß er der erste nicht sei, der nicht wegen seiner Nationalität, sondern seiner Hautfarbe wegen ermordet werde, und sie zählt vor, was kürzlich vorgefallen mit dem Portugiesen und den beiden Holländern. Toni definiert den Krieg um, aber die Mutter stellt es wieder richtig: es geht nicht um Sätze der Moral, es geht nicht um Individualität, es geht nicht um Schuld oder Unschuld, es geht nicht um Nationalitätszugehörigkeit, es geht nur um die Rasse, sonst um nichts.

Schließlich beruft sich Toni auf eine unspezifische Moral, einen Einspruch des Gewissens. Sie stellt sich unmittelbar zu Gott. Das wird sie später noch einmal tun.

Beharrt Toni auf dem neugewonnenen Talent zur Differenzierung? Ich denke, nein. Sie gibt der Mutter recht, aber wechselt die Seiten. Sie ist Mulattin –

«der Neger Hoango»

sagt sie. Die Mutter ist auch eine, aber sie ist schwärzer als die Tochter. Zudem haben die Prügel der Weißen sie auf immer ins Lager der Schwarzen gebannt. Die Liebe der Tochter zur Mutter kann das Motiv akzeptieren, aber es gilt für die Tochter nicht, die sich als Weiße fühlt. Revolutionszeiten und Zeiten des Rassenkrieges dulden keine Differenzierungen. Es war ein Traum, die Begegnung von Weiß und Schwarz in einem Bett, ein verwirrender Traum auch. Er brachte das Schema, das bis zu diesem Moment gegolten hatte, durcheinander. Toni versucht, zu differenzieren, sie sucht nach einer neuen normativen Orientierung, aber sie scheitert. Im Gespräch mit der Mutter begreift sie, daß sie sich entscheiden muß, wie sich die Mutter entschieden hat. Mit Zwar und Aber, Einer- und Andererseits mag sich der Liberale abgeben, der im Oberstübchen erst schläft, dann gefesselt warten muß, stets passiv ist, ja handlungsunfähig. Toni muß entscheiden und handeln und zum Tode verurteilt ist sie schon. Wenn Babekan sie später eine Verräterin nennen wird, wird sie antworten:

«ich habe euch nicht verraten; ich bin eine Weiße, und dem Jüngling, den ihr gefangen haltet, verlobt; ich gehöre zu dem Geschlecht derer, mit denen ihr im offenen Kriege liegt, und werde vor Gott, daß ich mich auf ihre Seite stellte, zu verantworten wissen.»[45]

Darum habe ich Toni den Geist der Erzählung genannt. Die «Verlobung» von St. Domingo wird hier von ihr definiert: der Seitenwechsel infolge des Beischlafs. Die zweideutige Stellung der Mulattin, eindeutig gemacht durch die Maßgaben des Negers Hoango, wird in eine neue Eindeutigkeit gebracht – jetzt ist sie eine Weiße. Beide Zuordnungen waren un-bedingte, folgten keinem Raisonnement, keiner Moral. Wieder beruft sie sich auf ihre Unmittelbarkeit zu Gott, ein Hier-stehe-ich-ich-kann-nicht-anders. Dies ist eine Figur, die bei Kierkegaard wieder auftaucht, in «Furcht und Zittern», wenn er fragt, ob es eine teleologische Suspension des Ethischen gebe und in der Figur Abrahams den philosophischen Desperado erfindet.

Ruth Klüger hatte Toni an die Seite der ihrem Herrmann widersprechenden Thusnelda gestellt. Aber Toni ist am Ende keine Vertreterin traditioneller Moral mehr, sie ist, wie Congo Hoango, der sich um die Frage, was an seinem Kampf nach herkömmlicher Moral sittlich geboten sei und was nicht, ebensowenig kümmert wie Herrmann, Dezisionistin. Für alle drei gilt, daß die Entscheidung die initiale Setzung ist, der Rest kommt hintennach. Siehe oben «Von der Überlegung».

## IX
## Volk, steh auf!

> «Unsere Verhältnisse sind hier, wie Sie vielleicht schon wissen werden, friedlicher als jemals; man erwartet den Kaiser Napoleon zum Besuch, und wenn dies geschehen sollte, so werden vielleicht ein Paar Worte ganz leicht und geschickt Alles lösen, worüber sich hier unsere Politiker die Köpfe zerbrechen. Wie diese Aussicht auf mich wirkt, können Sie leicht denken; es ist mir ganz stumpf und dumpf vor der Seele, und es ist auch nicht ein einziger Lichtpunct in der Zukunft, auf den ich mit einiger Freudigkeit und Hoffnung hinaussähe.»[46]

Kleist schreibt dies in der ersten Hälfte des Jahres 1811, also etwa einen Monat vor seinem Selbstmord. Ein kleines Meisterstück in Extremismus. Er schreibt, daß der Frieden bevorstehe. Was ihm noch im Wege stehe, die Verhakungen der Politik, könne gelöst werden – mit wenig Worten, weiß er, wärs getan, doch es möcht ihm schier das Herze brechen. Daß das nur darum gewesen sei, weil die Friedensaussichten seine beantragte Einstellung als Offizier zunichte gemacht hätten, will der Kommentar der Briefausgabe des Deutschen Klassiker Verlages wissen.[47] Zwar ist es Kleist auch immer wieder, aber eben wirklich nicht immer *nur* um die Sicherung der materiellen Existenz gegangen, und ein solcher Bube ist er wohl doch nicht gewesen, daß er den Krieg allein um seiner Gehalts- und Pensionszusage willen gewollt hat. Es fällt dem ideellen Gesamtsozialdemokraten in uns schwer zu glauben, daß jemand fähig sei, wegen seiner Pensionsabsicherung nicht schlechthin zu allem bereit zu sein, gleichzeitig ebenso schwer, zu glauben, jemand sei tatsächlich für den Krieg, und zwar aus Idealismus. Das ist ein Ergebnis des zivilisatorischen Fortschritts, aber es sollte uns nicht dazu verführen, anzunehmen, es sei nun gleich jeder wie wir. Kleist war so sehr für diesen Krieg, daß er sogar ins preußische Militär eintreten wollte, das er im Grunde haßte, siehe oben. Er haßte nur eben Napoleon mehr. Warum, das läßt sich kaum sagen. Sein Nationalismus oder Patriotimus ist ja nicht Ursache, sondern Folge seines Hasses auf Napoleon. Und die Franzosen, gegen die er eigentlich gar nichts hatte, haßte er dann gleich mit, siehe oben, «Kriegslied der Deutschen», und, bekannter, «Germanias Aufruf an ihre Kinder»:

*«Alles, was ihr Fuß betreten,*
  *Färbt mit ihren Knochen weiß,*
*Welchen Rab' und Fuchs verschmähten,*
  *Gebet ihn den Fischen preis,*
*Dämmt den Rhein mit ihren Leichen,*
  *Laßt, gestäuft von ihrem Bein,*
*Ihn um Pfalz und Trier weichen,*
  *Und ihn dann die Grenze sein.*

  Chor
*Eine Jagdlust, wie wenn Schützen*
*Auf der Spur dem Wolfe sitzen!*
  *Schlagt ihn tot! Das Weltgericht*
  *Fragt euch nach den Gründen nicht!»*[48]

Craig spricht von dem «zwanghaften Charakter des Kleistschen Hasses auf Napoleon» und der «grundlegende(n) Irrationalität seines gesamten politischen Denkens». Kleists Brief an seinen Freund Rühle von Lilienstern, geschrieben «am Vorabend der Schlacht von Austerlitz», nennt er «ziemlich hysterisch».[49]

«Warum sich nur nicht Einer findet, der diesem bösen Geiste der Welt» – Napoleon – «die Kugel durch den Kopf jagt. Ich mögte wissen, was so ein Emigrant zu thun hat.»[50]

In diesem Brief findet sich die Phantasie, der preußische König möge die Stände zusammenrufen, an das Nationalgefühl appellieren und die Besonderheit des Krieges, den es nun gelte, hervorheben:

«... daß es hier gar nicht auf einen gemeinen Krieg ankomme. Es gelte Sein, oder Nichtsein; und wenn er seine Armee nicht um 300000 Mann vermehren könne, so bliebe ihm nichts übrig, als bloß ehrenvoll zu sterben.»[51]

Und dann empfiehlt er, der Hof solle sein Vermögen veräußern,

«alle seine goldnen und silbernen Geschirre (...) prägen lassen»,[52]

d. h. zu Münzgold einschmelzen. So wird er seinen Herrmann einst sprechen lassen:

*«Geschirre, goldn' und silberne, die Ihr*
*Besitzet, schmelzen ...»*[53]

Nach Jena und Auerstedt und Napoleons Einzug in Berlin schreibt er an Schwester Ulrike:

«Es wäre schrecklich, wenn dieser Wütherich sein Reich gründete. Nur ein sehr kleiner Theil der Menschen begreift, was für ein Verderben es ist, unter seine Herrschafft zu kommen. Wir sind die unterjochten Völker der Römer. Es ist auf eine Ausplünderung von Europa abgesehen.»[54]

Da ist das Vergleichsmotiv der «Herrmannsschlacht». 1808 schreibt er, daß man in Berlin französische Stücke aufführe und

«in Cassel ist gar das deutsche Theater ganz abgeschafft und ein französisches an die Stelle gesetzt worden. So wird es wohl, wenn

Gott nicht hilft, überall werden. Wer weiß, ob jemand noch, nach hundert Jahren, in dieser Gegend deutsch spricht.»[55]

Man muß das so nehmen, wie es sich gibt, darf aber doch nicht überhören, daß hier nicht argumentiert wird. Kleist haßt Napoleon und mit ihm die siegreichen Franzosen nicht, weil er damit rechnet, daß es ohne massiven deutschen und österreichischen Widerstand so-und-so kommen werde, sondern er traut Napoleon alles zu, weil er beschlossen hat, ihn zu hassen. Der Krieg, den er will, soll nicht geführt werden, um dies oder das zu erreichen – etwa die deutsche Kultur zu erhalten, oder die autochtone Monarchie –, ebensowenig wie Kohlhaas auf dem Gipfel seiner Raserei noch an die Rappen denkt. Im Gedicht «An den Erzherzog Carl» mit der an Brecht erinnernden Unterzeile «Als der Krieg im Jahre 1809 auszubrechen drohte», heißt es:

> «Nicht der Sieg ists, den der Deutsche fodert,
> Hülflos, wie er schon am Abgrund steht;
> Wenn der Kampf nur fackelgleich entlodert,
> Wert der Leiche die zu Grabe geht.»[56]

In dem mit «Von der Quelle der Nationalkraft» überschriebenen Abschnitt der Schrift «Über die Rettung von Österreich» heißt es:

> «Zuvörderst muß die Regierung von Österreich sich überzeugen, daß der Krieg, den sie führt, weder für den Glanz noch für die Unabhängigkeit, noch selbst für das Dasein ihres Thrones geführt werde, welches, so wie die Sache liegt, lauter niedere und untergeordnete Zwecke sind, sondern für Gott, Freiheit, Gesetz und Sittlichkeit, für die Besserung einer höchst gesunkenen und entarteten Generation.»[57]

Deutlicher noch in «Was gilt es in diesem Kriege?»:

> «Gilt es, was es gegolten hat sonst in den Kriegen, die geführt worden sind, auf dem Gebiete der unermeßlichen Welt? Gilt es den Ruhm eines jungen unternehmenden Fürsten, der, in dem Duft

einer lieblichen Sommernacht, von Lorbeern geträumt hat? (...)
Gilt es einen Feldzug, der, jenem spanischen Erbfolgestreit gleich,
wie ein Schachspiel geführt wird; bei welchem kein Herz wärmer
schlägt, keine Leidenschaft das Gefühl schwellt, kein Muskel vom
Giftpfeil der Beleidigung getroffen, emporzuckt? Gilt es, ins Feld
zu rücken, von beiden Seiten, wenn der Lenz kommt, sich zu treffen mit flatternden Fahnen, und zu schlagen, und entweder zu siegen, oder wieder in die Winterquartiere einzurücken? (...)
Eine Gemeinschaft gilt es, deren Wurzeln tausendästig, einer Eiche
gleich, in den Boden der Zeit eingreifen; deren Wipfel, Tugend und
Sittlichkeit überschattend, an den silbernen Saum der Wolken
rührt;»[58]

– es folgt ein Preis deutscher Verdienste und Vortrefflichkeiten, aber
kein Hinweis, wie diese sich gerade kriegerisch vollenden sollten.

Es ist nicht nur der Wunsch nach einem Krieg, sondern die Kunde
von einem Krieg, die Kleist dazu bringt, sich in diese Phantasmen
eines zweckfreien Krieges, in dem sich die Nation erschafft, hinein-
zusteigern:

«*Tritt mir entgegen nicht, soll ich zu Stein nicht starren,*
*Auf Märkten, oder sonst, wo Menschen atmend gehn,*
*Dich will ich nur am Styx, bei marmorweißen Scharen,*
*Leonidas, Armin und Tell, den Geistern sehn.*

*Du Held, der, gleich dem Fels, das Haupt erhöht zur Sonnen,*
*Den Fuß versenkt in Nacht, des Stromes Wut gewehrt,*
*Der stinkend wie die Pest, der Hölle wie entronnen,*
*Den Bau sechs festlicher Jahrtausende zerstört!*

*Dir ließ ich, heiß wie Glut, ein Lied zum Himmel dringen,*
*Erhabner, hättest du Geringeres getan.*
*Doch was der Ebro sah, kann keine Leier singen,*
*Und in dem Tempel still, häng’ ich sie wieder an.*»[59]

Überschrieben «An Palafox». José de Palafox, spanischer General,
verteidigte Saragossa erfolgreich gegen französische Truppen,

mußte aber 1809 kapitulieren. Angesichts des spanischen Widerstands und dieses Herrmann-Wiedergängers wird Napoleon zum Zerstörer der gesamten Kultur- oder gar Menschheitsgeschichte, denn anders sind die erwähnten 6000 Jahre nicht zu deuten. Ähnlich hatte Kohlhaas seinen Tronka zum Antichristen erhöht. Das wäre fast ein wenig komisch, wäre es nicht bitter ernst. Gehen wir wieder ins Jahr 1811, in den Brief, der so resigniert auf den drohenden Frieden blickt:

«Vor einigen Tagen war ich noch bei G. und überreichte ihm, nach Ihrem Rath, ein Paar Aufsätze, die ich ausgearbeitet hatte; aber das Alles scheint nun, wie der Franzose sagt, moutarde après diner. (…) G. ist ein herrlicher Mann; (…) Ich bin gewiß, daß wenn er den Platz fände, für den er sich geschaffen und bestimmt fühlt, ich, irgendwo in seiner Umringung, den meinigen gefunden haben würde. (…) Doch daran ist, nach Allem, was man hier hört, kaum mehr zu denken.»[60]

G. ist August Wilhelm Anton Neidhart von Gneisenau, unter dessen Kommando die Festung Kolberg bis zum Frieden von Tilsit verteidigt wurde, also irgendwie ein deutsches Gegenstück zu Palafox. 1808 scheidet er aus dem preußischen Militärdienst aus, 1813 ist er im Stabe Blüchers und wird 1814 geadelt. Welche Hoffnungen und welche Enttäuschungen verbinden sich für Kleist mit dem Namen Gneisenau? Die Aufsätze, von denen er spricht, sollen, nach Auskunft Marie von Kleists

«militärische Aufsätze (gewesen sein), worunter einige sehr gute sein sollen, hat Gneisenau (…) gesagt».[61]

Es dürfte sich um Ausarbeitungen für den Plan eines Guerilla-Krieges gegen die drohende französischen Besatzung gehandelt haben. Im Jahr seines Ausscheidens aus dem preußischen Militär hatte Gneisenau seinem König Friedrich Wilhelm III. eine Denkschrift über den Volksaufstand überreicht; 1811 folgt eine zweite. Die dokumentierte Reaktion des Königs ließ nicht hoffen, daß den dort niedergelegten Empfehlungen gefolgt werden würde. Die Idee, und mit ihr Kleists vermutliche Beiträge zu ihr, schienen vergebliche Mühe.

«Die Allianz, die der König jezt mit den Franzosen schließt, ist auch nicht eben gemacht mich im Leben festzuhalten.»[62]

«Wenn Preußen mit einer Invasion»,

so beginnt Gneisenaus Memorandum von 1811,

«das heißt mit Vernichtung bedroht wird, so sucht das Königliche Regentenhaus Hilfe und Beistand in einem Volksaufstande.»[63]

Invasion gleich Vernichtung – das ist wie von Kleist: um «Sein oder Nichtsein» müsse es dem preußischen König gehen.

«Dieser Volksaufstand wird nur so weit vorbereitet, als es nötig ist, ihn zu Stande zu bringen, wenn der vorher genannte unglückliche Augenblick eintritt. Dieser Volksaufstand findet teils in den jetzigen Provinzen der Monarchie, teils in den ehemaligen statt. In den jetzigen erfolgt der Ausbruch, wenn Preußen angefallen wird, auf Allerhöchsten Befehl des Königs, in den verlorenen auf die Aufforderung desselben. Zur Vorbereitung werden in den verschiedenen Provinzen solche Männer bestimmt, welchen man zu diesem Geschäft genug Charakter und Klugheit zutraut. In jeder Provinz ist einer, welcher die Mitglieder der Provinz kennt. Man kann ihn den Geschäftsführer nennen.»[64]

Die Sache soll hochkonspirativ vorbereitet werden. Die Geschäftsführer kennen die Geschäftsführer der benachbarten Provinzen – mehr möglichst nicht. Sie sollen Leuten auf den Zahn fühlen, Brauchbare finden. Es liest sich wie aus einem Leitfaden zur Anwerbung von IMs:

«Sie suchen anfangs ihr Vertrauen, nachher leiten sie oft das Gespräch auf die politischen Verhältnisse des unglücklichen Vaterlandes. Sie lassen sich dahin aus, daß die Anordnungen von seiten der Regierung zeigten, daß man im äußersten Falle einem verzweifelten Widerstand sich überlassen wolle, daß es dann Pflicht sei, daß jeder zu den Waffen greife ...»[65] und so weiter.

Gneisenaus Memorandum ist eine seltsame Lektüre. Eine sonderbare Mischung von Kühle – «Geschäftsführer» – und Aufgeregtheit – «Vernichtung». Der König – seine Randbemerkungen sind erhalten, ebenso wie Gneisenaus Erwiderungen – läßt sich von ihnen nicht mitreißen. Er ist skeptisch, und diese Skepsis ist es wohl, die Kleist begründet zweifeln läßt, daß die Partei des preußischen Guerilla-Krieges, der er, wir kommen noch darauf, mit seiner «Herrmannsschlacht» das poetische Manifest geliefert hatte, die Oberhand gewinnen werde.

Die Bezeichnung «Guerilla-Krieg» ist darum angemessen, weil Spanien das explizite Vorbild für Gneisenaus Pläne liefert. La guerra – der Krieg; la guerilla – der kleine Krieg. Den kleinen Krieg nannte man den neben dem großen Krieg herlaufenden, der mit mobilen Einheiten und Scharfschützen geführt wurde. Der große Krieg zielt auf die Schlacht, er braucht ein Gelände, auf dem diese geschlagen werden kann, dorthin marschieren die Truppen in geordneten Marschkolonnen. Nebenher operieren irreguläre – nicht illegale – Truppeneinheiten. Sie sabotieren Brücken und Wege, behindern den Troß, nutzen das Gelände und schießen gezielt (nicht wie die regulären Truppen in der Schlacht in Salven und pauschal aufs Gegenüber). Die Namen «Heckenschütze» oder «Franctireur» (soviel wie: Freischütz) kommen daher. Gehören die Guerilleros nicht zu den Truppen, sondern handeln auf eigene Faust, nennt man sie Freischärler oder Partisanen, Parteigänger also. Der Name ist im Dreißigjährigen Krieg aufgekommen und bezeichnete die, die im Zuge der Heerhaufen auf eigene Rechnung plündern, vergewaltigen und töten wollten.

Die Verstaatlichung des Krieges nach dem Dreißigjährigen brachte die Zeit der sogenannten Kabinettskriege, deren Ende erst die Massenheere der Französischen Revolution und Napoleons mit herbeiführen würden. Die Zeit der Kabinettskriege mit ihrer größtmöglichen Beschränkung des direkten Kriegsgeschehens – im Idealfall tatsächlich auf das Schlachtfeld – brachte vor allem die klare Unterscheidung zwischen Kombattanten und Zivilisten – unerläßlich dazu: normierte Uniformen – mit sich. Der kleine Krieg war nur noch ein Randphänomen. Das ändert sich im amerikanischen Unabhängigkeitskrieg. Nicht nur, daß sich beide Seiten der Hilfe irregulär operierender Indianertruppen versicherten – die amerikanischen Milizen machten in weiten Teilen des Kampfgebietes die Kampfesweise des kleinen Kriegs zur vorherrschenden.

In Spanien beginnt der Guerilla-Krieg im Jahre 1808, im Jahre der ersten Gneisenauschen Denkschrift. 1813, als für drei kurze Monate tatsächlich Wirklichkeit zu werden droht, was Gneisenau vorgeschlagen hatte, nämlich im Edikt über den preußischen Landsturm, wird das Vorbild öffentlich genannt:

«Nach dem Muster spanischer Guerillas …»[66]

Das spanische Beispiel war für Preußen nicht nur darum interessant, weil hier ein Land zeigte, daß die napoleonischen Heere erfolgreich und nachhaltig in Schwierigkeiten zu bringen waren, sondern vor allem mußte die Art und Weise faszinieren, *wie* das gelang. In Jena und Auerstedt war nicht nur eine Armee besiegt worden, sondern die Armee Friedrichs des Großen, die Armee, die prototypisch für die Kabinettskriege stand, die alle militärischen Tugenden dieser Zeit in sich versammelte – und die jetzt antiquiert und unbeholfen dastand. Daß eine Militärreform ins Haus stand, war klar, und sie wurde auch betrieben. Nur gab es ein Problem, das auf dem Wege einer Heeresreform nicht zu lösen war. Die Armee der Kabinettskriege wurde durch Disziplin zusammengehalten, und durch sonst nichts. Die Armeen der Französischen Revolution hatten ein zusätzliches Element eingeführt, das sich als äußerst erfolgreich erweisen sollte: Begeisterung. Frankreichs Armeen kämpften für die Revolution, für den Ruhm, für Napoleon, jedenfalls für die gemeinsame Nation. Sie waren der bewaffnete Arm der Nation. Ein modernes Heer, so zeigte sich, braucht einen angemessenen politischen Hintergrund, den eine traditionelle Monarchie nicht bieten konnte. Es mußten also politische Reformen zu den militärischen hinzutreten. Das waren Probleme, die sich nicht leichter Hand lösen ließen. Auf die Geschichte der preußischen Heeres- und sonstigen Reformen müssen wir nicht eingehen. Es reicht, darauf hinzuweisen, wie verführerisch das spanische Beispiel vor dem Hintergrund der so umrissenen Probleme sein mußte. Zeigte es doch, daß man gleichsam eine Stufe überspringen konnte: man mußte nicht erst so werden wie die Franzosen, um sie zu besiegen, sondern man konnte gleich werden wie die Spanier. Was dort einem armen Land, das hundert Jahre keinen Krieg mehr geführt hatte und das über keine gut ausgebildeten Truppen verfügte, gelang, mußte doch in Preußen bzw. überhaupt in den deutschen Ländern umso besser gelingen.

In der Tat waren die spanischen Erfolge beeindruckend. Mit etwa 50 000 Mann gelang es, etwa 300 000 französische Soldaten zu binden, was wiederum dazu führte, daß die englischen Truppen unter Wellington, die von Portugal aus operierten, es mit nie mehr als 70 000 Mann zur gleichen Zeit zu tun hatten.[67] Inwieweit die andere Besonderheit des spanischen Guerilla-Krieges zur Kenntnis genommen worden ist, seine unerhörte Grausamkeit in Aktion und Reaktion, eine Grausamkeit, die noch für den amerikanischen Unabhängigkeitskrieg nicht, seitdem aber für alle Guerilla- und Partisanenkriege – jedenfalls für alle langdauernden – charakteristisch gewesen ist, vermag ich nicht zu sagen. Aber daran, daß Gneisenau gewußt hat, daß die Verwirklichung seiner Vorschläge alle Grenzen, die seit dem Dreißigjährigen Kriege und aus der Erfahrung mit seinen unerhörten Grausamkeiten dem und im Kriege gezogen worden waren, einreißen würde, kann kein Zweifel bestehen.

«Alle Forstbediente, alle unverheirateten Männer zwischen dem vollendeten sechzehnten bis zum fünfunddreißigsten Jahre gehören zu dieser Miliz (…). Ihre Bewaffnung ist vor der Hand eine Pike, wenn es an andern Waffen fehlt (…). Sie formieren und organisieren sich in dem Bezirk ihrer Wohnungen; sie wählen sich ihre Offiziere und Unteroffiziere.»[68]

Eine demokratische Armee; hier sind die politischen Reformen von bemerkenswerter Radikalität.

«Die Miliz verteidigt die Provinz, in der sie ist und die benachbarte gegen Streiferei und kleine Detachements (…). Kommt der Feind sehr stark, so begeben sie sich in die nächsten Wälder, um von hier aus über die einzelnen Quartiere oder Detachements herzufallen. (…) Ist eine Legion in Gefahr aufgehoben zu werden, so zerstreut sie sich, versteckt ihre Waffen, Mützen und Schärpen und erscheint so als Bewohner des Landes. (...) In der Nähe der Armee oder einer Festung vereinigen sich die Legionen der Milizen mit den regelmäßigen Truppen.»[69] – «Jede Partei muß einige vollständige Bauerkleidungen bei sich haben, damit sie verkleidete Leute abschicken könne.»[70]

Wir haben also reguläre Truppen und Guerilla-Einheiten, die mal mit den Regulären zusammen, mal allein – mal durch ihre Kleidung ausgewiesen, mal als Zivilisten operieren. Der Unterschied von Kombattanten und Nicht-Kombattanten ist tendenziell aufgehoben. Welche Maßnahmen seitens des bekämpften Feindes daraufhin zu erwarten sein würden, dürfte ein erfahrener Militär in seine Überlegungen einbezogen haben. Der König ist skeptisch. Er sieht die Deutschen so, wie es Napoleon auch tut, der 1811 an Marschall Davout schreibt:

«Urteilen Sie doch selbst, was zu befürchten ist von einem so braven, so vernünftigen, so kalten, so geduldigen Volk, das von jeder Ausschreitung so weit entfernt ist, daß kein einziger Mann während des Kriegs in Deutschland ermordet wurde.»[71]

Gneisenau verweist immer wieder auf das spanische Beispiel.

König: «Mangel an Lebensmitteln, keine Gewohnheit an Entbehrungen und Ausdauer, noch weniger Erfahrung im Kriege, und einige Flinten- und Kanonenschüsse zerstreuen diese Leute.» Gneisenau: «An alles dieses ist man freilich nicht gewöhnt und man ist selbst sehr unwissend; man wird aber sich daran gewöhnen, und man wird lernen; selbst durch die Unfälle lernen. Alle diese Bedenklichkeiten hielten die Spanier von der Waffenerhebung nicht ab, als sie sich überlistet sahen; und ohnerachtet sie, an hundertjährigen Frieden gewöhnt und des Krieges unkundig, große Fehler begingen, so bestehen sie doch noch heute als Nation und dies allein nur durch Insurrektionskrieg. Eine Insurrektion wirft man nicht so leicht nieder, als eine Armee in der Schlacht (...) Nur im Kriege lernt man den Krieg.»[72]
König (über Gneisenaus Vorstellungen von einer flexiblen Kampfesweise): «Bei einer Nation, die gewitzt ist und Intelligenz hat,

geht so etwas zu Not, wie aber bei uns?» Gneisenau: «Um eine Kunst zu lernen, muß man sie üben und treiben.»[73]

Auch fürchtet der König die Unordnung; zurecht. Gneisenau zieht in das Konzept des Volkskrieges auch Elemente des zivilen Ungehorsams ein: «Seine Majestät heben bei einer feindlichen Invasion alle bisherigen Verhältnisse auf. Sie befehlen, daß die Provinz, soweit der Feind kommt, im Insurrektionsstand erklärt wird, und daß alle Königlichen Diener nicht weiter ihren Dienst in dem vom Feinde besetzten Teil der Provinz fortsetzen, sondern an die Spitze der Insurrektion treten.» Wer unter dem Feinde den Dienst fortsetze, werde später aus dem Staatsdienst entfernt. Der König schüttelt den Kopf: «Wer wird diesen Wirrwarr dirigieren können und wollen?» Gneisenau: «Der Feind mag sehen, wie er Ordnung einbringe, und in der Absicht ihn zu kränken, ist diese Unordnung organisiert.»[74]

Auf welches Mittel Gneisenau aber vorzüglich setzt, um dem Volkskrieg jene Dynamik zu geben, die er sich wünscht, zeigt sich in einer Bestimmung, die der König nicht kommentiert, die aber, mehr noch als die Aufhebung des Unterschieds zwischen Truppen und Zivilisten, diesen Krieg, wenn es denn zu ihm gekommen wäre, zu einem furchtbaren und andauernden Gemetzel, einer tatsächlichen Regression auf Zustände des Dreißigjährigen Krieges gemacht hätte:

«Der erste Artikel der Instruktion für den Miltärbefehlshaber der Provinz und den Landeshauptmann dürfte am wirksamsten, und um alle Seelenkräfte ins Spiel zu bringen, *der* sein: daß ihnen bei feindlicher Invasion das Recht über Leben und Tod, Gut und Blut der Einwohner zum Zweck der Landesverteidigung gegeben werde, daß sie wegen keiner die Landesverteidigung befördernden Maßregel je können zur Rechenschaft gezogen werden, daß sie aber im Gegenteil für die Unterlassung einer zu diesem Zweck führenden Maßregel der höchsten Verantwortlichkeit unterworfen sind.»[75]

Man bedenke, was das heißt. Jeder Milizkommandant ist befugt, schlechthin *Alles* zu tun, was ihn richtig dünkt. Er kann exekutieren lassen, wen er will, er kann Städte niederbrennen, Fluren verwüsten,

Brunnen vergiften, wenn er nur einigermaßen plausibel machen
kann, daß es dem Kriege dienlich sei. Und eine solche Begründung
ist nicht etwa vor einem Gericht plausibel zu machen, sondern die
bloße Behauptung setzt das Gericht außer Kraft. Hingegen muß er
im Zweifelsfalle vor Gericht begründen, warum er irgendeine Gewalttat nicht begangen hat, wenn es einem Denunzianten in den
Kopf kommt, ihn wegen deren Unterlassung anzuzeigen. Diese Ver-
ordnung muß zu einer vollständigen Entgrenzung der Gewalt von
Aufstandsbeginn an führen – und zu einer entsprechenden Eskalation. Dieser Krieg ist es, den Kleists Herrmann meint:

«*Einen Krieg, bei Mana! will ich*
*Entflammen, der in Deutschland rasselnd,*
*Gleich einem dürren Walde, um sich greifen,*
*Und auf zum Himmel lodernd schlagen soll!*»[76]

Etwa eineinhalb Jahre nach Kleists Selbstmord, im April 1813 wird
das «Landsturm-Edikt» veröffentlicht. Darin heißt es u.a.:

«Jeder Staatsbürger ist verpflichtet, sich dem andringenden Feinde
mit Waffen aller Art zu widersetzen, seinen Befehlen und Aus-
schreibungen *nicht* zu gehorchen, und wenn der Feind solche mit
Gewalt beitreiben will, ihm durch alle nur aufzubietende Mittel
zu schaden (...). Ist der Fall des Aufgebots eingetreten, so ist der
Kampf, wozu der Landsturm berufen wird, ein Kampf der Notwehr, der alle Mittel heiligt. Die schneidendsten sind die vorzüg-
lichsten, denn sie beenden die gerechte Sache am siegreichsten und
schnellsten (...). Eigens für den Landsturm verfertigte Uniformen
oder Trachten werden nicht verstattet, weil sie den Landstürmer
kenntlich machen (...). Vorgeschriebene Waffen gibt es eigentlich
nicht, jedoch hat sich jeder Reiter wenigstens mit einer Pike,
einem Beile, das Fußvolk mit einem Beile und einer Heugabel zu
versehen (...). Die Waffen sind: alle Arten von Flinten mit und
ohne Bajonett, Spieße, Piken, Heugabeln, Morgensterne, Säbel,
Beile, gerade gezogene Sensen, Eisen etc. (...). Die Waffen-Depots
sind nie an der Heerstraße, sondern in Wäldern und wenig zu-
gänglichen Örtern anzulegen. (...) Wer dem Feinde ein Waffen-
Depot verrät, wird erschossen.»

Und schließlich eine Vorschrift, die nicht kommentiert zu werden braucht:

«Erbeutete Waffen, Munition, Proviant gehören der Gemeinde; Geld und andere Dinge behält, wer sie gewinnt.»[77]

Es ist nicht dazu gekommen. Im Juli wurde das Landsturm-Edikt so modifiziert, daß es faktisch außer Kraft gesetzt wurde. Dreierlei blieb: die deutsche Faszination durch das Thema «Partisan», das Eiserne Kreuz, das Friedrich Wilhelm III. in erster Skizze an den Rand von Gneisenaus Denkschrift malte, und Kleists «Herrmannsschlacht».

X
Blutiger Boden

> «Was also, sag' mir an, was hab' ich
> Von jenem Herrmann dort mir zu versehen?
> Quintilius: Das fass' ich in zwei Worten!
> Er ist ein Deutscher!»

Noch vor Aristan, dem Fürsten der Ubier, der «keck», wie die Regieanweisung will, sein Bündnis mit Varus mit dem Hinweis verteidigt hat, Germanien sive Deutschland sei eine Fiktion jenseits aller konkreten Politik, wird mit den Worten von Kleists Herrmann auch Goethe den Schergen übergeben:

> «Ich weiß, Aristan. Diese Denkart kenn' ich.
> Du bist im Stand' und treibst mich in die Enge,
> Fragst, wo und wann Germanien gewesen?
> Ob in dem Mond? Und zu der Riesen Zeiten?
> Und was der Witz sonst an die Hand Dir gibt;
> Doch jetzo, ich versichre Dich, jetzt wirst Du

*Mich schnell begreifen, wie ich es gemeint:*
*Führt ihn hinweg und werft das Haupt ihm nieder!»*[78]

Die Zeilen zielen, wie man weiß, auf das Goethesche Distichon

*«Deutschland? aber wo liegt es? Ich weiß das Land nicht zu finden.*
*Wo das gelehrte beginnt, hört das politische auf.»*[79]

und mit ihm auf jenen vorpatriotischen Kosmopolitismus, den das
19. Jahrhundert, wenn auch selten so brutal wie hier, längst abzuschaffen im Begriffe war. «Er weiß jetzt», tönt das Echo auf Herrmanns Anweisung, «wo Germanien liegt.»[80] Und im Vorabdruck
der letzten zwei Szenen in der Zeitschrift «Zeitschwingen» findet
sich der Zusatz:

*«Beim Styx! die Lektion ist gut erfunden,*
*Zum Denken über diesen Gegenstand,*
*In Deutschland die Gemüter anzuleiten.»*[81]

Dem Mord am skeptischen Dissidenten geht ein Kriegsverbrechen
voraus. Der römische Offizier Septimius wird vor den siegreichen
Herrmann geführt:

*«HERRMANN Führt ihn hinweg,*
*Und laßt sein Blut, das erste, gleich*
*Des Vaterlandes dürren Boden trinken!*
Zwei Cherusker ergreifen ihn.
*SEPTIMIUS Wie, Du Barbar! Mein Blut? Das wirst Du nicht –!*
*HERRMANN Warum nicht?*
*SEPTIMIUS mit Würde: – Weil ich Dein Gefangner bin!*
*An Deine Siegerpflicht erinn' ich Dich!*
*HERRMANN auf sein Schwert gestützt: An Pflicht und Recht!*
                                   *Sieh da, so wahr ich lebe!*
*Er hat das Buch vom Cicero gelesen.*
*Was müßt' ich tun, sag' an, nach diesem Werk?*
*SEPTIMIUS Nach diesem Werk? Armsel'ger Spötter, Du!*
*Mein Haupt, das wehrlos vor Dir steht,*
*Soll Deiner Rache heilig sein;*

*Also gebeut Dir das Gefühl des Rechts,*
*In Deines Busens Blättern aufgeschrieben!*
HERRMANN *indem er auf ihn einschreitet:* Du weißt, was Recht ist,
                                                    Du verfluchter Bube,

*Und kamst nach Deutschland, unbeleidigt,*
*Um uns zu unterdrücken?*
*Nehmt eine Keule doppelten Gewichts,*
*Und schlagt ihn tot!»*[82]

Nun weiß auch er, dessen Blut den Boden tränkt, wo Deutschland liegt.

Die Geschichte der Arminius-Dichtungen ist bekannt.[83] Ulrich von Huttens lateinischer Dialog «Arminius» ist 1529 postum erschienen, der Kanzler des Kurfürsten Friedrich von Sachsen verfaßt eine Schrift «Von dem thewren Deudschen Fürsten Arminio», Lohenstein einen zweibändigen und über dreitausendseitigen Roman mit Anmerkungen, Sach- und Personenregister mit dem Titel: «Daniel Caspers von Lohenstein / Großmüthiger Feldherr / Arminius oder Herrman / Als / Ein tapferer Beschirmer der deutschen Freyheit / nebst seiner / Durchlauchtigen / Thusnelda / In einer sinnreichen / Staats = Liebes = und Helden = Geschichte / Dem Vaterlande zu Liebe / Dem deutschen Adel aber zu Ehren und rühmlichen Nachfolge / In Zwey Theilen / vorgestellet / Und mit annehmlichen Kupfern gezieret». Johann Elias Schlegel verfaßt 1737 «Herrmann. Ein Trauerspiel», Justus Möser 1749 eine Tragödie «Hermann», Christoph Otto von Schönaich ein Epos «Hermann oder das bedrohte Deutschland», der 18jährige Christoph Martin Wieland 1751 als bewußtes Konkurrenzprodukt ein Hexameter-Epos «Hermann», Klopstock drei Oden an «Herrmann» und eine Arminius-Trilogie (1769–1787). Nach Kleists «Herrmannsschlacht» verfassen noch Friedrich de LaMotte Fouqué 1818 einen «Hermann» und Christian Dietrich Grabbe eine «Hermannsschlacht» (postum 1838) – und ungezählte andere auch, darunter im Laufe der Jahrzehnte allein 31 Arminius-Opern.

Literarisch überlebt hat von alledem allein Kleists «Herrmannsschlacht» – nicht wunderlich, stellen wir die Bedeutung des Autors in Rechnung. Mit Kleists «Herrmannsschlacht» hat allerdings eine Fassung des Arminius-Stoffes überlebt, die denkbar weit entfernt von jenem Heldenmythos ist, den etwa das Herrmann-Denkmal bei Detmold beschwört. In Kleists «Herrmannsschlacht» findet nicht einmal eine Schlacht statt, ein Umstand, der schon den Herausgeber der zu Kleists Lebzeiten ungedruckten Schriften, Ludwig Tieck, störte. Herrmann selbst ist weniger ein Held als ein begnadeter Intrigant, ein völlig skrupelloser Politiker, der alles – wir werden noch sehen, wieviel in diesem Falle «alles» ist – seinem Ziel, der Befreiung Germaniens von römischer Besatzung und römischem Einfluß, unterordnet. Sprachlich blieb Kleist in diesem Stück unter seinem Können, manches wirkt – auch das merkte Tieck an[84] – wie in zu großer Eile zu Papier gebracht. Endlich wirkte das Paar Herrmann-Thusnelda – immerhin *das* deutsche Paar schlechthin – in diesem Stück (anders als etwa bei Johann Schlegel)[85] sonderbar lächerlich, jedenfalls befremdete die Art und Weise, in der Kleists Herrmann seine Frau ansprach: nie anders als mit «Thuschen».

Kleist hatte seinen «Herrmann» im Jahre 1808 als politisches Agitationsstück verfaßt. Kleist wollte, wenn es nur zu einer Aufführung käme, auf sein Honorar verzichten:

«Ich auch finde, man muß sich mit seinem ganzen Gewicht, so schwer oder leicht es sein mag, in die Waage der Zeit werfen».[86]

Er habe das Stück

«mehr, als irgend ein anderes, für den Augenblick berechnet»,[87]

doch es wurde, sei es aus Gründen politischer Opportunität, sei es gerade seines befremdlichen kalten Extremismus' wegen, der es zum Stück, das nationale Begeisterung auslösen soll, kaum tauglich erscheinen läßt, zu Kleists Lebzeiten nicht aufgeführt und erschien, abgesehen von dem erwähnten Vorabdruck aus dem Jahre 1818, zum ersten Mal in der Tieckschen Edition 1821.

Das Stück galt zunächst als «bizarr» (Clemens Brentano), man warf ihm «Geschmacklosigkeit» vor (Ludwig Robert). Hebbel schätzte an ihm, was nicht Zeitbezug war, und Willibald Alexis mokierte sich über die Stoffwahl. 1877 dann, nach erfolgreichem Frankreichfeldzug und erfolgter Reichsgründung, fand «unter dem Lichte, welches der jüngste Befreiungskrieg auf sie wirft» (Franz Dingelstedt)[88] eine Neubewertung der Dichtung statt, im Jahre 1915 hieß es in Max Jungnickels «Das lachende Soldatenbuch mit der Denkerstirne»: «Überhaupt, wir würden immer siegen, wenn wir die ‹Herrmannsschlacht› dieses vulkanischen Engels singen könnten. Was ist ein Regimentsmarsch dagegen?»[89] Überhaupt sah man in dem Politiker Herrmann den von Kleist vorausgeahnten Bismarck und die Verkörperung deutscher «Realpolitik». Auch Hermann Bahr konnte sich, trotz aller empfundenen Ambivalenz, der Faszination der Figur des Herrmann nicht entziehen: «Seine Kraft beruht auf List, genauer Kenntnis der menschlichen Gemeinheit, Selbstbeherrschung, Verstellung, Geduld und der wunderbarsten Unerschrockenheit in den Mitteln, auch gegen sich selbst. (. . .) Er kann so, kann aber auch anders, doch will er immer dasselbe. Er kann alles und will damit nur eins, das macht ihn so groß! Und fast unheimlich ist es, welchen bösen Blick Kleist für seinen Liebling hat, er gibt uns ein Ideal und gibt es zugleich preis. An grausamer Wahrhaftigkeit hat kein deutscher Dichter diesen Preußen erreicht. Wahrhaftigkeit bis zur Selbstzersetzung.»[90] Auch Robert Walser hat sein Fasziniertsein, trotz gleichzeitig bekundeter Skepsis, zu Protokoll gegeben.

Aufgeführt wurde Kleists «Herrmannsschlacht» zum ersten Mal im Jahre 1860, nachdem zwei Jahre zuvor sich Heinrich von Treitschke in den «Preußischen Jahrbüchern» für eine Aufführung (allerdings allein für eine männliche Zuhörerschaft) eingesetzt hatte. Das Stück wurde bearbeitet, die Szene, in der Thusnelda ihren römischen Galan von einem Bären zerfleischen läßt, gestrichen, ebenso wie die immer noch als lächerlich empfundene Anrede «Thuschen». 1861 wurde das Stück in Dresden aufgeführt und wurde auf Grund der herausragenden schauspielerischen Leistung des polnisch-jüdischen Hauptdarstellers Bogumil Dawison, ein Erfolg. Weitere Inszenierungen in Leipzig, Hamburg und Stuttgart fielen durch. Nach 1871 wurde die «Herrmannsschlacht» ein Bühnenerfolg – in einer Bearbeitung, die folgende hinzugedichtete Schlußverse enthielt:

*«Wer aber will es wagen, deutsches Land*
*Aufs neue beutegierig anzutasten,*
*Wenn alle wir fortan zusammenstehn*
*Die Hüter eines Hauses, eines Friedens!»*[91]

Theodor Fontane rezensierte die «Herrmannsschlacht» wohlwollend. Nach Kriegsbeginn 1914 wurde die «Herrmansschlacht» in
Berlin gegeben, wobei zwischen den Akten Siegesmeldungen von
der französischen Front eingeblendet wurden. In der Spielzeit
1916/17 inszenierte Max Reinhardt das Stück im Rahmen eines
«Deutschen Zyklus».

Nach 1933 avancierte die «Herrmannsschlacht» zum meistge-
spielten Stück Kleists und wurde etwa in der Spielzeit 1933/34 zehn-
mal so oft gespielt wie 1928/29: 146 mal. Der sogenannte Reichsdra-
maturg Rainer Schlösser erklärte sie zum «Eck- und Grundpfeiler
eines Spielplans der stählernen Romantik».

Nach 1945 sind vor allem zwei Aufführungen erwähnens-
wert: zur Premiere der «Herrmannsschlacht» im «Harzer Berg-
theater» in Thale, das seine Spielzeit 1933 mit demselben Stück
eröffnet hatte, erschien Walter Ulbricht – man deutete das Stück nun
als Kampf Deutschlands gegen die amerikanische Besatzung des
Westens. Der Verräter Aristan wurde, nomen omen, mit Adenauer
identifiziert. 1982 inszenierte Claus Peymann in Stuttgart die «Herrmannsschlacht» als Spiegelung der antiimperialistischen nationalen
Befreiungsbewegungen der Dritten Welt.

Ulbrichts Faible für die «Herrmannsschlacht» ist vielleicht gar
nicht so seltsam. Kleists Herrmann ist ein kühler Stratege, ein Mani-
pulator, und zwar nicht nur einer, der den Gegner an der Nase her-
umführt, sondern vor allem seine eigenen Leute. Er sucht zum Beispiel nach einem Anlaß, seine Germanen die Römer hassen zu
machen. Als Varus Übergriffe seiner Soldaten ahndet, bittet Herrmann um Milde:

*«HERRMANN Mißgriffe, wie die vorgefallnen, sind*
*Auf einem Heereszuge unvermeidlich. (…)*
*Und weil sie bloß aus Unverstand gefehlt,*
*So schenk' das Leben ihnen, laß sie frei!»*[92]

Worauf Varus die Milde würdigt, der Bitte nachkommt, aber auf der Verurteilung eines Soldaten besteht:

«*VARUS Und das Gesetz verurteilt ihn des Kriegs,*
*Das kein Gesuch entwaffnen kann, nicht ich.*»[93]

Die militärische Zucht der Römer bringt Herrmann in kalkulierte Rage:

«*Tod und Verderben, sag' ich, Eginhardt!*
*Woher die Ruh', woher die Stille,*
*In diesem Standplatz röm'scher Kriegerhaufen?*
*(...)*
*Ich (...) rechnete, bei allen Rachegöttern,*
*Auf Feuer, Raub, Gewalt und Mord,*
*Und alle Greul des fessellosen Krieges!*
*Was brauch' ich Latier, die mir Gutes tun?*
*Kann ich den Römerhaß, eh' ich den Platz verlasse,*
*In der Cherusker Herzen nicht*
*Daß er durch ganz Germanien schlägt, entflammen:*
*So scheitert meine ganze Unternehmung.*»[94]

Ein Anlaß findet sich. Eine Frau ist von einem römischen Legionär vergewaltigt worden. Zwar ist das Verbrechen standrechtlich von römischer Seite geahndet worden, der Vergewaltiger ist tot. Aber auch das Opfer der Vergewaltigung wird nicht überleben. Es wird vom eigenen Vater hingerichtet – hingerichtet, nicht im Affekt ermordet, Ritualaufwand wird betrieben:

«*TEUTHOLD zu den Vettern: Rudolf, Du nimmst die Rechte, Ralf,*
                                                    *die Linke!*

*– Seid Ihr bereit, sagt an?*
*DIE VETTERN indem sie die Dolche ziehn: Wir sind's! Brich auf!*
*TUTEHOLD bohrt sie nieder: Stirb! Werde Staub! Und über*
                                                    *Deiner Gruft*

*Schlag' ewige Vergessenheit zusammen!*»

Gerechtfertigt wird dieser Mord durch den Vater nicht eigens. Auf die Schreckensbekundungen der Umstehenden hin wirft sich der Vater jedoch über die Leiche mit den Worten:

*«Hally! Mein Einz'ges! Hab ich's recht gemacht?»*[95]

Herrmann wird den Mord nutzen, die Ermordete zerstückeln lassen und die Körperteile als Brief in Analogie zum Alten Testament, Richter 19,22, an alle Stämme Germaniens versenden, um so zum Aufstand aufzurufen. Herrmann nutzt das Geschehen, er nutzt es aus, läßt lügen über das, was tatsächlich geschehen ist: die Ermordete gibt er als von Römern geschändet *und* ermordet aus. Das soll nicht nur eine Bühnenlüge sein, sondern vor allem eine Kleistsche Wahrheit.

*«Des Vaterlandes Sinnbild»*

ist sie,

*«Zerstückt in alle Stämme»*[96]

Sie ist im Stück sowohl als Realität, das zum Symbol gemacht wird, als auch direkt als Symbol präsent. Erinnern wir uns an den Satz:

«Nur ein sehr kleiner Teil der Menschen begreift, was für ein Verbrechen es ist, unter seine (Napoleons) Herrschaft zu kommen. Wir sind die unterjochten Völker der Römer.»[97]

Es ist ein Verbrechen, zu unterliegen – oder: Opfer eines Verbrechens (übernehmen wir einmal diese Bewertung der Niederlage) zu werden. Daß solche Niederlagen als Schande empfunden werden, ist nicht neu, und später, bei Fontane, wird in «Vor dem Sturm» Jena und Auerstedt auch als genau das bezeichnet: die nationale Schande. Das aber ist gewöhnlicher Patriotismus. Kleist geht viel weiter. Sein Teuthold beglaubigt durch seinen Mord an Hally, was das Verbrechen selbst bereits vollzogen hat – eine Konsequenz, die Hally selbst zu ziehen zu schwach war. Zu schwach natürlich auch, die andere mögliche Konsequenz zu ziehen: das Verbrechen durch eigene Gewalttat zu tilgen.

Derselbe Gedanke findet sich auch in Kleists «Katechismus der Deutschen», dort einem Kind in den Mund gelegt:

«*Frage* Also auch, wenn Alles unterginge, und kein Mensch, Weiber und Kinder mit eingerechnet, am Leben bliebe, würdest du den Kampf noch billigen?
*Antwort* Allerdings, mein Vater.
*Frage* Warum?
*Antwort* Weil es Gott lieb ist, wenn Menschen, ihrer Freiheit wegen, sterben.
*Frage* Was aber ist ihm ein Greuel?
*Antwort* Wenn Sklaven leben.»[98]

Nicht: wenn Menschen als Sklaven leben, sondern: wenn Sklaven leben. Nota bene. – Zu Beginn des Stücks klingen die Empfehlungen Herrmanns noch wie Agitation und Anweisung zu Partisanenkampf und Strategie der verbrannten Erde, wenn es etwa heißt:

HERRMANN *Kurz, wollt Ihr, wie ich schon einmal, Euch sagte*
*Zusammenraffen Weib und Kind,*
*Und auf der Weser rechtes Ufer bringen,*
*Geschirre, goldn' und silberne, die Ihr*
*Besitzet, schmelzen, Perlen und Juwelen*
*Verkaufen oder sie verpfänden,*
*Verheeren Eure Fluren, Eure Herden*
*Erschlagen, Eure Plätze niederbrennen,*
*So bin ich Euer Mann –:*
WOLF                    *Wie? Was*
HERRMANN                          *Wo nicht –?*
THUISKOMAR *Die eignen Fluren sollen wir verheeren –?*
DAGOBERT *Die Herden töten?*
SELGAR                          *Unsre Plätze niederbrennen –?*
HERRMANN *Nicht? Nicht? Ihr wollt es nicht?*
THUISKOMAR *Das eben Rasender, das ist es ja,*
*Was wir in diesem Krieg verteidigen wollen!*

HERRMANN *abbrechend: Nun denn, ich glaubte, Eure Freiheit*
*wär's.* »[99]

Aber es geht nicht nur um Strategie und Taktik des Kleinkriegs. «Fremdherrschaft und Versklavung galten Kleist als das schlechthin Böse» – so beginnt Ruth Klüger ihren Aufsatz «Freiheit, die ich meine»,[100] den sie mit den oben zitierten Zeilen aus dem «Katechismus der Deutschen» einleitet. Die Kritik, fährt sie fort, sehe «oft nur ganz einseitig einen fanatischen Franzosenhaß in solchen Äußerungen», übersehe aber «dabei, daß sie einen literarischen Stellenwert haben, der über ihren historischen Anlaß» hinausgehe.[101]

Ruth Klüger hat, wie oben erwähnt, die «Verlobung von St. Domingo» in Parallele gesetzt: «Versetzen wir die Situation durch den Austausch einiger Wörter in die deutsche Vergangenheit: ‹Im Teutoburger Walde, in dem römischen Teil Germaniens, lebte, zu Anfang des ersten Jahrhunderts, als die Germanen die Römer ermordeten, im Bereich des Feldherrn Quintilius Varus, ein fürchterlicher alter Cherusker namens Arminius.›»[102] – «Wenn Kleist über einen erfolgreichen Kampf gegen Fremdherrschaft schreiben wollte, so hatte er einerseits Haiti als zeitgenössisches Beispiel. Als zweite Möglichkeit bot sich die Rückschau auf die Geschichte seines eigenen Landes zu der Zeit an, als die germanischen Stämme sich gegenüber den Römern in ungefähr derselben kulturellen Unterlegenheit befanden wie die Schwarzen gegenüber den Franzosen. In beiden Fällen sind die Unterjochten sogenannte Barbaren, die Eroberer scheinbar zivilisiert. Kleist bediente sich beider Fälle, schrieb über beide Fälle.»[103] Ruth Klüger hat auf die Parallelen hingewiesen, mir geht es vor dem Hintergrund der Gemeinsamkeiten um die Unterschiede.

Bevor Toni sich ihrer neuen Identität als Weiße bedingungslos ergibt, versucht sie, wie oben dargestellt, die Unerbittlichkeit ihrer Mutter durch traditionelle Moral zu erschüttern, sie bringt die Frage nach Schuld und Unschuld, nach persönlicher Verantwortung etc. ins Spiel. Das tut auch Herrmanns Frau Thusnelda, die entsetzt ist über die Rigidität ihres Mannes. Anders als Babekan ist Herrmann – wenn auch nur dies eine Mal im ganzen Stück – erschütterbar. Er erlebt einen unkalkulierten Moment:

«HERRMANN *Die ganze Brut, die in den Leib Germaniens*
*Sich eingefilzt, wie ein Insektenschwarm,*
*Muß durch das Schwert der Rache jetzo sterben.*
THUSNELDA *Entsetzlich! – Was für Gründe, sag' mir,*
*Hat Dein Gemüt, so grimmig zu verfahren?*
HERRMANN *Das muß ich Dir ein Andermal erzählen.*
THUSNELDA *Crassus, mein liebster Freund, mit allen Römern –?*
HERRMANN *Mit Allen, Kind; nicht Einer bleibt am Leben!*
(...)
THUSNELDA *Crassus? Nein, sag' mir an! Mit allen Römern –?*
*Die Guten mit den Schlechten, rücksichtslos?*
HERRMANN *Die Guten mit den Schlechten. – Was! Die Guten!*
*Das sind die Schlechtesten! Der Rache Keil*
*Soll sie zuerst, vor allen Andern, treffen!*
THUSNELDA *Zuerst! Unmenschlicher! Wie Mancher ist,*
*Dem wirklich Dankbarkeit Du schuldig bist –?*
HERRMANN *– Daß ich nicht wüßte! Wem?*
THUSNELDA                          *Das fragst Du noch!*
HERRMANN *Nein, in der Tat, Du hörst; ich weiß von nichts.*
*Nenn' einen Namen mir?*
THUSNELDA                          *Dir einen Namen!*
*So mancher Einzelne, der, in den Plätzen,*
*Auf Ordnung hielt, das Eigentum beschützt –*
HERRMANN *Beschützt! Du bist nicht klug! Das taten sie*
*Es um so besser unter sich zu teilen.*
THUSNELDA *mit steigender Angst: Du Unbarmherz'ger!*
                                        *Ungeheuerster!*
*– So hätt' auch der Centurio,*
*Der, bei dem Brande in Thuiskon jüngst*
*Die Heldentat getan, Dir kein Gefühl entlockt?*
HERRMANN *Nein – Was für ein Centurio?*
THUSNELDA                          *Nicht? Nicht?*
*Der junge Held, der, mit Gefahr des Lebens,*
*Das Kind, auf seiner Mutter Ruf,*
*Dem Tod' der Flammen mutig jüngst entrissen? –*
*Er hätte kein Gefühl der Liebe Dir entlockt?*
HERRMANN *glühend: Er sei verflucht, wenn er mir das getan!*
*Er hat, auf einen Augenblick,*

*Mein Herz veruntreut, zum Verräter*
*An Deutschlands großer Sache mich gemacht!*
*Warum setzt' er Thuiskon mir in Brand?*
*Ich will die höhnische Dämonenbrut nicht lieben!*
*So lang' sie in Germanien trotzt,*
*Ist Haß mein Amt und meine Tugend Rache!*»[104]

Herrmann verliert für einen Augenblick die Fassung – die Konditionalkonstruktion «er sei verflucht, *wenn* er mir das getan hat» wird zum Bekenntnis, daß es geschehen ist: «Er *hat* auf einen Augenblick mein Herz veruntreut». Dann aber fängt er sich wieder: «Warum setzt er Thuiskon mir in Brand?» ist bereits Rhetorik, denn zuvor hatte er – nicht im Beisein seines «Thuschen» – die Römer so verwünscht:

*« Verflucht sei diese Zucht mir der Kohorten!*
*Ich stecke, wenn sich niemand rührt,*
*Die ganze Teutoburg an allen Ecken an!*»[105]

«Das ist die Logik des absoluten Engagements»,[106] schreibt Ruth Klüger und: «Persönliche Treue und politischer Gemeinsinn sind für Kleist unvereinbare Tugenden».[107] Darüberhinaus findet man in dieser Stelle den Hinweis, daß die Frage nach Schuld und Unschuld, nach Dankbarkeit (siehe «Verlobung»), nach traditionellen Normen und Werten Komplikationen ins Spiel bringt, die dem Krieg nicht bekommen. Sie stören die Eindeutigkeit. Herrmann weiß das, aber die Stelle zeigt, daß dieses Wissen ihm noch nicht zum unbedingten Reflex geworden ist. Diesem Umstand gilt seine Wut, nicht den Römern.

Hieraus kann man auch sehen, wie wenig die «Herrmannsschlacht» ein einfaches politisches Tendenz- oder Agitationsstück ist. Das Stück gefällt sich in der Kälte des Protagonisten – überzeugend ist Ruth Klügers Hinweis auf Brechts «Maßnahme» als einen Paralleltext aus dem 20. Jahrhundert. Kleist hat nicht die patriotische Aufwallung des Zuschauers im Blick, sondern die Techniken, die es braucht, um solche Aufwallungen zu erzeugen, und die Präsentation einer für den erfolgreichen Partisanenkrieg nötigen

Moral. Die «Herrmannsschlacht» ist in diesem Sinne ein Lehr-stück.

Die Verlobung von «St. Domingo» ist das nicht, sondern eine schaurig-düstere Geschichte. Das Angebot, uns mit dem Kampf und den Methoden Congo Hoangos zu identifizieren, macht der Er-zähler uns nicht – obwohl wir für Congo Hoango und Babekan auf Grund der uns von Kleist gegebenen Informationen Mitgefühl, ja Verständnis entwickeln können. Anders als für Herrmann, der nur ein Ideal, aber kein Motiv hat. Es wird wohl so sein, daß wir einräu-men müssen: gerade deshalb. Congo Hoango ist einer, für den wir Verständnis haben können. Er ist am Ende sogar einer, für den die Liebe zu seiner Familie mehr zählt als sein Haß auf die Weißen, denn um das Leben der beiden Kinder, die die Weißen als Geiseln genom-men haben, läßt er diese gehen.

Congo Hoango und auch die Germanenfürsten sind psycho-logisch verständlich, sie haben Affekte: Rache wollen sie, Beute. Sie sind fürchterliche Neger und Barbaren. Sie sind im Schema des «Ma-rionettentheaters» die Bären. Gustav, Varus, die Toni der morali-schen Einrede, die Thusnelda des obigen Zitats, sie sind Vertreter traditioneller zivilisierter (meinethalben: bürgerlicher) Normen und Werte. Sie sind, wenn es darauf ankommt, dem Geschehen so wenig gewachsen, wie der Fechter, der den Bären treffen will. Herrmann ist über dieses Stadium hinaus. Er hat die kalte Eleganz technischer Per-fektion – er hat was vom Androiden aus Flüssigmetall in «Termina-tor 2». Über die Moral der Zivilisation ist er jedenfalls hinaus.

«Zwar», schreibt Klüger, «sollen wir offensichtlich die Sache (Herrmanns) selbst gutheißen, doch nicht auf derselben platten und teils falschen Gefühlsebene wie das Volk der Germanen.»[108] Und das eben darum nicht, weil Herrmann seine Germanen zuweilen genauso betrügt wie die Römer. Daß er es «zu ihrem Wohle» tut, ist leicht gesagt, aber ziemlich schwierig zu begründen, da er seinen eigenen Leuten – und seiner eigenen Frau – gegenüber sogar jenes minimalistische Moralkonzept des Kontrakturalismus nicht einhält, ohne das, nach Tugendhat nicht mal eine Räuberbande existieren könnte.[109]

Congo Hoango und Babekan sind sich einig im Haß gegen alle Weißen. Dieser Haß ist elementar und rührt aus ihrer traumatischen

Lebensgeschichte. Herrmanns Haß stammt aus der Hingabe an eine Abstraktion, er hat nicht gelitten. Wo er zum Haß aufstachelt, teilt er ihn in dieser Form nicht – kann ihn als Arrangeur hinter den Kulissen nicht teilen. Congo Hoango und Babekan haben keine Geheimnisse voreinander. Thusnelda erfährt erst in letzter Minute von dem geplanten Aufstand. Sie ist fast bis zuletzt Vertreterin jener zivilisierten Moral, als deren Vertreter in der «Herrmannsschlacht» die Römer, in der «Verlobung von St. Domingo» die Franzosen bzw. der Schweizer Gustav auftreten. Sie teilt nicht nur nicht Herrmanns totalitäre Moral, sie versteht sie auch nicht – ja, sie weiß nicht einmal um sie. Für sie ist Herrmann in einem unbegreiflichen Affekt gefangen. Für sie wird er zu einem Barbaren, einem Congo Hoango.

Herrmann macht keinerlei Anstalten, Thusnelda auf das Niveau seiner avancierten Moral zu heben – im Gegenteil: er bringt sie, indem er eine römische Bösartigkeit halb enthüllt, halb übertreibt, dazu, in rasendem Haß den Legaten Ventidius von einem Bären zerfleischen zu lassen. Herrmann hat sie zuvor – ähnlich wie Congo Hoango seine Tochter – benutzt: gegen ihren Einspruch hat er ihr befohlen, sich von dem Römer den Hof machen zu lassen, allerdings ohne daß sie – anders als Congo Hoangos Tochter – weiß, worum es dabei geht.

Die Rolle des «Thuschen» ist der Deutung in unterschiedlichem Rahmen fähig, man kann sie etwa als Facette der Faszination, die ein Zusammenspiel von Sexualität und Gewalt für Kleist hatte, sehen – in unserem Zusammenhang sollte man erkennen, daß sie die Funktion hat, die avancierte Moral Herrmanns gegen die Vermutung abzusichern, es handle sich bei ihr um eine barbarische Regression. Thusnelda ist es, die regrediert und hinter die Aufklärung und Zivilisation zurückfällt:

> «GERTRUD (…) Meine große Herrscherin,
> Hier werf' ich mich zu Füßen Dir:
> Die Rache der Barbaren sei Dir fern!
> Es ist Ventidius nicht, der mich mit Sorg' erfüllt;
> Du selbst, wenn nun die Tat getan,
> Von Reu' und Schmerz wirst Du zusammenfallen!

*THUSNELDA Hinweg! – Er hat zur Bärin mich gemacht!*
*Arminius will ich wieder würdig werden!»*[110]

Kleist geht, wie oft, weit. Gertrud, Thusneldas Vertraute, kennt die Gefahren des Hasses. Aber die sind nur welche, wenn der moralische Rahmen, in dem Haß unzulässig ist, intakt bleibt. Doch man kann ihn verlassen. Thusnelda weiß, daß sie es muß, um Herrmanns «würdig» zu sein, aber sie verläßt ihn in die andere Richtung. Das Gedankenspiel, wie Herrmann und Thusnelda nach dem Sieg ihr Leben miteinander verbringen werden, kommt zu einigermaßen grauenhaften Ergebnissen. Mit Hannah Arendt könnte man es vielleicht ein Bündnis von Elite und Mob nennen, wobei der heiße Mob das Ergebnis der Bemühungen der kalten Elite wäre. Herrmann verkörpert die rigide Moral des «Du sollst!», Thusnelda die Amoral des «Du darfst!»[111]

Der Angriff auf Aufklärung und Moderne, der aus diesem Bündnis heraus vorgetragen wird, ist mörderisch. Ruth Klüger hatte in ihrem Aufsatz eine Passage aus Frantz Fanons «Die Verdammten der Erde» als möglichen Kommentar zur «Herrmannsschlacht» zitiert: «Die kolonialistische Bourgeoisie (hatte) in die Köpfe des Kolonisierten die Vorstellung verankert, daß es ‹bleibende Werte› gebe, allen menschlichen Irrtümern zum Trotz. Die ‹bleibenden Werte› des Westens, versteht sich. Der Kolonisierte nahm die Berechtigung dieser Ideen hin, und man konnte in einem Winkel seines Gehirns einen wachsamen Posten entdecken, der sich für die Verteidigung des abendländischen Sockels verantwortlich fühlte. Während des Befreiungskampfes geschieht es jedoch (…) daß dieser künstliche Wachposten sich in Staub auflöst. Alle abendländischen Werte, Triumph der Menschenwürde, des Wahren und des Schönen, werden zu leb- und farblosen Nippsachen. (…) Diese Werte, die die Seele zu adeln schienen, erweisen sich als unbrauchbar, weil sie nicht den konkreten Kampf betreffen, in den das Volk eingetreten ist.»[112]

Jean Paul Sartre hat die sentimental-masochistische Faszination zum Ausdruck gebracht, die von solchen Sätzen ausgeht: «Was kümmert es Fanon, ob Sie sein Werk lesen oder nicht? Für seine Brüder entlarvt er unsere alten Machenschaften und ist sicher, daß wir keine neuen auf Lager haben. Zu ihnen sagt er: Europa hat seine

Pfoten auf unsere Erdteile gelegt, und wir müssen so lange auf sie einstechen, bis es sie zurückzieht. (...) Europäer, schlagt dieses Buch auf, dringt in es ein. Nach einigen Schritten im Dunkeln werdet ihr Fremde um ein Feuer versammelt sehen. Tretet heran und hört zu: Sie beraten über das Schicksal, das sie euren Niederlassungen und euren Söldnern zugedacht haben. Sie werden euch vielleicht sehen, aber sie werden fortfahren, miteinander zu sprechen, ohne auch nur die Stimme zu dämpfen. Diese Gleichgültigkeit ist wie ein Stich ins Herz.»[113] Der Selbstreflexion nicht und nicht der noch so schonungsarmen Selbstkritik der Moderne ist mit solcher Gefühlsgrundierung gedient. Dazu kommt, daß der Text Fanons eine Zeitlang so populär gewesen ist, weil man ihn wie einen lesen konnte, der gleichsam wirklich von den Lagerfeuern der algerischen, lateinamerikanischen oder vietnamesischen Guerilla kam. Das tat er natürlich nicht, denn Kriege produzieren keine Philosophien, sondern die Art und Weise der Sartreschen Rezeption machte ihn erst zu einem Text scheinbar jenseits der philosophischen Seminare.

Fanons Popularität hatte übrigens auch einiges mit der schubweise auftretenden und von Selbstzweifeln angetriebenen Liebe Europas zum Exotischen zu tun – Chinoiserien in Rokoko-Schlössern, Forsters «Reise um die Welt», Rousseau, Gauguin, Malinowski/Reich/Mead etc. – und gerne trifft Europa sich dort selbst wieder an, indem es gleichzeitig in das Gesicht eines argentinisch-kubanischen Revolutionärs und das des Sohnes ihres Gottes zu blicken meint. «Jesus Christus mit der Knarre», wie es Wolf Biermann formuliert hat. Möglicherweise hätte Kleist an einer solchen Formulierung Gefallen gefunden. Claus Peymann hatte seinen Herrmann jedenfalls als Che Guevara kostümiert.

Im Falle Fanons (und Sartres) kommt aber zu der stets dosierten Sehnsucht nach dem Fremden etwas dazu: ein zum eruptiven Selbsthaß tendierender Selbstzweifel, der aus einem Grundproblem der Moderne rührt. Anders als andere Zivilisationsformen vollzieht unsere Moderne die Abgrenzung zu als «barbarisch» empfundenen anderen Kulturen nicht allein über das Abgrenzungskriterium andersartiger Gewaltförmigkeit,[114] sondern empfindet sie auch im Kontrast zum eigenen Selbstbild, eine Gesellschaft zu sein, die nicht nur *anders*, sondern *weniger* gewalttätig ist als andere, und nicht nur das, sondern sich reformierend oder evolutionär auf eine gewaltfreie oder prinzipiell gewaltarme Zukunft hin bewegt. Die Abgrenzung gegenüber «Barbarei» ist auf diese Weise nicht nur eine nach außen (räumlich), sondern auch eine zeitliche gegenüber der eigenen Vergangenheit.

Da unsere Moderne *trotz* ihres Selbstbildes keine gewaltarme Kultur ist, hat sie *wegen* ihres Selbstbildes bestimmte rhetorische Strategien ausgebildet, um die Spannungen zwischen Selbstbild und Wirklichkeit zu mindern – anders gesagt: um gewalttätig sein zu können und sich nicht selbst als barbarisch vorkommen zu müssen. Es sind dies, grob gesprochen, drei Strategien bzw. Rhetoriken: Erstens die *«Rhetorik der Zivilisierung»*, der Befriedung des (aus europäisch-moderner Perspektive) Noch-nicht-Befriedeten. Der Andere ist in ihr der Barbar, nicht nur allein der Minderwertige, Bedrohliche, sondern der Antagonist, der verhindert, daß eine gewaltfreie Ordnung dauerhaft etabliert werden kann. Diese Rhetorik ist die Rhetorik des Kolonialismus (weitgehend auch die des Nationalsozialismus – zu der «eigentlichen» Legitimationsrhetorik des NS (s. u.) haben sich nur Teile der weltanschaulichen Eliten durchgerungen). Diese Rhetorik legitimiert Gewalttaten als im Dienste einer gewaltärmeren Zukunft stehend, die durch andere Ziele (Landnahme, Rohstoffe, Christianisierung) nicht zureichend legitimiert wären.[115] – Das Ideal einer gewaltvermindernden Moderne liefert aber natürlich auch die Einwände gegen diese Rhetorik und die mit ihr legitimierte Gewaltpraxis. Sie verweist einerseits auf die Diskrepanz von Ideal und Wirklichkeit, sie kann sich aber auch radikalisieren und die Kritik an der «Rhetorik der Zivilisierung» als einer ausgemachten Heuchelei ins Grundsätzliche wenden: bereits das Ideal sei die Heuchelei. Aus dieser Kritik können die beiden anderen Rhetoriken entstehen.

Zweitens die *«Rhetorik der eschatologischen Säuberung»* (von Robespierre bis Abimael Guzman). In ihr kann die Diskrepanz von Ideal und Wirklichkeit nur durch einen radikalen Umsturz der gesellschaftlichen Wirklichkeit herbeigeführt werden. Vor diesem Umsturz ist die Unterteilung in Zonen verbotener und erlaubter/gebotener Gewalt nur eine Maßnahme, diesen Umsturz zu verhindern. Die gesamte Gegenwart wird zu einer Zone gebotener Gewalt, um eine gewaltfreie Zukunft herzustellen. Frantz Fanon ist einer der Vertreter dieser Rhetorik, auch Che Guevara, Pol Pot und Holger Meins. – Diese Rhetorik tritt relativ früh auf, erhält aber den entscheidenden Schub im Ersten Weltkrieg, der für viele das Scheitern der Moderne sinnfällig macht. Der Erste Weltkrieg verleiht auch der dritten Rhetorik (auch sie ist vorher schon vorhanden) ihre Virulenz.

Drittens die *«Rhetorik des Bruchs mit der Moderne»* – hier wird das Problem der Diskrepanz von Ideal und Wirklichkeit dadurch gelöst, daß das Ideal verabschiedet wird und die Wirklichkeit dieser Freiheit vom Ideal möglichst angenähert. Diese Rhetorik entspricht der Weltanschauung der radikalen NS-Eliten. Krieg ist der Normalzustand des menschlichen Lebens, und wo der Frieden sich einstellt, muß der Krieg wieder entfacht werden. Die Titel «Hunne», «Barbar» werden zu Ehrentiteln.[116]

Die Polemik Fanon/Sartres ist aus der Kritik an der Rhetorik der Zivilisierung und aus einem Ekel über ihre heuchlerischen und repressiven Züge entstanden. Aber auch ihr bleibt eine prekäre Nähe zur dritten, der Rhetorik der Zerstörung der Moderne. Der Versuch, hier eine Art idealistischer Reinheit zu konstruieren, die eine Nähe zur dritten Rhetorik ausschließt, verkennt die beide antreibende Emotionalität. Die Rede des Saint Just in Büchners «Dantons Tod» zeigt die mögliche Verschmelzung beider Rhetoriken.

Bei Kleist transzendiert die in die Antike versetzte Rhetorik der Kritik der Moderne die Dimension des Taktischen (die für einen Guerilla-Krieg ausreichend wäre) und die des geschichtsphilosophisch-Strategischen (wie sie für eine klassisch revolutionäre Idee kennzeichnend wäre). Bei ihm ist kein Punkt abzusehen, an dem die Ideale der Moderne – wie auch immer geläutert oder durch Herstellung des geeigneten gesellschaftlichen Umfelds – in ihr neues oder eigentliches Recht gesetzt werden sollten. Kleist entwirft keine Eschatologie, in deren Namen man die Ideale versehrt, die man verwirklichen will. Kleists Herrmann ist, wenn er handelt, bereits dort angekommen, wo er ankommen will. Seine Aufkündigung der Ideale ist ein Gründungsakt. Aber einer, mit dem es sich dann schon hat. Für ihn ist der Weg das Ziel, wird er beschritten, ist es erreicht. Zwei Mal, mit zwei Morden wird es beschworen: in den Morden an Aristan und Septimius.

Beide Mörde haben den Charakter von Manifesten. Sie säubern nach innen wie nach außen. Nach innen wird mit der politischen Option der Koalitionsfreiheit des partikularen Gemeinwesens das Ideal des Weltbürgertums, nach außen werden, mit einem plakativen Bruch des Kriegsrechtes, die Normen der Einhegung von Gewalt hingerichtet. Als Septimius diese einklagt, wird er von Herrmann nach Ciceros «De officiis» gefragt. Herrmann interpretiert den Hinweis auf allgemein anerkannte Normen des Kriegsrechts (der Hegung von Gewalt) als einen Hinweis auf lokale Bräuche. Septimius protestiert, denn er weiß, daß Herrmann um den universalistischen Anspruch dieser Normen weiß. Herrmann ist kein des Zivilisationsprozesses unkundiger Barbar; er läßt Septimius mit dem Hinweis erschlagen, die römische Politik sei gleichfalls Unrecht. Bemerkenswerterweise dient diese Argumentation nicht dazu, den Mord selbst zu rechtfertigen – erschlagen wird Septimius sowieso. Der Disput über Rechtsnormen führt nur dazu, eine symbolische «Keule doppelten Gewichts» anzuordnen, gleichsam als Hinweis auf das der Rhetorik der Moderne innewohnende Moment der Heuchelei, über das hier Gerichtstag gehalten wird. Dies aber tritt als bloß zusätzliche Motivierung hinter die hiermit eingeführte Praxis zurück, den gefangenen Feind auf jeden Fall totzuschlagen. Der Mord wird nicht im Namen einer revolutionären Neuinterpretation von Rechtsnormen vollzogen, sondern als Abschaffung des Anspruchs auf Universalität.

*«Du weißt, was Recht ist (…) schlagt ihn tot!»*

Es mag an meiner Assoziationslust liegen, wenn mir bei diesen Worten der dem Mord an Kriegsgefangenen noch einmal abschwörende Schluß von Lessings «Nathan der Weise» einfällt:

*«Seht den Bösewicht!*
*Er wußte was davon, und konnte mich*
*Zu seinem Mörder machen wollen! Wart!»*[117]

Diese Assoziation mag als bloßer Einfall beiseitegelassen werden – daß Lessing bei Kleist, nicht nur in der «Herrmannsschlacht», textlich präsent ist, hat nicht zuletzt Ruth Klüger gezeigt. Sie nennt Heinrich von Kleist «Tellheims Neffen» in doppelt genealogischer Hinsicht. Einmal ist er der Nachfahre jenes Ewald von Kleist, der bei Kunersdorf fiel, und einige Zeit *der* Kleist schlechthin war – *und* Lessings Freund und Vorbild des Major Tellheim aus «Minna von Barnhelm».[118] Zum andern ist Kleist eben der literarische Nachkomme einer literarisch-philosophischen Aufklärung in Deutschland, deren Exponent vor allem Lessing gewesen ist.

Der «Nathan» wird blankweg im Zusammenhang des Niederbrennens der Teutoburg, die, wie im Stücke deutlich, zum Kalkül Herrmanns gehört hat, zitiert:

> «*EGINHARDT Doch hier, o Herr, schau her! Das sind die Folgen*
> *Des Kampfs, den Astolf mit den Römern kämpfte:*
> *Ganz Teutoburg siehst Du in Schutt und Asche!*
> *HERRMANN Mag sein! Wir bauen uns ein schön'res auf.*»[119]

nämlich Nathans Replik auf Dajas Nachricht, sein Haus wäre beinahe «von Grund aus abgebrannt»:

> «*Dann, Daja, hätten wir eine neues uns*
> *Gebaut; und ein bequemeres.*»[120]

Die Anspielung hat es in sich. Im «Nathan» ein Unfall (der in Nathan die Erinnerung an ein Pogrom wachruft), hier eine gleichgültige Begleiterscheinung eines Krieges, die auch hätte zum Kalkül des Guerillakrieges gehört haben können. Im «Nathan» leitet der Bericht vom Brand den von der Rettung Rechas durch den Tempelherrn ein – vom Tempelherrn, der ein begnadigter Kriegsgefangener ist.[121] Zudem führt Kleist das Bild des Soldaten, der einen Menschen aus Flammen rettet, ein, um Herrmanns Ideal ein letztes Mal in Versuchung zu führen.

Nicht nur Lessing. Als Herrmann sein Thuschen wie nebenbei über die Tücken der Römer belehrt und belügt, legt Kleist ihm eine merkwürdige Bemerkung in den Mund. Zunächst wendet Kleist die von Tacitus überlieferte Mär, die Germaninnen würden ihre kämpfenden Männer dadurch unterstützen, daß sie ihre Haare abschnit-

ten und zu Bogensehnen drehten, in den Auftrag des später vom
Bären zerfleischten römischen Legaten Ventidius, Thusnelda die
Haare abzuschneiden, um daraus eine Perücke für die Frau des Au-
gustus zu machen. Diese vom Autor schon peinlich genug erfundene
Geschichte läßt er seinen Herrmann noch überbieten (aber die Rolle
des Ventidius, dessen Avancen er seine Frau zu ermuntern gebot,
und um die allein es geht, aus Gründen des kulminierenden Effektes
verschweigt):

«*Die schmutz'gen Haare schneiden sie sich ab,
Und hängen unsre trocknen um die Platte!
Die Zähne reißen sie, die schwarzen, aus,
Und stecken unsre weißen in die Lücken!*»[122]

Darauf Thusnelda:

«*Und diese Römer nimmst Du bei Dir auf?*»

Dann Herrmann:

«*HERRMANN Ja, Thuschen! Liebste Frau, was soll ich machen?
Soll ich, um Deiner gelben Haare,
Mit Land und Leut' in Kriegsgefahr mich stürzen?
THUSNELDA Um meiner Haare! Was? Gilt es sonst nichts?
Meinst Du, wenn Varus so gestimmt, er werde
Das Fell Dir um die nackten Schultern lassen?
HERRMANN Sehr wahr, beim Himmel! Das bedacht' ich nicht.
Es sei! Ich will die Sach' mir überlegen.
THUSNELDA Dir überlegen! – Er rücket ja schon ein!
HERRMANN Je nun, mein Kind. Man schlägt ihn wieder 'naus.*
                    *Sie sieht ihn an.*
*THUSNELDA Ach geh! Ein Geck bist Du, ich seh's und äffst mich!
Nicht, nicht? Gesteh's mir nur: Du scherztest bloß?
HERRMANN küßt sie: Ja. – Mit der Wahrheit, wie ein Abderit.*»[123]

Mit der Wahrheit scherzen wie ein Abderit? Die Abderiten pfleg-
ten nicht hintersinnig zu scherzen, sondern allenfalls platt. Die Stelle

ist ein semantischer Anakoluth:[124] «Ridens dicere verum» war das von Horaz entlehnte Motto zu Wielands «Geschichte der Abderiten». Es bedeutete, in Wielands Sinne, eine Strategie der Aufklärung: die Wahrheit unanstößig, aufs komödiantische Beispiel projiziert darzustellen, damit der Leser das tua-res-agitur ohne das allzu direkte it-means-you würde akzeptieren können. Der Historiker der Aufklärung wird zugeben müssen, daß dieses Programm nicht besonders erfolgreich gewesen ist – nicht zuletzt die viel zu harmlose Lektüre der «Geschichte der Abderiten» durch die Germanistengenerationen hinab beweist das. Kleist hat es schneller gewußt und seinen Herrmann sagen lassen:

> *«Warum soll sich, von seiner Not,*
> *Der Mensch, auf muntre Art, nicht unterhalten? –*
> *Die Sach' ist zehnmal schlimmer, als ichs machte,*
> *Und doch auch, wieder so betrachtet,*
> *Bei weitem nicht so schlimm».*[125]

Das wäre ein skeptisch-ironischer Beitrag zur «Abderitengeschichte», aber keiner zur eigenen Strategie und Taktik. Diese sind kalkulierter Lug und Trug. Jener ist, analog zum kaltschnäuzigen Resumée der bisherigen Ethik beim Totschlag des Ventidius, kein Grund, aber beiläufig erwähntes Motiv, mit den Idealen/Illusionen der Aufklärung aufzuräumen: «Mit Wahrheit scherzen wie ein Abderit» – damit wird der Verfasser der «Abderiten» als Teil ihrer Geschichte subsumiert. Zwischen dem Aufklärer und dem Objekt seiner Satire ist kein Unterschied und nur aus diesem Grund: beide werden dem welthistorischen Ernst der Lage nicht gerecht. Was hülfe da kosmopolitischer Spott über provinzielle Konvulsionen?

Goethe, Wieland, Lessing – was immer auf individuelle Konkurrenz man laden mag, es ging Kleist ums Prinzipielle.

Wobei, häufig, das Indivduelle, das dann als Partikulares abgewehrt werden muß, zum Allgemeinen drängt. Im Jahre 1794 erschien in der Vossischen Buchhandlung, Berlin, im Rahmen der Ausgabe «Sämmtlicher Schriften» der Briefwechsel Lessings mit Friedrich Wilhelm Gleim aus den Jahren 1757 bis 1779. Die Briefe mit den Nummern 33 bis 38 beschäftigen sich mit dem Tod Ewald von Kleists, der in der Schlacht von Kunersdorf gefallen war. «Herr von Brand ist bey der Armee des Königs gewesen, und vorgestern Abends wieder zurückgekommen. Er hat sich genau nach unserm Freunde erkundigt und von dem Obersten von Kleist, seinem Vetter, erfahren, daß er sich in Frankfurt noch bis dato befände. Er soll nicht mehr als sechs Wunden haben. Der rechtschaffene Mann! Er hat sich, – und das hat nicht allein der Oberste, sondern das haben ihm noch viele andere Officiere gesagt – an dem unglücklichen Tage außerordentlich hervorgethan. Er hat die ersten Wunden gar nicht geachtet, sondern ist vor seinem Bataillon noch immer zu Pferde geblieben; und als er endlich gestürzt, hat er noch auf der Erde seinen Leuten zugerufen und sie aufs beste angefeuert. Doch auch hier hat alles nichts helfen wollen; er hat müssen auf der Wahlstatt liegen bleiben und ist so, nebst allen andern schwer Verwundeten, den Russen in die Hände gefallen.»[126] Noch sei unklar, ob er – oder ein anderer Kleist – seinen Wunden in Frankfurt erlegen sei. Wenig später ist es dann gewiß: «Ach, liebster Freund, es ist leider wahr. Er ist todt. Wir haben ihn gehabt. Er ist in dem Hause und in den Armen des Professors Nicolai gestorben. Er ist beständig, auch unter den größten Schmerzen, gelassen und heiter gewesen. Er hat sehr verlangt seine Freunde noch zu sehen. Wäre es doch möglich gewesen! Meine Traurigkeit über diesen Fall ist eine sehr wilde Traurigkeit. Ich verlange gar nicht, daß die Kugeln einen andern Weg nehmen sollen, weil ein ehrlicher Mann da steht.[127] Aber ich verlange, daß der ehrliche Mann – Sehen Sie; manchmal verleitet mich der Schmerz, auf den Mann selbst zu zürnen, den er angeht. Er hatte schon drey, vier Wunden; warum ging er nicht? Es haben sich Generale mit wenigen und kleinern Wunden unschimpflich bey Seite gemacht. Er hat sterben wollen. Vergeben Sie mir, wenn ich ihm zu viel thue. Er wäre auch an der letzten Wunde nicht gestorben, sagt man; aber er ist versäumt worden. Versäumt worden! Ich weiß nicht, gegen wen ich rasen soll. Die Elenden, die ihn versäumt haben!»[128]

Schmerz über einen toten Freund – und keinerlei Neigung, diesen, gar jenen heroisch zu verklären. Der Tod in der Schlacht mag heldenhaft sein, aber was ist das Heldenhafte wert? Ewald von Kleist, um dessen depressives Wesen alle wußten, ist für Lessing entweder ein Selbstmörder oder das Opfer von sträflicher Fahrlässigkeit – oder wahrscheinlich beides. Er warnt Gleim davor, heroisch-patriotische Gesänge auf den Verstorbenen zu verfassen: «Ich muß abbrechen. Der Professor wird Ihnen ohne Zweifel geschrieben haben. Er hat ihm eine Standrede gehalten. Ein anderer, ich weiß nicht wer, hat auch ein Trauergedicht auf ihn gemacht. Sie müssen nicht viel an Kleist verloren haben, die das itzt im Stande waren! Der Professor will seine Rede drucken lassen, und sie ist so elend. Ich weiß gewiß, Kleist hätte lieber eine Wunde mehr mit ins Grab genommen, als sich solches Zeug nachschwatzen lassen. Hat ein Professor wohl ein Herz? Er verlangt itzt auch von mir und Ramler Verse, die er mit seiner Rede zugleich will drucken lassen. Wenn er eben das auch von Ihnen verlangt hat, und Sie erfüllen sein Verlangen – Liebster Gleim, das müssen Sie nicht thun! Das werden Sie nicht thun!»[129]

Lessings Warnung ist vergeblich. Aus dem Mann, der sich bereits Monate vor der Schlacht von Kunersdorf nach einer «freundschaftlichen Kugel» gesehnt hatte, die seinem «Jammer» ein Ende zu machen in der Lage wäre,[130] wird ein Nationalheld. «1761 erschien Thomas Abbts einflußreiche Mobilisierungsschrift ‹Vom Tode für das Vaterland›; in ihr wurde der Machtanspruch des vaterländischen Kollektivs unter anderem mit dem Hinweis auf Kleists Tod begründet: ‹Das Vaterland hat ein Recht auf dein Leben›.»[131] Der Mythos um den «mitfechtenden Dichter»[132] Ewald von Kleist wird für seinen Nachfahren Heinrich von Kleist von Bedeutung gewesen sein. Man sollte die «Herrmannsschlacht» als den Text lesen, in dem Heinrich sowohl auf dem Papier wie im Leben seinen eigenen Weg gefunden hat, Feder und Degen zu vereinigen: in der Schöpfung eines ganz unklassischen Nationalhelden, eines Helden der Verführung durch Worte, eines maulfertigen Schuftes, «falsch wie ein Punier».[133] Als Schöpfer dieser Gestalt hat Heinrich von Kleist für sich die Frage nach der Identität von Dichter- und Soldatenexistenz, die für ihn wie für den Verwandten stets prekär gewesen ist, beantwortet: indem er sich zum nationalen Lehrmeister macht, der aus dem Debattierzirkel der zur Untätigkeit verdammten Heeresreformer das Geheimrezept unter dem Deckmantel des Historiendramas unter die Leute bringt: den Partisanenkrieg. Im «Prinzen von Homburg» finden wir die letale Einsicht, daß es doch nicht zusammengeht.

Lessings Weigerung, den Tod Ewald von Kleists als patriotisches Opfer zu würdigen, kombiniert mit dem Hinweis auf den Zusammenhang vom Pathos des «dulce et decorum» mit Suizidalität, dürfte Heinrich von Kleist tief zu verletzen im Stande gewesen sein. Vor allem aber dürfte eine solche Briefstelle für ihn Beleg dafür gewesen sein, daß ein aufgeklärter Kosmopolitismus, der den Freund und nicht den Patrioten würdigen möchte, also stets auch den Freund, welcher Nationalität er sei, über den Landsmann stellen wird, nicht nur überwunden, sondern von Grund auf zerstört werden muß.

Wie immer es auch um solche Suche nach Motiven aus der Vergangenheit bestellt sein mag – die Zukunft bot der «Herrmannsschlacht» diverse Male die eigene Zeit als Erfüllung der vermeintlichen Botschaft an. Wie schon erwähnt, schoben sich etwa Bismarckverherrlichung und Kleistbegeisterung ineinander. Daß Friedrich Gundolf die Parallele Herrmann-Bismarck 1924 eine «witzige Parallele für Primaneraufsätze nannte»,[134] zeigt nur, wie populär sie war – ein Jahr später behauptet Ernst Bertram, Kleists Herrmann trage die Charakterzüge Bismarcks – eine Ansicht, die bereits 1905 von Arthur Eloesser vertreten worden war: «Es ist vielleicht noch nicht bemerkt worden, wie sicher der dichtende märkische Junker seinen größten Landsmann und Standesgenossen vorgeahnt hat. Herrmann trägt seine Pläne allein in sich wie Bismarck, dem es auch nicht darauf ankam, mißverstanden und selbst verachtet zu werden. Er betölpelt den Varus wie Bismarck Napoleon III., er redigiert die Emser Depesche, und nach allen Mitteln der List braucht er als letztes die offene Auslieferung seiner Absichten und seiner Persönlichkeit wie Bismarck.»

Wenn nun Kurt Eisner 1911 dem Stück seinen deutsch-nationalen resp. patriotisch-preußischen Geist abspricht und es eine «Verherrlichung des Lockspitzels» nennt, dann verweist er auf den auch von Ruth Klüger so betonten Zug des Stückes, eben keine national-patriotische Emotalienschau zu sein. Nun zeichnet aber genau das jene deutsche «Realpolitik» aus, als deren erster politischer Exponent Bismarck – ob zurecht oder zu unrecht kann hier dahingestellt bleiben – galt. Diese «Realpolitik» – zu beschreiben ist hier nicht eine Charakterisierung tatsächlicher Politik, sondern ein

Selbstbild nicht nur der politischen Elite – zeichnete sich vor den Politikkonzepten anderer Nationen durch die Pro- oder Reklamierung eines höheren, radikaleren und abstrakteren Ideals aus, kombiniert mit der Behauptung, besser und illusionsloser als alle anderen zu wissen, wie in der Welt gespielt werde. Diese Kombination eines Ideals, das durch keinerlei moralischen Mittelbau mit seiner Exekution verbunden ist, diese Verbindung von Extremidealismus und Skrupellosigkeit kann man in der Tat in Kleists «Herrmannsschlacht» vorgebildet finden.

«Wie man es auch bewerten mag», schreibt Norbert Elias in seinen «Studien über die Deutschen», «der Nationalstolz, die kollektive Selbstachtung der Deutschen blieb immer gebrechlicher als bei Völkern wie dem englischen oder französischen, die eine stetigere und glattere Entwicklung hatten. (...) In England war, zum Guten oder Schlechten, der Nationalstolz wie auch die nationale Hybris so fest verwurzelt, daß die Engländer sich selbst darüber lustig machen und in Grenzen ihr Lachen und die Witze anderer über sich ertragen konnten. In Deutschland blieb das nationale Selbstbewußtsein zwischen Stolz und Hybris relativ unsicher und verwundbar. (...) Der deutsche Nationalstolz, wann immer er ins Spiel kam, war eine feierliche und todernste Sache. In ihrer Unsicherheit fühlten sich Deutsche sehr leicht gekränkt. Der Verdacht saß ihnen locker, daß man auf sie herabsah.»[135] Diese Kränkbarkeit wird in der «Herrmannsschlacht», wie schon zitiert, unmittelbar Stimme:

> «Ich weiß, Aristan. Diese Denkart kenn' ich.
> Du bist im Stand' und treibst mich in die Enge,
> Fragst, wo und wann Germanien gewesen?
> Ob in dem Mond? Und zu der Riesen Zeiten?
> Und was der Witz sonst an die Hand Dir gibt».

Unklar bleibe im Grunde, «was deutsch war und was nicht, was es bedeutete, deutsch zu sein, und wie man als Deutscher sein sollte. Verglichen mit dem Selbstbild eines Engländers hatte ein Deutscher nur ein unbestimmtes Bild von seinem Land und seinen nationalen Merkmalen. Es gab keinen way of life (...) Spezifisch deutsch war allenfalls eine ‹Weltanschauung›, eine besondere Art des Glaubens. Man wußte, man fühlte, daß es einen großen Wert hatte, deutsch zu sein; aber worin dieser Wert bestand, blieb einigermaßen unklar.»[136]

Dies Ideal, zu hoch, zu unklar, um gelebt zu werden, oder besser gesagt: um irgendwie in alltäglichen Handlungen wiedererkannt zu werden, taugte nicht zur Zivilisierung von Alltagsleben und Politik: «In normalen Zeiten blieb das große Idealbild von Deutschland im Hintergrund. Es gab dem Leben des deutschen Volkes etwas Glanz an Festtagen. Und es warf seine Schatten darauf: es war so überhöht, daß viele Deutsche im Vergleich dazu die politischen Tagesereignisse als schal und unwichtig empfanden (…) Und weil sie in den Augen vieler Deutscher zum gewöhnlichen Leben gehörte, das eher fade und oft schmutzig war, wurde die politische Praxis oft in der Tat schmutzig. (…) Das deutsche Nationalideal war wie ein leuchtender Stern hoch oben am Himmel. Im täglichen Leben spielte es keine große Rolle als Richtschnur des Handelns oder als sinnvolles Ziel. Hier konnten Deutsche die Zügel lockern (…) Vor allem in den mittleren und höheren Schichten des deutschen Volkes war es eine gängige Vorstellung, daß alle Menschen im normalen Leben einfach ihren egoistischen Interessen folgen.»[137]

In der Selbstbeschreibung als «Realpolitiker» kehrt dieses übermächtige Ideal, das real zu nichts verpflichtet, außer, wenn es aufgerufen wird, ihm bedingungslos zu dienen, wieder: Hinter dem Ausdruck «Realpolitik», schreibt Elias weiter, «steckte ein ganzes Stück deutscher Nationalideologie, das sich etwa so zusammenfassen lasse: ‹Was immer andere sagen mögen, die einzig realistische Betrachtungsweise ist, daß Politik auf dem ungezügelten Gebrauch von Gewalt beruht. Vor allem die internationale Politik ist nichts weiter als die Fortsetzung des Krieges mit anderen Mitteln. Fremde Staatsmänner mögen noch so schöne Worte im Munde führen, wenn es hart auf hart kommt, stützen sie sich auch nur auf ihre ‹Macht›, um ihre politischen Ziele zu ereichen, und sie gebrauchen sie wie die Deutschen skrupellos. Der Unterschied ist nur, daß die Deutschen ehrlicher sind.› (…) Es war in der Tat eines der grundlegenden Paradoxe der deutschen Glaubens- und Verhaltenstradition, daß sich dieselben Menschen, die einem absoluten, bedingungslosen und oft höchst unrealistischen Nationalideal folgten, zugleich ihres Realismus, wie sie ihn verstanden, ihrer ‹Realpolitik› brüsteten.»[138]

Nimmt man allerdings die oben geschilderte Rhetorik des Bruchs mit der Moderne als Explanans, so ist die Spannung Ideal-Skrupellosigkeit nicht nur nicht mehr befremdlich, sie verschwindet. Was wir als moralischen Mittelbau zwischen Ideal und Praxis seiner Verwirklichung vermissen – also die sich in Normen, Regeln, Gebräuchen oder Geboten zeigende Einsicht, daß Zwecke und Mittel nicht unempfindlich gegeneinander sind –, ist es eben, was diese Rhetorik verwirft. Das Ziel ist absolut, darum sind die Mittel absolut frei. Wenn sie ihm nur dienen. Da das aber – hängt alles doch einzig am Erfolg, der bei der Wahl des Mittels noch nicht errungen ist – stets ungewiß bleibt, gibt es für die Entscheidung, ob ein Mittel zweckdienlich sei oder nicht, nur ein Kriterium: die Entscheidung dessen, der zu entscheiden berufen ist.

Es ist dieser Auffassung von «Realpolitik» eine Neigung zum Führerprinzip notwendig eingegeben. Bei moralischer Verkümmerung und notwendiger Knappheit an sicherer Prognose wird der Akt der Entscheidung überwertig. Am Ende wird er zum selbstlegitimatorischen Vorgang, den die Gefolgschaft beschwört: «Führer befiehl, wir folgen!»[139] Als derjenige, der Herrmanns Botschaft mit der Kriegslist Marbod überbringen soll, bittet, aus Sicherheitsgründen nicht nur einen einzigen Boten zu schicken, erwidert ihm Herrmann:

«*HERRMANN Du gehst allein; und triffst Du mit der Botschaft*
*Zu spät bei Marbod, oder gar nicht, ein:*
*Sei's! mein Geschick' ist's, das ich tragen werde.*»[140]

Man sollte meinen, das Geschick Germaniens wäre es, aber hier ist eine identifikatorische Einheit vollzogen – und, so will es Kleist, sie funktioniert besser als der Appell an ein Ideal oder eine gemeinsame Sache:

«*LUITGAR Gib mir die Botschaft! Nur der Tod verhindert,*
*Daß er sie morgen in den Händen hält.*
*HERRMANN Komm. So gebraucht' ich Dich.*»[141]

Da andererseits das wirklichkeitsentbundene Ideal zur Steuerung der Alltagspraxis nicht taugt, wird diese Skrupellosigkeit nicht nur zum geduldeten Habit, sondern in gewisser Weise zum Wert an sich: in ihr beweist man, daß man sich tatsächlich keinen traditionellen Werten mehr verpflichtet fühlt.

## Exkurs über den Partisanen

Von den sogenannten Befreiungskriegen, also von dem Zeitpunkt an, an dem der General York von Wartenburg seinem König eine vertragsbrüchige, eine, was Preußen anging, ebenso opportunistische wie, aufs europäische Ganze gesehen, verderbliche Politik abpreßte, gab es eine preußische/deutsche mit dem Begriff des Partisanen verbundene Obsession – und ich meine nicht nur den Umstand, daß der auf Gneisenaus Denkschrift skizzierte Guerillero-Orden als Eisernes Kreuz bis heute Orden deutscher Soldaten ist. Das Landsturm-Edikt zeigte, wie sehr man bereit war – wenn auch nur für drei Monate –, einen Volkskrieg zu entfesseln. Einen «acherontischen Augenblick» nennt Carl Schmitt diese drei Monate. Dann aber, so meint er, habe die preußische Militärtradition den Partisanen aus ihren Vorstellungen getilgt. Wir hätten «die unbestreitbare geschichtliche Tatsache zu beachten, daß die preußische und die von Preußen geführte deutsche Armee seit 1813 bis in den zweiten Weltkrieg hinein das klassische Beispiel einer Heeresorganisation liefert, die den Gedanken des Partisanentums radikal aus sich verdrängt hatte. (…) Die preußisch-deutsche Armee (…) marschierte im zweiten Weltkrieg am 22. Juni 1941 in Rußland ein, ohne an einen Partisanenkrieg zu denken. Ihren Feldzug gegen Stalin begann sie mit der Maxime: die Truppe bekämpft den Feind: Marodeure werden von der Polizei unschädlich gemacht. Erst im Oktober 1941 kamen die ersten speziellen Anweisungen zur Partisanenbekämpfung; im Mai 1944, knapp ein Jahr vor dem Ende des vierjährigen Krieges, erging das erste vollständige Reglement des Oberkommandos der Wehrmacht.»[142]

Was immer das ist: dreiste Lüge, Nachsprechen eines on-dit, Irrtum – aufschlußreich ist es allemal. Denn Schmitt behauptet ja nichts weniger, als daß eine Nation, die – auf der Bühne, aber eben doch auch ein gutes Stück in der Wirklichkeit – in der Ausrufung des irregulären Krieges ihre Gründung phantasierte, sich eine Armee hielt, die von solchen Konvulsionen frei geblieben wäre. Der kühle Betrachter würde eine derartige Vorstellung mit dem Hinweis auf den August 1934 für abwegig erklären, dem Datum, an dem die preußisch-deutsche Armee ihren Eid auf die leibliche Person Hitlers leistete. Derlei tun allenfalls Bühnencherusker oder Banden. Diese Selbsttransformation in eine Organisation, deren Spitze auf ebenso ungezwungene wie selbstverständliche Weise ein jedes ihrer Mitglieder, das sich traditionellen Werten verpflichtet fühlte, auf ein entehrendes Ritual verpflichtete, ist in der Diskussion über Ursachen und Dynamik der Verbrechen der deutschen Wehrmacht zwischen 1939 und 1945 noch nicht wirklich zureichend analysiert worden.

Der Vernichtungskrieg, den die Wehrmacht und SS 1941 bis 1944 auf dem Balkan und den Gebieten der damaligen Sowjetunion führte, unterschied sich aber noch einmal auf besondere Weise von allen Kriegsaktionen, die die preußisch-deutsche Armee bis dahin unternommen hatte. Er war entgegen Schmitts Behauptung von Anfang an ein Krieg gegen eine Bevölkerung und nicht nur gegen eine feindliche Armee, ein Krieg, der nicht nur Territorien gewinnen und halten sollte, sondern in diesen einen Teil der dort lebenden Bevölkerung, den jüdischen, ausrotten, den übrigen durch Terror und Hunger dezimieren. Diese Kriegsplanung entsprach den Zielen der politischen Führung und widersprach den Vorstellungen der militärischen Führung nicht. Dieser Vernichtungskrieg wurde dort, wo er nicht Krieg im herkömmlichen Sinne, sondern nach internationaler Rechtsanschauung Kriegsverbrechen war, u. a. als Partisanenbekämpfung deklariert. Daß er dann einen Partisanenkrieg hervorbrachte, steht nicht auf einem anderen Blatt, sondern gehört zur Eskalationslogik. Dieser so erzeugte Krieg erwies sich im Gegenzug als so furchtbar, daß er sehr lange die adäquate Wahrnehmung der voraufgegangenen deutschen Verbrechen erschwert und bei manchen unmöglich gemacht hat.

Die politische wie die militärische Führung waren – das Gegenteil von dem, was Carl Schmitt behauptet, ist die Wahrheit – besessen von der Idee des Partisanen, Lehrgänge und Seminare über Partisanenbekämpfung gibt es gleich zu Anfang, und immer wieder den Hinweis auf die jüdische Bevölkerung als den Träger der zu erwartenden Partisanenbewegung. Es wird schwerfallen, diese Besessenheit allein auf die tatsächliche Begegnung mit Partisanen während des Krieges gegen Frankreich 1870/71, den sogenannten Franctireurs, und den belgischen «Heckenschützen» des Jahres 1914 zurückzuführen. Der letztere Fall ist besonders darum interessant, weil ja die deutsche Armee als eine gigantische Ansammlung irregulär Kämpfender ohne Kriegserklärung in ein neutrales Land einmarschiert war. Gerade jene Verkörperung deutscher «Realpolitik», die der Einmarsch in Belgien war – Mißachtung völkerrechtlicher Vereinbarungen, gerechtfertigt durch das Phantasma einer Bedrohung von allen Seiten, wieder einmal also Krieg als Befreiungskrieg –, dürfte eine besonders empfindliche Reaktion auf vermeintliche Irregularitäten der anderen Seite hervorgerufen haben. Der Idealist, der seinen Verbrechen die höheren Weihen seines Ideals gibt, ist immer bis aufs Blut gereizt, wenn eine Gegenaktion ihn auf den Boden der Tatsachen zurückzuholen droht. Die brutalen Antworten auf die belgischen Partisanenaktionen waren natürlich auch Selbstlegitimierungen. Die Armee, die den Krieg mit einem Kriegsverbrechen begann, konnte sich als Opfer von Kriegsverbrechen legitimieren, und die Brutalität der Repression diente zum Nachweis der Schwere der eigenen Verletzungen. Ein im Grunde simpler, auch anderswo in der Weltgeschichte zu beobachtender Mechanismus.

Doch bleibt die Fixierung der deutschen Armee auf den Partisanen irritierend, denn anders als andere Armeen hatte sie, von den beiden Ausnahmen abgesehen, eher wenig Erfahrung mit irregulär Kämpfenden, auch dann, wenn man die «dreißig Jahre deutsche Kolonialherrschaft in Afrika» militärisch nicht so gering schätzt wie Carl Schmitt das tut.[143] Eine Erklärung wäre möglicherweise in jener nationalen Identifizierung mit dem, weil stets gegen eine Übermacht stehenden, notgedrungen irregulär Kämpfenden zu suchen. «Und wenn die Welt voll Teufel wär!» – wer von dieser Annahme ausgeht, findet leicht eine Welt voller Teufel vor und wird sich teuflisch benehmen.

Norbert Elias würde diese Haltung auf ein im Dreißigjährigen Krieg eingeübtes Reaktionsmuster zurückführen, und der Schatten dieser historischen Katastrophe war sicherlich lang – wie erwähnt, stammt der Begriff «Partisan» aus jener Zeit. Andererseits hat gerade sie die mentalen wie institutionellen Umbildungen bewirkt, die zur Herausbildung unserer Moderne geführt haben. Es ist wahrscheinlich falsch, hier von einer traumatischen Kontinuität auszugehen, vielmehr davon, daß die vielleicht per se nicht sehr virulente kollektive Repräsentanz der Katastrophe in nur wenigen aktualisierbaren Kulturgütern allerdings ermöglichte, zeitgenössischen antimodernen Affekten etwas wie einen künstlichen historischen Hallraum zu geben.

Ein seltsames Artefakt, das man in diesem Zusammenhang erwähnen sollte, ist Hermann Löns' «Der Wehrwolf» – nicht: «Werwolf», nota bene. Geschrieben 1910, ist es die Nacherzählung einer fiktiven Heide-Chronik aus der Zeit des Dreißigjährigen Krieges, die die Jahre 1623 bis 1648 umspannt. Heidebauern bilden eine kleine Partisanenarmee gegen alle Truppen und Marodeure, die ihre Gegend durchziehen, und bewahren sich trotz einiger Verluste Existenz und Freiheit gegen eine Welt voller Feinde.

Auch dieses Buch ist ein Gründungsmythos aus dem Geiste des Freischärlers. So endet es: «In der besten Stube des Wolfshofes zu Ödringen hängt heute noch der Bleiknüppel an der Sofawand unter dem kleinen Bilde mit dem alten Goldrahmen. Ein Museum hat sich viel Mühe um den Knüppel gegeben, aber der Vorsteher und Landtagsabgeordnete Hermann Wulff gab ihn nicht um Geld und gute Worte her. ‹Wenn der nicht gewesen wäre, so wären wir auch nicht da›, sagte er. Wenn fremde Leute fragen, was das für ein Ding ist, dann zuckt er die Achseln und sagt: ‹Das ist von früher!› Seinen Söhnen aber hat er erzählt, was er und sie dem alten Knüppel mit der Lederschlinge zu verdanken haben und warum auf dem ältesten Grabsteine der Wulffs nichts weiter zu sehen ist denn eine aufrechte Wolfsangel.» Und, mit Anspielung auf die physiognomischen Veränderungen, die mit dem Partisanen-Ahn während seines 25 jährigen Krieges vorgegangen sind, heißt es weiter: «Die hellen Augen haben sie wiederbekommen, die Wulfsbauern, die engen Lippen aber behielten sie als Erbe von Harm Wulf. So lustig, wie er als Jungkerl war, sind sie alle nicht, aber seinen eisernen Kopf hat er ihnen nachgelassen. Einer von ihnen wurde in den Freiheitskriegen ein hoher

Offizier und sollte den Adel bekommen: ‹Mein Name ist mir so gerade gut›, sagte er. Hermann Wulff ist ein ernster Mann, der nicht oft lacht (…) Aber an dem Tage, als die Bruchbauern ihren Mann bei der Reichstagswahl durchbekamen, lachte Hermann Wulff.»[144]

Ein Buch also, das die Fernwirkung des Dreißigjährigen Krieges bis in die Physiognomien seiner Zeit behauptet, aber auch Freiheitsliebe und die Idee der Partizipation an der Demokratie durch den Dienst im Kriege. Ein Buch voll von bösartigem Antiziganismus auch, denn herumspionierende «Tatern», wie es in der lokalen Mundart heißt, bilden die Vorboten und Spähtrupps der Marodeure und nach widerständigen Bauern suchenden Soldaten. Es ist ein düsteres Buch, mit dann doch weit weniger bodenständigem Heroismus als man meinen könnte, wenn man schon recht früh die Maxime «Besser fremdes Blut am Messer als ein fremdes Messer im eigenen Blut»[145] liest. Da ist einer, der möchte «die dummen Gedanken, die er jetzt so oft hatte», vergessen, und die «vielen weißen Gesichter mit den roten Löchern in der Stirn» nicht mehr sehen, nicht mehr Angst haben vor «den Männern, die mit einer Winde um den Hals vor einer Birke hin und her gingen und an die er jedesmal denken mußte, wenn er einen Birkenbaum sah oder den Pendel in der Kastenuhr.»[146] Löns «Wehrwölfe» altern vor der Zeit, werden grau, bekommen Falten, ihre Augen werden trüb und die Münder klein. Aus den Bauern, die Haus und Hof verteidigen, werden blindwütige Mörder und abgestumpfte Totschläger. Am Ende, es ist Frieden, heißt es vom Protagonisten, dem «Wulfsbauern»: «Der Wulfsbauer schlief sich ordentlich aus; er schlief drei und eine halbe Woche lang, und er wäre wohl überhaupt nicht aufgewacht, wenn er nicht so eine Bärennatur gehabt hätte. Denn er hatte das Nervenfieber bekommen. Es war zu viel für ihn gewesen. Auch hatte er zu tief durch Blut gehen müssen; erst bis an die Enkel, dann bis zu den Knien, bis er über die Lenden darin stand und es immer höher und höher stieg, so daß es ihm schließlich bis an den Mund kam. Viel hatte nicht gefehlt, da lief es ihm da hinein und er mußte ersticken. Schon längst hatte er es nicht mit ansehen können, wenn ein Schwein geschlachtet wurde. Wurst, die aus Blut gemacht war, aß er seit Jahren nicht mehr, und ihm wurde schlecht, wenn sich eins von den Kindern in den Finger schnitt.»[147]

Von wenigem abgesehen, keine Lektüre, von der man erwarten sollte, daß sie kriegerische Attitüden fördert, es sei denn, die hätten – «viva la muerte!» – nekrophilen touch. Es mag gerade darum dieser Roman namensgebend für die glücklicherweise gefolgschaftsarme Partisanenstreitmacht «Werwolf» (mit, siehe oben, bezeichnenderweise getilgtem «h») geworden sein. Napoleon behielt übrigens recht: Deutschland eignete sich nicht für den Partisanenkrieg. «Einige wenige angehende Werwölfe», zitiert Carl Schmitt, «wurden von den Alliierten aufgegriffen und damit war die Sache aus.»[148] Es ist vielleicht nicht ganz wahr. Der Bürgermeister des kapitulationswilligen Aachen wurde ermordet. Aristan, auch wenn man Septimius nicht mehr kriegen kann.

Aber der Partisan ist nicht nur eine militärische Obsession in Deutschland, er ist dort auch eine universale Chiffre. Nach einer «Herrmannsschlacht»-Aufführung im Jahre 1932 schreibt Alfred Rosenberg in einer Rezension an die Zeilen

*«Die ganze Brut, die in den Leib Germaniens*
*Sich eingefilzt, wie ein Insektenschwarm,*
*Muß durch das Schwert der Rache jetzo sterben»*

anknüpfend das Folgende:

«Wir wissen, daß heute Juden, Polen und Franzosen die ‹ganze Brut› ist, die in dem Leib Germaniens sich eingefilzt wie ein Insektenschwarm».[149] Sollte die völkische Erhebung gegen den territorialen Parasiten an der Ost- und Westgrenze, aber an erster Stelle gegen den internationalen Parasiten «Judentum», ein Analogon zum Partisanenkrieg gegen eine kosmopolitische Besatzungsmacht, heiße sie Rom oder napoleonisches Frankreich, sein, so war in diesem Krieg für das kriegführende Deutschland der Jude der Partisan. «Am Nachmittag des 18. Dezember 1941 trafen Hitler und Himmler zusammen. Himmler notierte als ersten Besprechungspunkt: ‹Judenfrage. / als Partisanen auszurotten.› Was war damit gemeint? Das Wort ‹Partisan› scheint zunächst auf die Sowjetunion hinzudeuten. Doch der Mord an allen sowjetischen Juden war längst beschlossene Sache und in vollem Gange. Andererseits gab es zu jener Zeit in nennenswerter Zahl gar keine jüdischen Partisanen in den besetzten sowjetischen Gebieten. Das deutet darauf hin, daß die Notiz einen anderen Sinn hatte; es ging in jedem Fall um imaginäre ‹Partisanen›, die angebliche ‹jüdische Bedrohung›. Vor allem hatte Himmler das Besprechungsthema nicht mit ‹Juden im Osten› oder ‹Sowjetjuden› angegeben, sondern umfassend: ‹Judenfrage›.»[150]

In dieser Eintragung Himmlers ist eine der wenigen heute noch mit einiger Sicherheit fixierbaren Spuren für Hitlers Befehl,[151] alle Juden Europas zu ermorden, zu erkennen. Sie ist kurz nach der Kriegserklärung Deutschlands an die USA (11. 11.) erfolgt, d. h. nach der Ausweitung des europäischen Krieges zu einem zweiten Weltkrieg. Für den Fall eines zweiten Weltkrieges hatte Hitler am 30. 1. 1939 vor dem Reichstag erklärt: «Wenn es dem internationalen Finanzjudentum inner- und außerhalb Europas gelingen sollte, die Völker noch einmal in einen Weltkrieg zu stürzen, dann wird das Ergebnis nicht die Bolschewisierung der Erde und damit der Sieg des Judentums sein, sondern die Vernichtung der jüdischen Rasse in Europa.»[152] Am 13. 12. 1941 notiert Goebbels in sein Tagebuch: «Bezüglich der Judenfrage ist der Führer entschlossen, reinen Tisch zu machen. Er hat den Juden prophezeit, daß, wenn sie noch einmal einen Weltkrieg herbeiführen würden, sie dabei ihre Vernichtung erleben würden. Das ist keine Phrase gewesen. Der Weltkrieg ist da, die Vernichtung des Judentums muß die notwendige Folge sein. Diese Frage ist ohne jede Sentimentalität zu betrachten. Wir sind nicht dazu da, Mitleid mit den Juden, sondern nur Mitleid mit unserem deutschen Volk zu haben.[153] Wenn das deutsche Volk jetzt wieder im Ostfeldzug an 160 000 Tote geopfert hat, so werden die Urheber dieses blutigen Konflikts dafür mit ihrem Leben bezahlen müssen.»[154]

Am 16. 12. 1941 heißt es in einer Rede von Hans Frank: «Mit den Juden – das will ich Ihnen ganz offen sagen – muß so oder so Schluß gemacht werden. Der Führer sprach einmal das Wort aus: wenn es der vereinten Judenschaft wieder gelingen wird, einen Weltkrieg zu entfesseln ...»[155] – man sieht auch hier die manische Vertauschung: schließlich war es Deutschland ein zweites Mal gelungen, einen europäischen Krieg und dann, mit der Kriegserklärung an die USA, einen Weltkrieg zu entfesseln. Der deutsche Kampf erscheint

wieder als ein Abwehrkampf und insofern von allen Regeln ent-
bunden – «Notwehr als Recht» heißt das letzte Kapitel von «Mein
Kampf». Innerhalb dieses Kampfes ist der Jude der Partisan. Himmler sagt Ende 1943, «Bombenkrieg, Partisanenkampf und eine
näherrückende Front hätten einen Zusammenbruch des deutschen
Widerstandes zur Folge haben können, wenn die Juden als Un-
sicherheitsfaktor noch existiert und die Deutschen sie nicht schon
ermordet hätten.»[156] Ähnlich äußern sich Hitler und Dönitz im
Jahre 1944.

1962 schreibt Carl Schmitt von einer Zukunft, geprägt durch
Kriege, in denen das Potential des Partisanentums zur bestimmenden Realität werden werde. Kriege, in denen das Ideal der Begren-
zung von Gewalt keine Rolle mehr spielt, und damit Vorstellungen
von einer möglichen Rolle des Rechts auch in gewaltförmiger Aus-
tragung von Konflikten und einer nicht-absoluten Feinderklärung
auf Zeit obsolet geworden sind: «In einer Welt, in der sich die Partner auf solche Weise gegenseitig in den Abgrund der totalen Entwertung hineinstoßen, bevor sie sich physisch vernichten, müssen neue
Arten der Feindschaft entstehen. Die Feindschaft wird so furchtbar
werden, daß man vielleicht nicht einmal mehr von Feind oder Feindschaft sprechen darf und beides sogar in aller Form vorher geächtet
und verdammt wird, bevor das Vernichtungswerk beginnen kann.
Die Vernichtung wird dann ganz abstrakt und ganz absolut. Sie rich-
tet sich überhaupt nicht mehr gegen einen Feind, sondern dient nur
noch einer angeblich objektiven Durchsetzung höchster Werte, für
die bekanntlich kein Preis zu hoch ist.»[157]

Carl Schmitt beschreibt hier die Realität deutscher Vernichtungs-
politik außerhalb und innerhalb des Vernichtungskrieges. Er beschreibt die Vergangenheit des Massenmords als Phantasie über
künftige Partisanenkriege. Hatte Kleists Stück eine Vergangenheit,
die es nie gegeben hatte, beschworen, um eine Zukunft zu erfinden,
die erst mehr als hundert Jahre später, nicht ohne von diesen Phantasien zu zehren, sich verfertigte, verleugnet Schmitts Partisanen-
schrift die Vergangenheit, um in eine düstere Zukunft zu projizieren,
was längst geschehen war. Beide Autoren sind gefangen durch die
Faszination von der prinzipiell grenzenlosen, allein der Dezision
überantworteten Gewalt.

Man kann Kunstwerke nur in sehr eingeschränktem Maße für ihre Wirkungen verantwortlich machen, selbst dann, wenn man tatsächlich mit einem gewissen Recht von «Wirkungen» sprechen kann, wie etwa im Falle der «Leiden des jungen Werthers», die sein Verfasser eben der Wirkungen wegen mit dem Nachsatz «Sei ein Mann und folge mir nicht nach!» versah. Andererseits hat Stanley Kubrick einiges daran gesetzt, ein Verbot seines Films «Clockwork Orange» durchzusetzen – auf Grund der von ihm vermuteten, seinen Intentionen durchaus entgegengesetzten Wirkungen. Für den hier vorliegenden Fall sind das aber müßige Überlegungen, denn in irgendeinem methodisch präzisen Sinn von «Wirkung» zu sprechen, wäre im Falle der Rezeptionsgeschichte der «Herrmannsschlacht» (und des «Wehrwolfs») unsinnig. Aber auch von «Rezeption» statt Wirkung zu sprechen, führt nicht viel weiter, weil sich die wiederum unbeantwortbare Frage nach der Grenze zwischen werkgemäßer und manipulativer Werkaneignung aufdrängt.

Sinnvoller ist, auf den Prozeß der Bildung eines historischen Selbstbildes, einer Obsession, eines Deutungsschemas zu sehen und den Ort, den Kunstwerke in diesem Prozeß einnehmen, zu betrachten. Man kann in ihm Kunstwerke als Auskristallisationen dessen verstehen, was anderswo prozeßhaft weiter vor sich geht. Nach einem solchen Bild kann man Kunstwerken eine höhere Komplexität zuschreiben als anderen Äußerungsformen dieses Prozesses und gerade darum eine größere Intensität. Natürlich verfehlt eine banale alltagspolitische Aufnahme oft die Vielschichtigkeit eines Kunstwerks, aber gerade seine Vielschichtigkeit macht oft seine Kraft zu faszinieren aus, seine in der politischen Intention nicht aufgehenden Aspekte erhöhen sein Potential als Projektionsfläche usw.

Im Falle der «Herrmannsschlacht» möchte ich die Skrupel allerdings nicht übertreiben. Man denke, dies Stück wäre der einzige Versuch geblieben, einzulösen, was das «Guiskard»-Fragment Wieland in Oßmannstedt versprach.[158] Kleist blieb in der «Herrmannsschlacht», auch sprachlich, unter seinem Vermögen, es wirkt, als habe er sich in einen Rausch der Selbstreduktion hineingeschrieben.

Shakespeares «Henry V.» ist ebenfalls ein Drama der Nationwerdung. Eines mit viel Pathos, eines, in dem die Nation sich bespiegelte – bis zur Filmfassung durch Lawrence Olivier, und selbst Kenneth Branaghs Inszenierung, die ins Zentrum das lange, stumme Schlachten von Agincourt setzt, hat genug davon, und sicherlich die demagogischste, in ihrer offensiven Spontaneität und Natürlichkeit durchtriebenste Band-of-brothers-Rede, die denkbar ist. Wir durchschauen das Pathos beider Stücke leicht, aber so, daß im einen Fall die Singularität Shakespeares uns von den Plätzen erheben macht, wo die Kleistschen Ansprüche auf eine Nachfolge –

*«VARUS Fänd' ich ein Pferd nur, das mich rettete.»*[159]

– uns lächeln lassen. Nicht, daß nicht auch bei Shakespeare vieles wie mit Eisen zwischen den Zähnen gesagt wäre: «We are but warriors for the working-day»,[160] dann auch, galant, Casinocharme: «Take me, take a soldier; take a soldier, take a king»,[161] aber nicht zuletzt das Gewalthandwerk ist, Pathos und Unwahrscheinlichkeiten hin oder her, doch hochdifferenziert gezeigt. Nicht nur der König, der blut- und schlammbeschmiert (um die Branaghsche Darstellung als die authentische zu nehmen) die Bitte des französischen Herolds, man möge erlauben, die Toten zu bergen, nicht recht wahrnehmen kann, sondern erst um Auskunft bittet: wer denn die Schlacht gewonnen habe? – auch der englische Plünderer, der gehenkt wird und den Henry als einen Kumpan aus der Jugendzeit mit Falstaff erkennt. Der Fledderer in der Schlacht, dem wir die bewahrte Privatheit der Motive nicht ganz verdenken können; die Fragwürdigkeit der Rechtstitel, in deren Namen Henry den Feldzug unternimmt – und die Sorgfalt, die darauf verwendet wird, sie wasserdicht zu machen. Es ist als sei das

*«Verflucht sei diese Zucht mir der Kohorten!»*

auf Henrys Ordre hin gesprochen:

«We give express charge that in our marches through the country there be nothing compelled from the villages, nothing taken but paid for, none of the French upbraided or abused in disdainful language; for when lenity and cruelty play for a kingdom, the gentler gamester is the soonest winner.»[162]

Und wenn wir hören, wie Henry um Katharine wirbt, und vergleichen, wie Herrmann seinem Thuschen von Zuneigung spricht, dann wird wohl deutlich, daß das Barbarische der «Herrmannsschlacht» nicht nur der Wahl des Stoffes geschuldet ist. Wir hören bei Shakespeare *das* Königswort schlechthin, der noch widerspenstigen Katherine als Staats- und Ehebündniswort gesagt: «We are the makers of manners, Kate».[163] Und spätestens bei ihm – es geht um einen Kuß – wäre wieder in die Seiten der «Herrmannsschlacht» zu blicken, wo es auch hätte fallen können, mit Blickkontakt zu Thusnelda Septimius ins Gesicht gesagt zum Beispiel, und es reicht nicht, zu sagen, was im Elisabethanischen England blühte, könne im Märkischen nun einmal nicht gedeihen. Es geht nicht nur darum, daß die Voraussetzungen fehlten. Anderswo in Deutschland fehlten sie ja auch und doch mit besserem Ergebnis, siehe «Egmont» und, ja auch, Schillers Wallenstein-Trilogie. Wo bei Shakespeare das nationale Pathos nicht vermag, die dramatische Liebe zur Komplexität zu bannen, wo, komplementär dazu, die Zeittendenz, die in seinem «Henry V» auskristallisierte, ein Publikum mit sich brachte, das Komplexitäten solcher Art ästhetisch goutierte, weil es die Komplexitäten inhärenten Freiheitsversprechens zu genießen wußte, dort finden wir bei Kleist die nicht nur politisch-moralische, sondern ästhetisch-autoritäre, sich in ihrer willkürlichen Verfügung von Unterkomplexität gefallende Geste eines «Es werde Nation!», die Anfang und Ende zusammenfallen läßt. Es ist daßelbe. Herrmann und Thuschen werden kein Wort mehr wechseln können, die endlich vereinigten Germanen haben nur noch eine Zukunft, die römische Zivilisation auch in Italien auszurotten:

> «*HERRMANN Und dann – nach Rom selbst aufzubrechen!*
> *Wir oder unsre Enkel, meine Brüder!*»

Ein Ziel, das nichts als Zerstörung und Tod bedeutet, verbrämt wird da nichts:

*« (…) bis (…) nichts, als eine schwarze Fahne,*
*Von seinem öden Trümmerhaufen weht!»*[164]

sind die letzten Worte des Stücks. Das Stück zieht seine moralische wie ästhetische Lust aus diesem Zug zur Reduktion, es genießt die Wonnen der Unterkomplexität bis in die Versgestalten hinein, die nicht unkonventionell, sondern oft bloß nachlässig sind, nebst der Lust zum Ungefügten, zum Klotzartigen, wie im ganz unironischen, latent brunftigen u-Aufstoßen:

*«Und läßt den Hirsch uns und den Ur besiegen»*[165]

und den repetitiv-unentwegten, durch keinen anderen Vokal, nur durch das nicht zu vermeidende und darum um den Lautwert gebrachte «e» gemilderten Ur-Laut im ewigen «Thuschen».

# XI
## Nachtviole

*«Doch keiner in dem ganzen Griechenlager, der ihn begriff»*
*Penthesilea, Handschrift*

Zwölf Jahre nach seiner Demission bittet Heinrich von Kleist um Wiederaufnahme ins preußische Militär. «Eine Lust der Gemeinschaft, bis zur Unterordnung, kam plötzlich wieder über ihn und öffnete ihm die Augen für die Notwendigkeit und den Nutzen der Zucht, der er einst mit Ekel und Scham sich entwunden hatte. Jetzt, in der Stunde der Volksnot, hatte wieder Sinn bekommen was einst öder und schikanöser Gemaschendienst gewesen. Jetzt empfing der preußische Heeresgeist durch den notwendigen Krieg eine Weihe, die er im Frieden nicht gehabt, und jetzt wurde sein Befehl als gerechtes Gesetz vernehmlich dem Ohr, das bisher nur das blecherne Schnarren des Feldwebels darin gehört hatte. Der Junker und Offizier in Kleist kam wieder nach oben, als er es um seines Volkes willen sein durfte, und nicht nur aus einem Familien- und Berufszufall. Doch keineswegs ertötet war in ihm der Dichter, der Titan, der gefühlig wilde Sonderling, der bisher allein in ihm zu Wort gekommen war. Beide Kräfte rangen in ihm nun einen neuen Kampf, und dieser setzte sich um in das Drama zwischen dem preußischen Soldatenfürsten und dem deutschen Traumhelden.»[166] Friedrich Gundolf meint mit diesen Sätzen weniger Kleists biographischen Vorsatz, wieder Teil von Heer und Krieg zu werden, als vielmehr dessen «Prinzen von Homburg», der Dokument der gewandelten Einstellung geworden sei. Das ist sicher nicht ganz falsch, auch wenn wir es wohl anders formulieren würden.

In jüngster Zeit ist der «Prinz von Homburg» zwei Mal auf ganz andere Weise in den militärhistorischen Kontext seiner Zeit gestellt worden, in Dirk Gratthoffs «Heinrich von Kleist und Napoleon Bonaparte» und Wolf Kittlers «Die Revolution der Revolution – oder Was gilt es in dem Kriege, den Kleists ‹Prinz von Homburg› kämpft». Bei beiden Autoren läßt Kleist seinen Prinz von Homburg sich unterwerfen resp. unterworfen werden unter militärisch-politische Notwendigkeiten, die aus der Perspektive von Kleist solche der eigenen Zeit sind – auch hier also spiegelt sich die Zeit der Abfassung in der auf der Bühne präsentierten. Beide Autoren beschäftigen sich eingehend mit der Stelle, in der Kleist seinen Prinzen auf die Antike anspielen läßt und den Kurfürsten eines ungerechtfertigten, der Antike entlehnten Rigorismus' zeiht:

*«Mein Vetter Friedrich will den Brutus spielen,*
*Und sieht, mit Kreid' auf Leinwand verzeichnet,*
*Sich schon auf dem curulschen Stuhle sitzen:*
*Die schwed'schen Fahnen in dem Vordergrund,*
*Und auf dem Tisch die märkschen Kriegsartikel.*
*Bei Gott, in mir nicht findet er den Sohn,*
*Der, unterm Beil des Henkers, ihn bewundre.*
*Ein deutsches Herz, von altem Schrot und Korn,*
*Bin ich gewohnt an Edelmut und Liebe,*

*Und wenn er mir in diesem Augenblick,*
*Wie die Antike starr entgegenkömmt,*
*Tut er mir leid, und ich muß ihn bedauern.»*[167]

Beide Autoren gehen zurecht davon aus, daß Kleist hier auf die Geschichte des römischen Konsuls Lucius Junius Brutus anspielt, der seine beiden Söhne, die einer Verschwörung zu Gunsten des vertriebenen letzten römischen Königs, Tarquinius Superbus, schuldig waren, hinrichten ließ. Gratthoff weist auf die Rezeption dieses Stoffes in der Französischen Revolution hin und auf die wahrscheinliche Bedeutung, die er für Kleist in Verbindung mit dem politisch-historischen Gegner gehabt haben mag: «Nicht das Preußisch-Deutsche setzt sich im Verlauf des Stückes durch, im Gegenteil: ein deutsches Herz muß gebrochen werden, damit der französisch-antike Rigorismus zum Zuge kommen kann. Nicht die blauäugige preußisch-deutsche Gesetzestreue hat Homburg vom Kurfürsten zu lernen, wie eine noch ungebrochene Interpretationstradition es gern sehen möchte, sondern jenen inhumanen, individualitätsverachtenden Gesetzesrigorismus der Moderne. Der Kurfürst von Brandenburg beugt also den Filius mit den Mitteln des Gegners unter dessen Gesetz. So darf ein – gewissermaßen französisch geläuterter – Prinz von Homburg am Ende überleben, denn er liegt ja wörtlich da, wo Kleist ihn liegen läßt: ‹In den Staub mit allen Feinden Brandenburgs!›»[168]

Für Wolf Kittler[169] liegt die Verfehlung des Prinzen weniger darin, daß er der Order nicht gefolgt ist. Der moderne Krieg verlange selbständige Entscheidungen der Offiziere, aber diese müßten gleichsam gerahmt werden vom Verständnis des Kriegsplanes, und da habe es beim Homburg gehapert: der schnelle Sieg habe den nachhaltigen – den vernichtenden Schlag – verhindert.

Das ist im Stück mehrfach hervorgehoben: die Vernichtungsschlacht mißlingt, weil es nicht gelingt, das gegnerische Heer von der Brücke über den Rhyn abzuschneiden.[170] Der Kurfürst gibt dem befehlswidrigen, zu frühen Einsatz der Kavallerie unter dem Prinzen von Homburg die Schuld: der habe bewirkt, daß der Feind sich zu früh, d.h. bevor ihm der Rückweg habe abgeschnitten werden können, zurückgezogen habe.[171] Er ist allerdings der einzige, der das so sieht. Nicht nur Homburg, auch die anderen Offiziere sprechen – wie übrigens der Kurfürst auch[172] – von einem glänzenden Sieg, den der Prinz errungen habe – Kottwitz bestreitet sogar die Interpretation des Kurfürsten: ohne Homburgs befehlswidriges Eingreifen wäre die Schlacht verlorengegangen.[173]

Andererseits ist es natürlich nicht falsch, in Homburg eine Art letzten Ritter, einen aus dem Hause Fouqué gleichsam, zu sehen, der in den modernen Krieg nicht recht passen will. Deutlicher als Kleist selbst es tut, kann man es nicht sagen, und Kittler zitiert es auch. In der Schrift «Was gilt es in diesem Kriege», heißt es (wir haben es oben schon zitiert): «Gilt es den Ruhm eines jungen und unternehmenden Fürsten, der, in dem Duft einer lieblichen Sommernacht, von Lorbeern geträumt hat?» Antwort: nein. Bedarf es aber für diese Antwort, und meinethalben für die Ergänzung, daß von Napoleon lernen, siegen lernen heiße, eines so sonderbaren Aufwands von Schlafwandelei, Blumenduft und Todesangst?

Der «Prinz von Homburg» ist für den, der sich ihm interpretierend nähert, ein ganz und gar rätselhaftes Stück. In seiner kurzen Zusammenfassung der Interpretationstraditionen weist Thomas Wichmann[174] zurecht darauf hin, daß immer etwas übrig bleibe, wie beim Chaplinschen Koffer, das dann abgeschnitten werden muß: entweder unterschlägt man, daß der romantische Prinz doch auch ein veritabler Quatschkopf ist, der gleich in die Stiefel des totgeglaubten Kurfürsten steigen will, oder man übersieht das durchaus Schweflige des Kurfürsten selber. Man hat kein Ohr für die grelle Komik des Stücks, dessen Titelheld erstens dauernd nicht zuhört und zweitens gerne umfällt – das Stück nähert sich durchaus manchmal dem slapstick –, oder keines für die Brutalität, die in der ausgeführten Scheinhinrichtung steckt. Will man die Rätsel der einen Person lösen (handelt der Kurfürst, wenn er Homburg die Entscheidung, was rechtens sei, überläßt, als Pädagoge oder als was?), verheddert man sich in denen, die eine andere einem aufgibt (was ist es denn, was Homburg so wählen läßt, wie er es tut?). Und immer dann, wenn man das Stück auf einen, gar publikumsdidaktischen, Nenner bringen will, übersieht man, daß wohl die «Herrmannsschlacht» in ihrer radikalen Brachialität auf ihn geht, daß der Kleistsche Extremismus im «Prinzen von Homburg» aber durchaus anders funktioniert, hier zum Komplexen hin ausschlägt und bewirkt, daß die Interpreten so hilflos dastehen, wie sie es tun.

Das eigentliche Rätsel des «Homburg» – und eben auch seine Großartigkeit – besteht darin, daß man beim Lesen davon gar nichts merkt. Nichts ist da rätselhaft. Alle Personen handeln, wie sie es müssen, sie könnten nicht anders. Das Stück ist ein Wunderwerk formaler und, man verzeihe das Wort in martialischem Kontext, harmonischer Geschlossenheit. Der Vorhang zu, und keine Frage offen. Die beginnen, wenn man anfängt über das Stück zu reden. Und wenn man sie beantworten will, gerät man ins Stottern. Ich bin geneigt, darin die eigentliche Pointe des Stückes zu sehen. Es entspricht damit der Kleistschen Vorstellung vom Handeln. Es ist einfach da, so, wie die Geste des Dornausziehers, die nicht mehr gelingt, wenn man über sie raisoniert. Der «Prinz von Homburg» ist auf diese Weise nicht die Fortsetzung der «Herrmannsschlacht», sondern das Gegenstück. Dort zwang der Inhalt die Form, hier zehrt die Form den Inhalt auf. Er existiert tatsächlich nur in ihr, und die Paraphrase scheitert. Wenn ich im Folgenden doch noch etwas über das Stück sage, dann auch nicht, um etwas an ihm zu erläutern, zu erklären, sondern nur, um auf bestimmte Züge aufmerksam zu machen – vielleicht so, wie man einem Gemälde sich deiktisch nähert: sehen Sie das Weiß?

Es gibt mehrere Quellen, aus denen der Stoff des Stückes stammt oder stammen könnte. Einmal natürlich das Ereignis selber, die Schlacht bei Fehrbellin, «in der brandenburgischen Geschichte ein historischer Wendepunkt, an dem Preußens Aufstieg zur Großmacht begann».[175] Um diese Schlacht ranken sich Anekdoten und Legenden, so die vom braven Stallmeister Froben, der den Kurfürst rettet, indem er dessen zu auffallenden Schimmel aus der Schlacht reitet und mit ihm erschossen wird, die Kleist ebenso in sein Stück aufgenommen hat, wie die von dem zu frühen Kampfeinsatz des Heißsporns Homburg. In den Quellen nötigt Homburg den Kurfürsten, der den Kampf zu diesem Zeitpunkt noch nicht will, in die Schlacht. Diese Überlieferung interpretierend dahin zu deuten, daß Kleist mit seinem Stück den preußischen König, der sich zum Krieg mit Frankreich nicht entschließen konnte, poetisch habe nötigen wollen,[176] ist schon darum abwegig, weil im Stück der Prinz nicht den ersten Stoß führt, sondern den letzten zu früh.

Die historische Vorlage verwebt Kleist mit dem Tod des Prinzen Louis Ferdinand von Preußen in der Schlacht von Saalfeld im Jahre 1806, den Christian von Massenbach in seinen «Historischen Denkwürdigkeiten» so kommentiert: «Daß der Prinz Louis diesen Rückzug, der ihm ein- für allemal befohlen war, nicht antrat; daß er eine Bataille lieferte, er, der noch nicht berufen, noch nicht bestimmt war, eine Bataille zu liefern; er, der die Stärke des Feindes wegen der waldigen Gegend nicht einmal beurtheilen konnte; – dadurch hat dieser Fürst die Truppen, die er führte, und sich selbst, ohne allen Zweck aufgeopfert. Er ist nicht den Tod des Heroismus, er ist den Tod der Verzweiflung gestorben. Seine That verdient kein Lob, keine Bewunderung; sie verdient Tadel. Die kalte Vernunft kann nicht anders über ihn absprechen.»[177] Die Betonung der hohen Verluste, die Homburgs Truppen hinnehmen müssen, weil ihr Kommandant wegen des unübersichtlichen Geländes eine «Feldredoute» übersieht –

*«Hier schlug so mörderischer Eisenregen*
*Entgegen ihm, daß seine Reiterschar,*
*Wie eine Saat sich knickend niederlegte»,*[178]

zeigt, daß hier auf die Unprofessionalität des Louis Ferdinand, der hatte den Helden geben wollen, angespielt wird. Kleist läßt seinen Homburg die Truppen allerdings neu sammeln und dann das schwedische Lager stürmen – auch um den vermeintlichen Tod des Kurfürsten zu rächen und die Schlacht, die mit dem Fall des obersten Befehlshabers natürlich verlorenzugehen droht, herumzureißen, was ihm denn auch gelingt. Die Ansicht allerdings, daß Homburgs Vorpreschen, das ihn, seine Truppen und die gesamte Schlacht zunächst gefährdet, nun wieder auf den Anblick «des scheinbar tödlich getroffenen Kurfürsten» zurückzuführen, also keine Ungehorsamshandlung gewesen sei, wie der Kommentar des Deutschen Klassiker Verlages meint, ist Unsinn und dem Umstand geschuldet, daß dessen Verfasser den Überblick über die Schlacht verloren haben, was bei so hitzigen Gefechten, von denen auch noch unterschiedliche Berichte vorliegen, immerhin passieren kann.[179]

Die Quelle, die den Konflikt Recht/Gnade thematisiert, ist früher in den Kommentaren selbstverständlich zitiert worden, ist heute aber so gut wie vergessen. Es handelt sich um zwei Episoden aus dem 8.Buch von Livius' Geschichte Roms.[180] In ihr klären sich auch die Anspielungen auf die römische Antike, die in der Regel unnötig komplizierte Interpretationen verursachen. – Die Geschichten aus den frühen Zeiten der römischen Republik sind diese: In der ersten führt Rom Krieg gegen die Latiner. Ein Unterführer der Kavallerie, Titus Manlius, Sohn eines Konsuls, wird von den Feinden provoziert und läßt sich auf einen Zweikampf ein, den er siegreich besteht, obwohl der Befehl vorlag, sich außerhalb der Formation auf keine Kampfhandlungen einzulassen. Der Vater läßt den Sohn hinrichten: höher stehe die durch die Strafe bekräftigte Befehlsgewalt des Konsuls als die Liebe zum Sohn. Hier fällt das Wort «vana imagine decoris», «durch das eitle Bild des Ruhmes» sei er verführt worden – wir werden nicht fehlgehen, wenn wir in Homburgs Benehmen eine Anspielung auf diese Formulierung sehen wollen. Seit jener Zeit heißen solche sohnesmörderischen Befehle «Manlius-Befehle»; Livius betont, daß sie die Disziplin des römischen Heeres nachhaltig gestärkt hätten.

Auf diese erste Geschichte wird in der zweiten angespielt. Rom führt einen Krieg gegen die Samniter. Der kriegführende Konsul erkrankt, wird amtsunfähig. Der Senat fordert ihn auf, einen Diktator zu ernennen. Er ernennt den kriegserfahrenen Lucius Papirius Cursor. Der Feldzug beginnt unter unklaren Auspizien; der Diktator geht zurück nach Rom, um die Erfolgsaussichten des Feldzuges von den römischen Priestern noch einmal überprüfen zu lassen. Er verbietet Kampfhandlungen in seiner Abwesenheit. Sein Reiterobrist (magister equitum), Quintus Fabius Maximus Rullianus, eröffnet dennoch den Krieg und führt ihn erfolgreich. Der Diktator befiehlt seine Verhaftung. Für den magister equitum, der aus einer alten und einflußreichen Familie stammt, spricht der Vater, der Senat, das Heer und die Volkstribunen. Er selbst behauptet, der Diktator sei eifersüchtig auf seinen Sieg. Dieser beruft sich auf den Befehl des Manlius und auf Lucius Brutus, der seine Söhne hatte hinrichten lassen. – Wenn Kleists Homburg sagt, «Mein Vetter Friedrich will den Brutus spielen», dann sagt er: er benimmt sich wie der Diktator Papirius; und wenn es heißt: «Und sieht (...) sich schon auf dem curul'schen Stuhle sitzen», so heißt das: wie Titus Manlius' Vater, denn der kurulische Stuhl ist der Amtssitz des Konsuls, nichts weiter.

Die Rede des Papirius ist vergleichsweise lang, er warnt vor der Gefahr der Anarchie. Man könne das Amt des Diktators abschaffen, wenn man wolle, aber man dürfe es nicht belassen und gleichzeitig seine Amtsgewalt unterminieren: «Wenn die militärische Disziplin erst einmal verletzt sei, werde der Soldat nicht mehr dem Befehl des Centurios, der Centurio nicht mehr dem Tribunen, der Tribun nicht mehr dem des Legaten, der Legat nicht mehr dem des Konsuls und der Magister equitum nicht mehr dem des Diktators gehorchen.» Dann malt er ein Bild in Anomie zerfallender staatlicher Macht, wo die Armee zu Banden von Straßenräubern regrediere, die Italien terrorisierten. «Setzt euch diesen Vorwürfen für alle Jahrhunderte aus, ihr Volkstribunen, haltet eure schuldbeladenen Häupter für die Eigenmächtigkeiten des Quintus Fabius hin.»[181]

Diese Rede schüchtert ein, und man verlegt sich aufs Bitten. Jetzt lenkt Papirius ein. Wenn das Recht akzeptiert werde, könne man Gnade walten lassen. Da keiner sich mit Berufung auf das *Recht* für Quintus Fabius einsetze, könne er den *Bitten* zu seinen Gunsten stattgeben – «und die militärische Befehlsgewalt», fügt Livius hinzu, «schien durch die Gefahr, in der Quitus Fabius geschwebt hatte, nicht weniger gefestigt als durch die beklagenswerte Hinrichtung des jungen Manlius.»[182]

So also die beiden römischen Geschichten. Da in der zweiten nicht ganz geklärt ist, ob nicht auch der Neid des durchaus eitlen und cholerischen Papirius eine Rolle spielt – Quintus Fabius verbrennt die erbeuteten Waffen und Feldzeichen und zwar möglicherweise darum, weil er verhindern möchte, daß Papirius sich mit diesem Beutegut bei einem eigenen Triumphzug schmückt – macht Kleist klar, daß er dieses Motiv aus seiner Geschichte verbannen möchte. Der Kurfürst nimmt die Beute des Prinzen zwar interessiert entgegen, aber während des Dankesgottesdiensts, der nach Homburgs Verhaftung stattfindet, wird des Arrestierten ausdrücklich gedacht und ihm gedankt – Kleist läßt Homburg deutlichkeitshalber nachfragen.

Sowohl in den Anspielungen wie in den pointierten Abweichungen macht Kleist die Bedeutung klar, die Livius für seinen «Prinzen von Homburg» hat, und man tut gut daran, den Fingerzeigen zu folgen. Auch im «Homburg» erfolgt die Begnadigung, nachdem festgestellt ist, was rechtens sei. Allerdings nach scheinbar paradoxer Intervention: der Kurfürst stellt ihm anheim, das selbst zu entscheiden. Das ist verwirrend, und man rettet sich gerne in die Vorstellung, der Kurfürst sei ein genialer Pädagoge. Man schlage lieber nach. Zunächst kann Homburg seine Arrestierung kaum glauben, er hält sie für einen deutsch-brandenburgischen Gebräuchen nicht angemessenen Rigorismus – Manlius-Befehle im Märkischen? Kaum. Das ist ziemlich komisch, da sein somnambules Hantieren mit Lorbeer am Beginn des Stückes ebenso unpassend war, wie die Zuschauer auf der Bühne sehr wohl bemerken, die sich fragen, wo er ihn her hat, und antworten: wahrscheinlich aus dem Gewächshaus.

Es ist dabei nicht das Recht, um das sich Homburg kümmert, sondern die Person des Kurfürsten:

> «*Das Kriegsrecht mußte auf den Tod erkennen;*
> *So lautet das Gesetz nach dem es richtet.*
> *Doch eh' er solch ein Urteil läßt vollstrecken,*
> *Eh' er dies Herz hier, das getreu ihn liebt,*
> *Auf eines Tuches Wink, der Kugel preis gibt,*
> *Eh' sieh, eh' öffnet er die eigne Brust sich,*
> *Und sprützt sein Blut selbst tropfenweis in Staub.*»[183]

Als er aber erkennen muß, daß das Urteil, das das Gericht gefällt hat, vom Kurfürsten unterzeichnet und damit zur Exekution freigegeben ist, wütet er gegen den Tyrannen:

> «*Eine Tat,*
> *Die (...)*
> *Den Sardanapel ziert, und die gesamte*
> *Altrömische Tyrannenreihe.*»[184]

Aber immer noch begreift er nicht; erst als er hört, sein Bemühen um Nataliens Hand sei dem Kurfürsten hinterbracht worden, der

nun seine Friedens- und diesbezüglichen Verheiratungspläne gefährdet sehen könnte, glaubt er's und sieht sich als Opfer höfisch-
böser Machenschaften. Er ist gewissermaßen im falschen Stück, in
der «Emilia Galotti» oder sonstwo. Er, der im Kampf nie Todesangst
gezeigt, verliert die Fassung. Er wirft sich Nataliens Mutter zu
Füßen, fleht um Hilfe. Vergessen ist der Krieger, er ist nur noch
Mensch, will nur noch Privatmann sein, Natalie will er nicht mehr,
auch nicht im Heer bleiben, auf seine Güter will er und ackern
und gärtnern. Den Damen ist es peinlich. Und vielen Zuschauern
ebenso – gern ließ man die Todesfurchtszene bei Aufführungen
streichen, oft auf königlichen Befehl, und nahm dem Stück einige
der bewegendsten Zeilen, die in deutscher Sprache geschrieben
worden sind:

*«Ach! Auf dem Wege, der mich zu Dir führte,*
*Sah ich das Grab, beim Schein der Fackeln, öffnen,*
*Das morgen mein Gebein empfangen soll.*
*Sieh, diese Augen, Tante, die Dich anschaun,*
*Will man mit Nacht umschatten, diesen Busen*
*Mit mörderischen Kugeln mir durchbohren.*
*Bestellt sind auf dem Markte schon die Fenster,*
*Die auf das öde Schauspiel niedergehn,*
*Und der die Zukunft, auf des Lebens Gipfel,*
*Heut, wie ein Feenreich, noch überschaut,*
*Liegt in zwei engen Brettern duftend morgen,*
*Und ein Gestein sagt dir von ihm: er war!*
*(…)*
*O Gottes Welt, o Mutter, ist so schön!*
*Laß mich nicht, fleh' ich, eh' die Stunde schlägt,*
*Zu jenen schwarzen Schatten niedersteigen!*
*Mag er doch sonst, wenn ich gefehlt, mich strafen,*
*Warum die Kugel eben muß es sein?*
*Mag er mich meiner Ämter doch entsetzen,*
*Mit Kassation, wenn's das Gesetz so will,*
*Mich aus dem Heer entfernen: Gott des Himmels!*
*Seit ich mein Grab sah, will ich nichts, als leben,*
*Und frage nichts mehr, ob es rühmlich sei!»*[185]

Man möchte es Theodor Fontane recht übelnehmen, daß er den Prinzen, den Kleist so sprechen ließ, zur Sorte der «eitle(n), krankhafte(n), prätentiöse(n) Waschlappen» rechnet,[186] aber vielleicht ist es doch so, daß Fontane recht hat, von seinem Standpunkt aus ist der Prinz wirklich ein verantwortungsloser Offizier, dem seine im übereilten Angriff erschossenen Soldaten schon Dank wissen werden für seine Träumerein – «ein solcher Prinz und Held knöpft die Ohren auf, wenn der Feldmarschall die Dispositionen für den Angriff gibt»[187] –, wir aber davon gar nichts mehr wissen, wenn wir solche Worte hören, weil die Poesie den Menschen dem Soldaten gegenüber in sein Recht stellt, und vor der Todesklage jeder Anspruch nichtig wird.

Etwa so mag Natalie empfinden, die das Gefühl der Peinlichkeit, das der Schwächezustand des Prinzen in ihr auslöst, zu bezwingen weiß. Sie wird seine Fürsprecherin, um das Riskio wissend, daß sie seinen Ruf ruiniert. Sie argumentiert weder rechtlich noch privat, sie streift beide Sphären, sie plädiert, als meine sie, der Kurfürst habe sich verrannt:

«Erst, weil er siegt', ihn kränzen, dann enthaupten,
Das fordert die Geschichte nicht von Dir;
Das wäre so erhaben, lieber Ohm,
Daß man es fast unmenschlich nennen könnte.»[188]

Enthaupten – Titus Manlius wurde enthauptet. Der Kurfürst antwortet mit einer eleganten Volte:

«Mein süßes Kind! Sieh! Wär' ich ein Tyrann,
Dein Wort, das fühl ich lebhaft, hätte mir
Das Herz schon in der ehrnen Brust geschmelzt»[189]

Aber er herrscht nicht nach Willkür, sondern nach dem Gesetz, worauf Natalie:

«Das Kriegsgesetz, das weiß ich wohl, soll herrschen,
Jedoch die lieblichen Gefühle auch.
Das Vaterland, das Du uns gründetest,

*Steht, eine feste Burg, mein edler Ohm:*
*Das wird ganz andre Stürme noch ertragen,*
*Fürwahr als diesen unberufnen Sieg.»* [190]

Ein wenig hat sie von Minna von Barnhelm; ihr erscheint diese Män-
ner/Krieger-Welt etwas albern. Aber jetzt kommt die Wendung –
der Kurfürst fragt:

*«Denkt Vetter Homburg auch so?»*

und Natalie läßt alle Rücksicht fahren:

*«Der denkt jetzt nichts, als nur dies Eine: Rettung!*
*Den schaun die Röhren, an der Schützen Schultern,*
*So gräßlich an, daß überrascht und schwindelnd,*
*Ihm jeder Wunsch, als nur zu leben, schweigt:*
*Der könnte, unter Blitz und Donnerschlag,*
*Das ganze Reich der Mark versinken sehn,*
*Daß er nicht fragen würde: was geschieht?*
*– Ach, welch' ein Heldenherz hast Du geknickt!»* [191]

Das Letzte ist geschickt, man weiß aber nicht, ob der Kurfürst überhaupt begreift, daß sie die Schwäche Homburgs für so groß erklärt,
daß er in ihr für gar nichts mehr, nicht einmal mehr für die Schwäche
selbst verantwortlich zu machen ist. Damit liegt die Verantwortung
beim Kurfürsten. Der ist entgeistert:

DER KURFÜRST im äußersten Erstaunen: *Nein, meine teuerste*
*Natalie,*
*Unmöglich in der Tat?! – Er fleht um Gnade?*
NATALIE *Ach, hättest Du nimmer, nimmer ihn verdammt!*
DER KURFÜRST *Nein, sag: er fleht um Gnade?*
(…)
NATALIE *Verstört und schüchtern, heimlich, ganz unwürdig,*
*Ein unerfreulich, jammernswürd'ger Anblick.*
*Zu solchem Elend, glaubt' ich, sänke keiner,*
*Den die Geschicht als ihren Helden preis't.*

*Schau her, ein Weib bin ich, und schaudere*
*Dem Wurm zurück, der meiner Ferse naht:*
*Doch so zermalmt, so fassungslos, so ganz*
*Unheldenmütig träfe mich der Tod*
*In eines scheußlichen Leun Gestalt nicht an!*
*– Ach, was ist Menschengröße, Menschenruhm!*
DER KURFÜRST *verwirrt: Nun denn, beim Gott des Himmels und*
*der Erde,*
*So fasse Mut, mein Kind; so ist er frei!»*[192]

Daraufin schreibt er den Brief, in dem er Homburg entscheiden läßt,
ob er schuldig oder unschuldig sei. Plädiere er auf unschuldig, so
sei er frei. Wie ist das zu verstehen? Gewiß nicht so, wie Walser das
getan hat: daß über Schuld und Unschuld der Angeklagte zu entscheiden habe.[193] Zunächst muß man zur Kenntnis nehmen, daß die
Verkündung des Freispruchs Natalie gegenüber gar nichts, jedenfalls vor der Hand nichts, mit dem Brief zu tun hat. Natalie gegenüber reagiert der Kurfürst auf die Nachricht, daß Homburg nichts
sein will als ein Mensch und gleichsam ausgetreten ist aus einer
Sphäre, in der es um Recht, Gesetz, Ehre und so weiter geht. Außerhalb dieser Sphäre ist Homburgs Verurteilung witzlos. Dann hat
Natalie recht: das Vaterland wird's überleben. Der Kurfürst ist «verwirrt», als habe jemand im Schachspiel plötzlich gewürfelt. Wenn
das Gegenüber meint, wir spielten Fang-den-Hut, ist es nicht sonderlich bedeutsam, wenn ich Schach biete.

Aber der Brief? Nun, Homburg *kann* nicht auf unschuldig plädieren. Wenn er die Frage überhaupt beantwortet, begibt er sich wieder in die Sphäre, in der es nicht um den nackten a-sozialen Menschen geht. Dann ist er wieder im vorgesehenen Spiel. Wenn er
«unschuldig» sagt, dokumentiert er, daß er nicht mitspielt, und dann
ist er uninteressant. Wenn Homburg um Gnade bittet, verlangt er
Zuwendung, Mitleid, eine Hand, die über's Haar streicht vielleicht,
eine Träne, die auf seine Wange fällt. Der Brief zeigt ihm, daß er dabei ist, verlorenzugehen. Es geht nicht, wie er meint, um den Ruhm,
es geht um die gesamte soziale Existenz. Nur im Recht bleibt er wer.
Tritt er hier aus, ist er schon tot, bevor ihn die Kugel trifft, und die
kann der Kurfürst dann sparen. Das ist nicht das Gegenüber von In-

dividuum und Gesellschaft, das einige in dem Stück gesehen haben –
ein Individuum steht nicht der Gesellschaft gegenüber, Individualität ist eine Sozialisisierungsform. Der Mensch, der nichts mehr ist
als ein Mensch, ist auch kein Individuum mehr.[194] Ich weiß, daß solche Sätze gerne Widerspruch von denen hervorrufen, die meinen,
der Mensch sei erst dann einer, wenn er nichts mehr sei als das. Aber
diejenigen, die solche Einwände vorbringen, denken an etwas anderes, etwa an ihre Pension, und daß sie dann Zeit haben «ganz sie
selbst» zu sein. Oder sie denken sich als einen Timon. Aber auch der
Einsiedler ist in einem Gespräch mit der Sozialität, indem er es verweigert nämlich. Das ist etwas ganz anderes, als wenn die Gesellschaft jemanden nicht mehr wahrnimmt. Wählte Homburg «unschuldig», wählte er den sozialen Tod. So wählt er sein, wenn auch
vermutlich kurzes, Leben. Der Kurfürst ist nicht grausam.

Als Homburg, zum schnell überwundenen Entsetzen zunächst
der Nataliens und Kottwitzens, die bereit waren, nur noch einen
Menschen zu sehen und nun glücklich sind, ihn wieder als Offizier
wahrnehmen zu dürfen, sich für schuldig erklärt, lieben diese ihn, in
gemeinsamer sozialer Rahmung sogar von-Mensch-zu-Mensch:

> «*NATALIE Nimm diesen Kuß! – Und bohrten gleich zwölf Kugeln*
> *Dich jetzt in Staub, nicht halten könnt' ich mich,*
> *Und jauchzt' und weint' und spräche: Du gefällst mir*»[195]

> «*KOTTWITZ gerührt: Mein Sohn! Mein liebster Freund!*»[196]

Und auch der Kurfürst unterschreibt's mit sachbezogenem Pathos,
wenn er Homburgs Bitte, mit Nataliens Hand den Frieden nicht zu
erkaufen, stattgibt, ist doch fast ein jedes Blut für einen kleinen
Mythos gut:

> «*Sei's, wie Du sagst, mit diesem Kuß, mein Sohn*
> *(…)*
> *Prinz Homburg's Braut sei sie, werd' ich ihm schreiben,*
> *Der Fehrbellins halb dem Gesetz verfiel,*
> *Und seinem Geist, tot vor den Fahnen schreitend,*
> *Kämpf er auf dem Gefild der Schlacht, sie ab!*»[197]

Das klingt dann auch schon fast wie das Horst-Wessel-Lied – aber verderben wir uns die Stimmung nicht künstlich. – Homburg akzeptiert die Schuld, so wie Rom die Schuld des *magister equitum* akzeptiert und nun nicht innerhalb des die Gerichte verpflichtenden Rechts plädiert, sondern an das Gnadenrecht des Souveräns appelliert. Die Offiziere tuns auch, und der Kurfürst akzeptiert es. Was soll die Komödie (ist es eine?) der Scheinhinrichtung?

Einmal ist sie eine Wiederholung. Da ist wieder der Garten, in dem sich Homburg den Kranz von Lorbeern gewunden hat, den er der Bildergalerie abgesehen hatte. Dort hatte der Kurfürst Scherz mit dem Prinzen getrieben – ihm selber den Kranz geboten, mit umgewundener Halskette beglaubigt. Der Handschuh Natalicns war dazwischengeraten, und Homburg hatte auf die Länge Traum und Wachen nicht mehr unterscheiden können und darum den Kriegsplan nicht mitgeschrieben, nicht einmal ordentlich zugehört. Das wird dem Kurfürsten am Ende sogar vorgehalten: hätte er sein Spiel mit dem Prinzen nicht getrieben, der hätte aufgepaßt und das ganze Problem wäre nicht entstanden. Der Kurfürst weist das zurück:

*«Tor, der Du bist, Blödsinniger!»*[198]

Das sind so Zufälle, an denen wir wie Puppen hängen, die sollen bitte nicht auf unsere Lebensquittung genommen werden. Aber warum ist diese sonderbare Äfferei überhaupt im Stück? Weil das Stück vom Ende her gedacht ist. Der Tod ist Traum nur wie der Ruhm – für einen wie Homburg, aber für den ist beides gerade darum Realität. Der Kurfürst macht sich zweimal einen Spaß, einen nicht so netten und dann ein – buchstäblich – Geburtstagsgeschenk. Er hat einen mörderischen Humor und gehört in das Geschlecht des deutschen Kaisers aus den «Letzten Tagen der Menschheit». Aber das ist die Rückseite der Figur. Die Vorderseite geriert sich wie ein märkischer Prospero, statt «Tu deiner Augen Fransenvorhang auf»:

*«Laßt den Kanonendonner ihn erwecken!»*[199]

Kleist übrigens kennt hier die Abstände, die seinen Despoten von anderen, auch weniger vergeistigten, trennen, sie werden ihm selbst zum Witz; er mochte ja, daß man über seine Stücke lachte, gerade da, wo sie bizarr wurden und extrem, und wollte vielleicht, daß man sich das Unbehagen weglache – hier wollen wir den bloßen Witz mögen. Der Kurfürst erfährt, daß eine Abordnung von Offizieren sich seinem Schloß nähert. Was hat es zu bedeuten? Einen Putsch?

> *«Seltsam! – Wenn ich der Dei von Tunis wäre,*
> *Schlüg' ich, bei so zweideut'gem Vorfall, Lärm;*
> *Die seidne Schnur, legt' ich auf meinen Tisch,*
> *Und vor das Tor, verrammt mit Palisaden,*
> *Führt ich Kanonen und Haubitzen auf.*
> *Doch weil's Hans Kottwitz aus der Priegnitz ist …»*[200]

Hans Kottwitz aus der Prignitz, da fällt es sogar schwer zu glauben, daß es in Tegel spukt. Fatal wird's nur, wenn einem bei dem Witz plötzlich «20. Juli» einfällt; also besser nicht. – Als dem Prinzen die Augenbinde abgenommen wird und er sich im Garten, statt, wie er wähnte, auf dem Friedhof findet – nicht auf dem Friedhof findet, auf dem er sich schließlich zu finden hoffte, wünschte – mit einem bezeichnenden Echo auf die Verwechslung von Nachtigall und Lerche:

> *«Ach, wie die Nachtviole lieblich duftet!»*
> *(…)*
> *«Es sind Levkoyn und Nelken.»*[201] –

fragt er, nachdem er ohnmächtig geworden, umgefallen und wieder erwacht ist, ob es ein Traum sei.

> *«DER PRINZ VON HOMBURG  Nein, sagt! Ist es ein Traum?*
> *KOTTWITZ                              Ein Traum, was sonst?»*

Und dann folgt kein Schuß, sondern der Schluß mit «Laßt den Kanonendonner ihn erwecken! Ins Feld! Ins Feld! Zur Schlacht Zum Sieg! Zum Sieg! In Staub mit allen Feinden Brandenburgs!»[202]

Daß man sowas nicht unbeschädigt überlebt, wußte Kleist wahrscheinlich aus dem Bericht des erst in preußischen, dann württembergischen Diensten stehenden Karl von François, wegen Tätlichkeiten gegenüber einem Vorgesetzten zum Tode verurteilt und in letzter Minute begnadigt – wenn nicht, war er Extremist genug, sich in ein solches Erleben des Überlebens, und daß in ihm das Überleben fraglich wird, hineinzufühlen:

«Nun trat ich sechs Schritte vor meine Todesschützen.
‹Kameraden, erzeigt mir den letzten Freundschaftsdienst, trefft gut! – Herr Major, commandieren Sie Feuer!›
‹Lassen Sie sich erst die Augen verbinden!›
Ein Unteroffizier trat vor und überreichte mir ein weißes Tuch.
Ich wollte mich weigern.
‹Verzeihen Sie› sagte der Major, ‹ich bin im Dienste des Königs und muß darauf sehen, daß jedes Ceremoniel beobachtet werde.›
Ich nahm das Tuch und band es mir um die Augen.
‹Knien Sie nieder.›
Mein Casquet abnehmend, ließ ich mich nieder auf die Knie.
Schnell gab er mir ein Zeichen, die Schützen machten ihre Gewehre fertig, ich glaubte den Tod zu empfangen, als –
‹Pardon, Pardon›, und tausendstimmiges ‹Pardon› erschallte.
Man hat mich oftmals gefragt, was ich in dem Augenblick gedacht und empfunden habe, die ich nach menschlicher Voraussicht für meine letzten halten mußte.
Wenn ich gewissenhaft die Stimmung derselben zergliedere, so finde ich dreierlei: ernste Wehmuth – den festen Willen heroisch zu sterben, meinen Feinden keinerlei Schwäche zu zeigen – und endlich, die beiden andern Gefühle überdauernd, eine gespannte, mit einer Art von Neugier untermischte Erwartung des Augenblicks, wo Leib und Seele sich voneinander trennen würden.
Schwerer wird es mir, die Empfindungen bei meiner plötzlichen Begnadigung zu schildern.
Man hatte mir die Binde von den Augen genommen, ich stand aufrecht, doch mochte ich wol sehr bleich aussehen, denn die Aerzte wollten mir zu Hülfe eilen. Mit einer Handbewegung wies ich sie zurück und überblickte finster die mich umgebende Scene, die ihren Charakter tiefer Trauer so überraschend mit dem einer unbe-

grenzten Freude vertauscht hatte. Nicht enden wollende Hurrahs auf den König und den Kronprinzen füllten die Luft. Von Mund zu Mund ging die Nachricht, daß der Letzere, dessen edles Gemüth sich oft gegen die Willkürlichkeiten seines Vaters sträubte, noch im letzten Augenblicke durch einen Fußfall beim Könige meine Begnadigung erwirkt habe, nachdem alle meine vorherigen Bitten und Vorstellungen erfolglos geblieben waren. Wie dem auch sein mochte, ich konnte keine Freude darüber empfinden. Der Zeitpunkt war vorüber, so schien es mir, wo selbst der König das Recht hat, Gnade zu üben. Stumm schüttelte ich den Kopf, als der gute Geistliche mir unter strömenden Freudenthränen Glück wünschte. Ich hatte zu viel gelitten, meine Seele war bereits auf dem Wege nach einer anderen Welt und wie eine neue Grausamkeit, härter als jede vorhergehende, empfand ich den Ruf, der sie zurückhielt.»[203]

Daß der König kein Recht auf den Pardon gehabt habe, jetzt nicht mehr, ist ein fast Kleistscher Extremismus. Der Pardon macht zunichte, ja lächerlich, womit der Delinquent sich ausgestattet hatte, das Sterben zu überstehn. In dieser Sammlung am Schluß zieht sich das ganze Leben zusammen – zu einer Singularität würde die zuständige physikalische Metapher lauten. Sie wird zerstört, und damit ist rückwirkend – mehr als durch die Todesangst – das Leben im Kern getroffen. Das Geschenk des Lebens ist die Zumutung gänzlicher Entwertung. Beides, Tod und Leben, ein Fingerschnippen eines andern. Vor dem Pardon konnte es als schicksalhaftes Verhängnis gedeutet werden. Nacher war's ein Witz. Einer, zu dem der König kein Recht hat!, schreit die Qual.

Sie machen sich mit dem Prinzen einen Jux, und hinterher soll er sich freuen. Ein Traum? Gewiß doch, alles war nur Traum, und jetzt ab in die Realität. Sie haben ihn wieder zu sich genommen, am Portepée, zur Brust, die nur heil bleibt, weil ab jetzt wieder in die Köpfe geschossen wird, und wir merken seine Exterritorialität bis zu diesem Zeitpunkt. Er hatte nie dazugehört. Das hatten die anderen verstanden, er nicht. Mit seinem Lorbeerkranz hatte er sich ein doppeldeutiges Symbol gewunden, mit Lorbeer kränzt man Krieger und Dichter. Er wollte beides sein, wie Gleim den Ewald wollte, und komisch daran war, daß ein Küchenkraut aus dem Gewächshaus die Einheit dieser Differenz beglaubigen sollte. Homburg, der Prinz, der sich die Ohren nicht aufknöpft, agiert als Poet. Er hätte erkennen können – wie Kleist –, daß er zum Soldaten nicht tauge, wohl aber zum Dichter. Als der hätte er auf unschuldig plädieren können. Als der wäre er nicht weltlos geworden, sondern hätte seinen Ort selbst festlegen können. Der Prinz erkennt die Gegenwelt, die seine poetische Rede erschafft, nicht. Er hört nicht zu und merkt nicht, daß vor seinen zugeknöpften Ohren das Gerede der Militärs nicht einmal zum Schnarren werden muß, das seinen Traum stört. Da der untaugliche Soldat am Ende ins Feld will und soll, muß der verkannte Dichter ganz aus der Welt und im Garten, wo der Lorbeer so und so nicht wächst, erschossen werden. Daß er weg muß, hat der Kurfürst schon zu Anfang des Stückes begriffen:

> «In's Nichts mit dir zurück, Herr Prinz von Homburg,
> In's Nichts, in's Nichts! In dem Gefild der Schlacht,
> Sehn wir, wenn's Dir gefällig ist, uns wieder!
> Im Traum erringt man solche Dinge nicht!»

Das hätte auch schon das Ende des Stückes sein können, und so ähnlich hätte übrigens auch Babekan auf Tonis «Ich hatte einen Traum» antworten können. Der Krieg verlangt Eindeutigkeiten, die die Träume nicht sind und nicht haben, und die Kleist seinem Prinzen so lange versagt, solange er ihn militärisch versagen läßt, uns menschlich nahe bringt und auf den Knien seines Herzens agieren läßt. Dann läßt er, nach einem letzten traurigen Witz – der Träumer hat schon wieder vergessen, was er eben noch mit angemessenen Pathosworten verkündete

> «Nun, o Unsterblichkeit, bist Du ganz mein!»,[204]

daß er sterben muß nämlich, denn er möchte die Nelke, die ihm gegeben wird, behalten, als wäre da kein Grab im Weg:

> «Ich will zu Hause sie in Wasser setzen.»[205]

– die Eindeutigkeit seiner Figur auf dem Füsilierungswege her-stellen.

In seinem eigenen Leben versucht Kleist mit dem «Prinzen von Homburg», noch einmal seine Existenz auf Poesie zu gründen, aber als «vaterländisches Drama», gar als eines, das die angesprochenen Dynastien verherrliche, taugt das Stück nicht, und was sonst aus ihm klingt, hört sowieso keiner. Daß er mit dem «Homburg» symbolisch vollzogen hat, was er sich selbst schon angetan hatte, als er die «Herrmannsschlacht» schrieb, wußte er wohl nicht einmal selbst. Kleist meldet sich beim Militär zurück und wird akzeptiert. Dann versucht er, das Geld für eine Uniform aufzutreiben. Es gelingt ihm nicht.

# Nicht Kösteins Paradox

Das Buch hieß ursprünglich «Philosophische Fragmente». Es wurde im Mai 1944 fertig, als Typoskript mit geringer Auflage. Einer Vorrede folgen sechs Abschnitte: «Begriff der Aufklärung», «Odysseus oder Mythos und Aufklärung», «Juliette oder Aufklärung und Moral» (diese beiden werden als «Exkurse» zum «Begriff der Aufklärung» bezeichnet), «Kulturindustrie. Aufklärung als Massenbetrug», «Elemente des Antisemitismus. Grenzen der Aufklärung», «Aufzeichnungen und Entwürfe» – der letzte macht das Fragmentarische des Buches, auf das der erste Titel noch hinwies, deutlich. 1947 wurden die «Philosophischen Fragmente» bei Querido in Amsterdam unter dem Titel *Dialektik der Aufklärung* veröffentlicht, waren dann lange Zeit vergriffen und wurden 1969 neu publiziert.

Die «Vorrede» formuliert das Ziel der gemeinsamen Arbeit so: «Was wir uns vorgesetzt hatten, war tatsächlich nicht weniger als die Erkenntnis, warum die Menschheit, anstatt in einen wahrhaft menschlichen Zustand einzutreten, in eine neue Art von Barbarei versinkt.» (3/1)[1] Vordergründig gehört die *Dialektik der Aufklärung* also in die Reihe jener Bücher, die, wie etwa Wilhelm Reichs *Massenpsychologie des Faschismus,* erklären wollen, warum in den zwanziger und dreißiger Jahren in Deutschland eine sozialistische Revolution ausgeblieben war und statt dessen ein faschistisches Regime die Macht nicht nur ergreifen, sondern durch sehr weiten Konsens gestützt halten konnte. Allerdings untersucht die *Dialektik der Aufklärung* weder die deutsche Situation im besonderen, noch speziell politische, ökonomische, soziale oder sozialpsychologische Fragen, sondern entwirft eine Theorie der abendländischen Zivilisation.

Die *Dialektik der Aufklärung* ist gewiß nicht das, was man ein marxistisches Werk nennen würde, aber ihre Ausgangsfrage stammt aus marxistischer Tradition. Man muß sich das klarmachen, weil das Ergebnis einer Untersuchung entscheidend davon abhängig ist, und bei einer Erklärung – sie mag von gängigen sozialwissenschaftlichen Erklärungen noch so weit entfernt sein – ist es natürlich von großer Wichtigkeit, was man eigentlich für die ‹Normalsituation› oder ‹zu erwartende Entwicklung› hält, und was für die Abweichung von dieser, die einen Erklärungsbedarf mit sich bringt. Die *Dialektik der Aufklärung* geht, wie andere, ‹marxistischere› Arbeiten davon aus, daß ‹eigentlich› eine Selbstbefreiung der Menschen zu erwarten gewesen wäre (egal, wie man sich die nun vorstellt), und davon, daß das nationalsozialistische Regime (und die kapitalistische Wirtschaftsordnung generell) nicht den Interessen der Mehrheit der Bevölkerung entspreche, und daß darum erklärt werden müsse, wie es zur Machtergreifung Hitlers habe kommen können.

Je stärker jemand nun in seiner Theorie die ‹Normalerwartung› macht, desto stärker muß er in seiner Theorie die von ihm analysierte Gegenbewegung machen, um plausibel darlegen zu können, warum sie triumphieren konnte. Je stärker also die ‹Normalerwartung› in der Theorie ist, desto weniger werden in der Theorie Kontingenzen – Auswirkungen von Einzelereignissen, politische Fehler usw. – eine Rolle spielen. Umgekehrt kann man sagen, daß einer Theorie, deren Ergebnis die Darlegung nicht der Unvermeidlichkeit, aber doch die einer gewissen Geradlinigkeit zur Katastrophe hin ist, eine besonders starke ‹Normalerwartung› voraufgegangen ist, und die bleibt, rückdeterminiert durch ihre Widerlegung, in der Theorie eingekapselt. Das psychologische Korrelat zu diesem theoretischen Sachverhalt ist der enttäuschte Optimist, der oft zum wütenden Pessimisten wird, wogegen derjenige, der im Leben ohnehin wenig zu gewinnen meinte, wesentlich seltener dazu tendiert, alles verloren zu geben.

Wichtiger aber noch ist, daß durch diese Abwesenheit kontingenter Faktoren die angenommene Beziehungsdichte zwischen den Phänomenen sehr hoch sein wird – die Theorie ist sozusagen sehr eng gefugt. Daß alles mit allem zusammenhängt, ist ja nur dann eine Trivialität, wenn ich nichts über die Art des Zusammenhanges sage.

Bei einer engfugigen Theorie tendieren die Zusammenhänge aber zum System, in dem Ereignisse vom Typ des zufälligen Querschlägers, der die Wanduhr trifft, die dem Vater auf den Kopf fällt, ihn umbringt und so die Familie ruiniert, nicht vorkommen, bzw. aus eben systematischen Gründen vernachlässigt werden können, ja müssen. Diese Tendenz, jedem Phänomen seinen Ort in einem System zuzuweisen, steht im Falle der *Dialektik der Aufklärung* in starker Spannung zu der expliziten Kritik am Systemdenken in der Philosophie – und zur fragmentarischen Form, die intendiert war und erst der Querido-Titel ein wenig kaschierte.

Die *Dialektik der Aufklärung* analysiert das – 1944 – gegenwärtige historische Unheil aus seinen historisch fernsten – Mythos – und seinen aktuellsten – ‹Kulturindustrie› – Quellen und zeigt, wie sich beide verbinden. Die *Dialektik der Aufklärung* sucht den weitesten Rahmen für ihre Analysen: die abendländische Zivilisation (und im Grunde den Prozeß der Zivilisation überhaupt). Und sie wendet sich einer scheinbaren Besonderheit zu: der Tatsache, daß in Deutschland (und in der Folge per Okkupation und Kollaboration in großen Teilen von Mittel-, Süd- und Osteuropa) ein mörderisch-antisemitisches Regime an der Macht war. In diesem Doppelblick der Analyse spiegelt sich die Situation der Verfasser als Emigranten aus Deutschland. Sie emigrierten als Vertreter des Allgemeinen (als Intellektuelle nämlich, linke Intellektuelle zumal, Vertreter also nicht einer speziellen Lehre, sondern nach eigenem Verständnis Vertreter der Tradition von Vernunft und Aufklärung und Emanzipation des Menschen aus seiner verordneten und selbstverschuldeten Unmündigkeit und sozialen Unterdrückung), und sie emigrierten als Angehörige einer besonderen Gruppe, der Juden. Der Versuch, diese Art Allgemeinheit und Besonderheit in eine theoretische Figur zu fassen, ist der Kern der *Dialektik der Aufklärung.*

Sehr grob gesprochen gibt es eine Kontroverse darüber, ob der Antisemitismus im Nationalsozialismus ein ‹selbständiges› oder ‹abhängiges› Phänomen gewesen sei – anders formuliert: ob der Antisemitismus der Nazis vornehmlich eine Fortsetzung der jahrhundertelangen Tradition des Antisemitismus (und darum auch in erster Linie aus ihr zu erklären), oder ob er ein Phänomen gewesen sei, in dem Probleme ihren Ausdruck gefunden hätten, die für sich genommen mit der Geschichte des Antisemitismus nichts zu tun haben. Die erstere Haltung hat etwa der Ankläger im Prozeß gegen Adolf Eichmann in Jerusalem eingenommen, die letztere einige marxistische Theoretiker (aber auch Günther Anders zuweilen), die im Antisemitismus der Nazis ein Ablenkungsmanöver sahen, das dem ausgebeuteten Proletariat ein Haßobjekt angeboten habe, um es vom eigentlichen Klassenfeind abzulenken. Wo beide Haltungen nichts mehr erklären können, kann man leicht sehen: die eine vernachlässigt die Besonderheiten des modernen Antisemitismus gegenüber dem traditionell-religiösen, die andere vermag nicht zu sagen, wie ein angeblicher politischer Trick zu einer Obsession werden kann, der am Ende – siehe Hitlers Testament – der einzige Inhalt des politischen Systems bleibt. Mit einer bloßen Abwehr der einseitigen Varianten dieser Erklärungsdichotomie und einem Sowohl-als-auch, das immer schnell bei der Hand ist, ist allerdings theoretisch nicht viel gewonnen.

In den «Elementen des Antisemitismus» finden sich viele Sätze, die nahezulegen scheinen, daß der Antisemitismus für Adorno und Horkheimer ein Epiphänomen ist, etwa: «Der bürgerliche Antisemitismus hat einen spezifischen ökonomischen Grund: die Verkleidung der Herrschaft in Produktion.» (3/197) Es geht um die Juden als Agenten der Zirkulationssphäre. Die ökonomische Sinnestäuschung, die Ausbeutung im Tausch Ware – Geld (im Wucher) zu vermuten und nicht im Verhältnis von Arbeit und Kapital, führt zum Quidproquo: «Darum schreit man: haltet den Dieb! und zeigt auf den Juden. Er ist in der Tat der Sündenbock [...] in dem umfassenden Sinn, daß ihm das ökonomische Unrecht der ganzen Klasse aufgebürdet wird.» (3/198) «Der Handel war nicht sein Beruf, er war sein Schicksal. Er war das Trauma des Industrieritters, der sich als Schöpfer aufspielen muß. Aus dem jüdischen Jargon hört er heraus, wofür er sich insgeheim selbst verachtet: sein Antisemitismus ist Selbsthaß, das schlechte Gewissen des Parasiten.» (3/200)

Aber es gibt andere Sätze, die sich auf die besondere Tradition des Judentums in christlichen Jahrhunderten beziehen: «Der völkische Antisemitismus will von der Religion absehen. [...] Schwerlich aber ist die religiöse Feindschaft, die für zweitausend Jahre zur Judenverfolgung antrieb, ganz erloschen.» (3/200) Und weiter: «Der Fortschritt» – des Christentums – «über das Judentum ist mit der Behauptung erkauft, der Mensch Jesus sei Gott gewesen. Gerade das reflektive Moment des Christentums, die Vergeistigung der Magie ist schuld am Unheil. Es wird eben das als geistigen Wesens ausgegeben, was vor dem Geist als natürlichen Wesens sich erweist. Genau in der Entfaltung des Widerspruchs gegen solche Prätention von Endlichem besteht der Geist.» (3/202) Das ist nicht nur eine jüdische Einrede gegen christlich-abendländische Tradition, sondern impliziert die Behauptung, daß in dieser – von der Tradition her partikularen – Einrede mehr an Humanität stecke und mehr an Aufklärung, die nicht an ihrer immanenten Dialektik zugrundegehen müsse, als im Ensemble, gegen das sie sich renitent zu Worte meldet.

Eine nervöse Synthese finden beide Arten von Sätzen in folgendem Versuch, die Vorstellung von Zufall und Notwendigkeit, Willkür und Determination in eins zu fassen: «In solcher Macht bleibt es dem von der Partei gelenkten Zufall überlassen, wohin die verzweifelte Selbsterhaltung die Schuld an ihrem Schrecken projiziert. Vorbestimmt für solche Lenkung sind die Juden.» (3/224) Hier kommen also zwei Phänomenbereiche zusammen, der des traditionellen Antisemitismus und die Bedürfnisse des modernen Menschen, seinen Ängsten eine figürlich-faßliche Gestalt zu geben. Hier kommen auch zwei theoretische Bewegungen zusammen, der funktionalistische Ansatz und der, der im Antisemitismus ein selbständiges Phänomen sieht – die Juden seien ‹vorbestimmt› heißt nämlich beides: daß sie als Feinde bereits vorhanden waren, wie daß sie die Funktion besonders gut erfüllen konnten. «Die Zirkulationssphäre, in der sie ihre ökonomischen Machtpositionen besaßen, ist im Schwinden begriffen. […] Gleichgültig wie die Juden an sich selber beschaffen sein mögen, ihr Bild, als das des Überwundenen, trägt die Züge, denen die totalitär gewordene Herrschaft todfeind sein muß: des Glückes ohne Macht, des Lohnes ohne Arbeit, der Heimat ohne Grenzstein, der Religion ohne Mythos.» (3/224 f.)

Die Juden als empirische Personen sind zufällige Feinde, zufällige Objekte der Projektion, doch das Bild, das sich der Antisemit von ihnen entwirft, ist notwendig, und zwar nicht nur notwendig in seinem Projektionsgehalt, d. h. in den unterdrückten Wünschen, die in ihm zum Ausdruck kommen und in Haß deformiert werden, sondern das Bild der Juden, das der Antisemit entwirft, habe, so Adorno und Horkheimer, durchaus etwas mit den Juden als Trägern einer bestimmten Tradition zu tun. Das Bild des Schacherjuden werde hier zwar mit der realen Rolle, die Juden in der Zirkulationssphäre gespielt hätten, zusammengebracht, aber nicht so, daß es etwa als Ausdruck eines aus der Wirklichkeit gewonnenen Ressentiments zu deuten sei. Wichtig sei vielmehr, daß jene Rolle ausgespielt sei, die in wie geringem Maße auch immer, so doch vordem vorhanden gewesene Machtstellung verlassen sei. Sie bekomme so Züge eines goldenen Zeitalters und reichere sich an mit kollektiven Sehnsüchten, denen keine gesellschaftliche Praxis entspreche. «Verpönt sind diese Züge» – des Bildes vom Juden –, «weil die Beherrschten sie insgeheim ersehnen» (3/225): Glück ohne Macht, Lohn ohne Arbeit, Heimat ohne Grenzstein, Religion ohne Mythos.

Sind die ersten beiden Züge des Bildes noch Phantasien über den reichen, wiewohl nicht assimilierten und somit aus der Politik ausgeschlossenen Juden, ist der dritte, die Verweigerung des Bürgerrechts und die Schmähung als vaterlandslos, schon der Wunschtraum dessen, an den totalitär gewordene Macht totalen Anspruch stellt. Der vierte Zug des Bildes, Religion ohne Mythos, ist die Antithese zur abendländischen Zivilisation schlechthin und bezeichnet das Zentralthema der *Dialektik der Aufklärung,* die Verwandtschaft des Lichtes der Aufklärung (sprich: westlicher Zivilisation) mit dem Dunkel des Mythos als Ursprung und Ziel. Hiermit wird die Judenfrage zu dem zentralen Thema – und Anathema – unserer Zivilisation, und es fällt der Satz, der sich mit einer funktionalistischen Analyse vor der Hand kaum übereinbringen läßt: ‹die Judenfrage erweist sich als Wendepunkt der Geschichte›.

Nein, der Satz steht im Konjunktiv: «die Judenfrage erwiese sich in der Tat als Wendepunkt der Geschichte» (3/225), *wenn* ... Und die Konditionalkonstruktion sagt: wenn sie aus dem funktionalen Zusammenhang mit der modernen Gesellschaft gelöst, wenn die antisemitische Propaganda als fauler Zauber entlarvt werden könne, wenn die im Haß auf Phantasiegestalten projizierten Wünsche als Wünsche erkannt und somit in Triebkräfte gesellschaftlich-emanzipatorischer Praxis umgeformt werden können, wenn … Doch damit es zur Selbstemanzipation des Menschen komme, müsse zuerst der antisemitische Wahn durchbrochen werden: «Die Umwendung hängt davon ab, ob die Beherrschten im Angesicht des absoluten Wahnsinns ihrer selbst mächtig werden und ihm Einhalt gebieten.» (3/225) Nur so könne die gesellschaftliche Emanzipation gelingen, und diese sei ihrerseits die Vorbedingung für die Emanzipation des Menschen aus der Geschichte seiner Selbstzivilisierung, die doch nie vermocht hat, ihn aus dem Banne des Mythos zu befreien, und die eine Geschichte der Verleugnung jenes anderen Weges wahrer Aufklärung, wirklicher Emanzipation vom Mythos gewesen sei, den die jüdische Tradition weise.

Mythos und Aufklärung sind in der *Dialektik der Aufklärung* keine Gegensätze: schon der Mythos sei Aufklärung und vollendete Aufklärung falle in den Mythos zurück. «Die Mythen, die der Aufklärung zum Opfer fallen, waren selbst schon deren eigenes Produkt. In der wissenschaftlichen Kalkulation des Geschehens wird die Rechenschaft annulliert, die der Gedanke in den Mythen einmal vom Geschehen gegeben hatte. Der Mythos wollte berichten, nennen, den Ursprung sagen: damit aber darstellen, festhalten, erklären. Mit der Aufzeichnung und Sammlung der Mythen hat sich das verstärkt. […] Die Mythen, wie sie die Tragiker vorfanden, stehen schon im Zeichen jener Disziplin und Macht, die Bacon als das Ziel verherrlicht.» (3/24) Zuvor hatten die Verfasser Francis Bacon zitiert, der von der künftig «glücklichen Ehe des menschlichen Verstandes mit der Natur der Dinge» spricht und, nicht im Widerspruch zur, sondern in Auslegung der Ehe-Metapher, daß wir heute noch «die Natur in unserer bloßen Meinung» beherrschten, in Wahrheit aber «ihrem Zwange unterworfen» seien, künftig aber, in einer Zeit planvollen und ungehemmten technischen Fortschritts «ihr in der Praxis gebieten» könnten. (3/19 f.) «Die Aufklärung», so Adorno und Horkheimer, «verhält sich zu den Dingen wie der Diktator zu den Menschen. Er kennt sie, insofern er sie manipulieren kann. Der Mann der Wissenschaft kennt die Dinge, insofern er sie machen kann. Dadurch wird ihr An sich Für ihn. In der Verwandlung enthüllt sich das Wesen der Dinge immer als je dasselbe, als Substrat von Herrschaft. Diese Identität konstituiert die Einheit der Natur.»

(3/25) Mythos wie Aufklärung versuchen, das Fremde zu begreifen, beide tun es, indem sie es dem Zugriff zurichten. Die Angst vor dem Anderen wird dadurch überwunden und aufbewahrt. «Aufklärung ist die radikal gewordene, mythische Angst. [...] Es darf überhaupt nichts mehr draußen sein, weil die bloße Vorstellung des Draußen die eigentliche Quelle der Angst ist.» (3/32) So ist denn Herakles, der die Monstren bezwingt und sogar den Kerberos aus dem Hades holt, «als eines der Urbilder mythischer Gewalt» auch der Heros der Aufklärung: er ebenso wie «sie schneidet das Inkommensurable weg» (3/29). Und nicht nur die Natur wird nur verstanden, wenn sie sub specie ihrer Gesetzlichkeit betrachtet wird, in der ihre Phänomene als Rechengrößen vorkommen, sondern auch der Mensch wird nur mehr als das gewürdigt, was an ihm kommensurabel ist. Und: «Nicht bloß werden im Gedanken die Qualitäten aufgelöst, sondern die Menschen zur realen Konformität gezwungen. Die Wohltat, daß der Markt nicht nach Geburt fragt, hat der Tauschende damit bezahlt, daß er seine von Geburt verliehenen Möglichkeiten von der Produktion der Waren, die man auf dem Markte kaufen kann, modellieren läßt. Den Menschen wurde ihr Selbst als je eigenes, von allen anderen verschiedenes geschenkt, damit es desto sicherer zum gleichen werde. Weil es aber nie ganz aufging, hat auch über die liberalistische Periode hin Aufklärung stets mit dem sozialen Zwang sympathisiert. Die Einheit des manipulierten Kollektivs besteht in der Negation jedes Einzelnen, es ist Hohn auf die Art Gesellschaft, die es vermöchte, ihn zu einem zu machen. Die Horde, deren Name zweifelsohne in der Organisation vorkommt, ist kein Rückfall in die alte Barbarei, sondern der Triumph der repressiven Egalität.» (3/29)

Insofern ist der Antisemitismus so archaisch wie modern: «Der Antisemitismus als Volksbewegung war stets, was seine Anstifter den Sozialdemokraten vorzuwerfen liebten: Gleichmacherei.» (3/194) Im Haß auf das Inkommensurable nun erkennt der Antisemitismus seinen Gegner mehr als er – selber gleichgeschaltet und wünschend, alles auf sein Maß herunterzubringen, damit er nicht mehr spüre, was ihm fehlt – ihn projizierend verkennt. «Der völkische Antisemitismus will von der Religion absehen. [...] Schwerlich aber ist die religiöse Feindschaft, die für zweitausend Jahre zur Judenverfolgung antrieb, ganz erloschen.» (3/200) Das aber nicht deshalb – wie man mit auch guten Gründen annehmen könnte –, weil solche zweitausend Jahre selber zu Motivation und Antrieb werden können, sondern weil, so die Verfasser, die jüdische Religion den Gedanken des Inkommensurablen bewahre. Sie widersetze sich der Vorstellung, der Mensch Jesus sei Gott gewesen, indem sie sich sowohl der Vergöttlichung des Menschen wie der Vermenschlichung Gottes widersetze. Auch die Erlösung, die christlicherseits eine abgemachte Sache ist, gehöre ihr nicht unter die Gegebenheiten. «Die jüdische Religion duldet kein Wort, das der Verzweiflung alles Sterblichen Trost gewährte. Hoffnung knüpft sie einzig ans Verbot, das Falsche als Gott anzurufen, das Endliche als das Unendliche, die Lüge als Wahrheit. Das Unterpfand der Rettung liegt in der Abwendung von allem Glauben, der sich ihr unterschiebt, die Erkenntnis in der Denunziation des Wahns.» (3/40) Mit diesen Worten haben Adorno und Horkheimer – «die Dialektik der Aufklärung schlägt objektiv in den Wahnsinn um» (3/230), heißt es, noch einmal eine aphoristische Zusammenfassung des Gedankens von der Identität von Mythos und Aufklärung versuchend, in der letzten These über den Antisemitismus – ihr Buch als Bestandteil jüdischer religiöser Tradition gekennzeichnet, und nicht als peripheren, versucht das Buch doch, was es als ihren Kern ansieht, in wie auch immer säkularisierter (und säkularisierbarer) Gestalt zu bewahren.

Wie immer auch säkularisiert: in diesem Festhalten am Gedanken des Inkommensurablen steckt nämlich noch etwas anderes, die Auseinandersetzung mit möglichen sozialen Rollen nämlich. Es handelt sich um die Weigerung, ein Parvenu zu sein. In ihrem Buch über Rahel Varnhagen hat Hannah Arendt den Parvenu durch die Worte Karl Varnhagens so gekennzeichnet: «Ich habe einen Trieb, den ich gar nicht hemmen kann, in den Vorgesetzten mich selbst zu ehren und ihren guten Eigenschaften auf die Spur zu kommen, um sie zu lieben.»[2] Sie fährt fort: «Varnhagens Trieb kennen alle Parvenus, alle, die sich in eine Gesellschaft, in einen Stand, eine Klasse hinaufschwindeln müssen, zu der sie nicht gehören. Der angestrengte Versuch zu lieben, wo einem nur das Gehorchen übrigbleibt, führt meist weiter als die einfache und ungekünstelte Subalternität. Indem man den ‹guten Eigenschaften der Vorgesetzten auf die Spur kommt›, hofft man das unleidliche und unausweichliche Ressentiment loszuwerden. Wer den entschlossenen Willen hat, in die Höhe zu kommen, zu arrivieren, muß sich frühzeitig gewöhnen, die zu erreichende Stufe im Schwindel der freiwilligen Anerkennung vorwegzunehmen; muß sich frühzeitig hüten, sich mit blindem Gehorsam, der allein gefordert ist, zu begnügen; muß immer so tun, als leiste er freiwillig und als Herr all das, was von Knechten und Untergebenen ohnehin erwartet wird. Der Schwindel hat selten unmittelbaren Einfluß auf die Karriere, ist aber von größtem Nutzen für gesellschaftliche Erfolge und soziale Stellung. Mit dem Schwindel bereitet der Paria die Gesellschaft auf seine Karriere als Parvenu vor.»[3] Der Parvenu träumt «nie von einer Änderung schlechter Zustände, sondern von einem Personalwechsel» zu seinen Gunsten,[4] ihm «wird alle unschuldige Sympathie zum Erfolg, alle unschuldige Antipathie zur Kränkung»,[5] alles mißt er an den Auswirkungen auf ihn selbst, aber er reduziert sich auf das Hinaufgelangen, dorthin, wo die andern schon sind, er will werden wie sie.

Es gehört nun zum Parvenu, daß er seine soziale Rolle nicht durchschaut. «Ein ehrlicher Parvenu, der sich eingesteht, daß er nur vag wünschte, was alle haben, und ehrlich entdeckt, daß er etwas Bestimmtes nie hat haben wollen, ist eine Art Paradox.»[6] Zum Parvenu gehört mithin eine bestimmte Art Dummheit: «Der Parvenu bezahlt den Verlust der Pariaeigenschaften damit, daß er endgültig unfähig wird, Allgemeines zu erfassen, Zusammenhänge zu erkennen, sich für anderes als seine eigene Person zu interessieren.»[7]

Parvenus finden wir überall, wo gesellschaftlicher Aufstieg individuell möglich ist, und überall dort, wo eine Kultur ein Assimilationsangebot macht. In beiden Fällen wird Anpassung, Selbstgleichmacherei, leere Egalisierung verlangt. «Die Gleichheit selber [wird] zum Fetisch» (3/33), heißt es in der *Dialektik der Aufklärung,* im Assimilationsangebot wird es die Angleichung. Daß Horkheimer wie Adorno alles andere als nicht-assimilierte Juden waren, Theodor W. Adorno den Vaternamen Wiesengrund nur als Kürzel vor dem italienischen der Mutter führte, macht diese Kritik an der Assimilation, die aus dem Exil formuliert wird, besonders bedeutsam. So schreibt denn der Direktor des exilierten Instituts für Sozialforschung, der ehemalige Professor für Philosophie an der Universität

Frankfurt, in Los Angeles: «Alle Großtaten der Prominenten haben die Aufnahme des Juden in die Völker Europas nicht bewirkt, man ließ ihn keine Wurzeln schlagen und schalt ihn darum wurzellos. Stets blieb er Schutzjude, abhängig von Kaisern, Fürsten oder dem absolutistischen Staat. Sie alle waren einmal ökonomisch avanciert gegenüber der zurückgebliebenen Bevölkerung.» Und mit dem Blick auf das benachbarte Hollywood und Goldwyn-Meyer: «Selbst der jüdische Regent eines amerikanischen Vergnügungstrusts lebt in seinem Glanz in hoffnungsloser Defensive. Der Kaftan war das geisterhafte Überbleibsel uralter Bürgertracht. Heute zeigt er an, daß seine Träger an den Rand der Gesellschaft geschleudert wurden, die, selber vollends aufgeklärt, die Gespenster ihrer Vorgeschichte austreibt. Die den Individualismus, das abstrakte Recht, den Begriff der Person propagierten, sind nun zur Spezies degradiert. Die das Bürgerrecht, das ihnen die Qualität der Menschheit zusprechen sollte, nie ganz ohne Sorge besitzen durften, heißen wieder Der Jude, ohne Unterschied.» (3/199 f.)

Die *Dialektik der Aufklärung* ist auch der Versuch, die Dialektik der Assimilation zu beschreiben und sich der parvenuhaften Affirmation dieser Dialektik zu verweigern. Der Soziologe Zygmunt Bauman hat, ausgehend von Adornos und Horkheimers Gedanken, in seinem Buch *Moderne und Ambivalenz* aus der antinomischen Struktur der Assimilation die Problemlage der modernen Kultur analysiert. Assimilation bedeutet bei Bauman einen Spezialfall der Anpassung der Menschen an den modernen Nationalstaat – und dieses allgemeine Projekt der Anpassung wird besonders deutlich in der Assimilation der Juden, wiederum im besonderen der deutschen auf der Grenze zwischen West und Ost.

Bauman nennt das Projekt der Assimilation eine «Falle», die im Prozeß der modernen Nationalstaatenbildung aufgestellt worden sei. Die bürgerliche Gesellschaft mache ein Gleichheitsversprechen, dessen Kehrseite der Homogenisierungsdruck der modernen Gesellschaft sei. Wer auf der Einlösung des Versprechens beharre, gebe gleichzeitig dem Druck, der auf ihn ausgeübt wird, nach. Mehr noch: er unterwerfe sich einem Maßstab der Anpassung, dem er nicht genügen könne. «Was am Ende zählte, war die Tatsache, daß die einheimische Elite das Recht für sich beanspruchte und eifersüchtig hütete, darüber zu urteilen und zu entscheiden, ob die Bemühungen, die kulturelle Unterlegenheit zu überwinden, wirklich ernsthaft und vor allem erfolgreich gewesen seien (tatsächlich kann nicht oft genug betont werden, daß die ganze Idee der gesellschaftlichen Vervollkommnung als Aufgabe der Assimilation ihren Sinn aus dem Bestehen einer solchen fest etablierten und unbestrittenen Elite zog: assimilieren hieß – sei es auch nur indirekt – ihre unbezweifelbare Überlegenheit anerkennen). Für die einzelnen, die danach strebten, zu der Gesellschaft der Auserlesenen zugelassen zu werden, verwandelte sich die Welt in ein Testgelände und das Leben in eine permanente Gerichtssitzung. Sie hatten sich auf ein Leben unter Beobachtung eingelassen, auf eine lebenslängliche und niemals endgültige Prüfung.»[8] Der Jude, der diese Prüfung nicht bestand, erwies sich als verstockt oder rückständig oder als Feind einer liberalen und fortschrittlichen Gesellschaft; der, der sie scheinbar bestanden hatte, erwies sich dadurch als wurzellos, zudem als einer, der sein Herkommen verbirgt, ein Heimlichtuer, einer, der sich einschleicht oder hineindrängt, nur auf seinen Vorteil aus ist und so weiter – also einer, den man daran erkennen kann, daß er sich um jeden Preis assimilieren will, und hat ihn so wieder erkannt: als Juden.

Nun verschafft diese Erfahrung, wenn sie denn bewußt wird und nicht in der Existenzweise des Parvenus verleugnet wird, ein Erkenntnisprivileg. Jeder sieht von seinem sozialen Standort bestimmte Züge einer Gesellschaft deutlicher, andere weniger deutlich als andere. Der Standort der Assimilationsfalle bringt die Möglichkeit eines scharfen Blickes auf die Regeln, nach denen gesellschaftlicher Ein- und Ausschluß gehandhabt wird, und gewährt damit Einsichten in das Gesellschaftsganze, die von anderen sozialen Örtern weniger klar zu haben sind. «Mit anderen Worten, die Erfahrung, die die Juden mit dem Modernisierungsprozeß machten, bot eine optimale Gelegenheit für die Formung und bewußte Artikulation der geistigen Strukturen, die die charakteristischen Merkmale der modernen Kultur werden sollten. Und umgekehrt – solche Merkmale treten schärfer und deutlicher erkennbar hervor, wenn sie im Zusammenhang mit der sozialen Situation gesehen werden, mit der sie am offensichtlichsten in Resonanz stehen. Das soll nicht heißen, daß die moderne Kultur in ihrem Charakter ‹jüdisch› sei. Und es bedeutet auch nicht, daß Juden von Natur aus ‹modern› seien. Aber es bedeutet, daß die Moderne im Kampf gegen die Ambivalenz die Juden (wie auch weiterhin alle ‹Fremden›) in die Situation einer so abgründigen und durchdringenden Ambivalenz geworfen hat, daß die condition humaine ihrer partikularistischen Umhüllung entblößt wurde und schließlich jene Ambivalenz freigelegt hat, die die Universalität der modernen condition humaine konstituiert: die Verwirklichung und den Bankrott des Projekts der Moderne.»[9] Diese Sätze transponieren die Befunde der *Dialektik der Aufklärung* in eine Soziologie der Moderne und zeigen, wie der scheinbare Widerspruch von funktionalistischer und partikularistischer Betrachtung des Antisemitismus in einer Beschreibung sozialer Dynamik sich auflöst.

Für diejenigen, die den besonderen Preis des allgemeinen Bankrotts der Moderne zu zahlen hatten, ergab sich, wenn sie sich der Selbsttäuschung des Parvenus verweigerten, eine Erkenntnischance. «Durch ein nicht eben erbauliches, finsteres Paradox war der Ausbruch jüdischer intellektueller Kreativität, der sich als moderne Kultur sedimentierte, ein Ergebnis der Intoleranz der Moderne.»[10] In der *Dialektik der Aufklärung,* im Juliette-Exkurs, heißt es: «Weibern und Juden sieht man es an, daß sie seit Tausenden von Jahren nicht geherrscht haben. Sie leben, obgleich man sie beseitigen könnte, und ihre Angst und Schwäche, ihre größere Affinität zur Natur durch perennierenden Druck, ist ihr Lebenselement. Das reizt den Starken, der die Stärke mit der angespannten Distanzierung zur Natur bezahlt und ewig sich die Angst verbieten muß, zu blinder Wut. Er identifiziert sich mit Natur, indem er den Schrei, den er selbst nicht ausstoßen darf, in seinen Opfern tausendfach erzeugte.» (3/132 f.) Natur bedeutet das noch nicht Einverstandene, noch nicht Eingemeindete, noch Fremde, ihr Bündnis mit dem Inkommensurablen (Adorno/Horkheimer), der Ambivalenz (Bauman). Bauman fährt fort: «Die Episode der erstaunlichen kulturellen Kreativität der Juden erwuchs aus ihrer Agonie und dem Leiden, ebenso wie die Universalität der modernen Kultur aus dem Drama der modernen Provinzialität entstand. Es war vielleicht notwendig, zuerst auf der Empfängerseite des modernen Drangs nach Ordnung, Gewißheit und Gleichförmigkeit Todesqualen zu erleiden, um zu lernen, mit Polysemie, Ambivalenz und den unendlichen Möglichkeiten einer unentscheidbaren Welt zu leben. Schließlich ging der Schandpfahl als Ausguck, von dem aus das Land der Moderne zum ersten Mal gesichtet wurde, in die Geschichte ein.»[11]

Die Theoretiker der Ambivalenz, die Zygmunt Bauman aufführt – Freud, Kafka, Simmel –, haben in seiner Darstellung eines gemeinsam: sie räumen in ihren theoretischen Entwürfen der Kontingenz einen großen Raum ein. Das Kontingente paßt nicht in die allseitig aufgerichtete Notwendigkeit, weil es eben nicht paßt, it just doesn't fit; das Inkommensurable trägt in sich das Zeichen der Opposition zum Großen Ganzen – doch wenn der Dialektiker es will, wird es, als Antithese, Teil. Ein Buch, das *Dialektik der Aufklärung* heißt und dem System Opposition ansagt, kommt darum leicht in die Nähe von His Majesty's Opposition, es ist Antithese von Gnaden eines höheren Systems. «Die Verneinung freilich ist nicht abstrakt», schreiben Adorno und Horkheimer, indem sie das Judentum abgrenzen etwa vom Buddhismus, von seinem «Gegenteil», dem Pantheismus, oder seiner «Fratze», der «bürgerlichen Skepsis» (3/40) – in ihrer Abneigung ganz in Hegelscher Tradition. Der Satz von der nicht-abstrakten Verneinung steht genau nach der Anrufung jüdisch-religiöser Tradition und der Beschwörung jener Erkenntnis, die einzig in der «Denunziation des Wahns» bestehe. Er steht damit auch in einer Spannung zur Rede von der Hoffnung, die einzig in der Negativität liege, es sei denn, hier habe sich die Vorstellung der bestimmten Negation als Antithese und Werkzeug zu einer erlösenden Synthese untergeschoben. Für eine solche Lesart spräche die Hoffnung, die sich in der *Dialektik der Aufklärung* an die jüdische Frage knüpft, wenn sie auch im Konjunktiv gehalten ist: sie *könnte* sich in der Tat als Wendepunkt der Geschichte erweisen.

Der gewählte geschichtsphilosophische Ausgangspunkt, die Erwartung einer ‹Normalentwicklung›, die Erklärungsbedarf mit sich bringt, wenn sie nicht eintritt, ist somit nicht zufällig. Er verdankt sich der nicht abstrakten, sondern bestimmten Negation der Dummheit des Parvenus. Sieht dieser nur sich selbst, bezieht er, egomanischer Teil der allgemeinen Egalitätsphantasien, alles auf sich selbst, so versucht die *Dialektik der Aufklärung* den Assimilationsanspruch des Großen Ganzen als letztlich doch nur partikularistisch zu entlarven. Ihre Verfasser kommen auf diesem Wege zu Einsichten über die mentale Verfaßtheit der modernen Gesellschaft, wie sie vor und nach ihnen kaum einer formuliert hat – vor allem in der sechsten These über den Antisemitismus und den Zusammenhang von Erkenntnistheorie und Paranoia. Wo in dieser These der Wahn denunziert wird, ist sie kaum zu widerlegen. Und doch unterliegt auch sie einem Paradox, in dem sich das des ‹ehrlichen Parvenus›, der sich eingesteht, was er sich nicht eingestehen kann, spiegelt – es deutet sich in der Umbenennung der «Philosophischen Fragmente» in «Dialektik der Aufklärung» an.

Ludwig Tieck hat in seinem historischen Roman *Der Hexen-Sabbath*[12] eine eigenartige Figur gestaltet, den Parvenu Köstein. Köstein ist ein durch Protektion aus dem gesellschaftlich wenig mächtigen Bürgertum in Adelskreise gelangter Höfling. Zufälle lassen ihn in seine Vaterstadt Arras zurückkehren, die, durch Zufälle oder, wie man sagt, Verkettung der Umstände und die Umtriebe eines geistesgestörten Bischofs, zum Schauplatz einer Hexenverfolgung wird. Köstein ist der einzige, der eine Erklärung für das Phänomen hat, das über die Stadt hereinbricht wie eine Naturgewalt. Er, geschult durch die illusionslose Betrachtung des Kampfes um Machtpositionen, kann auch den Wahnsinn auf einen Nenner bringen. Er beschreibt, wie die wahnsinnigen Ereignisse, die jeder Rationalität widersprechen, und die Machtrationalität des Ganzen – in diesem Falle der kirchlichen Herrschaft – sehr wohl zusammenpassen können. Er wird nun selber, da sich eine politische Intrige mit dem Hexenwahn verbindet, Opfer des zuvor analysierten Mechanismus – und verliert alle seine Klugheit, reklamiert Dankbarkeit, Verdienst und so fort und bleibt vor dem Verhängnis so ratlos wie alle, die zuvor weniger klug gewesen waren. In seinem Kerkerelend ist Köstein dumm wie jeder Parvenu. Was ihn dumm machte, war, daß ihn die Zufälligkeit seines Geschicks überforderte. Das System, das er zur Erklärung des Wahns geliefert hatte, war zu gut gewesen. Der Zufall war in ihm so unter die Fuchtel des Notwendigen gestellt worden, daß der Theoretiker Köstein mit ihm nicht mehr rechnete.

Das Paradox der *Dialektik der Aufklärung* ist die Kehrseite von Kösteins Paradox. Auch die *Dialektik der Aufklärung* hat keinen Platz für die Kontingenz, darum bekommt auch in ihr das Inkommensurable seinen Platz in der großen Konstruktion des Unheils als bestimmte Negation und damit als mögliches Moment letztendlicher Heilung und Versöhnung. Auch in dieser Konstruktion hat das Inkommensurable, das sich *nicht* nach Versöhnung sehnt, keinen Platz; und damit werden eine Reihe von Phänomenen – im Bösen wie im Guten – einfach übersehen. In der großen Konstruktion haben aber vor allem die Verfasser selber keinen Platz, die – anders als Köstein – nicht dem Bösen, das er erkannte und doch in seiner Reichweite verkannte, zum Opfer fielen, sondern dem Bösen, das sie auch in seiner Reichweite (nämlich bis zum Ort ihres Exils) nicht verkannten, *nicht* zum Opfer fielen.

Der Mythos ist das archaische Mittel, die Kontingenz zu bannen. Lieber einem Gott, einem Monster, einem universalen Verhängnis zum Opfer fallen als dem Zufall. Für die modernen Sozialwissenschaften gilt, daß sie uns Modelle anbieten, die uns helfen sollen, mit den Verhängnissen in irgendeiner Weise weiterleben zu können. Mit ihrem Anspruch, die Scheußlichkeiten des Weltlaufs zu erklären, haben sie das Erbe des Mythos ebenso angetreten wie – nach dem Muster der *Dialektik der Aufklärung* – die klassifizierenden Naturwissenschaften das der Ursprungssagen. Ihr gesellschaftlicher Auftrag besteht im Bannen der Kontingenz. Es läßt sich nämlich sagen, daß es sich als Überlebender nicht gut lebt – es sei denn, man findet zu einer Haltung, die das Überleben als Ausweis besonderer Eigenschaften und höherer Bestimmung auffaßt. Wo sich aber die Erkenntnis, daß das eigene Leben sozusagen nur eines gegen die statistische Wahrscheinlichkeit ist, nicht abweisen läßt, sind die Auswirkungen solcher Einsicht in die Kontingenz katastrophal. Die Psychologie weiß das inzwischen; es gibt viele Forschungen über das Trauma des Überlebens, ihm kommt auch keine mythisch-religiöse oder sozialwissenschaftliche Tröstung mehr bei.

Zwanzig Jahre nach 1944, dem Jahr des Erscheinens der «Philosophischen Fragmente», schreibt Adorno, längst zurückgekehrt nach Frankfurt: «Das perennierende Leiden hat soviel Recht auf Ausdruck wie der Gemarterte zu brüllen; darum mag falsch gewesen sein, nach Auschwitz ließe kein Gedicht mehr sich schreiben. Nicht falsch aber ist die minder kulturelle Frage, ob nach Auschwitz noch sich leben lasse, ob vollends es dürfe, wer zufällig entrann und rechtens hätte umgebracht werden müssen. Sein Weiterleben bedarf schon der Kälte, des Grundprinzips der bürgerlichen Subjektivität, ohne das Auschwitz nicht möglich gewesen wäre: drastische Schuld des Verschonten. Zur Vergeltung suchen ihn Träume heim wie der, daß er gar nicht mehr lebte, sondern 1944 vergast worden wäre, und seine ganze Existenz danach lediglich in der Einbildung führte, Emanation des irren Wunsches eines vor zwanzig Jahren Umgebrachten.»[13] Diese Stimme, die da, indem sie die Buchstabenfolge ‹ich› nur zeigt in den Wörtern «nicht» und «lediglich», aber nicht Ich sagt, und damit das Grundmotiv aller Erfahrung von Kontingenz nur vorweist, doch nicht benennt, redet in Theodor W. Adornos *Negativer Dialektik,* einem Buch, das versucht, philosophisch das Paradox der *Dialektik der Aufklärung* zu überwinden, indem in ihm eine Gedankenfigur von These und Antithese ohne Synthese, die gleichwohl mehr wäre als bloß dies und das, vorgeführt wird. Die *Negative Dialektik* spricht, als werde mit ihr das letzte Wort der Philosophie gesprochen. Am erkannten ‹Sturz› der Metaphysik wirkt sie nach Kräften mit, doch erklärt sie sich im letzten Satz «solidarisch» mit ihr und streicht sich damit selbst aus. Diese Geste des Ausstreichens dessen, was man gewesen, kommt aus den genannten Albträumen, sie ist die Stilfigur der *Negativen Dialektik,* geübt in den *Minima Moralia* zuvor. Auf diese These folgt die Antithese, auf die die Antithese der Antithese, die sich der Synthese verweigert. Ein Satz streicht den voraufgegangenen. Es ist eine Selbstdestruktion in Permanenz, ohne daß ein Ende abzusehen wäre. Der Text lebt nur fort in diesem stetigen Selbstmord unaufhörlichen Weitersprechens. Es ist, als habe die Diagnose der Unausweichlichkeit des Verhängnisses seinem Diagnostiker die Kontingenz des Überlebens nicht gestattet.

Und wie zum Spott steht die Schilderung so beschaffenen paradoxen Überlebens in der selbstmörderischen Rede auch in der *Dialektik der Aufklärung:* «Von der Antike bis zum Faschismus hat man Homer das Geschwätz vorgeworfen, das der Helden sowohl wie des Erzählers. Alten und neuen Spartanern jedoch hat der Ionier prophetisch darin überlegen sich gezeigt, daß er das Verhängnis darstellte, welches die Rede des Listigen, des Mittelsmanns über diesen bringt. Die Rede, welche die physische Gewalt übervorteilt, vermag nicht innezuhalten. Ihr Fluß begleitet als Parodie den Bewußtseins-strom, Denken selber: dessen unbeirrte Autonomie gewinnt ein Moment von Narrheit – das manische –, wenn sie durch Rede in Realität eintritt, als wären Denken und Realität gleichnamig, während doch jenes bloß durch Distanz Gewalt hat über diese. Solche Distanz ist aber zugleich Leiden. Darum ist der Gescheite – dem Sprichwort entgegen – immer in Versuchung, zuviel zu reden. Ihn bestimmt objektiv die Angst, es möchte, wenn er den hinfälligen Vorteil des Wortes gegen die Gewalt nicht unablässig festhält, von dieser der Vorteil ihm wieder entzogen werden. [...] Udeis, der zwangshaft sich als Odysseus einbekennt, trägt bereits die Züge des Juden, der noch in der Todesangst auf die Überlegenheit pocht, die aus der Todesangst stammt.» (3/87 f.)

# Überleben als erzwungenes Einverständnis

## Gedanken bei der Lektüre von Imre Kertész'
## «Roman eines Schicksallosen»

> *Leben unter allen Umständen – das ist das*
> *Problem, vielleicht das Problem.*
> *(Galeerentagebuch)*

«Ich werde mein nicht fortsetzbares Dasein fortsetzen. Meine Mutter wartet auf mich und wird sich wahrscheinlich sehr über mein Auftauchen freuen, die Arme. Ich erinnere mich, früher hatte sie den Plan, daß aus mir einst ein Ingenieur, ein Arzt oder dergleichen werde. Es wird aller Wahrscheinlichkeit nach auch so werden, wie sie es wünscht; es gibt keine Absurdität, die man nicht ganz natürlich leben würde, und auf meinem Weg, das weiß ich schon jetzt, lauert wie eine unvermeidliche Falle das Glück auf mich. Denn sogar dort, bei den Schornsteinen, gab es in der Pause zwischen den Qualen etwas, das dem Glück ähnlich war. Alle fragen mich immer nur nach den Übeln, den ‹Greueln›: obgleich für mich vielleicht gerade diese Erfahrung die denkwürdigste ist. Ja, davon, vom Glück der Konzentrationslager, müßte ich ihnen erzählen, das nächste Mal, wenn sie mich fragen. Wenn sie überhaupt fragen. Und wenn ich es nicht selbst vergesse.»[1] So – für viele Rezensenten verstörend – endet Imre Kertész' «Roman eines Schicksallosen», den man zu den großen Romanen der zweiten Hälfte des Zwanzigsten Jahrhunderts zählen werden wird.

Imre Kertész, 1929 in Budapest geboren, wurde 1944 während der sogenannten «Ungarn-Transporte» nach Auschwitz verschleppt, dann nach Buchenwald und das Buchenwalder Nebenlager Zeitz deportiert. 1945 wurde er in Buchenwald befreit. Der «Roman eines Schicksallosen» ist kein autobiographischer Bericht, wiewohl das Ich des Romans denselben Weg gehen muß, den sein Verfasser ging. Der Roman gehört nicht in jene Literaturgattung, deren Ziel es vor allem ist, Zeugnis abzulegen von einem Verbrechen. Wenn Kertész' Roman in einer sehr vermittelten Weise auch als ein Beitrag zu dieser dokumentarischen Literatur gelesen werden kann, so ist er primär doch etwas anderes.

In Kertész' im «Galeerentagebuch» mitgeteilten Tagebuchaufzeichnungen aus den Jahren 1961 bis 1971 wird, wenigstens annäherungsweise, deutlich, welche Aufgabe er sich mit diesem Roman gestellt hat: «‹Roman einer Schicksalslosigkeit› – als möglicher Titel, unbedingt aber als Untertitel. Was bezeichne ich als Schicksal? Auf jeden Fall die Möglichkeit der Tragödie. Die äußere Determiniertheit aber, die Stigmatisierung, die unser Leben in eine durch den Totalitarismus gegebene Situation, in eine Widersinnigkeit preßt, vereitelt diese Möglichkeit: Wenn wir also als Wirklichkeit die uns auferlegte Determiniertheit erleben statt einer aus unserer eigenen – relativen – Freiheit folgenden Notwendigkeit, so bezeichne ich das als Schicksalslosigkeit. Wesentlich ist, daß die Determiniertheit immer im Gegensatz stehen muß zu den natürlichen Ansichten und Neigungen, denn so tritt Schicksalslosigkeit in chemisch reinem Zustand auf. Die beiden Möglichkeiten des Schutzes: Wir verwandeln uns, gewissermaßen aus freien Stücken, in unsere Determiniertheit (in Kafkas Tausendfüßler) und versuchen so, die Fremdbestimmung dem eigenen Schicksal anzuverwandeln; oder wir revoltieren dagegen und werden so zu Opfern unserer Determiniertheit. Keines von beiden ist demnach eine wirkliche Lösung: In beiden Fällen sind wir gezwungen, unsere Determiniertheit [...] als *Realität* aufzufassen, während die determinierende Kraft, diese absurde Macht, in gleicher Weise über uns triumphiert: Sie erfindet uns einen Namen, der nicht unser Name ist, und macht uns zu ihrem Objekt, obgleich wir zu anderem geboren sind. Das Dilemma meines ‹Muselmanns›: Wie kann er ein Schicksal aus der eigenen Determiniertheit gestalten. Diese

Determiniertheit läßt sich ja nicht fortsetzen: Sie verliert ihre historische Gültigkeit und wird von allen geleugnet. So daß von ihr nichts bleibt außer der Erinnerung an körperliches Leid. Nun, und die Aussicht auf neue Determinierheiten, die einem bevorstehen.»[2]

Diese Exposition des Begriffes «Schicksallosigkeit», der dann der Haupttitel werden wird, kehrt in dem eingangs zitierten Romanende wieder. Auffällig natürlich in den korrespondierenden Sätzen «so daß von ihr nichts bleibt als körperliches Leid» und «Alle fragen mich immer nur nach den Übeln, den ‹Greueln› ». Und, gewagter, in «Aussicht auf neue Determiniertheiten, die einem bevorstehen» und «Ich werde mein nicht fortsetzbares Dasein fortsetzen. Meine Mutter wartet auf mich und wird sich wahrscheinlich sehr über mein Auftauchen freuen, die Arme. Ich erinnere mich, früher hatte sie den Plan, daß aus mir einst ein Ingenieur, ein Arzt oder dergleichen werde. Es wird aller Wahrscheinlichkeit nach auch so werden, wie sie es wünscht.»

Bevor nach dem Blick, der hier auf ein besonderes oder das Leben schlechthin geworfen wird, zu fragen wäre, möchte ich uns bei den spezifisch *ästhetischen* Fragen aufhalten, die Kertész im «Galeerentagebuch» aufwirft. «Schicksal», das heißt vor allem Freiheit. «Determiniertheit» ist der Gegenbegriff, aber auch außerhalb der terminologischen Fügungen des Textes: Tragödie setzt Wahlmöglichkeiten voraus. Umgekehrt ist Freiheit Möglichkeit der Tragödie. Historisch entsteht in der griechischen Tragödie die Idee der Freiheit, nicht indem sie gegen den mythischen Bann gestellt wird – der Orest Sartres, der die Fliegen hinter sich herstürzen läßt und ins Offene geht, ist nicht griechisch. Der Held (die Heldin) der griechischen Tragödie erfüllt ihr Schicksal in der Wahl, die Falle schnappt zu, so oder so, die Idee der Freiheit wird nicht mit einem Erfolgsversprechen unter die Leute gebracht, aber doch ist die Wahl keine Selbsttäuschung. Sie hat ihre Würde in sich und transzendiert so die von Übermächten kreierten Dilemmata. Ästhetisch wird die Freiheit gerade dadurch deutlich, daß sie dem Diktat des guten Ausgangs nicht unterworfen wird. Da mogelt sich keiner aus der Entscheidung, weil sie ihm, des Erfolgsversprechens wegen, leichtfällt. Bezeichnend, daß die Idee der Freiheit solchen Arrangements bedarf, um verstanden zu werden.

Was ist, wenn die Möglichkeit der Tragödie entfällt? Wir können es an den erwähnten Taktiken sehen, die der Determiniertheit entgegengesetzt werden. Die Revolte zeigt, wer der Stärkere ist, aber das ist nur die eine Seite. Im Scheitern der Revolte zeigt sich dem Revoltierenden seine antithetische Abhängigkeit von der Macht. Was er für Freiheit hielt, war nur Reflex. Hier mag man rückfragen, Einwände erheben, und die mögen sich ihrerseits als reflexhafter herausstellen, als man zunächst meint, aber wie dem auch sei, unser Thema ist ein anderes – genug, daß Kertész die andere Seite, die Anpassung, wenn man so will, als den eigentlichen Schauplatz des Scheiterns der Freiheit betrachtet: «wir verwandeln uns in unsere Determiniertheit». Die Wahl, so ist hier impliziert, ist eine Selbsttäuschung. Warum? Kertész begründet das aus dem scheiternden Rückblick: es sei nicht möglich, die Erinnerung an die Überwältigung durch die Macht so zu bewahren, daß das Moment von Freiheit, von Wahl in ihr erhalten bleibe. Das setze eine Differenzierung voraus, die in der Retrospektion untergehe: «nichts bleibt außer der Erinnerung an körperliches Leid» und «vom Glück der Konzentrationslager müßte ich ihnen erzählen, das nächste Mal, wenn sie mich fragen. Wenn sie überhaupt fragen. Und wenn ich es nicht selbst vergesse.»

«Welche Möglichkeiten hat die Kunst», schreibt Kertész, «wenn der Menschentyp, den darzustellen sie nie müde geworden ist (der tragische) nicht mehr existiert? Der Held der Tragödie ist der sich selbst hervor- und zu Fall bringende Mensch. Der Mensch heute jedoch paßt sich nur noch an.»[3] Der Mensch heute – das klingt nach bekanntem kulturpessimistischem Ressentiment, aber cave. Der Held der Tragödie wird, mit zunehmendem Bewußtsein der Individualität als Lebensmöglichkeit (die, nota bene, nach der Antike in der Moderne wiederentdeckt werden mußte – nicht zuletzt in der Gattung des Romans), derjenige, der die Arbeit des Verhängnisses selbst übernimmt. Mme Bovary braucht nur sich selbst zur Katastrophe, und der creator ex nihilo, Wutz, hat auf der Überholspur der Groteske schon lange vorher Gottähnlichkeit erreicht, ohne dabei sonderlich bange zu werden.

Solche Entwürfe des Seins pausen die Welt nicht ab. Das Selbstideal der distinkten Biographie, des nur eigenen Namens, der Einzigartigkeit, durch die sich die Welt in nur einmal zu sehenden Farben bricht, muß nicht tausendfach tatsächlich auf Erden wandeln. Aber es muß eine Chance haben. Wo die Literatur auf den Abstand von Selbstentwurf und Chance, ihn zu leben, setzt, darf der nicht nur lächerlich sein, sondern, bitteschön, wenigstens tragi-komisch, der Held nicht verrückt, jedenfalls nicht restlos. Wo die Wirklichkeit die Chancen der Individualität drastisch reduziert, werden die literarischen Formen «phony», wie Adorno Hochhuths Versuche, die Gegenwart Schillerscher Form sich nähernd zu fassen, genannt hat. «Das Individuum kann hier, wenn es überhaupt in jemandem zu Wort kommt, höchstens seine Vergangenheit betrauern.»[4]

Wir müssen hier nicht diskutieren, wie weiträumig ein solcher Befund zu denken und ob, was als kulturpessimistisches mehr Ressentiment als Raisonnement erscheint, mit Lifton und Sennet etwa in einen sozioanthropologischen Befund zu überführen wäre. Kertész spricht im «Galeerentagebuch» über einen Typus, den er den «funktionalen Menschen» nennt, manchmal ihn spezifiziert als Menschen im Totalitarismus, oft kenntlich macht, daß es ihm um den Repräsentanten jüngster Moderne geht. Sein Roman aber, den diese Reflexionen begleiten, schildert einen Menschen, dem wir das Extrem, nicht die Allgemeinheit zuordnen: den Deportierten, zur Vernichtung Bestimmten. «Romanheld. Wie aber, wenn der Mensch nicht mehr ist als seine Situation, die Situation im ‹Gegebenen›? – Vielleicht ist nichtsdestotrotz etwas zu retten, eine kleine Ungereimtheit, etwas letztlich Komisches und Hinfälliges, das vielleicht Zeichen von Lebenswillen ist und das immer noch Sympathie erweckt. Übernehmen wir seine Darstellung jedoch, so bleibt immer noch die Frage, aus welchem Blickwinkel haben wir ihn darzustellen? Sehen wir seine Situation als tragisch an, so beklagen wir ohne Zweifel etwas Nichtexistentes, das falsche Bewußtsein der Kulturwelt, das vor Auschwitz bestand (und zu Auschwitz führte); einen Humanismus, der niemals existierte. Ist das nicht absurd anachronistisch? Ist das nicht absurd harmlos? Das heißt: Ist das nicht Lüge? Die daraus folgende und die größte Frage also: Wie können wir eine Darstellung aus dem Blickwinkel des Totalitären vornehmen, ohne den Blickwinkel des Totalitären zum eigenen Blickwinkel zu machen?»[5] Das heißt: dort, wo die Realität Subjektivität getilgt hat, ist nicht an deren Fiktion festzuhalten, nicht aber in der Aufgabe dieser Fiktion eine totalitäre Schließung der Welt selbst zu vollziehen. Kertész ist in dieser Gedankenführung Adorno, den er auch zuweilen zitiert, näher als den meisten, die als Überlebende der Lager ihre Memoiren geschrieben haben, und weder Kertész' Diktum vom «falschen Bewußtsein der Kulturwelt, das vor Auschwitz bestand (und zu Auschwitz führte)» von «einem Humanismus, der niemals existierte», noch vergleichbaren Sätzen Adornos jemals zustimmen würden.

Das Problem ist nicht zuletzt eines des gewählten Vokabulars. Wo Adornos wie Kertész' Sätze vor allem das wütende Insistieren darauf, sich nichts vorzumachen, am allerwenigsten angesichts der Vernichtungslager auf irgendwelche verborgenen Potentiale transzendentalen Trostoptimismus' zu setzen, vortragen, wirken sie doch als diskursive letztlich hilflos vor der Frage, wann denn die heroische Verweigerung der Verleugnung mit Affirmation verwechselbar wäre. Bei Adorno finden wir den Versuch, durch die Stilfigur der permanenten Negation diese Gefahr immer wieder erneut zu provozieren und gleichzeitig zu vermeiden, bei Kertész' Sätzen ist immer der Roman, zu dem sie Adnoten sind, mitzulesen.

«Ich glaube, meine Romanfigur ist eine mit keiner anderen vergleichbare, in der Hinsicht, daß sie nur aus Determiniertheiten, Reflexionen und Tropismen besteht: Immer und überall ist es ausschließlich die durch die Welt erlittene Qual, die sie Sprache werden läßt, sonst würde sie nicht einmal reden können; niemals ist sie es, die die Welt Sprache werden läßt.»[6] Dies ist als technische Anweisung zu lesen. Das Ich des Romans sei nicht als Medium anzulegen, in dem sich das Licht der Welt auf einzigartige Weise zerlegt, und uns so beides zeigt, Welt und Medium, sondern als Sache unter Sachen. Nur daß diese Sache sprechen kann, wenn auch nur über eines: die Qual des Zustands, nur Realität zu sein und sonst nichts. «Konformismus: Wenn der Mensch nicht Einklang mit der Wirklichkeit sucht, sondern mit den Tatsachen. Was ist Wirklichkeit? Verkürzt gesagt: wir selbst. Was sind Tatsachen? Verkürzt gesagt: Absurditäten. Die Verbindung von beiden, verkürzt gesagt: ein moralisches Leben, Schicksal. Oder: keine Verbindung, das Akzeptieren von Tatsachen, eine Reihe von Zufällen und die Anpassung an sie. So wird auch der Konformist selbst zu einer Tatsache, zu einer Absurdität. Er verliert seine Freiheit, sprengt seinen Mittelpunkt und zerstreut sich in der Leere der Tatsachen. Aus den unbekannten, in heillose Ferne entgleitenden Teilchen kann er sein ihm selbst fremd gewordenes Leben niemals wieder zusammensetzen. Der Mensch wandelt sich in sein Gegenteil: in eine Maschine, in einen Schizophrenen, ein Ungeheuer. Er wird Opfer und Henker.»[7]

Als das Ich des Romans dorthin zurückkehren soll, von wo man ihn verschleppt hatte, läßt Kertész es eine Bestandsaufnahme seiner physischen Erscheinung machen: «Wenn ich mir zum Beispiel an irgendeiner Stelle meines Körpers den Finger ins Fleisch bohrte, blieb die Spur, die Einbuchtung noch lange da, so als hätte ich ihn in irgendein lebloses, unelastisches Material, sagen wir in Käse oder Wachs gebohrt. Auch mein Gesicht überraschte mich etwas, als ich es in einem der wohnlichen, mit einem Spiegel eingerichteten Zimmer des SS-Krankenhauses zu erstenmal erblickte, denn von früher her hatte ich ein anderes Gesicht in Erinnerung. Dieses, das ich nun anschaute, hatte unter dem ein paar Zentimeter nachgewachsenen Haar eine auffällig niedrige Stirn, unter dem merkwürdig verbreiterten Ohransatz zwei ganz neue, unförmige Geschwülste, andernorts weiche Taschen und Säcke, und es glich – zumindest, wenn ich meiner Lektüre von früher glauben wollte – im großen und ganzen eher den faltigen, zerfurchten Gesichtern von Menschen, die sich in allen Lüsten und Wonnen umgetan hatten und deshalb früh vergreist waren, und auch den Blick der winzig gewordenen Augen hatte ich anders, freundlicher, ja vertrauenerweckender in Erinnerung.»[8] Robert Antelme hat beschrieben, wie der körperliche Verfall einen Menschen dazu bringen kann, sich selber nur noch als Gegenstand zu betrachten, als Gegenstand, den man mit Ekel betrachtet, aber mit einem besonderen, gleichsam nach außen gewandten Ekel, nicht mit Selbstekel, der doch immer eine Ausdrucksform der Scham ist und damit einer Subjektivität, die darunter leidet, den Blicken (auch den eigenen) preisgegeben zu sein. Kertész läßt sein Roman-Ich keine Scham empfinden, keinen Selbstekel, wenn er seinen Körper wie aus leblosem Material bestehend wahrnimmt. Auch kein Erschrecken ist da, nur Verwunderung, ein wenig Überraschung. Der Blick in die eigenen Augen wird von keiner Überlegung begleitet, ob das, was sie zum Ausdruck zu bringen scheinen, tatsächlich dem entspricht, wie sie in die Welt sehen.

Was Kertész, sehr seiner Selbstanweisung gemäß, Sprache werden läßt, ist «ausschließlich die durch die Welt erlittene Qual», aber solche Ausschließlichkeit verlangt den Verzicht auf den Ausdruck von Schmerz, Leid, Wut, Haß, auf alles, was über die Transformation in ein sprechendes Ding hinausginge. Affirmation ohne den Entschluß dazu, Hinnahme ohne Märtyrertum – im Wortsinne: kein Wunsch, Zeugnis abzulegen, kein «Ist das ein Mensch?». Indem Kertész sein Roman-Ich dessen beraubt, was ein Ich ausmacht: nicht aufzugehen im Indikativ der Tatsachen, immer noch konjunktivischen Überschuß zu repräsentieren und also eine über die Tatsachen hinausgehende Wirklichkeit zu sein, beraubt er seinen Roman wesentlicher ästhetischer Potentiale. Er tut dies bewußt, programmatisch, um nicht der Darstellung des Triumphs der totalen Herrschaft der Tatsachen durch die konventionelle Form das tröstliche Dementi gleich mitzuliefern. Das Risiko dieses ästhetischen Vorsatzes ist nicht gering. Es besteht in der möglichen Monotonie.

«Für den Roman wird [...] ein gewisser Mangel charakteristisch sein, der Mangel an ‹vollem Leben›, wie die Ästheten es fordern»[9] – mehr: wenn die dargestellte Individualität als Instrument der Erzählung und Strukturierungsvorgabe für das Dargestellte ausfällt, wie ist dann ein auch noch als Monolog verfaßter Roman möglich?[10] Hierauf gibt Kertész eine theoretisch-strukturelle und eine technische Antwort. – «Weihnachtsmorgen. Erregt und unentschlossen. Ich benötige unbedingt eine Klärung und theoretische Untermauerung für das Romanschreiben. Was mich beschäftigt, ist: Durch die Lektüre Adornos sehe ich wieder völlig klar, daß die Technik meines Romans der Zwölfton- bzw. Reihentechnik, also einer integralen Kompositionsmethode, folgt. Sie verbietet freie Charaktere und die Möglichkeit einer freien Wendung der Erzählung. Die Charaktere sind hier thematische Motive, die innerhalb der Struktur der Totalität, welche von außen her über den Roman herrscht, auftreten; jedes ihrer Themen wird von der STRUKTUR nivelliert, jeder Anschein von Tiefe des Individuums zum Verschwinden gebracht; ausschließlich in ihrer Beziehung zum kompositorischen Leitmotiv: *zur Schicksalslosigkeit,* können sich diese Themen ‹entwickeln und variieren›. [...] Das würde bedeuten, daß sich das Werk, statt ‹Darstellung› zu sein, *sich das anverwandelt,* was es darstellt: die äußere

Struktur wird zur ästhetischen Struktur und gesellschaftliche Gesetze zu Gesetzen der Romantechnik.»[11]

Durch den Bezug zu Adornos Analysen der Schönbergschen Kompositionstechnik[12] ist Kertész' Vergleich natürlich maximal aufgeladen mit ästhetischer Theorie, aber hier möge es genügen, eines hervorzuheben: was im konventionellen Roman etwa die Charakterentwicklung des Helden wäre, tritt hier in die äußere Form zurück, die ihrerseits sich der klassischen Form der Entwicklung eines Themas zu Gunsten einer Linearität entschlägt. Die oben ausgesprochene Frage, wie die Darstellung aus dem Blickwinkel des Totalitären vorzunehmen sei, beantwortet sich Kertész so: indem der Text sich «zum reinen Text verwandelt, dem man das Subjekt gleicherweise entzogen hat, wie die Sach- und Machtstrukturen der Welt das Individuum zerschlagen und auf bloße Impulse reduziert haben».[13] Die andere Frage, wie das möglich sei, ohne den Blickwinkel des Totalitären zum eigenen zu machen, ist damit allerdings nicht beantwortet. Sie ist eben nicht theoretisch schlüssig zu beantworten, und hier zeigt sich die Begrenztheit des entsprechenden Vokabulars. Ebenso ist bei der Betrachtung der bloßen Strukturvorgaben nicht zu beantworten, wie dem Risiko der Monotonie begegnet werden soll. Das sind Fragen der Durchführung, der Technik.

Der «Roman eines Schicksallosen» beginnt mit dem Satz «Heute war ich nicht in der Schule.» Was lesen wir? Einen, so sagen wir vielleicht, ungeheuerlich inadäquaten Anfangssatz, die Mitteilung einer Alltagsbanalität, die so gar nichts zu tun hat mit dem, was geschieht?: «Heute war ich nicht in der Schule. Das heißt doch, ich war da, aber nur, um mir vom Klassenlehrer freigeben zu lassen. Ich habe ihm das Schreiben meines Vaters überbracht, in dem er wegen ‹familiärer Gründe› um meine Freistellung nachsucht. Der Lehrer hat gefragt, was das für familiäre Gründe seien. Ich habe gesagt, mein Vater sei zum Arbeitsdienst einberufen worden; da hat er weiter keine Schwierigkeiten gemacht.»[14] – Man denke sich diesen Eingangsabsatz anders, etwa so: «Heute war der letzte Tag, an dem mein Vater noch bei uns war. Er war zum ‹Arbeitsdienst einberufen› worden – etwas, worunter ich mir damals noch wenig vorstellen konnte, was manche unter uns mit schlimmen Befürchtungen zurückließ, bei keinem aber auch nur die Ahnung davon, daß mit dieser Nachricht für uns alle etwas unwiderruflich zuende gehen würde, daß mit dieser Mitteilung – so selbstverständlich-ordentlich, so bürokratisch-nichtssagend sie daherkam – uns allen die Mitteilung wurde, daß nichts mehr sein würde wie vorher, daß wir zu lernen hatten, daß die wohlgefügte Zivilisation, in der wir uns an etwas gewöhnt hatten, was wir ‹Sicherheit› genannt hätten, wenn uns jemand gefragt hätte, an Sicherheit und an die Möglichkeit, die Zukunft nach ‹wahrscheinlich› und ‹weniger wahrscheinlich› und ‹unmöglich› zu sortieren, von einem Tag auf den anderen wie Fetzen Nebel verwehen kann. Mein Vater tat alles, um das Leben, so lange er in ihm sorgen konnte, in geregelten Bahnen verlaufen zu lassen. Er schrieb mir, damit wir den letzten Tag zusammen verbringen könnten, eine Entschuldigung für die Schule, aber den genauen Grund anzugeben, vermied er: man möge mir, aus ‹familiären Gründen›, frei geben. Der Lehrer fragte nach, und als ich ihm sagte, mein Vater sei zum Arbeitsdienst einberufen worden, ließ er mich gehen.»

Wir sind beim ersten Vergleich vielleicht geneigt, die Fassung, die Kertész gewählt hat, auf die Kindlichkeit des Roman-Ichs zurückzuführen, für das der «Tag schulfrei» eben ein eigenes Gewicht hat, aber diese Überlegung verliert sich im Laufe der weiteren Lektüre. Auch die hier virtuos verwendete Erzählhaltung des Laien, der sich irgendwie holpernd und stolpernd an sein Thema heranmacht, nicht mit der Tür ins Haus fallen will, aber in der Ereignisperipherie zwischen wichtig und unwichtig nicht zu unterscheiden weiß, tritt zunehmend zurück zugunsten der Beobachtung, daß auch im Weiteren stets präzise «neben das Ziel getroffen» wird. «Es war ein klarer, lauer Morgen – dafür, daß der Frühling erst anfängt. Ich hätte mir gern den Mantel aufgeknöpft, habe es mir aber anders überlegt: im leichten Gegenwind könnte das Revers zurückklappen und den gelben Stern verdecken, was gegen die Vorschrift wäre.»[15] Die Information, daß auch das Roman-Ich zu den Gekennzeichneten gehört, erwischt uns buchstäblich en passant. Die kurze Passage hebt an wie es sich eigentlich gehört, wie es sich auf den ersten Seiten eines Romans gehört: mit dem Wetter. Aber das Wetter kommt nur vor, weil es dem redenden Ich auffällt. Es ist nicht kalt, und man kann den Mantel offen tragen. Aber dann, bei dem Wind … – das Wetter hat nur darum Bedeutung, weil es dem Sternträger ein besonderes Problem verschafft. Dieses Problem ist aber eines mit dem Wetter (nicht mit solchen Sachen wie der Moral oder der Zivilisation). «Daneben getroffen» ist die Einführung des Sterns über das Wetter nur für uns, nur für uns kommt das redende Ich vom Hölzchen aufs Stöckchen und dann erst, zufällig, auf die wuchtigeren Tatsachen. Wir lernen eine Einheit der Empfindung kennen, die wir allerdings darum nicht so nennen mögen, weil hier nicht «empfunden» wird in einem klassischen Romansinn, sondern ein Zusammenhang von Reflexen sprachlich präsentiert. «Ein atonaler Roman. Was heißt Tonalität? Der Grundbaß einer eindeutigen Moral, der Grundton, der überall darin brummt. Gibt es einen solchen Grundton? Falls es ihn gibt, ist er erschöpft. Ein Roman also, in dem sich keinerlei statische Moral findet, nur die ursprünglichen Formen des Erfahrens, der Erfahrung im reinen und geheimnisvollen Sinne des Wortes.»[16] – Der erste Absatz ist, wiewohl im Präteritum geschrieben, reine Gegenwart. Keine gemachte Erfahrung wirkt deutend zurück. Wir sind stets unmittelbarer Zeuge des Geschehens, und doch ist die Geschichte aus der Distanz berichtet, als sähe man einen Dokumentarfilm, der gewisse Altersspuren zeigt – präsent, kein Präsens. Aus der größtmöglichen Nähe ohne Identifikationsmöglichkeit entsteht eine den Leser stets emotional beanspruchende Differenz, die, so wird zu zeigen sein, es ermöglicht, «eine Darstellung aus dem Blickwinkel des Totalitären vorzunehmen, ohne den Blickwinkel des Totalitären zum eigenen Blickwinkel» zu machen.

Der Vater verschwindet im Arbeitsdienst, auch der Sohn. Dann folgt die Deportation: « ... hat er sich an die Gendarmen gewandt und ihnen mit einer über den ganzen Platz tönenden Stimme befohlen, sie sollten ‹dieses ganze jüdische Gesindel› dorthin bringen, wo es seiner Meinung nach eigentlich hingehöre, nämlich in den Pferdestall, und es dort über Nacht einsperren. Und der zweite Eindruck war das unübersichtliche, von lauten Befehlen erfüllte Durcheinander, das sofort darauf eintrat, die gebrüllten Anweisungen der plötzlich in Schwung versetzten Gendarmerie, die uns wegtrieben. Ich wußte auf einmal gar nicht mehr, wo mir der Kopf stand, und ich erinnere mich nur daran, daß ich die ganze Zeit fast auch ein bißchen lachen mußte, einerseits vor Staunen und Verlegenheit, aus dem Gefühl, plötzlich in irgendein sinnloses Stück hineingeraten zu sein, in dem ich meine Rolle nicht recht kannte, andererseits wegen einer flüchtigen Vorstellung, die mir gerade so in den Sinn huschte: das Gesicht meiner Mutter, wenn sie heute abend merken würde, daß sie mit dem Abendessen umsonst auf mich wartete.»[17] Was wie ein zerstörerischer Keil in den ohnehin deformierten Alltag getrieben wird und nichts hinterläßt, was sich hinterher noch nach den alten Mustern fügen ließe, wird uns vor Augen geführt (nicht zuletzt auch weil wir die Bilder der Deportation aus anderen Berichten kennen), aber gleichzeitig erläutert als Problem der Unzulänglichkeit der Vorbereitung auf solche Situationen im Alltag. Unsere Abendessenrituale sind erfunden worden, als gäbe es nicht die Möglichkeit, daß wir in den nächsten Minuten verhaftet, weggetrieben oder niedergeschlagen und verschleppt werden. In seinem zweiten Tagebuchband, «Ich – ein anderer», findet sich der Eintrag: «Nachmittags um fünf Rendezvous am Münchner Hauptbahnhof. Ich komme mit dem Zug aus Berlin, M. mit dem Auto aus Budapest. Seit wann wage ich es, solche Treffen zu vereinbaren? Woher nehme ich das unbegründete kosmische Vertrauen?»[18]

Und dann ist noch das Unbehagen dessen, der in eine Situation kommt, in der er sich nicht adäquat zu benehmen weiß, fast wie im Witz vom Gentleman, der sich vor dem Gang zum Schafott erkundigt, wie er es mit dem Henker zu halten habe: «Was gibt man dem Mann?» – Staunen und Verlegenheit, immer wieder Verwunderung, «ich war überrascht»,[19] «ich war etwas überrascht»[20] – «es gibt merkwürdige Orte in Buchenwald».[21] Kertész läßt sein Ich an dem Vokabular der Zivilisation festhalten und die Wirkung ist vertrackt. Mal wirkt das in diesen Wörtern Präsentierte wie wattiert oder durch milchiges Glas gesehen, manchmal bekommen die Kommentare durch dieses Vokabular eine schmerzliche Schärfe und Präzision, und endlich wird in ihm vorgeführt, wie sich der psychische Anpassungsprozeß vollzieht, der – im Dienste des Überlebens – als Anpassung an eine mörderische Umwelt, der eigene Beitrag zu ihr ist: Selbstzerstörung.

«Am meisten mangelte es in der Eisenbahn an Wasser.»[22] «Tatsache ist, daß ich so ungefähr vom Nachmittag des zweiten Tages an nicht mehr umhinkonnte, immer deutlicher eine gewisse Stimme aus dem Waggon hinter uns zu vernehmen – nicht gerade sehr angenehm. Die alte Frau – so sagte man in unserem Waggon – sei krank und, so sei zu vermuten, zweifellos in Folge des Dursts wahnsinnig geworden. Die Erklärung schien mir glaubwürdig. […] Am Vormittag des dritten Tages ist die alte Frau dann endlich verstummt. Und da hieß es bei uns: sie ist gestorben, weil sie kein Wasser bekommen konnte. Aber wir wußten ja: sie war krank und alt gewesen, und so fanden alle, auch ich selbst, den Fall doch verständlich, letzten Endes.»[23] Das Ziel der Deportation ist Auschwitz-Birkenau, wie es auf einer Wand zu lesen ist «in der spitzen, schnörkeligen Schrift der Deutschen, verbunden durch ihren doppelt gewellten Bindestrich»:[24] «kein Zweifel, wir sind tatsächlich am Ziel. Ich freute mich natürlich, aber, so fühlte ich, anders als ich mich, sagen wir, noch gestern oder eher noch vorgestern gefreut hätte.»[25]

Diese Beispiele mögen zeigen, daß Kertész tatsächlich eine bestimmte Figur ständig variiert, die Figur der Plausibilisierung, der Überwindung der Verwunderung durch Erklärung, der Anstrengung der Fähigkeit des Verstehens, des seelischen – und nicht nur seelischen – Überlebens durch Affirmation. «Der Handlungsverlauf, die Themen entwickeln sich linear – es gibt keine ‹Reprise›, nichts läßt sich umkehren oder wiederholen –, und wenn die Bearbeitung beendet ist, alle möglichen Varianten innerhalb der einzigen bestehenden Möglichkeit ausgeschöpft sind, ist die Komposition abgeschlossen.»[26]

Was verhindert die Monotonie? Es ist dieselbe Technik, die es ermöglicht, «die Darstellung aus dem Blickwinkel des Totalitären vorzunehmen, ohne ihn zum eigenen zu machen». Der Blickwinkel des Totalitären ist derjenige, aus dem das redende Ich sich und das Geschehen wahrnimmt. Wir haben nur ihn, wir können keinen eigenen gewinnen. Und doch ist es nicht unser eigener. Diese Differenz ermöglicht uns, eine Dynamik wahrzunehmen, die dem redenden Ich entgeht. Der «Roman eines Schicksallosen» entwickelt einen ungeheuren Sog – hätte Poe den Maelstrom nicht zum Schauplatz intellektuellen und physischen Widerstands gegen eine Übermacht gewählt, sein Bild drängte sich als Metapher auf. Dieser Sog, der den Leser in jeder Hinsicht mitnimmt, beruht auf der besonderen Weise, in der uns in dem Roman die Zeit begegnet. Ist in dem Roman, der die Welt im Medium der Individualität darstellt, die Zeit das Mittel, durch Rhythmik, zuweilen Skandierung quantitative und qualitative Intensität der Vermittlung von Ich und Welt darzustellen (es möge der Hinweis auf die Romane, in denen die Zeit selber zum Gegenstand wird, vom «Robinson Crusoe» über die «Recherche du temps perdu» bis zur ‹Joseph›-Tetralogie, genügen), so ist die Zeit im «Roman eines Schicksallosen» die Serialität selbst. Dabei entsteht ein paradoxer Effekt: einerseits folgen wir dem redenden Ich und werden mit ihm hineingezogen in den nicht nur objektiv sich vollziehenden, sondern subjektiv von Affirmation zu Affirmation vollzogenen Zerstörungsprozeß, andererseits können wir, weil die Form der ununterbrochen gegenwärtigen und doch niemals präsentischen Rede die Identifikation nicht zuläßt, doch nicht wirklich folgen. Die Dynamik ist also eine, die gleichzeitig die Differenz vergrößert, und damit entsteht eine Spannung in uns selbst. Was Kertész im Roman ausspart – das «Schicksal» – kehrt im Leser wieder als sich vergrößernder Hiat zwischen Sog und Hemmung. «Daß die Determiniertheit immer im Gegensatz stehen muß zu den natürlichen Ansichten und Neigungen, denn so tritt Schicksalslosigkeit in chemisch reinem Zustand auf» – diese formale Anweisung findet hier ihr Resultat: der Leser ist es, der die natürlichen Ansichten und Neigungen vertritt und durch die Rede vom «Natürlichen», die das redende Ich des Romans vertritt, zunehmend verstört wird. «Ich freute mich natürlich, aber, so fühlte ich, anders als ich mich, sagen wir, noch gestern oder eher noch vorgestern gefreut hätte.»

Individualität verfertigt sich in der Zeit, Ich ist Biographie. Der Entwicklungsroman stiftet die literarische Freundschaft zwischen der sich in die Welt definierenden Persönlichkeit und der Zeit. Im «Roman eines Schicksallosen» ist Zeit Zerstörung von Individualität, denn in der verlaufenden Zeit paßt sich das redende Ich den zerstörerischen Umständen, die seine Umwelt bilden, immer mehr an. Was heißt: Anpassung? Jede Art von Leben ist Anpassung an die Umstände, unter denen es stattfindet, aber es ist auch – je nach dem – Einwirkung auf die Lebensumstände, und sei es durch Vermeidung, durch Ortswechsel oder ähnliches. Auf unterster biologischer Stufe geschieht das im Dienste des bloßen Überlebens. Der Organismus paßt sich an – in beiderlei Sinne: sich der Umwelt, die Umwelt sich, je nach Vermögen. Der Überlebenstrieb steuert beides, und je höher entwickelt der Organismus, je mehr ähnelt das Hin und Her zwischen den Anpassungen dem, was wir beim Menschen Freiheit nennen. Dort, wo es Freiheitsspielräume gibt, die groß genug sind, spielen sich die Freiheitskapriolen der Menschen ab, derer sich die traditionellen Romane annehmen – der Entschluß Raskolnikows zum Mord, der Christian Buddenbrooks, die Buchhaltung wieder aufzugeben, der Robinson Crusoes, sich gegen den Urheber der Fußspur zu verteidigen, der Ulenspegels, unter der Folter zu schweigen, der Mathieus, auf die Deutschen zu schießen, der Toni Buddenbrooks, wieder zu heiraten – und die Grenzphänomene: Meursaults Mord am Strand, die Liebe Marcels zu seiner Cousine, der Entschluß von Walter Eggers oder der des Landvermessers K., zu bleiben, der Bartlebys, erst nicht mehr zu arbeiten, dann zu sterben. Die letzteren Beispiele spielen mit der Möglichkeit, die Entscheidungen, die getroffen werden, als «unfreie» zu verstehen, aber da liegts: wir haben die Wahl, sie so oder so zu verstehen.

Das Vernichtungslager nimmt nicht nur, wie Gefängnisse oder Lager eben, die äußere Freiheit, reduziert nicht nur durch die physischen Reduktionen am Körper die Differenzen unter den Häftlingen (alle werden ähnlich durch Schur, Lumpen, Hunger, Schmutz, Krankheit), es schafft Bedingungen, die alle dem einen Zweck dienen, dem Mord. Es bedarf des Extrems der Vernichtungslager nicht, aber doch einer Situation der bösartigen Übermächtigung, in der der Übermächtigte der potentiell grenzenlosen Willkür der Macht ausgesetzt ist, um neben der wie auch immer gearteten Zerstörung durch die Macht eine kooperative Selbstzerstörung in Gang zu setzen. Wo potentiell alles geschehen kann, kann ich meine Chancen nur in einem Kalkül abwägen, von dem ich weiß, daß er irreal ist. So entsteht durch grenzenlose Macht das Komplement der Absurdität. Sie ist, trotz Camus, nicht lebbar, es sei denn als ein intellektuelles Spiel. Darum schleicht sich die Sinnsuche ein, die Interpretation, das Verstehenwollen um jeden Preis. Das «Ne pas chercher comprendre», das Primo Levi als Überlebensmotto eines Barackenkameraden überliefert hat, eignet sich nicht wirklich zur Maxime, wenn auch zur Bestimmung einer Grenze: die Weigerung, in der Absurdität zu leben, kann ebenso destruktiv sein, wie sich ihr zu ergeben und sich psychisch aufzulösen.

Die Neurologie kennt das psychische Zusammenstürzen der Hebephrenen, die die Fähigkeit verloren haben, die Welt – der Erscheinungen, der Worte – zu ordnen, zu klassifizieren und hierarchisieren, nach wichtig und unwichtig zu bestimmen. Sie zerfallen, in ihnen ist ein grundlegender Überlebensmechanismus beschädigt – wie sollten sie sich ohne seine Hilfe erhalten? Anders gesagt: wo keine derartige neurologische Störung vorhanden ist und der Lebenswille ebenfalls noch einigermaßen intakt, wird sich ein Mensch Plausibilitäten zurechtlegen. Das gelingt auch. Nur sind es nicht die seiner Welt, sondern die seiner Mörder. Er ist nicht einverstanden, aber er hat eingesehen, daß es nichts ändert, nicht einverstanden zu sein. Und er sieht ein, daß es – vorausgesetzt, daß ... – auch gar keinen Sinn ergeben würde, eine Welt um ihn herum zu schaffen, in der es auf sein Einverständnis ankommen würde. Die Vergewaltigte schweigt, die Geisel achtet selber darauf, das Gesicht des Geiselnehmers nicht zu sehen, der Lagerhäftling hält die Ordnung aufrecht – zunächst, weil der unmittelbare Überlebensimpuls (der Verstand) eingibt, sich nicht zu wehren, weil man keine Chance hat, dann weil die Vernunft versucht, das jeweilige System von Übermacht und Vergewaltigung zu verstehen und zu dem Schluß kommt, daß trotz der schlechten Karten, die man hat, das Spiel weitergeht, so lang man lebt, und da man nicht weiß, wie lange, auch sonst eigentlich nichts weiß außer eben, daß man lebt, noch, und ein wenig «noch» den ganzen Einsatz verlangt, weil es natürlich schlimm genug ist, aber um eine Spur schlimmer kommen könnte: «ein bißchen möchte ich noch leben in diesem schönen Konzentrationslager»[27] heißt es, als das noch redende Ich sich in einem Haufen von Leichen nur noch regt.

Es sagt sich leicht, daß man lieber tot wäre, und man kann es mit voller Überzeugung sagen – wie etwa: lieber jetzt erschossen, als noch Monate unter diesen oder jenen Bedingungen. Das Problem besteht darin, daß dieser Gedanke entweder zu abstrakt oder zu konkret ist. Der Entschluß zum Selbstmord wird wahrscheinlich meistens entweder aus zu großer Distanz oder aus zu großer Nähe zu den Problemen gefaßt, die das Leben auftischt. Darum ist man nur in Ausnahmefällen geneigt, den Selbstmord wirklich als «Freitod» anzuerkennen. Er wirkt meist entweder zu kreatürlich oder zu sophistisch. Die mittlere Lage des Überlebenwollens, die wenig geachtete erhabene Tugend des muddle-through, ist die Lebensweise, die deutlich macht, was Freiheit ist. Auch darum konnte erst der bürgerliche Roman sich als intellektuelles wie emotionales Trainingscamp der Individualität entfalten. Sein Vorgänger, der höfische wie der picareske Roman stellte die Protagonisten – mal waren es Fürsten dutzendweise, mal war es der eine Irrende – am Ende dahin, wo es Gottes Ordnung wollte. Kertész' Widerruf des bürgerlichen Romans läßt sein redendes Ich ganz undramatisch zum Teufel gehen.

Es ist die Freiheit, die ihn dorthin wie ein böser Schatten begleitet. Als er ankommt, versucht er einen Unterschied zu machen, der traditionell von Bedeutung ist – hier wir Unbescholtene, dort die Sträflinge – und mit diesem Unterschied das plausibel zu machen, was sich so kraß unterscheidet von aller gewohnten Welt. Man kann auch sagen, daß er es nicht wahrhaben will. Nur, das sieht er immer schnell, kommt man damit nicht weit. «Dann war auch an unserer Wagentür das Schlagen eines Werkzeugs zu hören, und die schwere Tür wurde von jemandem, oder eher mehreren, aufgeschoben. Als erstes hörte ich ihre Stimmen. [...] Ich war ziemlich überrascht, denn schließlich sah ich zum erstenmal in meinem Leben – zumindest aus solcher Nähe – echte Sträflinge, im gestreiften Anzug, mit dem kahlgeschorenen Kopf, der runden Mütze der Straftäter. Ich wich sofort ein wenig zurück, versteht sich. [...] Auch ihre Gesichter waren nicht gerade vertrauenerweckend: abstehende Ohren, hervorspringende Nasen, tiefliegende, winzige Augen, die schlau funkelten. Tatsächlich, sie sahen aus wie Juden, in jeder Hinsicht. Ich fand sie verdächtig und insgesamt fremdartig.»[28] Sie sahen aus wie Juden, er hat die Optik seiner Peiniger übernommen, weil er verblüfft feststellt, daß die ja irgendwie recht haben. Daß hier etwas wie ein Schöpfungsakt stattgefunden hat – eine Welt nach dem Bilde, das ihre Schöpfer sich von ihr gemacht haben, wäre ein für die Situation zu komplexer Gedanke, er bleibt dem Leser überlassen. Die SS: «Jeder trug ein Gewehr an der Seite, und das war ja ganz natürlich, schließlich waren es Soldaten, versteht sich. Doch wie ich sah, trugen viele darüber hinaus auch noch einen Stock in der Hand, so einen gewöhnlichen Spazierstock mit abgebogenem Ende, und das über-

raschte mich etwas, da sie doch alle Männer im Vollbesitz ihrer
Kräfte und ihrer Fortbewegungsfähigkeit waren. Dann aber habe ich
diesen Gegenstand genauer, von näherem in Augenschein nehmen
können. Es hatte mich nämlich stutzig gemacht, daß einer etwas weiter vorn, der mir den Rücken halb zudrehte, das Ding auf einmal
waagerecht hinter die Hüften nahm, es an beiden Enden festhielt
und mit gelangweilten Bewegungen auf und ab zu biegen begann.
Ich rückte ihm, mit der Kolonne zusammen, immer näher. Und da
erst habe ich gesehen, daß der Gegenstand nicht aus Holz, sondern
aus Leder, und kein Stock, sondern eine Peitsche war. Das war ein
etwas komisches Gefühl, aber schließlich konnte ich kein Beispiel
dafür erblicken, daß man sie benutzte, nun, und dann waren ja auch
ringsum die vielen Sträflinge, das sah ich ein.»[29] Dann folgt die Ausgabe der Kleidung, Holzsandalen, Hemd, eine Art Hose, blau-weiß,
ein «regelrechter Sträflingsanzug»,[30] dann werden sie herausgetrie-
ben – «ich erinnere mich nur noch, wie mich irgendwie ein Druck
ergriff, mich ein Schwung mitnahm und vorwärts schob und noch
etwas stolpern ließ in meinen neuen Schuhen, in einer Staubwolke
und unter einem seltsamen Knallen von hinten – als würde vielleicht
jemand auf den Rücken geschlagen –, immer weiter, durch immer
neue Höfe, zu immer neuen Toren, Hecken und Zäunen aus Draht;
ein sich öffnendes und schließendes System, das zuletzt vor meinen
Augen zu verschwimmen und verwirrend durcheinanderzugeraten
begann.»[31] – «Es gibt wohl kaum einen neuen Gefangenen, meine
ich, der sich nicht zu Anfang ein wenig über diese Situation wundert.»[32] Wie paßt er sich seinem neuen Status an? Indem er das
ihn begleitende Gefühl als plausible Begleiterscheinung erklärt. Es
gehört dazu, ist, rückblickend betrachtet, erwartbar gewesen, wie
die vorige Selbsttäuschung, nicht zu den Gefangenen zu gehören.
Es stellt den neuen Status nicht moralisch in Frage, weil er keine
Chance hat, ihn tatsächlich in Frage zu stellen, und zudem wäre auch
die moralische Empörung etwas, das leicht erklärbar wäre und irgendwie dazugehörte. So erklärt er sich seinen Platz in der Welt und
macht ihn sich plausibel. «Suppe, Napf und Löffel» muß er sich mit
einem anderen Häftling teilen: «ich war nicht gerade erfreut, da es
noch nie meine Gewohnheit gewesen war, mit anderen zusammen
aus ein und demselben Teller und mit ein und demselben Löffel zu

essen, doch auch das, ich sah es ein, kann zuweilen im Bereich der Notwendigkeit liegen.»[33]

Wenn man etwas erklären will, sich oder anderen, dann muß man etwas voraussetzen, das man nicht befragt. Etwas, das allen an der Erklärung Interessierten als selbstverständlich erscheint. Und irgendwann ist es das Vernichtungslager selbst, und dann ist alles wirklich selbstverständlich. Zuerst ist da der Gestank, dessen Quelle identifiziert wird: ein Schornstein. Dann spricht sich herum, wie die Prozedur des Vergasens vor sich geht. Das redende Ich macht sich – das Vorauszusetzende vorausgesetzt – klar, daß diese Prozedur nicht dumm ersonnen ist: «Einer kommt dann auf die Idee mit dem Gas: ein anderer dann gleich auf die Idee mit dem Bad, ein dritter auf die mit der Seife …»[34]

Er lernt, in einem Konzentrationslager zu leben. Die Konzentrationslager «seien nicht alle gleich, so wurde erklärt. Das hier zum Beispiel sei ein ‹Vernichtungslager›, erfuhr ich. Etwas ganz anderes sei dagegen – so wurde gleich hinzugefügt – das ‹Arbeitslager›: dort sei das Leben leicht, die Verhältnisse und Lebensmittelversorgung, hieß es, unvergleichlich besser, was nur natürlich ist, denn auch das Ziel war ja schließlich ein anderes. Man habe gewisse Chancen, in ein Arbeitslager deportiert zu werden. Darum dürfe man auf keinen Fall krank werden: Die Gefahr lauere vor allem im Wasser, wie ich selbst es zum Beispiel auf dem Weg vom Bahnhof zum Bad getrunken hatte – aber das hatte ich ja schließlich nicht wissen können. Nun gut, da war die Tafel gewesen, unbestreitbar, aber immerhin, der Soldat hätte ja auch etwas sagen können, fand ich. Doch halt – fiel mir ein – ich mußte ja das Ziel in Betracht ziehen.»[35]

Ein Zynismus, wenn auch die Stimme, die ihn uns präsentiert, keine zynische ist. Gleichwohl ist die Grundstruktur des Zynismus gegeben: eine Wahrheit vorgestellt ohne ihre moralischen Implikationen, auf Tatsachen reduzierte Wirklichkeit. Aber die Stimme hat keinen zynischen Klang, sie ist weicher, ja die ganze Romanzeit über wie naiv, zutraulich zuweilen, trotz der wenig freundlichen, wenig vertrauenerweckenden Augen gegen Ende. Interessant, wie wenig sich die vollkommene Naivität der Hinnahme dessen, wogegen nichts aufgeboten werden kann, und der Zynismus unterscheiden. Macht der Ton die Musik? Interessant jedenfalls, wie beide gleichförmig werden, in ihren Erkenntnisqualitäten. Sie machen beide den Tatsachen nichts vor, und so lassen sie auch sich nichts vormachen. Vor der Deportation hat das Roman-Ich eine Diskussion über den Antisemitismus: «Sie findet, daß die Leute sich ihr gegenüber verändert haben, und sieht in ihren Blicken, daß sie von ihnen ‹gehaßt› wird. Auch heute vormittag habe sie es so empfunden, als sie im Auftrag ihrer Mutter einkaufen ging. Nun, also mir scheint, sie sieht das auf eine etwas übertriebene Art. Meine Erfahrungen zumindest sind nicht die gleichen. So gibt es auch am Arbeitsplatz unter den Maurermeistern solche, von denen jeder weiß, daß sie Juden nicht ausstehen können: trotzdem haben sie sich mit uns Jungen ganz gut angefreundet. Gleichzeitig ändert das natürlich noch gar nichts an ihrer Einstellung [...] ich habe versucht, dem Mädchen zu erklären, daß in Wirklichkeit nicht sie selbst gehaßt wird, also nicht sie als Person – denn schließlich kennt man sie ja nicht –, sondern eher die Idee ‹Jude›.»[36] Er verdeutlicht seine Auffassung mit der Anwendung der Geschichte vom Prinzen und vom Bettelknaben: was, wenn zwei Kinder vertauscht würden und mit den Geburtspapieren und der rassistischen Zuordnung des jeweils anderen aufwüchsen –? «Sie ist in Tränen ausgebrochen. Sie vergrub das Gesicht in der Beuge ihres Ellenbogens auf dem Tisch, und ihre Schultern zuckten in einem fort. Ich war höchst überrascht, denn das war ja nicht meine Absicht gewesen, und dann hat mich auch der Anblick irgendwie verwirrt [...] sie rief bitter und mit immer wieder versagender Stimme so etwas wie: wenn es nichts mit unserer Eigenart zu tun habe, dann sei ja alles nur reiner Zufall, und wenn sie auch eine andere sein könnte, als die sie sein muß, dann ‹hat das alles keinen Sinn›, und das sei ein Gedanke, der ihrer Meinung nach ‹unerträglich sei›.» Es folgt eine Überlegung und sie schließt sich nahezu zwanghaft an, als müsse die Erkenntnis – die naive, die zynische – gleichsam bis zur Neige geleert werden: «Es war mir peinlich, denn schließlich war ich schuld, aber ich hatte ja nicht wissen können, daß ihr der Gedanke so wichtig war. Mir lag schon auf der Zunge, ihr zu sagen, sie solle sich nichts daraus machen, denn in meinen Augen habe das alles überhaupt keine Bedeutung, ich verachte sie nicht für ihre Rasse; doch dann habe ich gleich gespürt, daß es ein bißchen lächerlich wäre, wenn ich das sagte, und so habe ich nichts gesagt. Nur, es war mir eben doch nicht recht, daß ich es nicht sagen konnte, denn in dem Augenblick empfand ich es wirklich so, ganz unabhängig von meiner eigenen Situation, um nicht zu sagen ganz frei. Es ist zwar schon möglich, daß in einer anderen Situation vielleicht auch meine Meinung anders wäre. Ich weiß es nicht. Ich sah auch ein, daß es mir nicht möglich ist, das auszuprobieren. Und doch, irgendwie war es mir unbehaglich. Und ich weiß nicht recht, aus welchem Grund, aber jetzt passierte es mir zum erstenmal, daß ich etwas fühlte, das, glaube ich, doch so etwas wie Scham war.»[37]

Ein Gefühl wie Scham tritt in dem Augenblick auf, als die Welt nicht mehr fugenlos aus Tatsachen besteht. Zu Ende gedacht führt der Gedanke der absoluten Kontingenz ins Gedankenspiel, daß, wenn alles Zufall ist, auch alles ganz anders sein könnte. Wenn alles nur Tatsachen sind und nichts anderes, dann könnte anderes der Fall sein, als was der Fall ist. Wenn der Indikativ des Tatsächlichen nur der ist, der er ist, weil er uns imperativisch gegenübertritt, wenn Kontingenz Willkür ist, könnte auch alles anders sein und die Möglichkeitsform wird im Denken erzeugt. Wo es keine Konjunktive gibt, gibt es auch keine Moral, aber wo der Konjunktiv erscheint, bringt er die Moral mit sich: als Möglichkeit, Einwände zu erheben gegen die Imperativform des Tatsächlichen.

Es ist die Zeit, die die Entfaltung des Möglichen im Tatsächlichen als Lebenserfahrung lehren kann, es ist die Zeit, die die Fähigkeit zum Konjunktiv zerstört. Der Deportation nach Auschwitz folgt die nach Buchenwald, von dort die in das Nebenlager Zeitz. «Erst in Zeitz bin ich dahintergekommen, daß auch die Gefangenschaft ihren Alltag hat, ja, daß echte Gefangenschaft im Grunde aus grauem Alltag besteht. Mir schien, daß ich schon einmal in einer etwa ähnlichen Lage gewesen war, und zwar in der Eisenbahn, unterwegs nach Auschwitz. Auch dort hatte alles von der Zeit abgehangen, nun ja, und dann von den Fähigkeiten jedes einzelnen. Nur daß ich – um bei meinem Beispiel zu bleiben – in Zeitz allmählich das Gefühl hatte: der Zug steht still. Andererseits – auch das stimmte – raste er so schnell, daß ich den vielen Veränderungen vor mir, um mich herum, aber auch in mir selbst kaum folgen konnte.»[38]

Der Häftling lernt, ein «guter Häftling»[39] zu sein. Nicht gegenüber den Wachmannschaften, obwohl das Resultat ähnlich sein

kann, sondern aus Überlebensgründen. «Ordnung in der Lebensführung, eine gewisse Mustergültigkeit»[40] ist überlebenswichtig. Im
Dienste des Überlebens bildet sich eine eigene funktionale, nichtsdestoweniger emotionell aufgeladene Moral heraus. Vor Augen hat
man das Schicksal der, wie sie im Lagerjargon heißen, «Muselmänner», deren körperliche und seelische Kräfte zerbrochen sind, die,
auf der Grenze zum Tod, gleichgültig sind gegen alles. Diese funktionale Moral des «guten Gefangenen» macht das Überleben zu einem Ritual und den Überlebenswunsch zu einer Tugend. Wer von
ihm nicht getrieben wird, wird verächtlich, und gleichzeitig muß der
Überlebenswunsch durch die Repetitionen des Rituals gestützt werden. Es kann gelingen, muß nicht, es hängt von zu vielen äußeren
Umständen ab, nicht zuletzt von der Zeit: «Unter gewissen Umständen ist auch der beste Wille nicht genug. Ich hatte zu Hause gelesen,
mit der Zeit, freilich mit der erforderlichen Anstrengung, könne
man sich sogar an die Gefangenschaft gewöhnen. Und das mag sogar
stimmen, zweifellos, zu Hause etwa, in einem regelrechten, einem
anständigen, so einem zivilen Gefängnis, oder wie ich es nennen soll.
Nur bietet sich dafür eben, nach meiner Erfahrung, in einem Konzentrationslager nicht recht Gelegenheit. Und ich kann sagen, es hat
jedenfalls – bei mir – nicht an Bemühung, nicht an gutem Willen gemangelt: das Problem ist, daß sie einem dafür zu wenig Zeit lassen,
ganz einfach.»[41] Hier kommt zu Naivität, Zynismus und Erkenntnis
der Tatsachenwelt noch etwas wie Sarkasmus. Woher? Aus der Erkenntnis des Scheiterns. Aus der Erkenntnis, daß der Prozeß der
Adaption mißlingt. Die Anpassungsleistung im Dienste des Überlebenswunsches führt auch nur zum Tode. Das redende Ich beschreibt
die Veränderungen, die die überlebte Zeit mit sich bringt: «Da hat
auch der Zug begonnen, langsamer zu werden, und schließlich ist er
ganz stehengeblieben. Ich versuchte vorwärtszublicken, aber Aussicht bestand immer nur auf den morgigen Tag, und der morgige Tag
war derselbe Tag, oder eben ein genau gleicher Tag – wenn wir
Glück hatten, heißt das.»[42] Die Kräfte schwinden, die Fähigkeit, sich
an das Überlebensritual zu halten, nimmt ab, die Körper verfallen,
die Gesichter verlieren ihre Ähnlichkeit mit dem, woran man früher
die Individualität des einen oder anderen erkannt hatte. Bekannte erkennen einander nicht mehr; die Neuankömmlinge im Lager wirken

auf befremdliche Weise schön. «Ich möchte behaupten, daß wir bestimmte Begriffe erst in einem Konzentrationslager wirklich verstehen. In den dummen Märchen meiner Kindheit kam zum Beispiel häufig jener ‹Wandergesell› oder ‹arme Bursche› vor, der sich um der Königstochter Hand willen beim König verdingt, und das umso lieber, als es nur für sieben Tage ist. ‹Aber sieben Tage sind bei mir sieben Jahre!› sagt ihm der König; nun, also, genau das gleiche könnte ich auch vom Konzentrationslager sagen. Ich hätte zum Beispiel nie gedacht, daß aus mir so schnell ein verschrumpelter Greis werden könnte. Zu Hause braucht das Zeit, mindestens fünfzig bis sechzig Jahre: hier hatten schon drei Monate genügt, bis mich mein eigener Körper im Stich ließ. Ich kann sagen, es gibt nichts Peinlicheres, nichts Entmutigenderes, als Tag für Tag zu verfolgen, Tag für Tag in Rechnung zu stellen, daß an uns schon wieder soundso viel abgestorben ist.»[43]

Wir müssen hinzudenken, daß hier nicht nur vom Körper zu reden wäre, aber vom seelischen Zerstörungsprozeß die Rede nicht sein kann. Er ist der blinde Fleck in der Selbst- und Weltbeobachtung. Die Selbstbeobachtung beobachtet sich nicht selbst. In diese Rolle werden wir durch den Roman gebracht, dadurch, daß wir mit den Augen des Roman-Ich auf ihn blicken, aber diese große Nähe verstärkt die Differenz, indem sie die Identifikation doch nicht zuläßt. Wir sehen durch seine Augen und unser Blick trübt sich mit dem seinen, aber wir sind die Leser, und so können wir die Trübung seines Blickes registrieren. Das Roman-Ich verwandelt sich in einen Muselmann, es merkt das am Blick eines anderen, der ihn «mit einer Art Erschrecken, der Art, mit der man im allgemeinen hoffnungslose Unglücksvögel, Verurteilte oder, sagen wir, Verseuchte anschaut: da ist mir dann auch wieder eingefallen, wie er sich einmal über Muselmänner geäußert hatte.»[44] Krankenbau, dann Rücktransport nach Buchenwald – aus der Rede des nun schon fast körperlosen Ich merkt der Leser, daß es ein Toten- und Sterbendentransport ist, denn Zeitz hat kein Krematorium. Mehr oder weniger Zufall, daß jemand beim Abladen erkennt, daß er noch lebt und ihn zu den anderen Sterbenden, nicht zu den Toten legt. «Nur eines beschäftigte mich, ein Gedanke, eine Frage, die mir eben erst gekommen war. Mag sein, es war mein Fehler, daß ich es nicht wußte, aber ich war nie so vorausblickend gewesen, mich nach den Buchenwalder Gebräuchen zu erkundigen, nach der Ordnung, der Verfahrensweise zu erkundigen, nämlich, mit einem Wort, wie sie es hier eigentlich machten: mit Gas, wie in Auschwitz, oder vielleicht mit Hilfe von Medikamenten, wovon ich dort ebenfalls gehört hatte; vielleicht mit der Kugel, vielleicht anderswie, mit einer der tausenderlei Methoden, für die meine Kenntnisse nicht ausreichten – ich wußte es einfach nicht.»[45] – «Ein bißchen», heißt es dann, «möchte ich noch leben in diesem schönen Konzentrationslager.»[46]

Es sind die Tage der Evakuierung des Lagers; für das Roman-Ich beginnt ein seltsames Zwischenreich des wahrscheinlichkeitswidrigen Überlebens. Während die SS noch Selektionen durchführt, beginnen in der sich auflösenden Ordnung Häftlinge für Kranke und Sterbende zu sorgen. Irgendwann wird das Lager befreit. Wir erfahren nur, daß es auf einmal so etwas wie medizinische Versorgung gibt, das Essen besser wird: ein Ei, eine Zitrone. Das erklärt sich nicht mehr nach dem gewohnten Schema. Das Ich redet ebenso verwundert wie bei seiner Deportation, verwunderter noch, weil es keine handgreiflichen Prämissen gibt, aus denen heraus das nun veränderte Geschehen plausibel gemacht werden könnte. Der Prozeß der Re-Adaption an eine veränderte Welt führt nicht zu einer veränderten Weise, die Welt wahrzunehmen. In den kühlen Worten des «Galeerentagebuchs» heißt das so: «So wird der Akt der Rettung, strukturell gesehen, ebenso zur Absurdität wie der Akt der Gefangennahme und der Einlieferung ins KZ und ist als solcher, musikalisch gesprochen, nichts weiter als ein Krebsgang der Reihe, jedoch (bzw. also) im wesentlichen aus dem gleichen Stoff.»[47] Im Roman: «Jedenfalls mußte ich mich nach einiger Zeit, wenn auch nur langsam, zurückhaltend und vorsichtig, von den Tatsachen überzeugen lassen, nämlich daß – wie es schien – auch das möglich und denkbar war, es mochte zwar ungewohnter sein, ja, und auch angenehmer, natürlich, aber im Grunde genommen, wenn ich es recht bedachte, war es nicht merkwürdiger als alle anderen Merkwürdigkeiten, die – es war ja schließlich ein Konzentrationslager – sonst noch möglich und denkbar waren, sowohl so als auch umgekehrt, natürlicherweise.»[48]

Die Rückführung ins Leben ist keine Umkehrung des Vorhergegangenen, sondern wird als Teil der Sequenz erfahren. «Nach Hause kehrte ich ungefähr zu der gleichen Zeit zurück, wie ich fortgegangen war.» In Buchenwald sind die Abschiedsworte eines der ehemaligen Häftlinge: «Das Leben, fügte er hinzu, müsse weitergehen, und, ja, wirklich, etwas anderes konnte es nicht tun, das sah ich ein, nachdem die Dinge nun einmal so standen, daß es überhaupt etwas tun konnte, versteht sich.»[49]

In der Stadt angekommen, aus der er gekommen war, trifft er einen Journalisten. Es entwickelt sich ein Gespräch, das irgendwann abbricht: «‹Naja›, fuhr er fort. ‹Hauptsache, es ist aus und vorbei›, seine Miene hellte sich auf, er zeigte auf die Häuser, an denen wir gerade vorbeihumpelten, und erkundigte sich, was ich jetzt wohl empfand, wieder zu Hause, beim Anblick der Stadt, die ich damals verlassen hatte. Ich sagte: ‹Haß.› Er schwieg eine Weile, bemerkte dann aber, er müsse mein Gefühl leider verstehen. Im übrigen habe ‹je nach dem Umständen›, so meinte er, auch der Haß seinen Platz, seine Rolle, ‹ja seinen Nutzen›, und er nehme an, fügte er hinzu, wir seien uns da einig, und er wisse wohl, wen ich haßte. Ich sagte: ‹Alle.› Er schwieg wieder, dieses Mal etwas länger, und fragte dann: ‹Hast du viel Schreckliches durchmachen müssen?›, und ich sagte, es käme darauf an, was er unter schrecklich verstehe. Bestimmt, sagte er da, mit einem etwas unbehaglichen Ausdruck im Gesicht, hätte ich viel entbehren, hungern müssen, und wahrscheinlich sei ich auch geschlagen worden, und ich sagte: ‹Natürlich.› ‹Lieber Junge›, rief er da, wobei er, wie mir schien, doch langsam die Geduld verlor, ‹warum sagst du bei allem, es sei natürlich, und immer bei Dingen, die es überhaupt nicht sind!› Ich sagte, im Konzentrationslager sei so etwas natürlich. ‹Ja, ja›, sagte er, ‹dort schon, aber ...›, und hier stockte, zögerte er ein bißchen, ‹aber ... ich meine, das Konzentrationslager an sich ist nicht natürlich!›, endlich hatte er gewissermaßen das richtige Wort erwischt, und ich erwiderte dann auch nichts darauf, denn ich begann allmählich einzusehen: über bestimmte Dinge kann man mit Fremden, Ahnungslosen, in gewissem Sinn Kindern, nicht diskutieren, um es so zu sagen.»[50]

Warum bricht die Kommunikation hier ab? Wir sind ganz nahe an dem Ende des Buches, seinem «alle fragen mich immer nur nach den

Übeln, den ‹Greueln› ». Die Greuel machen den Abstand zur Normalität des Lebens der anderen aus – aus deren Perspektive. Der Blick auf sie (und nur auf sie) kann die Welt der Konzentrationslager als die große Anomalität darstellen. Was aber ist dann mit dem Leben derjenigen, die den Teil, der als Überleben der Lager Leben in den Lagern gewesen ist, nicht aus ihrem Leben tilgen können, ja nicht einmal wollen können, er sei getilgt, weil man wohl wünschen kann, daß man etwas nicht hätte erlebt haben müssen, aber niemand wollen kann, er wisse nicht, was er nun mal – unglücklicherweise – weiß?: «Ein neues Leben – meinte ich – könnte ich nur beginnen, wenn ich neu geboren würde oder wenn irgendein Leiden, eine Krankheit oder so etwas meinen Geist befiele, was sie mir ja hoffentlich nicht wünschten.»[51]

Es lehrt uns nichts. Das exemplarische Leben eines klassischen Romanhelden ist ebenso wie der Roman eines Schicksallosen Entfaltung des human Möglichen, aber das Wort vom Menschenmöglichen hat einen derartig anderen Klang im einen wie im andern Fall, daß auch dieser Satz unter die naiv-zynisch-sarkastischen Erkenntnisse gerechnet werden muß. Aber darin, daß hier eine der Menschengattung inhärente Möglichkeit gezeigt wird, die nichts lehrt, nichts nützt, und doch von denen, die sie erlebt haben, als Wissen nicht verleugnet wird, liegt die Pointe. Technisch betrachtet hat sich in dem Gespräch mit dem Journalisten der Hiatus zwischen den beiden Haltungen des Lesers zum redenden Ich des Romans wieder geschlossen. Ein Dritter ist eingeführt, und er weiß nichts. Er vertritt die Verständnislosigkeit der Normalität, gerade weil er etwas lernen will (in diesem Falle: eine Artikelserie über die Lager schreiben, «der Welt» von der «Hölle der Lager» berichten).[52] Nie wieder! und Wider das Vergessen! Er möchte der Welt klarmachen, daß die Lager «nicht natürlich» seien, daß sie nicht hätten in der Welt sein sollen. Nur ist dies keine Erkenntnis, zu der es die Tatsächlichkeit der Lager gebraucht hätte, so, als wäre es 1945 aller Welt wie Schuppen von den Augen gefallen: «Ja, wenn das *so* ist ...» Nur eben: was hat die Tatsächlichkeit der Lager dieser moralischen Selbstverständlichkeit getan? Oder sagen wir vorsichtiger: wie hat sie ihren kommunikativen Sinn verkehrt?

Die Adaption an eine mörderische Umwelt macht Menschen zu Selbstmördern. Selbstmörder im Dienste des Überlebens. Dieses Paradox wird in die sozusagen unterste kreatürliche Regung eingelassen und zwar mit derjenigen menschlichen Eigenschaft, die uns als die höchste gilt, weil sie unser Menschsein ausmacht: der Freiheit. Diese aber ist auf eine absurde Wahl reduziert, ich zitiere noch einmal aus dem «Galeerentagebuch»: «Wenn wir also als Wirklichkeit die uns auferlegte Determiniertheit erleben statt einer aus unserer eigenen – relativen – Freiheit folgenden Notwendigkeit, so bezeichne ich das als Schicksalslosigkeit. Die beiden Möglichkeiten des Schutzes: Wir verwandeln uns, gewissermaßen aus freien Stücken, in unsere Determiniertheit und versuchen so, die Fremdbestimmung dem eigenen Schicksal anzuverwandeln; oder wir revoltieren dagegen und werden so zu Opfern unserer Determiniertheit. Keines von beiden ist demnach eine wirkliche Lösung: In beiden Fällen sind wir gezwungen, unsere Determiniertheit [...] als Realität aufzufassen.» Das Roman-Ich hat gewählt, das Überleben gewählt, also Adaption durch Identifikation von Leben und Tod: ‹«Wir haben zu überleben versucht.› [...] Also hatten auch sie einen Schritt nach dem anderen gemacht – wie ich bemerkte. Was für Schritte, wollten sie wissen, und da habe ich auch ihnen erzählt, wie das zum Beispiel in Auschwitz zugegangen war. Pro Eisenbahnzug [...] ist mit ungefähr dreitausend Personen zu rechnen. Nehmen wir davon etwa tausend Männer an. Rechnen wir für die Untersuchung ein, zwei Sekunden, eher eine als zwei. Den ersten und den letzten lassen wir weg, die zählen ja nie.

In der Mitte jedoch, wo auch ich stand, muß man also mit einer Wartezeit von zehn bis zwanzig Minuten rechnen, bis man zu dem Punkt gelangt, wo sich entscheidet: gleich das Gas oder noch einmal davongekommen. In der Zwischenzeit aber bewegt sich die Reihe ständig fort, geht immer weiter voran, und ein jeder macht immer einen Schritt, einen kleineren oder einen größeren, je nach Betriebsgeschwindigkeit. [...] Schließlich sind mitunter auch zwanzig Minuten, für sich genommen, eine lange Zeit. Jede Minute hat begonnen, hat gedauert und ist zu Ende gegangen, bevor die nächste begann. Nun aber – sage ich – ziehen wir doch einmal in Betracht: jede dieser Minuten hätte eigentlich auch etwas Neues bringen können. In

Wirklichkeit hat sie nichts gebracht, natürlich – aber dennoch muß man zugeben: sie hätte etwas bringen können, schließlich hätte während einer jeden etwas anderes geschehen können als das, was zufällig geschah, in Auschwitz ebenso wie etwa, nehmen wir einmal an, hier zu Hause, als wir Vater verabschiedet haben. Auf diesen letzten Satz ist der alte Steiner irgendwie in Bewegung geraten. ‹Aber was hätten wir denn tun können?!› fragte er mit einer halb zornigen, halb klagenden Miene. Ich sagte: nichts, natürlich; oder – so fügte ich hinzu – irgend etwas, was genauso unvernünftig gewesen wäre, wie daß wir nichts getan haben, natürlich, wie immer natürlich. ‹Aber es geht ja gar nicht darum›, versuchte ich weiter, es ihnen zu erklären. ‹Also worum denn eigentlich?› fragten sie, nun schon etwas die Geduld verlierend, und ich erwiderte, wobei ich fühlte, wie ich selbst immer wütender wurde: ‹Um die Schritte.› Jeder hat seine Schritte gemacht, solange er konnte: auch ich, und das nicht nur in der Kolonne in Birkenau».[53]

Jeder dieser Schritte führt nicht nur in die Zerstörung, sondern *ist* die Zerstörung, und da es mein Schritt ist, ist es meine Freiheit, die ich in den Dienst des Überlebenstriebes stelle. «Jawohl», heißt es im «Galeerentagebuch», «vorausgesetzt, daß der Mensch auch unter den Bedingungen des Totalitarismus am Leben hängt, so trägt er mit dieser Wesenheit zum Erhalt des Totalitarismus bei: Das ist der einfache Trick der Organisation.»[54] Er läßt sich nicht in Moral auflösen, darum lehrt diese Einsicht nichts, sie informiert nur. Aber auch die Rede vom Trauma ist nicht recht am Platze, sie reduzierte diese Information über die Welt auf eine über den beschädigten Zustand einiger ihrer Bewohner. ««Mit einer solchen Last kann man kein neues Leben beginnen›, und da hatte er bis zu einem gewissen Grad recht, das mußte ich zugeben.»[55] Die Einführung der Dritten, die um Verständnis bemüht sind, aber ihrerseits nicht die richtigen Informationen haben, ermöglicht im Zwang zur Erläuterung die Anwendung des Tatsachenblicks auf das Trauma und damit auf ebendiesen Tatsachenblick als *Folge* des unter dem Diktat des Überlebens erzwungenen Einverständnisses. «Da hatte er bis zu einem gewissen Grad recht, das mußte ich zugeben. Nur verstand ich nicht ganz, wie sie etwas verlangen konnten, was unmöglich ist, und ich habe dann auch bemerkt, was geschehen sei, sei geschehen, und ich könnte meinem Erinnerungsvermögen nichts befehlen.»[56]

Sie reden beide über die Greuel und sie verstehen einander leidlich – erst als er über die «Schritte» redet, bricht die Kommunikation wieder ab: «‹Am Ende sind wir noch die Schuldigen, wir, die Opfer?›, und ich versuchte, ihm zu erklären: es gehe nicht um Schuld, sondern nur darum, daß man etwas einsehen müsse, schlicht und einfach, allein dem Verstand zuliebe, des Anstands wegen, sozusagen. Man könne mir, das sollten sie doch versuchen zu verstehen, man könne mir doch nicht alles nehmen […] ich könne – sie sollten doch versuchen, das einzusehen, so flehte ich beinahe schon: ich könne die dumme Bitternis nicht herunterschlucken, einfach nur unschuldig sein zu sollen.»[57] Im Mechanismus des Überlebens die Freiheit wahrnehmen, die Schicksallosigkeit als Schicksal annehmen – aber ohne die Selbsttäuschung des Pathos darin. Die Residuen der Freiheit aber liegen dort, woher auch der Überlebenstrieb Nahrung gewinnt, denn «es gibt keine Absurdität, die man nicht ganz natürlich leben würde, und auf meinem Weg, das weiß ich schon jetzt, lauert wie eine unvermeidliche Falle das Glück auf mich. Denn sogar dort, bei den Schornsteinen, gab es in der Pause zwischen den Qualen etwas, das dem Glück ähnlich war. Alle fragen mich immer nur nach den Übeln, den ‹Greueln›: obgleich für mich vielleicht gerade diese Erfahrung die denkwürdigste ist. Ja, davon, vom Glück der Konzentrationslager, müßte ich ihnen erzählen, das nächste Mal, wenn sie mich fragen. Wenn sie überhaupt fragen. Und wenn ich es nicht selbst vergesse.» Die Falle des Glücks. Sie ist eine, wenn das Wissen verlorengeht, daß auch das Glück, für sich genommen, unter die bloßen Tatsachen zu rechnen ist. In einer mörderischen Umwelt können Momente des Glücks zu den, wenn man mir den ungrammatischen Superlativ erlaubt, selbstmörderischsten gehören. Sie fordern die Verleugnung am meisten, sie zu verleugnen ist das leichteste, weil, wer sie nicht kennt, sie nicht glaubt. Ihr sich nicht anheimzugeben, ist eine Form von Stolz oder Würde – oder sagen wir es so: eine Caprice, eine Eitelkeit im Sinne jenes atemberaubenden Satzes, der der weiter oben zitierten Stelle noch angefügt ist: «Auf jeden Fall hoffte ich, es würde nicht weh tun, und es mutet vielleicht seltsam an, aber diese Hoffnung war genauso echt, erfüllte mich genauso wie andere, wirklichere Hoffnungen – um es so zu sagen –, die man an die Zukunft knüpft. Und erst da habe ich erfahren, daß die Eitelkeit ein Gefühl ist, das einen anscheinend bis zum allerletzten Augenblick begleitet, denn wie sehr mir diese Ungewißheit auch zusetzte, ich richtete nicht eine einzige Frage, nicht eine einzige Bitte, nicht ein einziges Wort, keinen einzigen Blick nach hinten, zu dem oder denen, die mich schoben.»

«Eitelkeit» steht da, nicht Würde oder Stolz, und das macht die Würde und den Stolz dieses Textes aus. Mit dieser Verwandlung von aufrechterhaltenem Tatsachenblick in Selbstanalyse – aber an dieser Stelle auch in unverstellt spielerisch-sarkastische und damit reine Ästhetik, geht der Blick zurück, aber, nota bene, im ganzen Buch ruht er kaum je mehr als einen Lidschlag lang auf denen, die die Karren schieben, die Peitschen benutzen, den Gastod erfinden. Der Adaption an eine mörderische Umwelt im Detail zuzusehen, die Freiheit in der selbstmörderischen Unterordnung unter das Überleben in den Blick zu nehmen, verweigert den Mördern die Anerkennung als Täter. «Das Denken als Versuch, die Oberhand zu gewinnen, das Denken als Rache, als letzter, rückwärtsgewandter Blick eines Flüchtigen, verächtlich und luzid.»[58] Aber auch: «Der mir am meisten gemäße Selbstmord ist, wie es scheint, das Leben.»[59]

# «Ja, wenn der Beckett im Konzentrationslager gewesen wäre ...» –

## Überlegungen anläßlich einer in der «Negativen Dialektik» mitgeteilten Anekdote

Der Behauptung,[1] den Zeugnissen Überlebender der deutschen Konzentrations- und Vernichtungslager sei eine besondere Deutungsautorität – und zwar gerade über den Bereich, von dem sie Zeugnis ablegen, hinaus – zugeschrieben worden, könnte mit Hinweis auf eine markante Passage in Theodor W. Adornos Hauptwerk, der «Negativen Dialektik», widersprochen werden. Sie lautet:

> «Einer, der mit einer Kraft, die zu bewundern ist, Auschwitz und andere Lager überstand, meinte mit heftigem Affekt gegen Beckett: wäre dieser in Auschwitz gewesen, er würde anders schreiben, nämlich, mit der Schützengrabenreligion des Entronnenen, positiver. Der Entronnene hat anders recht, als er meint; Beckett, und wer sonst noch seiner mächtig blieb, wäre dort gebrochen worden und vermutlich gezwungen, jene Schützengrabenreligion zu bekennen, die der Entronnene in die Worte kleidete, er wolle den Menschen Mut geben: als ob das bei irgendeinem geistigen Gebilde läge; als ob der Vorsatz, der an die Menschen sich wendet und nach ihnen sich einrichtet, nicht um das sie brächte, worauf sie Anspruch haben, auch wenn sie das Gegenteil glauben. Dahin ist es mit der Metaphysik gekommen.»[2]

Die Anekdote[3] berichtet von einer ästhetischen Kontroverse. Da hält einer die Stellung dessen, was in den Sechzigern des 20. Jahrhunderts ästhetische Avantgarde war, ein anderer beruft sich auf Traditionen, die der erstere für obsolet erklärt. Eine solche Debatte könnten zwei Dozenten führen, zwei Theaterkritiker, zwei ehemalige Häftlinge, wer auch immer – miteinander oder untereinander. Daß das Gespräch zwischen dem Professor der Soziologie, Th. W. Adorno, und H. G. Adler, dem Verfasser unter anderem des Buches «Theresienstadt 1941–1945. Das Antlitz einer Zwangsgemeinschaft. Geschichte Soziologie Psychologie»[4] stattfand, ist erst von Bedeutung, wenn man es der Erwähnung wert erachtet. Adorno nannte den Namen seines Kontrahenten nicht, aber er gab ihm eine Kennzeichnung, rechnete ihn einem Typus zu. Er nannte ihn: «der Entronnene».

Wie sehr es Adorno auf das Typisieren ankam, sieht man im Vergleich zur vorgängigen Vorlesungsfassung. Dort ist von einem «Schriftsteller» die Rede, «den ich im übrigen seiner moralischen Kraft wegen sehr hoch schätze; er hat viele Jahre im Konzentrationslager zugebracht – ein Jude, ein Verfolgter».[5] Im endgültigen Text also «ein Entronnener», und der Ort des Entronnenseins wird genannt, aber auch pointiert, so daß er pro toto steht: «Auschwitz». Entsprechend pointiert Adorno die Paraphrase dessen, was Adler gesagt hat. Während es in der Vorlesung noch heißt: «Ja, wenn der Beckett im Konzentrationslager gewesen wäre …», so heißt es in der «Negativen Dialektik»: «wäre dieser in Auschwitz gewesen».

«Ja, wenn der Beckett im Konzentrationslager gewesen wäre, dann würde er wahrscheinlich diese Sachen, diese verzweifelten Dinge nicht schreiben, sondern dann würde er Dinge schreiben, die den Menschen Mut machen.» Das ist, wörtlich genommen, eine Annahme, mehr nicht. Daß Adorno dem Satz normativen Gehalt unterstellt, ist gewiß der Intention des Referierten gemäß. Aber durch die zuvor durchgeführte Typisierung, man könnte sagen: Ästhetisierung zum «Entronnenen von Auschwitz»,[6] bleibt diese Verfügung, wie angesichts einer Welt, in der es Auschwitz gegeben habe, zu schreiben sei, nicht länger eine indirekte Aussage, sondern wird dramatisch verstärkt. Daß sie von einem Überlebenden der Lager ausgesprochen wird, ist nicht länger ein kontingentes Faktum, sondern speziell darum geht es. Adorno bedient sich der Deutungsautorität, die den Zeugnissen der Überlebenden zugesprochen wird, um dem normativen Anspruch größtmögliches Gewicht zu geben – und damit der intendierten Widerlegung um so größeres. Darum der Satz, «Dahin ist es mit der Metaphysik gekommen». Es geht nicht einfach um den Streit, wie «nach Auschwitz» zu schreiben sei, sondern in diesem Streit darum, wie nach Auschwitz überhaupt noch zu denken – und zu empfinden – sei.

Adorno will mehr, als bloß eine andere, besser begründete Meinung vortragen. Dazu hätte es der ästhetischen Steigerung der zu widerlegenden Position nicht bedurft. Man würde Adorno aber unrecht tun, wenn man meinte, es wäre ihm nur darum gegangen, diese als Resultat einer Beschädigung und darum als gleichsam intellektuell nicht recht satisfaktionsfähig hinzustellen. Zwar schwingt in der Rhetorik des Umschaltens von, «Einer wie er muß es doch am besten wissen», zu, «Gerade einer wie er weiß es nicht», etwas davon mit, und ein schaler Geschmack bleibt. Wichtiger ist aber der systematische Ort, an dem diese Anekdote steht.

Das Thema der «Meditationen zur Metaphysik», des dritten Teils der «Negativen Dialektik», ist die Konfrontation des abendländischen Denkprojekts, das nach einem zunächst bloß zufälligen Klassifikationsetikett für eine Schrift des Aristoteles «Metaphysik» heißt, mit der historischen Erfahrung des Völkermords an den europäischen Juden.

«Daß das Unveränderliche Wahrheit sei und das Bewegte, Vergängliche Schein, die Gleichgültigkeit von Zeitlichem und ewigen Ideen gegen einander, ist nicht länger zu behaupten, auch nicht mit der verwegenen Hegelschen Auskunft, zeitliches Dasein diene vermöge der seinem Begriff innewohnenden Vernichtung dem Ewigen, das in der Ewigkeit von Vernichtung sich darstelle [. . .] Das Gefühl, das nach Auschwitz gegen jegliche Behauptung von Positivität des Daseins als Salbadern, Unrecht an den Opfern sich sträubt, dagegen, daß aus ihrem Schicksal ein sei's noch so ausgelaugter Sinn gepreßt wird, hat sein objektives Moment nach Ereignissen, welche die Konstruktion eines Sinnes von Immanenz, der von affirmativ gesetzter Transzendenz ausstrahlt, zum Hohn verurteilen [. . .] Das Erdbeben von Lissabon reichte hin, Voltaire von der Leibniz'schen Theodizee zu kurieren, und die überschaubare Katastrophe der ersten Natur war unbeträchtlich, verglichen mit der zweiten, gesellschaftlichen, die der menschlichen Imagination sich entzieht, indem sie die reale Hölle aus dem menschlich Bösen bezeichnete. Gelähmt ist die Fähigkeit zur Metaphysik, weil, was geschah, dem spekulativen Gedanken die Basis seiner Vereinbarkeit mit der Erfahrung zerschlug.»[7]

Einer historischen Erfahrung, welcher Art sie auch sei, metaphysische Konsequenzen zuzusprechen, widerspricht im Grunde der intellektuellen Unternehmung namens «Metaphysik». Gegen diesen möglichen Einwand argumentiert der erste Satz. Der darin formulierte Gedanke, metaphysisches Denken müsse so eingerichtet sein, daß es Zeitlichkeit erfassen könne, und nicht nur als Sekundäres, als Welt der vergänglichen Erscheinungen gegenüber der primären der unvergänglichen Ideen zu verstehen sei, ist zwar schon gedacht worden, aber Adorno weist sowohl auf Hegel hin als auch auf die Grenze, die auch in dessen Denken dem Historischen gesetzt ist: daß, was bestehe, wert sei, daß es zu Grunde gehe, und damit die historische Vergänglichkeit in sich selbst die Ewigkeit der Erscheinungen sei. Adorno nimmt Hegels Wort «Vernichtung», ohne dies weiter zu erläutern, als Signalwort. Es liest sich nach 1945 anders als zu Beginn des 19. Jahrhunderts, und in diesem Kontext Hegels affirmativen Blick auf die großen Destruktionen der Weltgeschichte als Schrittfolgen des Weltgeistes teilen zu wollen, wirkte als bizarre Geschmacklosigkeit.

Abgesehen davon sind allerdings Angriffe sowohl auf die Konstruktion erfahrungsunabhängiger Begriffswelten als auch auf die Vorstellung von Geschichte als Sinngebungsinstanz alles andere als neu. Doch wäre es falsch, Adorno einfach in die Reihe seiner Vorgänger zu stellen. Er nimmt für sich in Anspruch, zum ersten Mal wirklich Ernst zu machen mit der Metaphysikkritik, weil das Unternehmen der Metaphysik – trotz Nietzsche, dessen Witz von den «Hinterweltlern» er in der Metaphysik-Vorlesung gleich zu Beginn zitiert,[8] – in der «Negativen Dialektik» zum ersten Mal wirklich und grundsätzlich in Frage gestellt worden sei. Und zwar deshalb, weil Adorno nicht wie die traditionelle Metaphysikkritik ‹von außen› argumentiert, also von einer Position aus, die für sich in Anspruch genommen hat, die Denktradition der Metaphysik verlassen oder hinter sich gelassen zu haben, sondern als Metaphysiker. Zu Adornos Verständnis von Metaphysik gehört nicht nur,

> «daß Metaphysiken im prägnanten Sinn Lehren sind von Begriffen als einem Tragenden, Konstitutiven und als einer Art Objektivität, von der dann das, was man so naiverweise ‹das Objektive› nennt, nämlich das zerstreute Einzelding, das zerstreute Seiende, gestiftet wird und eigentlich erst abhängt,»[9]

sondern die Problematisierung dieses Verhältnisses[10] bei gleichzeitigem Festhalten an der metaphysischen Intention und Intuition, Denken, obwohl selber bedingt, für mächtig zu halten, Unbedingtes denken zu können. Adorno stellt, so sein Selbstverständnis, nicht nur die Grundfrage der Metaphysik neu, sondern dies in einer Weise, die das Unternehmen Metaphysik von innen heraus in Frage stellt. Er fragt nach der Bedingtheit des Denkens, indem er nach dem Motiv fragt, das es dazu nötigt, sich denkend seiner Bedingtheit zu entledigen. Und er sagt, daß diese Frage der Metaphysik durch Auschwitz aufgenötigt sei.

Es ist die bürokratisch organisierte Vernichtung von Menschen, die, so Adorno, uns nötige, die Frage nach dem Tod anders zu stellen als zuvor, – und die Frage nach dem Tod sei die Grundfrage der Metaphysik. Adorno wendet sich zunächst gegen Versuche, den Tod ins metaphysische Denken zu integrieren, – sie pflegen pathetisch oder harmonisierend auszufallen. Adorno deutet sie, wo nicht als platte Ideologie der Wehrtüchtigkeit, als verklärende Erinnerungen an den Zustand «einer epischen Einheit mit dem gerundeten Leben».[11] Er bezweifelt, ein solcher Zustand sei je so alltäglich gewesen, daß man sich an ihn als Normalität erinnern könnte.[12] Allerdings behauptet er mit Fug und Recht, daß die Beschwörung des Todes als metaphysischen Positivums auch vor 1933 eine barbarische Liaison mit der modernen Barbarei gewesen sei: «Heute wie damals gilt der Bescheid, den Horkheimer einer Ergriffenen erteilte, die sagte, Heidegger habe doch wenigstens die Menschen endlich wieder vor den Tod gestellt: Ludendorff habe das viel besser besorgt.»[13] Es geht aber um mehr als um die Denunziation von metaphysischer Verklärung des Todes als Ideologie:

«Daß die Todesmetaphysiken entweder in Reklame für den heroischen Tod ausarten oder in die Trivialität purer Wiederholung des Unverkennbaren, man müsse eben sterben, ihr gesamtes ideologisches Unwesen, gründet wohl in der bis heute fortwährenden Schwäche menschlichen Bewußtseins, der Erfahrung des Todes standzuhalten, vielleicht überhaupt sie in sich hineinzunehmen.»[14]

Aber auch jenseits dieser Schwäche gibt es im menschlichen Leben eine grundsätzliche Inkommensurabilität von Denken und Sterblichkeit. Der Tod, ganz unphilosophisches Ende – nur verleugnend als telos aufgefaßt – unseres Lebens und Denkens, sei, so Adorno,

«als dieses schlechthin Letzte, unausdenkbar. Versuche der Sprache, den Tod auszudrücken, sind vergebens bis in die Logik hinein; wer wäre das Subjekt, von dem da prädiziert wird, es sei jetzt, hier, tot [...] Wäre der Tod jenes Absolute, das die Philosophie positiv vergebens je beschwor, so ist alles überhaupt nichts, auch jeder Gedanke ins Leere gedacht, keiner läßt mit Wahrheit irgend sich denken. Denn es ist ein Moment von Wahrheit, daß sie samt ihrem Zeitkern dauere; ohne alle Dauer wäre keine, noch deren letzte Spur verschlänge der absolute Tod. Seine Idee spottet des Denkens.»[15]

Das auf Wahrheit zielende Denken sei ein Denken gegen den Tod – darin bestehe seine Bedingtheit und daher sein Anspruch auf Unbedingtheit. Solches Denken aber verleugnet seinerseits den kulturellen Zusammenhang, in dem es gedeiht. Das Denken, das für sich eine Sphäre des vom Tode nicht Affizierbaren reklamiert, um zu sich zu kommen und bei sich zu bleiben, reicht gerade darum nicht hin, im Triumph der Kultur ihr Versagen wahrzunehmen.[16] Daraus ergibt sich die berühmte emphatische Passage der «Negativen Dialektik»:

«Unbewußtes Wissen flüstert den Kindern zu, was da von der zivilisatorischen Erziehung verdrängt wird, darum ginge es: die armselige physische Existenz zündet ins oberste Interesse, das kaum weniger verdrängt wird, ins Was ist das und Wohin geht es. Wem es gelänge, auf das sich zu besinnen, was ihn einmal aus den Worten Luderbach und Schweinstiege ansprang, wäre wohl näher am absoluten Wissen als das Hegel-Kapitel, das es dem Leser verspricht, um es ihm überlegen zu versagen. Theoretisch zu widerrufen wäre die Integration des physischen Todes in die Kultur, doch nicht dem ontologisch reinen Wesen Tod zuliebe, sondern um dessentwillen, was der Gestank der Kadaver ausdrückt und worüber deren Transfiguration zum Leichnam betrügt. Ein Hotelbesitzer, der Adam hieß, schlug vor den Augen des Kindes, das ihn gern hatte, mit einem Knüppel Ratten tot, die auf dem Hof aus Löchern herausquollen; nach seinem Bilde hat das Kind sich den ersten Menschen geschaffen. Daß das vergessen wird; daß man nicht mehr versteht, was man einmal vorm Wagen des Hundefängers empfand, ist der Triumph der Kultur und deren Mißlingen. Sie kann das Gedächtnis nicht dulden, weil sie immer wieder dem alten Adam es gleichtut, und das eben ist unvereinbar mit ihrem Begriff von sich selbst. Sie perhorresziert den Gestank, weil sie stinkt; weil ihr Palast, wie es in einer großartigen Stelle bei Brecht heißt, gebaut ist aus Hundsscheiße. Jahre später als jene Stelle geschrieben ward, hat Auschwitz das Mißlingen der Kultur unwiderleglich bewiesen. Daß es geschehen konnte inmitten aller Tradition der Philosophie, der Kunst und der aufklärenden Wissenschaften, sagt mehr als nur, daß diese, der Geist, es nicht vermochte, die Menschen zu ergreifen und zu verändern. In jenen Sparten selber, im emphatischen Anspruch ihrer Autarkie, haust die Unwahrheit. Alle Kultur nach Auschwitz, samt der dringlichen Kritik daran, ist Müll [...] Wer für Erhaltung der radikal schuldigen und schäbigen Kultur plädiert, macht sich zum Helfershelfer, während, wer der Kultur sich verweigert, unmittelbar die Barbarei befördert, als welche die Kultur sich enthüllte. Nicht einmal Schweigen kommt aus dem Zirkel heraus.»[17]

Das vielleicht meistzitierte Wort Adornos, jedenfalls längst ein geflügeltes, ist wohl das vom richtigen Leben, das es im falschen nicht gebe. Die zitierte Passage reklamiert, daß es auch kein richtiges Denken gebe in einer von Grund auf mißlungenen Kultur. Erlaubt sei einzig, diese Einsicht auszusprechen, oder – Beckett – darzustellen. Hier kann man auf die zu Anfang mitgeteilte Anekdote der Bergwanderung zurückkommen. Die Aufforderung an den Dramatiker, «Mut zu machen», offenbart für Adorno, ganz gleich, wer sie ausspricht, Komplizität mit einem Welt- und Gesellschaftszustand, der zynischerweise gerade das von seinen Opfern verlangt: den Mut zum Durchhalten – darum: «Schützengrabenreligion».[18] Der «Entronnene von Auschwitz», so muß Adorno wohl verstanden werden, verleugnet damit eins: daß er nicht entronnen ist. Gerade die ideologische Emphase des «Mutmachens» entlarvt ihn als Opfer jener Institution, die auch Beckett, wäre er ihr Opfer geworden und hätte er überlebt, vielleicht dazu gezwungen haben würde, anders, positiver, zu schreiben.[19]

Die Kennzeichnung «Der Entronnene» markiert nicht nur diese unterstellte Verleugnung, sondern eine generelle Verkennung: daß es überhaupt keine Entronnenen gebe.

«Absolute Negativität ist absehbar, überrascht keinen mehr. Furcht war ans principium individuationis der Selbsterhaltung gebunden, das, aus seiner Konsequenz heraus, sich abschafft. Was die Sadisten in den Lagern ihren Opfern ansagten: morgen wirst du als Rauch aus diesem Schornstein in den Himmel dich schlängeln, nennt die Gleichgültigkeit des Lebens jedes Einzelnen, auf welche Geschichte sich zubewegt: schon in seiner formalen Freiheit ist er so fungibel und ersetzbar wie dann unter den Tritten der Liquidatoren. Weil aber der Einzelne, in der Welt, deren Gesetz der universale individuelle Vorteil ist, gar nichts anderes hat als dies gleichgültig gewordene Selbst, ist der Vollzug der altvertrauten Tendenz zugleich das Entsetzlichste; daraus führt so wenig etwas hinaus wie aus der elektrisch geladenen Stacheldrahtumfriedung der Lager.»[20]

Gerade an diesem letzten Satz zeigt sich das Heikle der Gedankenführung. Weil Auschwitz als das schlechthin Neue das seit jeher Mißlingende der Kultur enthüllen soll und gewissermaßen auf den Nenner bringt, passiert im Grunde so viel Neues nicht – erst das macht Auschwitz zur Universalmetapher tauglich. Es unterläuft dann wie nebenher, daß die Austauschbarkeit eines Menschen auf dem Arbeitsmarkt in die Nähe seiner Ermordung im Lager gebracht wird. Wird, so Adornos Kritik, bei Heidegger das Sterben des Einzelnen als bloß ontischer Tod belanglos neben dem ontologischen, der erst wirklich etwas hermacht, so wird bei Adorno die Ermordung des Einzelnen belanglos in der grauen Zahl, in der schon zu Lebzeiten die Einzelnen nicht distinkt genug zu leben fähig sind. Es ist interessant, daß Adornos Ideosynkrasie, seine Fähigkeit, im scheinbar Harmlosesten Entsetzliches zu sehen, ihn (nicht nur hier) dazu verführt, Unterschiede zu nivellieren, die solche ums Ganze sind, – wenigstens für die, für die es – aller grammatischen Probleme der Formulierung zum Trotz – tatsächlich um die Frage geht: ob sie tot sind oder nicht.

Aber darum soll es hier nicht gehen. Eine einzelne Erfahrung wäre nicht vermögend, die abendländische Metaphysik im Grunde zu treffen, und auch viele Erfahrungen Einzelner wären es nicht. Erfahrungen muß, folgen wir Adorno, eine Objektivität zukommen, der durch noch so autorisierte Gegenbeispiele nicht beizukommen ist. Diese Objektivität, die mit dem «Gang der Geschichte» gegeben sei, muß aber, nur so ist der nächste Schritt der Argumentation schlüssig, ihrerseits durch Erfahrung verbürgt sein – eine Erfahrung, die diese Objektivität in sich repräsentiert. Adorno stellt die Frage,

«ob nach Auschwitz noch sich leben lasse,[21] ob vollends es dürfe, wer zufällig entrann und rechtens hätte umgebracht werden müssen. Sein Weiterleben bedarf schon der Kälte, des Grundprinzips der bürgerlichen Subjektivität, ohne das Auschwitz nicht möglich gewesen wäre: drastische Schuld des Verschonten. Zur Vergeltung suchen ihn Träume heim wie der, daß er gar nicht mehr lebte, sondern 1944 vergast worden wäre, und seine ganze Existenz danach lediglich in der Einbildung führte, Emanation eines irren Wunsches eines vor zwanzig Jahren Umgebrachten.»[22]

Das psychologische Etikett der «Überlebensschuld» ist bekannt; ohne Spezifikation sagt es nichts, und wir können es hier beiseite lassen. Die Vorstellung einer Schuld ist es gleichwohl, die Adorno erlaubt, den Albtraum, seinen Albtraum, zum Bürgen einer über die zufälligen Lebens- bzw. Überlebensumstände hinaus gültigen Objektivität zu machen. In der Vorlesung über Metaphysik lautete diese Passage noch anders:

«Man muß [...] sich fragen, – und das ist nun eine metaphysische Frage, obwohl sie in der äußersten Suspension von Metaphysik ihren Grund hat; es ist merkwürdig, wie alle Fragen, die die Metaphysik negieren und sich ihr entziehen, gerade dadurch selber einen eigentümlich metaphysischen Charakter wieder bekommen –, ob man nach Auschwitz überhaupt noch *leben* kann: so wie ich es selber erfahren habe etwa in den immer wiederkehrenden Träumen, die mich plagen und in denen ich das Gefühl habe, eigentlich gar nicht mehr selbst zu leben, sondern nur noch die Emanation des Wunsches irgendeines der Opfer von Auschwitz zu sein. Nun, – auch daraus hat das Geblök des Einverständnisses sofort das prompte Argument gemacht, es sei doch sozusagen an der Zeit, daß jemand, der so dächte wie ich, sich auch endlich umbrächte, – worauf ich nur sagen kann: das könnte den Herrschaften so passen. Solange ich noch das, was ich versuche auszudrücken, ausdrücken kann, und solange ich glaube, damit dem zur Sprache zu verhelfen, was sonst nicht Sprache findet, werde ich, wenn nicht das Äußerste mich dazu zwingt, dieser Hoffnung, diesem Wunsch nicht nachgeben. Aber trotzdem meine ich, als eine metaphysische Frage ist doch das ungeheuer schwer zu nehmen, was in dem bedeutendsten und deshalb in Deutschland kaum gespielten Stück von Sartre, ‹Morts sans sépulture›, Tote ohne Begräbnis, eine Figur, einer der jungen und der Folter überantworteten Widerstandskämpfer sagt: kann man eigentlich überhaupt noch – oder: wozu soll man eigentlich in einer Welt leben, in der sie einen schlagen, bis einem die Knochen zerbrechen? Die Frage ist jedenfalls als eine nach der Möglichkeit überhaupt auch nur einer Affirmation des Lebens gar nicht zu umgehen.»[23]

Die Frage, die Jean Améry bei der Vorstellung seines Buches «Hand an sich legen» zu hören bekam und mit «Nur Geduld» beantwortete, findet bei Adorno die Antwort: «Das könnte Ihnen so passen». Kälte bürgerlicher Subjektivität? Wohl weniger das, als das Ineins von «Selbst und Selbsterhaltung»,[24] das Adorno als philosophische Grundfigur ebenso kritisiert wie als Schwundstufe möglichen Lebenssinns, die die Moderne innerhalb und außerhalb der Lager aufnötige, weshalb es als Selbstbehauptung eines Philosophen nicht einmal vor der Zumutung irgendeines hergelaufenen Lumpen im Auditorium durchgehen soll. Das streift die Pose, aber sie ist ernstgemeint.[25] Sie ist für Adorno keine bloß mögliche, sondern eine notwendige Haltung; der Kern metaphysischen Denkens seit Aristoteles, die Frage nach der Vermittlung zwischen dem empirisch Gegebenen und als wirklich Wahrgenommenen und dem intellektuell Konstruierten und als wahr Erkannten ist für Adorno in der Krise des modernen Individuums gegeben, das in Auschwitz den Tod nicht als Individuum, sondern als beliebiges Exemplar der Gattung erlitt, – noch einmal: «an dieser Stelle [verstecken sich] die abgründigsten Probleme der Metaphysik überhaupt,»[26] denn der Massentod hebe die Spannung von Allgemeinem und Besonderem, Begriff und Wirklichkeit auf: «Man könnte also sagen [...], daß der Völkermord die absolute Integration sei; und daß die reine Identität aller Menschen mit ihrem Begriff nichts anderes sei als der Tod selber», – Adorno nennt, hier in der Vorlesung den Satz vom Rauch und den Schornsteinen zitierend, dies die «satanische Verkehrung des metaphysischen Grundgedankens und der Substanz der Metaphysik selber».[27]

Wie oben erwähnt, formuliert Adorno seine Metaphysikkritik als Metaphysiker, nicht ‹von außen›, und bekanntlich schließt die «Negative Dialektik» mit dem Satz, das im Buch dargelegte Denken sei «solidarisch mit Metaphysik im Augenblick ihres Sturzes».[28] Er versucht philosophisch das zu leisten, was Beckett für die Literatur geleistet habe.

«Im Endspiel ist die tellurische Teilkatastrophe, von Becketts Clownswitzen der blutigste, so stofflich wie formal die Voraussetzung; sie hat der Kunst ihr Konstituens, ihre Genese zerschlagen. Sie emigriert auf einen Standpunkt, der keiner mehr ist, denn keiner mehr existiert, von dem aus die Katastrophe zu benennen wäre oder, mit einem Wort, das in solchem Zusammenhang endgültig seiner Lächerlichkeit überführte, zu gestalten [...] Der Kunst, die [...] Ideologie wurde, erteilt Becketts œuvre die furchtbare Antwort [...] Kunst vermag mit ihrer eigenen Existenz nur dadurch zu versöhnen, daß sie ihre eigene Scheinhaftigkeit, ihren inwendigen Hohlraum nach außen kehrt.»[29]

Und: «Beckett hat auf die Situation des Konzentrationslagers, die er nicht nennt, [...] reagiert, wie es allein ansteht.»[30] Das Lob, das Sartres «Tote ohne Begräbnis» in der Vorlesung zuteil wird, findet sich in der «Negativen Dialektik» nicht, ebenso wenig wie die, zwar mit vielem Zwar und Aber eingeschränkte, aber denn doch deutliche Anerkennung einiger philosophischer Motive bei ihm. Es ist, als wollte Adorno die Spur der Möglichkeit tilgen, daß es *mehrere* akzeptable Möglichkeiten, künstlerisch oder intellektuell auf die Katastrophen des 20. Jahrhunderts zu reagieren, geben könnte. Es widerspräche seinem Begriff von Objektivität ebenso wie seinem Bedürfnis, den Gedanken ästhetisch zu pointieren. Wie in der Anekdote die Lager zu Auschwitz wurden, bleibt das in der Vorlesung noch eingehend beschworene nach Auschwitz anderswo fortdauernde Grauen der Folter in der «Negativen Dialektik» unerwähnt, obwohl, der Text der Vorlesung zeigt es bereits anläßlich des Sartre-Stückes, gerade diese aufs Individuum zielende Quälerei – es ist nicht verwunderlich – die Imagination des Verfassers weit mehr zu beschäftigen scheint als die anders qualvolle waggonweise Abschaffung von Menschen durch Hunger und Gas. «Neues Grauen hat der Tod in den Lagern: seit Auschwitz heißt den Tod fürchten, Schlimmeres fürchten als den Tod»,[31] heißt es in der «Negativen Dialektik» – in der Vorlesung zur Metaphysik heißt es so:

«Es ist eben heute das Schlimmere als der Tod zu fürchten. Vielleicht darf ich Sie in diesem Zusammenhang aufmerksam machen auf den Aufsatz eines mir im übrigen völlig unbekannten Autors namens Jean Améry über die Tortur, der sich in dem letzten Heft des ‹Merkur› findet; ein Aufsatz, der mir mit seiner philosophischen Armatur, nämlich der des Existenzialismus, keineswegs gemäß ist, doch die Veränderung in den Gesteinsschichten der Erfahrung, die durch diese Dinge bewirkt worden sind, in einer geradezu bewundernswerten Weise zum Ausdruck bringt.»[32]

Und ein weiteres Mal kommt er auf Améry zu sprechen und stellt dabei dieselbe Nähe zu sich selber her wie bei der Erwähnung von Sartres Stück über die Folter:

«Diese Erfahrungen [...] betreffen [alle], und nicht nur die Opfer oder die, die gerade eben noch so daran vorbeigekommen sind [...] die Erfahrungen, die ich versucht habe, hier Ihnen zu bezeichnen, [sind] von einer so furchtbaren Gewalt, daß keiner, der sie auch nur gleichsam von fern berührt hat, dem je wieder entgehen kann, – so wie Améry sehr überzeugend in jenem Aufsatz sagt, daß wer einmal gefoltert worden ist, das niemals und nie auch nur für einen Augenblick in seinem Leben wieder vergessen kann.»[33]

Adorno hat Amérys Aufsatz über die Tortur 1965 im «Merkur» gelesen; den ein Jahr zuvor verfaßten Aufsatz über Auschwitz – «An den Grenzen des Geistes» – hat er wohl nicht gekannt. Hier hätte sich, hätte Adorno auf Améry reagiert, ein Gegenstück zur eingangs mitgeteilten Anekdote ergeben. Améry schreibt unter anderem über die Metaphysik und den Tod, seine Folgerungen sind ähnlich radikal wie die Adornos und doch in der Konsequenz grundverschieden:

«Was sich zunächst ereignete, war allemal der totale Zusammenbruch der *ästhetischen* Todesvorstellung [...] Es führte keine Brücke vom Tod in Auschwitz zum ‹Tod in Venedig›. Unleidlich wurde jede dichterische Todesreminiszenz, mochte es Hesses ‹Lieber Bruder Tod› sein oder der Tod Rilkes, der gesungen hat: ‹O Herr, gib jedem seinen eigenen Tod.›[34] Die ästhetische Todesvorstellung wurde dem Intellektuellen als ein Teil ästhetischer *Lebensführung* deutlich: wo diese kaum noch erinnert werden konnte, war auch jene eine elegante Nichtigkeit [...] Der Tod des Menschen, da er doch sozial ein Ereignis war, das man nur eben mit der Formel ‹Abgang durch Tod› in der sogenannten politischen Abteilung des Lagers registrierte, verlor schließlich auch individuell so sehr an spezifischem Gehalt, daß seine ästhetische Einkleidung für den, der ihn erwartete, gewissermaßen zu einem frechen und den Kameraden gegenüber ungehörigen Anspruch wurde. – Nach dem Zusammenbruch der ästhetischen Todesvorstellung stand dann der intellektuelle Häftling dem Tod ungewappnet gegenüber. Versuchte er dennoch ein geistiges und metaphysisches Verhältnis zum Tode herzustellen, stieß er sich auch hier wieder an der Lagerrealität, die einen solchen Versuch zur Aussichtslosigkeit verurteilte [...] Der Häftling befaßte sich [...] nicht mit dem Tode, sondern mit dem *Sterben;* damit aber wurde das ganze Problem reduziert auf eine Anzahl konkreter Möglichkeiten. So sprach man beispielsweise im Lager von einem SS-Mann, der einmal einem Häftling den Bauch aufgeschlitzt und mit Sand gefüllt hatte. Es liegt auf der Hand, daß man sich angesichts solcher Möglichkeiten kaum noch damit befaßte, *ob* beziehungsweise *daß* man sterben müsse, sondern nur noch, *wie* es geschehen würde. Man führte Gespräche darüber, wie lange es wohl dauere, bis das Gas der Gaskammer seine Wirkung tut. Man spekulierte über die Schmerzhaftigkeit des Todes durch Phenolinjektionen. Sollte man sich einen Schlag über den Schädel wünschen oder den langsamen Erschöpfungstod im Krankenbau? Es war bezeichnend für die Situation des Häftlings dem Tode gegenüber, daß nur wenige sich entschlossen, ‹an den Draht zu laufen›, wie man sagte, das heißt: durch Berühren der mit Starkstrom geladenen Stacheldrähte Selbstmord zu begehen. Der Draht war ja eine gute und ziemlich sichere Sache, vielleicht aber würde man noch vorher, beim Versuch, sich ihm zu nähern, ertappt und in den Bunker geworfen, was zu einem schwierigeren und peinvolleren Sterben führte. Das Sterben war allgegenwärtig, der Tod entzog sich [...] Für den Häftling hatte der Tod keinen Stachel: keinen, der wehe tut, keinen, der zum Denken anreizt [...] Alle jene Probleme, die man einem Sprachübereinkommen gemäß die ‹metaphysischen› nennt, wurden gegenstandslos. Aber wiederum war es nicht Abgestumpftheit, die das Nachdenken darüber unmöglich machte, sondern im Gegenteil die grausame Schärfe eines von der Lagerwirklichkeit zugeschliffenen und gehärteten Intellekts. Dazu kam, daß es an emotionellen Kräften fehlte, mit denen man allenfalls vage philosophische Begriffe hätte besetzen und damit subjektiv-psychologisch sinnvoll machen können [...] Der Geist in seiner Totalität erklärte sich im Lager als unzuständig [...] Die Achsen seiner traditionellen Bezugssysteme zerbrachen [...] In seinem Buch ‹Die Wörter› hat Jean Paul Sartre an einer Stelle geschrieben, er habe dreißig Jahre gebraucht, um sich des traditionellen philosophischen Idealismus zu entledigen. Bei uns, das kann ich versichern, ging es schneller. Ein paar Lagerwochen haben meist genügt, um diese Entzauberung des philosophischen Inventars zu bewirken, um die andere, vielleicht unendlich viel begabtere und scharfsinnigere Geister ein Leben lang ringen müssen. So wage ich zu sagen, daß wir Auschwitz zwar nicht weiser und nicht tiefer, wohl aber klüger verlassen haben (... Ich möchte) ein Wort von Karl Kraus nennen, das er in den ersten Jahren des Dritten Reiches aussprach: ‹Das Wort entschlief, als diese Welt erwachte.› Er hat das freilich als Verteidiger dieses metaphysischen ‹Wortes› gesagt, während wir Ex-Lagerhäftlinge ihm die Sentenz aus dem Munde nehmen und sie mit *Skepsis* gegen dieses ‹Wort› nachsprechen. Das Wort entschläft überall dort, wo eine Wirklichkeit totalen Anspruch stellt. Uns ist es längst entschlafen. Und nicht einmal das Gefühl blieb zurück, daß wir sein Hinscheiden bedauern müssen.»[35]

Keine Solidarität mit der Metaphysik im Augenblick ihres Sturzes. Doch den vorletzten beiden Sätzen hätte Adorno zugestimmt – und den letzten als Spur einer zerstörenden Überwältigung gedeutet. Auch mir geht es nicht darum, Améry als unbezweifelbare Autorität in solchen Dingen zu zitieren. Er ist eine Stimme unter anderen, und wenigstens eine, ähnlich als Autorität gelesene, hat ihm in vielem vehement und aggressiv widersprochen, Primo Levi. – Man kann auch Amérys Sicht, läßt man sie mit der Adornos kontrastieren, einfach als die einer konkurrierenden Philosophie lesen, die auch ohne die Erfahrung des Lagers konträr gewesen wäre. Améry war von der Wiener Schule beeinflußt, nach 1945 wurden seine philosophischen Bezugspunkte das Werk Sartres und Poppers Kritischer Rationalismus. Aber als Vertreter einer Denkschule lesen wir ihn ja nicht.

Die Memoiren der Überlebenden der Lager[36] haben eine Literaturgattung begründet, die es vor dem 20. Jahrhundert nicht gegeben hat.[37] Das Neue dieser Gattung ist, daß zum ersten Mal menschliches Leid ohne die Vermittlung durch selbst nicht betroffene Sprecher und ohne das Mittel der Literarisierung (meist Fiktionalisierung) eine Ausdrucksform und eigene Autorität erhielt, die akzeptiert neben den traditionell mit Deutungsautorität versehenen Texten der Literatur und Philosophie stand und steht. Die historische Besonderheit des Holocaust hat diese Literaturgattung möglich gemacht, und durch diese Literaturgattung ist die Besonderheit des Holocaust ins öffentliche Bewußtsein getreten, aber ebenso auch die Ubiquität menschlichen Leides im 20. Jahrhundert. Wie sehr beides Adorno zu seinen philosophischen Konsequenzen genötigt hat, zeigt die Vorlesung mehr als der am Ende als philosophisches Hauptwerk präsentierte Text.

Die Bedeutung, die man dem Leid im Denken – philosophischem wie anderem – einräumt, hängt nicht zuletzt von der Bedeutung ab, die man dem Selbstzeugnis menschlichen Leides einräumt. Die Frage nach der Vermittlung von Empirie und gedanklicher Erfassung der Welt, metaphysisch oder nicht, ist in diesem speziellen Fall vor allem eine nach der Mitteilung des Tatsächlichen, in der Überlieferung der Fakten und ihre Deutung nicht beliebig zu trennen sind. Man müßte zwar den Weltdeutungen der Überlebendenmemoiren selbst dann nicht folgen, wenn sie alle unisono sprächen. Wenn aber ihren Mitteilungen aus einer radikal anderen Welt gleichberechtigter Rang eingeräumt werden soll wie anderen Textformen, die unter anderen Bedingungen entstanden sind, dann können sie nicht als Mißverständnisse oder bloßes Anamnesematerial abgefertigt werden. Es ist nicht nötig, Améry rechtzugeben, nur, ihn ernstzunehmen. Sein Text steht nicht neben dem Adornos, weil eben alle ‹irgendwie recht haben›, sondern weil er eine Mitteilung enthält über die Grenzen jenes Denkens hinaus, das den Text Adornos konstituiert, und damit eine Mitteilung über die Beschaffenheit der Welt. Es muß die Solidaritätsadresse Adornos nicht bekümmern, daß es jemanden gibt, der sie nicht unterschreibt, wohl aber, daß die verweigerte Unterschrift nicht auf den Nenner des Defekts – den der Banalität des Denkens oder den des erzwungenen Pragmatismus der Lebenserhaltung – gebracht werden kann. Damit wird das von Adorno gegen alle Einrede gegen Metaphysik beschworene «Glück des Gedankens, das was einen überhaupt motiviert, über metaphysische Fragen nachzudenken [...] das Glück der Elevation, das Glück der Erhebung, das Glück, über das, was ist, hinauszugehen»,[38] die Chance einer Lebenssituation. Das ist viel weniger ein Einwand, als Adorno selber dachte, der oft genug die Schuld des Privilegs beschwor. Es ist nur so, daß diese Ablehnung einer Universalzuständigkeit das Unternehmen der Metaphysik radikaler tangiert als Adornos Versuch einer Wendung metaphysischen Denkens gegen sich selbst. Im Kontrast mit dem Text Amérys, den Adorno, ohne ihn zu kennen, durch seine Gedankenführung selbst beschworen hatte, rückt der Schluß der «Negativen Dialektik» ganz nahe an den des «Candide».

# Sonst nix

**oder**
**Wer ist Caliban?**

Obwohl ich Philologe bin, werde ich die Frage, wer Caliban sei, hier natürlich nicht philologisch traktieren. Es soll, um diesbezügliche Mißverständnisse von vornherein auszuschließen, *auch* nicht darum gehen, eine literarische Figur in irgendeiner Weise allegorisch oder analogisch mit der politischen Wirklichkeit zusammenzubringen – jedenfalls nicht ohne Vorbereitung. Wohl aber geht es mir darum, die Schwierigkeiten, die der inszenierende oder auch nur lesend-verstehende Umgang mit dieser Figur mit sich bringt, zu verstehen, weil es auch außerliterarisch bezeichnende sind. Provoziert werden sie durch das offensichtlich Geheimnislose, das dieser Figur anhaftet. Sie ist uns darum fremder als Macbeths Hexen, die sich in unsere Albträume perfekt einpassen, weil sie Inkarnationen uralter Ängste sind, fremder als das Ehepaar Macbeth, das unsere Albträume lebt und Auskunft geben kann über den Stoff, aus dem sie sind; fremder auch als ein Richard III. trotz seiner Exterritorialität – wir kennen seine Kollegen in der Wirklichkeit. Wir kennen keinen Caliban und wir wüßten nicht zu sagen, wo eine Spur zu entdecken wäre, die uns hinter die Kulisse seiner angstwütenden Tiraden führte. Da ist nichts als das: Angst, Wut und Begehren – und Rolf Vollmann hat recht, der behauptete, daß «Caliban falsch verstanden würde, reihte man ihn in die Gruppe derer ein, die zu verstehen man genötigt ist.»[1]

Verführt durch den Topos der Landnahme – der vertriebene Mailändische Fürst Prospero nimmt eine Insel in Besitz – und durch die Worte, die Shakespeare seinen Caliban sprechen läßt, hat man das Verhältnis Prospero-Caliban als das eines Kolonisators zu einem Kolonisierten gedeutet.[2] Caliban als Wilder, als bösartig undankbarer, der die Hand beißt, die ihn füttert, und den Kopf einschlagen will, der ihn gelehrt hat – was eine gewisse Stütze im Text findet[3] –, als seiner Rechte und seines Eigentums beraubter Wilder – was ebenfalls im Text steht.[4] Schließlich hat man gemeint, Shakespeare habe beim Entwurf seines Caliban an Montaignes «Von den Menschenfressern» gedacht. Dann wäre Caliban nun zwar noch kein *edler* Wilder, aber doch einer, den wir an Grausamkeit übertreffen – das nämlich war der Sinn von Montaignes Aufsatz: die Grausamkeit seiner Zeit anzuklagen. Jeder nenne, so Montaigne, das barbarisch, was nicht Sitte seiner Heimat sei, und über dem Abscheu über die Grausamkeiten derer, die wir Barbaren nennen, vergäßen wir die – größeren – eigenen, denn was sei schlimmer: einen Menschen nach seinem Tode zu verspeisen, oder ihn bei lebendigem Leibe in Stücke zu hauen oder zu verbrennen? Diese Anbindung an Montaigne hat dazu geführt, in einigen Inszenierungen Caliban als antikolonialen Revolutionär darzustellen, inclusive seines Versuchs, Prosperos Tochter Miranda zu vergewaltigen.[5] Das ist – philologischer und inszenatorischer – Unsinn und jedenfalls nicht Shakespeare, aber insofern interessant, als es jedenfalls doch nicht aus purer Lust am Unsinn so gekommen ist.

Caliban will nichts – außer Prospero zu ermorden. In dieser Phantasie schwelgt er, nicht in der Idee irgendeiner Freiheit, bietet er sich doch dem ersten Besten als Sklave an, wenn der nur hilft beim Mord.[6] Daß der koloniale wie der antikoloniale Diskurs die Figur Caliban nicht erreichen, ist nicht das, was uns kümmern soll, vielmehr der Umstand, *daß die rätsellose Fremdheit Calibans* uns dazu provoziert, uns mit unserem zivilisatorischen Selbstbild herumzuschlagen. Dieses Selbstbild ist untrennbar verbunden mit der Frage nach der Legitimierbarkeit von Gewalt, und es kennzeichnet sich als modernes dadurch, daß die Legitimierung von Gewalt stets prekär ist. Wo Gewalt angewendet wird, so wird sie es leider, leider immer noch, oder auf Grund einer Provokation, die den gewaltmindernden Sinn – kolonial: Auftrag, the white man's burden – des modernen Zivilisierungsschubes in Frage stellt.[7] Letzteres legitimierte traditionellerweise die Umwidmung eines Raubzug zum Kreuzzug, wenn das Vorkommen «barbarischer Grausamkeiten» offenbar wurde, ob nun in den Black Hills, in Kanton oder irgendwo in Afrika. Solche Gewaltlegitimationen haben das dem modernen Selbstbild, zivilisiert zu sein, inhärente selbstkritische Potential immer nur sporadisch zum Verstummen bringen können. Die Bilder verstümmelter Sklaven im belgischen Kongo sind ebenso öffentlich geworden wie die verbrannter Kinder in Vietnam. Der Schock, den diese Bilder ausgelöst haben, ist unter anderem eine narzißtische Kränkung gewesen – eine masochistisch gewendete. Die Einsicht, daß *nichts* die kolonialen Greuel legitimieren konnte, kippte in eine autoaggressive Scham, die ihren Ausdruck in der Ansicht fand, daß nichts die *anti*kolonialen Greuel *de*legitimieren konnte.

Sie sehen die Analogie: wie die kolonialistische Deutung Calibans als grausamen Wilden die anti-kolonialistische, er sei ein edler, aufbegehrender Wilder, provozierte, provoziert die kolonialistische Deutung des Elften September – George Bushs Rede vom Kreuzzug – die antikolonialistische: das sei Gegengewalt gewesen, die wir uns auf den Hals gezogen hätten. Da die kolonialistische Deutung sich die Affekte angesichts der unleugbaren Grausamkeit der Taten zunutze machen kann und dann zur Feinderklärung übergehen, erspart sie sich eine Menge Verstehens- und Erklärungsaufwand. Feindverstehen ist ja nur so weit nötig, als ich meine, es für eine erfolgreiche Kriegführung nötig zu haben. Anders die antikolonialistische Deutung: da hier Verstehen und Verständnis-haben-für nahe beieinander sind, müssen Gegenaffekte aufgebaut, Geschichten erzählt und Theorien über Gewalt und Gegengewalt ge- oder erfunden werden.

Im kolonialistischen Deutungsmuster hat die Gewalttat eine Evidenz als Feinderklärung, die nicht befragt zu werden braucht, sie hat in diesem Deutungsmuster eine Sinnzuschreibung erfahren, die nicht in Frage gestellt werden kann und nicht nach weiteren verlangt. Im antikolonialistischen Deutungsmuster muß eine Sinnzuschreibung gefunden werden, die in der Lage ist, sich gegen jene durchzusetzen, es muß gewissermaßen eine Absicht, ein Zweck, ein Handlungsziel gefunden werden, groß genug, wenn nicht die Tat zu legitimieren, so doch, eine Legitimation anderswo vorstellbar zu machen – wobei «vorstellbar» heißt (wenn es um mehr als bloße gleichsam technische Kenntnisnahme gehen soll): daß unsere Welt-deutung soviel an Gemeinsamkeiten hat, daß ein sinnvoller Dialog über die Wahl der Mittel geführt werden kann. Auf diese Weise lobt sich die antikolonialistische Deutung als *politische* gegenüber der kolonialistisch-*militärischen* aus. Kennt diese nur den Sieg, so will jene den Frieden, und behauptet zu wissen, welche Zwecksetzungen auf andere Weise befriedigt werden können – und müssen, um uns Sicherheit zu verschaffen.

Nun gerät die antikolonialistische Deutung seit Ende der Kolo-nialkriege und ihrer Nachfolger an ein Problem: sie kann eben nichts vorweisen, das groß genug wäre, um in Proportion mit extremen Gewalttaten zu sein, es sei denn den globalen Kapitalismus selbst. Es gibt zwei Möglichkeiten: sich auf die Seite der Nachfolger der inter-nationalen Linken, der Globalisierungskritiker, zu stellen, und dies so radikal, daß man nicht in Verlegenheit kommt, die Plausibilität dieser Position diskutieren zu müssen – oder die sich einstellende Hilflosigkeit durch Empathie zu kompensieren. Das ist der Normal-fall, und jeder, der jemals einmal einen Vortrag gehalten hat, in dem er sich solchen Empathien verweigert hat, ist ihm begegnet: es ist derjenige im Auditorium, der sich spätestens als dritter meldet und sagt, er könne schon verstehen, wie der Anblick von so viel Leid auf der Welt und die Erfahrung von Ohnmacht eine Wut auslösen könne, die … – Diese Position verfügt über einen erstaunlichen Vari-antenreichtum. So zitierte die «Süddeutsche Zeitung» unter der Überschrift «Rache statt Religion. Die Motive palästinensischer Extremisten haben sich geändert»[8] den Sprecher einer palästinen-sischen Behörde, ohne die Plausibilität seiner Angaben irgend in Zweifel zu ziehen, der Zulauf, den die Hamas heute an selbst-mordbereiten Attentätern hätte, erkläre sich aus den permanenten Erniedrigungen, denen die Palästinenser generell und speziell an den israelischen Kontrollpunkten ausgesetzt seien. Die Tatsache der Er-niedrigungen soll nicht in Zweifel gezogen werden. Kontrolle und Schikane sind – zumal dort, wo es um Leben und Tod geht – schwer auseinanderzuhalten; effektive Kontrolle, wo es um die Bedrohung durch Menschen geht, die ihren eigenen Körper zur Waffe machen, und Kontrollen, die ein gewisses Moment an Diskretion aufrechterhalten hatten, zu passieren in der Lage waren, kommt ohne Willkür und Übergriffe nicht aus. Dazu kommt, daß jedes Kontrollsystem, jedenfalls wenn es unter Druck steht, zum Machtmißbrauch tendiert, d. h. dem individuellen und privaten Schikanebedarf der Kontrolleure Raum gibt. Um die Plausibilität, daß das israelische Kontrollsystem Massen von Erniedrigten und Haßerfüllten produziert, geht es nicht; wohl aber um die Frage, ob man Folgendes als evident plausibel präsentieren kann: «Ich sprach mit einer jungen Akademikerin. Sie war sehr liberal eingestellt. Sie wollte ein Selbstmordattentat ausführen, weil sie an einem Kontrollposten erniedrigt worden war. Sie war besessen von der Idee der Rache.» Oder dies: «Zu mir kam ein Geschäftsmann, der durch die Kontrollposten am Reisen gehindert ist. Und es kam ein Professor, der nicht zu seiner Universität zum Unterrichten gehen konnte. Beide waren so verzweifelt, daß sie mit dem Gedanken spielten, Selbstmordattentate auszuführen.»

Absichten, Motive, Zwecksetzungen sind keine Ursachen für Handlungen, sondern Zuschreibungen (durch andere oder Selbstzuschreibungen), die dem Handlungsverstehen dienen.[9] Sie sind nicht Handlungsbestandteile, sondern Bestandteile von Legitimationsdiskursen. Das gilt auch dort, wo es nicht in erster Linie um Legitimationen geht – eine Handlungserklärung ist immer auch eine (wenn auch meist implizite) Auskunft über Kontexte, in denen die in Frage stehende Handlung als legitim angesehen wird. Der Artikel der «Süddeutschen Zeitung» erklärt uns nicht, wie es zu Selbstmordattentaten kommt, sondern in welcher Weise in einem bestimmten Kontext Selbstmordattentate als nicht primär selbstverantwortete Taten, sondern als psychologisch verständliche Reaktionsbildungen dargestellt werden. Hier hätte das Fragen zu beginnen und nicht mit der Attitüde, es werde eine Antwort gegeben, abzubrechen. Was außerhalb des antikolonialistischen Deutungsschemas als Lücke wahrgenommen würde, wird innerhalb seiner durch die Mobilisierung emphatischer Empathie geschlossen. Gerade das uns in anderem Kontext kriminell und verrückt erscheinende Benehmen eines unter noch so ungerechten Vorwänden am Unterricht gehinderten Universitätsdozenten, der nun am liebsten sich und vielleicht ein paar Schulkinder in die Luft sprengen möchte, wird zur Anklage oder, je nach Identifikation, Selbstanklage: so weit haben wir (haben die Israelis) sie gebracht! – Die Krone der Absurdität gebührt allerdings der Nachricht, Mohammed Atta habe während seines Hamburger Studiums seinen Abscheu angesichts der modernen und weltweit monotonen Hochhausarchitektur zum Ausdruck gebracht: der Elfte September, auch verstanden als ästhetische Kritik an der Unwirtlichkeit unserer Städte.

Wer sich aus den Scheinplausibilitäten des antikolonialistischen Deutungsmusters befreien will, gerät leicht in den Verdacht, einfach zur anderen Seite übergewechselt zu sein, sich aus der Pflicht der Sozialwissenschaften, auch Fremdes zu verstehen, zu verabschieden und die Ferienwonnen unterkomplexen Denkens und simpler Feinderklärungen zu genießen. Das ist vermutlich nicht zu ändern, denn es ist so, daß die kolonialistische Deutung – wenn auch nicht aus Einsicht, sondern aus Ignoranz – einer Dimension der Gewalt vom Typus Elfter September näher kommt als die antikolonialistische: daß es dabei nicht viel zu verstehen gibt. Das muß erläutert werden; selbstverständlich.

Wenn ich eben gesagt habe, daß Motive, Absichten und Zwecke keine Handlungsbestandteile, sondern Zuschreibungen sind, die zu unserer Praxis des Handlungsverstehens gehören, so heißt das unter anderem, daß einer Handlung mehr als eine Absicht zugeschrieben werden kann, ohne daß über wahr oder falsch entschieden werden *muß*, daß jemand retrospektiv sagen kann, er habe sich über seine eigenen Absichten getäuscht (was ihm im einen Gesprächskontext als plausible Selbstzuschreibung vorgekommen ist, ist ihm im anderen nicht mehr so erschienen), scheint es aber unmöglich zu machen, bestimmte Zuschreibungen ganz auszuschließen. Das wäre aber ein konstruktivistisches Mißverständnis. Nicht zuletzt die Gerichtspraxis zeigt, daß Selbstzuschreibungen («Ich habe doch nur das-und-das gewollt ...») als «unglaubwürdig» abgetan werden können. Zu verstehen sind solche Urteile nicht als Behauptungen, man habe einem anderen in die Seele geschaut, sondern als Unterstellung, der Angeklagte würde in einem anderen Kontext als dem des Gerichts über seine Tat anders Auskunft geben. Und entsprechend ist es von Belang, ob eine bestimmte Zuschreibung von Absichten auch im Diskurs einer Gruppe, die

Handlungen vorbereitet oder legitimiert, eine Rolle spielt oder nicht.

Nun spricht alles, was wir über die Gruppen wissen, aus denen die schlagzeilenträchtigen Terrorhandlungen kommen, dafür, daß jene Legitimationsdiskurse, die *über* ihre Aktivitäten geführt werden und aus denen sich u. a. unsere antikolonialistischen Deutungen bedienen, *für sie selbst* keine Rolle spielen. Aus den Interviews, die Mark Juergensmeyer mit Vertretern terroristischer Gruppen im Nahen Osten, in Indien, den USA und Japan geführt hat,[10] geht hervor, daß diese Gruppen im Wesentlichen daßelbe Weltbild haben: sie sehen sich alle in einem *apokalyptischen Kampf* zwischen den durch sie selbst repräsentierten Kräften des Guten und den Kräften des Bösen – welcher Art die sind, wird noch genauer anzusehen sein. Auf einen knappen Nenner gebracht, werden diese Gruppen durch ein *paranoides Weltbild* zusammengehalten – die Welt gegen uns –, das ihnen zu einer extremen narzißtischen Aufwertung verhilft. Das Selbstmordattentat ist die extremste Form, in die diese Befindlichkeit sich steigern und eine infantile Komplementär-Erregung hervorrufen kann: *Allmacht* in der maximalen Destruktion des Anderen. Die terroristischen Akte solcher Gruppen sind keine Handlungen, bei denen wir uns darüber verständigen könnten, wie ihre Komponenten nach Absichten, Zwecken und Mitteln sortiert und so nach unseren Konventionen verständlich gemacht werden könnten. Sie sind Ausdrucksweisen einer Lebensform.

Das klingt ungewohnter als es ist. Tatsächlich scheint es sich dabei um das Ergebnis einer Transformation zu handeln, die manche Gruppierungen, die einmal den Kampf als einzige Lebensform, die zählt, gewählt haben, durchmachen. Das uns geographisch und kulturell nächste Beispiel ist die «Rote Armee Fraktion» gewesen. Wie aus den veröffentlichten Kassibern aus der Haftanstalt Stuttgart-Stammheim zu ersehen ist, ist der wichtigste Gegenstand der Korrespondenz die Thematisierung dieser Transformation selbst. – Ich zitiere aus Kassibern von Jan Carl Raspe, Holger Meins und Gudrun Ensslin: *für die erste entscheidung (hat) nicht die erfahrung den ausschlag gegeben, sondern dann doch eher erkenntnis / notwendigkeit, mit der die erfahrung eben erst im prozess der proletarisierung in übereinstimmung kommt. Wenn du auf der ebene der sinnlichen er-*

*fahrung eher angreifbar bist (…) verlierst du auch den prozess aus dem auge, der nicht stoppt, sondern im gegenteil in seiner entwicklung ne neue ebene erreicht: auf der es eben keine alternative mehr gibt – wie das vielleicht noch am anfang der fall war und wo dann ne entscheidung stand. Es ist da nirgends mehr ne frage der entscheidung; denn die ‹alternative› ist die völlige selbstaufgabe / vernichtung (der person gegenüber sich selbst) bzw gegenüber dem kollektiv: der verrat.*[11] *– entweder mensch oder schwein / entweder überleben um jeden preis oder / kampf bis zum tod / entweder problem oder lösung / dazwischen gibt es nichts*[12] *– überprüfe jeden text, jeden absatz, jeden satz, jedes wort auf seinen klasseninhalt und klassenstandpunkt. Streiche alles restlos, was nicht proletarisch-revolutionär ist (…) kritik ist eine waffe / + / selbstkritik / die selbstbewaffnung, revolution in einem selbst / in einem selbst die herrschende klasse stürzen in der eroberung der proletarisch-revolutionären macht ganzundgar – ‹unter meiner haut beginnt das befreite gebiet, die selbständige rote macht›.*[13]

*– der körper, der die waffe ist, ist das kollektiv, einheit. sonst nix. (…) DAS MUSS JEDER TICKEN*[14] – «Sonst nix» ist die Formel, auf die die Litanei geht. Dort, wo ein psychischer Zustand hergestellt ist, der das Denken (und Empfinden) in Alternativen nicht mehr kennt, wird die Frage nach dem Warum? sinnlos. Es ist ja gerade die Entelechie dieser Lebensform, die Dimension der Entscheidung, der Wahl, der Zwecksetzungen, kurz: des Auch-anders-Könnens abzuschaffen.

Womit wir wieder bei Caliban wären und seiner Charakterisierung durch Rolf Vollmann, der behauptete, daß «Caliban falsch verstanden würde, reihte man ihn in die Gruppe derer ein, die zu verstehen man genötigt ist». Das eben ist das Irritierende, das spezifisch Fremde an Caliban. Das eben erlaubt auch nicht, ihn in einer Weise zu inszenieren, die ihn politisch kontextualisiert. Caliban kann nur verstanden werden, wenn man seine Destruktivität als seine Lebensform versteht. Von den mir bekannten Deutungen Calibans ist die von Leo Löwenthal dem am nächsten gekommen. Er hat ihn in Analogie zu den Modernisierungsverlierern des 18. Jahrhunderts, die Webstühle zerschlugen,[15] aber mehr noch zu den «modernen, entwurzelten und haltlosen Halbwüchsigen» verstanden, die «auf der

Suche nach einem Führer» sind – «Sei mein Gott!» sagt Caliban zu einem der Schiffbrüchigen – «und als notwendige Kompensation für» ihre «Unterwerfung unter die Autorität sinnlose Grausamkeiten» begehen.[16] An anderem Ort versteht ihn Löwenthal explizit transhistorisch, als Verkörperung eines Destruktionspotentials, mit dem allenthalben zu rechnen sei: Calibans «ferocious plan to rupture domestic tranquility by destroying books, murdering the heads of the households, dishonouring the daughter of the house, is emblematic of the context in which book burnings take place: the expunging of the memory; the expunging of the specific; the declaration of war on the individual; the relapse from the continuity of meaningful history into nothingness, chaos; and finally the transformation of historical space into brute nature.»[17] Diese Charakterisierung des Bücherverbrenners Caliban – «burn but his books!» – hätte genauso auf die Taliban Anwendung finden können – aber eben auch auf «RAF» oder die Aum-Sekte.

Denn gemeinsam ist allen diesen Vereinigungen von Terrorkriegern – schon aus Gründen des Selbsterhalts als paranoiden Gruppen – der Haß auf alles, was Differenzierung bedeutet, und damit die vielbeschriene Moderne. Was sie an der Globalisierung hassen, ist nicht die von den Vertretern des antikolonialistischen Deutungsmusters beklagte Uniformierung der Welt (Stichwort: «McWorld»), sondern im Gegenteil: ihre zunehmende Vielfalt. Daß Kulturen zu kulturellen Angeboten werden, daß kollektive Verbindlichkeiten zu individuellen Lebensstilen werden (oder auch nicht) ist, was ihren Haß auf sich zieht. Daß diese Gruppen (manche ihrer Mitglieder, wohl kaum je die Chefs) sich zuweilen aus sozialen Verlierern oder sich selbst chancenlos Wähnenden rekrutieren,[18] heißt noch nicht, daß darin die Pointe ihres Zusammenhalts und Ressentiments besteht. Es dürfte vielmehr in der Entscheidung für eine andere Lebensform liegen. So, wie Sebastian Haffner erkannte, daß Kameradschaft etwas ist für solche, die vom bürgerlichen Leben und dessen Individualisierungsanforderungen überfordert sind, wie Hannah Arendt die «Menschlichkeit der Erniedrigten und Beleidigten», sprich: die Solidarität als Tugend für den Ausnahmezustand definierte, die ihn nicht überlebt – oder, so wäre hinzuzufügen, um sich zu erhalten, ihn real oder in der Phantasie immer wieder herstellen muß, so zeigt, was wir von solchen Gruppen wissen, immer wieder das eine: das Einschrumpfen der Welt auf die Angst vor der Bedrohung der Undifferenziertheit einer Lebensform, die ersehnt und die nicht als Wahl verstanden wird, sondern als moralisch aufgeladene Alternative: das wahre Leben im falschen. Auf solche Bedrohung kann die Gruppe mit dem Versuch reagieren, das letzte Gefecht durch einen Giftgasangriff in der U-Bahn von Tokio oder die Zerstörung der Twin Towers herbeizuführen, und/oder sich im Tode, der finalen Undifferenziertheit, wiederzufinden: als Selbstmordattentäter oder Selbstmörder in Stuttgart-Stammheim oder dem Urwald von Guayana. – Das ist mit dem Satz gemeint, es gebe im Falle dieser Terrorkrieger «nicht viel zu verstehen» – insofern eben verstehen bedeutet, mit ihnen in einen potentiellen Dialog über ihre Handlungen einzutreten. Da es aber nicht um Handlungen in diesem Sinne, sondern um das aggressive Herstellen und Verteidigen von Befindlichkeiten geht, ist das eben nicht möglich.

Solche Gruppen von Terrorkriegern sind nicht an ein kulturelles Umfeld gebunden, es gibt sie, wie schon gesagt, an durchaus unterschiedlichen Orten der Welt. Allerdings findet man sie in unterschiedlichen Umfeldern. Die Jones-Sekte bestand aus einem charismatischen Wahnsinnigen und einer begrenzten Gefolgschaft von Wahnsinnigen, und die Chance bestand nie, daß sie in den USA ein politischer Faktor wurden. Das lag nicht an ihnen – in einem anderen Umfeld mit einem anderen Krisenprofil hätte Jones vermutlich das Zeug zu einem Knipperdollinck gehabt. Anders ist es, wie wir wissen, in Ländern, die zunehmend von einem radikalen Islam geprägt sind. Dieser bildet für Gruppen von Terrorkriegern, ähnlich wie die extreme Linke der Bundesrepublik der 70er Jahre, ein Umfeld, das zweierlei leistet: erstens Rekrutierungen, zweitens Legitimationen. Beides läuft, so meine nicht mehr überraschende These, nicht über das Werben für bestimmte politische Ziele. Die Rekrutierungen werden über die Mobilisierung von Vergemeinschaftungswünschen erreicht, die peu à peu durch Verengung der Umweltwahrnehmung befriedigt werden – auch hier ist das Beispiel der «RAF» lehrreich: die Anti-Folter-Komitees waren schon der größere Familienverband, in dem – auch bei öffentlichen Veranstaltungen – penetrant nicht von Baader und Ensslin, sondern von «Andreas»

und «Gudrun» die Rede war; («Holger, der Kampf geht weiter!»).
Die Legitimierungen erfolgen durch die Situierung der Terrorakte in
Kontexten, mit denen sie – im oben ausgeführten Sinne – nichts zu
tun haben, die ihnen manchmal geradezu entgegengesetzt sind, wie
etwa der «Friedensprozeß im Nahen Osten». Ich nenne solche Legi-
timierungskontexte «Familiarisierungsstrategien», d. h. kommuni-
kative Strategien, die dazu da sind, Menschen dazu zu bringen,
anzunehmen, die Terrorkrieger würden irgendwelche Ziele verfolgen, die man selber auch – bloß mit anderen Mitteln – verfolge.
Erfolgreiche Familiarisierungsstrategien haben sowohl profunde
Realitätsverkennungen zur Konsequenz, als auch – und das möchte
noch gravierender sein – eine Desensibilisierung für den Zusammenhang von Zwecken und Mitteln. Dialektik, hat Adorno einmal
geschrieben, bedeute unter anderem, daß Zwecke nicht unempfindlich gegen die Mittel seien. Wenn ich erst mal dazu komme, zu
meinen, ein Vortrag über den Problemzusammenhang von nationa-
ler Arbeitslosenversicherung und internationalen Kapitalmärkten
sei ebenso unter dem Rubrum der Globalisierungskritik zu verbu-
chen wie der Anschlag auf das World Trade Center, habe sich nur
eben anderer Mittel bedient, dann habe ich nicht nur Tatsachen ver-
kannt, sondern meine Fähigkeit zur Orientierung in der Welt gründlich lädiert. – Und hier kommen wir zum eigentlich problematischen
Punkt. So besehen, ist der Vorwurf, der von Seiten der Vertreter der
kolonialistischen den Vertretern der antikolonialistischen Deutung
gemacht wird: ihre Erklärungsversuche seien doch eigentlich Recht-
fertigungen, nicht ganz verkehrt. Das antikolonialistische Deutungsmodell ist das Resultat einer erfolgreichen Familiarisierungs-
strategie.

Das macht natürlich das kolonialistische Deutungsmodell nicht
richtig. Man muß sich von beiden frei machen. Sonst ergeht es einem
wie denjenigen, die die Anschläge auf die Twin Towers «feige» nann-
ten und sich von Susan Sontag anhören mußten: «feige waren sie
nicht». Blödsinn wird nicht dadurch besser, daß man versucht, ihn
durch Blödsinn zu widerlegen. Feige waren die Mörder nicht, da sie
ihr Leben ließen. Sie waren aber auch nicht «nicht feige». Feige und
nicht-feige sind Vokabeln, die sich auf ganz andere Taten beziehen.
Feige ist der, der aus dem Hinterhalt mordet, weil er davonkommen

will. Nicht-feige ist derjenige, der sein Leben für andere in die Schanze schlägt, obwohl er im Grunde auch lieber davonkäme. Derjenige, der sich in einer Diskothek in die Luft sprengt, ist weder feige noch nicht-feige. Er lebt und stirbt nur so, wie er es möchte.

# Drucknachweise

*Einige Gedanken zu den Versen 426 bis 438 des 24. Gesangs der* Odyssee
Vortrag an der Hochschule Vechta am 17. 5. 2001 im Rahmen der «Vechtaer Akzente».
Abgedruckt in: Mittelweg 36 (2001), 3, S. 61–78.

*Warum Hagen Jung-Ortlieb erschlug*
Erstdruck.

*Nathan schweigt*
Um die Honneurs gekürzte Fassung der Rede zur Entgegennahme des Lessing-Preises 1997 der Freien und Hansestadt Hamburg am 24. 11. 1997 im Hamburger Rathaus.
Ursprüngliche Fassung abgedruckt in: Kulturbehörde der Freien und Hansestadt Hamburg (Hg.): Lessing-Preis 1997. Hamburg 1998, S. 29–51, sowie in: Therese Hörnigk/Bettina Masuch/Frank M. Raddatz (Hg.): TheaterKulturVision. Arbeitsbuch, Berlin 1998, S. 112–118.

*Graungestalt und Nachtviole. Ein Versuch, den Krieg im Werk Heinrich von Kleists zu kommentieren*
Typoskript, verteilt an die Hörerinnen und Hörer der Vorlesung «Heinrich von Kleist. Der Krieg im Werk», gehalten im Sommersemester 2000 an der Universität Hamburg.
Erstdruck.

*Nicht Kösteins Paradox*
Vortrag im Rahmen der Vortragsreihe «Jüdisches Denken im 20. Jahrhundert» in der Evangelischen Akademie Nordelbien am 20. 10. 1994.
Abgedruckt in: Frankfurter Adorno Blätter (1995), 4, S. 93–108, sowie in: Hanna Lehming (Hg.): Jüdische Denker im 20. Jahrhundert, Hamburg 1997, S. 29–45.

*Überleben als erzwungenes Einverständnis. Gedanken bei der Lektüre von Imre Kertész' «Roman eines Schicksallosen»*

Vortrag auf der 23. Arbeitstagung Literatur und Psychoanalyse zum Thema «Trauma» vom 29.1. bis 30.1.1999 in Freiburg.

Abgedruckt in: Wolfram Mauser/Carl Pietzcker (Hg.): Trauma (Freiburger literaturpsychologische Gespräche/Jahrbuch für Literatur und Psychoanalyse, Bd. 19), Würzburg 2000, S. 55–78.

*«Ja, wenn der Beckett im Konzentrationslager gewesen wäre ...» – Überlegungen anläßlich einer in der «Negativen Dialektik» mitgeteilten Anekdote*

Abgedruckt in: Miriam Gillis-Carlebach/Wolfgang Grünberg (Hg.): «... der den Erniedrigten aufrichtet aus dem Staube und aus dem Elend erhöht den Armen» (Psalm 113,7). Die Fünfte Joseph Carlebach-Konferenz. Unvollendetes Leben zwischen Tragik und Erfüllung, Hamburg 2002, S. 178–193.

*Sonst nix oder: Wer ist Caliban?*

Vortrag auf dem Jahreskongreß 2002 der Deutschen Gesellschaft für Soziologie (DGS) am 11.10.2002 in Leipzig.

# Anmerkungen

## Einleitung

1 Sigmund Freud: Zeitgemäßes über Krieg und Tod, in: ders: Werke. Studienausgabe, Bd. 9: Fragen der Gesellschaft. Ursprünge der Religion, 3. Aufl., Frankfurt a. M. 1980, S. 35.
2 Ebd. S. 38.
3 Ebd. S. 40.
4 Ebd. S. 44.
5 Karl Kraus: Die letzten Tage der Menschheit. Tragödie in fünf Akten mit Vorspiel und Epilog, hrsg. von Christian Wagenknecht, V. Akt, 49. Szene, Frankfurt a. M. 1986, S. 658 f.
6 Ebd. IV. Akt, 1. Szene, S. 428.
7 Niklas Luhmann: Macht, Stuttgart 1988, S. 66.
8 Freud: Zeitgemäßes über Krieg und Tod, a. a. O., S. 60.

## Einige Gedanken zu den Versen 426 bis 438 des 24. Gesangs der *Odyssee*

1 Homer: Odyssee, Übersetzung Anton Weiher, München 1974; XXIV, 426 ff.
2 Bertolt Brecht: Das Verhör des Lukullus, in: ders.: Gesammelte Werke, Bd. 4, Frankfurt a. M. 1968, S. 1470 f.
3 Uvo Hölscher: Die Odyssee. Epos zwischen Märchen und Roman, München 1988, S. 102.
4 Auch die Argumente, nicht viele, nicht zwei, sondern durchaus *einen* Verfasser für *beide* Epen anzunehmen, sind gewichtig und werden im Laufe der Zeit die gewichtigeren bleiben.
5 Homer: Odyssee, 661 ff.
6 Ich spreche hier nicht über seine umstrittene Troja = Atlantis-Hypothese, in deren Zusammenhang er argumentiert. Es mag sich mit ihr verhalten, wie es will: seine archäologischen Hypothesen hat er auf einen Prüfstand gestellt, auf dem sie tatsächlich geprüft werden können, und ich wünsche

ihm Glück. Allerdings hat er sich auf dem Troja-Symposion in Heidelberg aus der archäologischen Forschung verabschiedet. Mit einem brillanten Vortrag.

7 Vgl. Eberhard Zangger: Ein neuer Kampf um Troja. Archäologie in der Krise, München 1994.

8 Eberhard Zangger: Atlantis. Eine Legende wird entziffert, München 1992, S. 279.

9 Vgl. John Keegan: Die Kultur des Krieges, Berlin 1995, S. 52 ff.

10 Vgl. Hölscher: Die Odyssee, a. a. O.

11 Homer: Odyssee, XXII, 465 ff.

12 Johann Wolfgang Goethe: Faust. Kommentare von Albrecht Schöne, Frankfurt a. M. 1994, S. 601.

13 Johann Wolfgang Goethe: Faust. Der Tragödie zweiter Teil, hrsg. von Albrecht Schöne, Frankfurt a. M. 1994, Vers 8928 f.

14 Vgl. Homer: Odyssee, II, 89.

15 Ebd. I, 296 f.

16 Ebd. III, 214 f.

17 Ebd. I, 356 ff.

18 Ebd. I, 274 ff.

19 Ebd. II, 50 ff.

20 Ebd. II, 87 ff.

21 Ebd. I, 248 ff.

22 Ebd. XVIII, 257 ff.

23 Ebd. XVIII, 274 ff.

24 Ebd. XVIII, 281 ff.

25 Ebd. XVIII, 285 ff.

26 Ebd. I, 384 ff.

27 Ebd. I, 390 ff.

28 Ebd. III, 304 f.

29 Vgl. ebd. XXIII, 60 ff.

30 Ebd. V, 82 ff.

31 Ebd. V, 151 ff.

32 Ebd. V, 209 ff. – Uvo Hölscher schreibt: «Odysseus auf der Insel der Kalypso (...) hat nur das eine im Sinn: Ithaka (...) wiederzusehen, um dann getröstet zu sterben. Von Penelope ist nicht weiter die Rede.» (a. a. O., S. 87). Hier, wie zu lesen, irrt Hölscher.

33 Homer: Odyssee, XVIII, 180 f.

34 Ebd. XVIII, 212 f.

35 Ebd. XXIII, 183 f.

36 Ebd. XXIII, 232 ff.

37 Ebd. XXIII, 248.

38 Ebd. XXII, 9 ff.

1 Das Nibelungenlied (Mittelhochdeutsch/Neuhochdeutsch), nach dem Text von Karl Bartsch und Helmut de Boor ins Neuhochdeutsche übersetzt und kommentiert von Siegfried Grosse, Stuttgart 1997 – ich gebe nur die Verse der mhd. Fassung an.

2 Vgl. Nibelungenlied, gelesen und kommentiert von Peter Wapnewski, München 1996.

3 Vgl. Werner Hoffmann: Das Nibelungenlied, Frankfurt a. M. 1987, S. 58.

4 Ursula Schulze: Das Nibelungenlied, Stuttgart 1997, S. 241.

5 Wapnewski: Nibelungenlied, a. a. O., CD 5, track 1.

6 Das Nibelungenlied, Vers 1526.

7 Hierbei gibt es zwei Schwierigkeiten. Einmal hat Gunther einen Sohn mit Brünhild. Dieser aber spielt im zweiten Teil des Epos überhaupt keine Rolle, auch seine Mutter taucht nur gleichsam «schattenhaft» (Wapnewski) auf. Abgesehen davon ist ein Erbgang, der zunächst über die Geschwister geht und dann auf die Erben des Letztverstorbenen durchaus denkbar (vgl. 691–3). Zweite Schwierigkeit: Kriemhild hat einen älteren Sohn aus der Ehe mit Siegfried. Für ihn aber gilt, was auch für Gunthers Sohn gilt: der Dichter vergißt ihn irgendwie. Er spielt im zweiten Teil keine Rolle, er fällt der Schwierigkeit, zwei, vermutlich unabhängig voneinander entstandene, Epen zu einem zu montieren, zum Opfer. Es ist also erlaubt, ihn so zu behandeln, als hätte es ihn nie gegeben.

8 Wie es scheint, teilt Franz Fühmann diese Interpretation. In seiner Nacherzählung des Nibelungenlieds läßt er Hagen ausrufen: «Euer Plan wird nicht aufgehn! Der da wird nicht König von Burgund!» (Franz Fühmann: Der Nibelunge Not. Szenarium für einen Spielfilm, in: ders.: Arbeiten für den Film, Rostock 1993, S. 298).

9 «Als der Kampf nicht anders begonnen werden konnte» heißt es modern-korrekt bei Grosse.

10 Das Nibelungenlied, Übersetzung Karl Simrock, Berlin 1919, S. 290 (im Folgenden zitiert als: Simrock).

11 Anders Schulze: Das Nibelungenlied, a. a. O., S. 243.

12 Vgl. Hoffmann: Das Nibelungenlied, a. a. O., S. 58.

13 Simrock S. 317 f.

14 Ebd. S. 17.

15 Ebd. S. 19.

16 Vgl. Hoffmann: Das Nibelungenlied, a. a. O., S. 48.

17 Simrock 104 f.

18 Ebd. S. 105.

19 Ebd. S. 123.

20 Ebd. S. 126.

21 Vgl. Hoffmann: Das Nibelungenlied, a. a. O., S. 63 ff.

22 Simrock S. 130.

23 Ebd. S. 170.

24 Ebd. S. 171.

25 Vgl. Das Nibelungenlied, Vers 1134 f. und 1140. – Die Idee, den Schatz zu versenken, stammt von Gernot. Hoffmann nennt sie «nicht recht motiviert» (S. 55). Hier zeigt sich, auch bei einem Interpreten, der im Grunde der modernen Richtung zuzurechnen ist und der Charakterschilderung im Nibelungenlied eher bereit ist, größeren Platz einzuräumen als seine Vorgänger, daß des Nibelungendichters Bestreben nach Individualisierung und komplexer Motivation nicht recht ernstgenommen wird. Hagen plädiert dafür, sich den Schatz anzueignen. Gernot dafür, ihn aus dem Verkehr zu ziehen. Hagen folgt der Vorgabe, aber so, daß er sich die Möglichkeit offenhält, wieder auf ihn zurückzugreifen.

26 Simrock S. 182 f.

27 So auch, wenn auch in Anführungszeichen, Hoffmann: Das Nibelungenlied (a. a. O., S. 53).

28 Simrock S. 189 f.

29 Was so viel heißt wie: Das Kind wird euch noch einmal nützlich sein.

30 Simrock S. 290 f.

31 Ebd. S. 223.

32 Ebd. S. 224.

33 Das Nibelungenlied, Vers 1526.

34 Simrock S. 231.

35 Das Nibelungenlied, Vers 1579.

36 Ebd. Vers 1510.

37 Ebd. Vers 1698.

38 Simrock S. 257.

39 Das Nibelungslied, Vers 1835.

40 Wapnewski: Nibelungenlied, a. a. O., CD 6, track 2.

41 Simrock S. 278.

42 Ebd. S. 270 f.

43 Ebd. S. 296 ff.

44 Das Nibelungenlied, Vers 1966 f.

45 Simrock 299.

46 Ebd. 307.

47 Das Nibelungenlied, Vers 2096.

48 Simrock S. 318 f.

49 Ebd. S. 327.

50 Ebd. S. 330 f.

51 Ebd. S. 331.

52 Ebd. S. 332 f.

53 Das Nibelungenlied, Vers 2193.

54 Simrock S. 333 f.

55 Vgl. Wapnewski: Nibelungenlied, a. a. O., CD 7, track 1.

56 Simrock S. 1.

57 Ebd. S. 2.

58 Ebd. S. 3.

59 Ebd. S. 257 f.

60 Daß es um mehr gehe als eine bloße Erkundigung, wie Siegfried Grosse meint, nämlich darum, daß der Tod Etzels Dietrich verpflichten würde, in den Kampf einzugreifen (vgl. Anm. 1, S. 925 f.), ist nicht plausibel. Schließlich hat sich Dietrich zur Rettung Kriemhilds und Etzels durchaus bitten lassen. Vgl. Hoffmann: Das Nibelungenlied, a. a. O., 78 ff.

61 Simrock S. 340.

62 Das Nibelungenlied, Vers 1993.

63 Simrock S. 341.

64 Ebd.

65 Das Nibelungenlied, Vers 2252.

66 Simrock S. 342.

67 Das Nibelungenlied, Vers 2261.

68 Vgl. Wapnewski: Nibelungenlied, a. a. O., CD 7, track 3.

69 Simrock S. 343.

70 Daß Hildebrand später sagt, die Burgunden hätten Rüdigers Leiche nicht herausgeben wollen, ist nicht wahr und dient zur Rechtfertigung seines befehlswidrigen Handelns. Auch Gunther sagt, er habe verhindern wollen, daß die Leiche Etzel übergeben werde. Ich glaube, man muß so kühn sein, und dem Dichter unterstellen, daß er menschenkundig genug war, um zu wissen, daß man nachträglich immer einen guten Grund braucht.

71 Simrock S. 344 f.

72 Das Nibelungenlied, Vers 2284.

73 Simrock S. 353.

74 Thomas Mann: Der Zauberberg, Frankfurt a. M. 1981, S. 674.

## Graungestalt und Nachtviole

1 Heinrich von Kleist: Sämtliche Werke und Briefe, hrsg. von Ilse-Marie Barth, Klaus Müller-Salget, Stefan Ormanns und Hinrich C. Seeba, 4 Bde., Frankfurt a. M. 1987–1997, 3/362 (im Folgenden zitiert nach Bandzahl und Seite).

2 Ebd. 4/27.

3 Gordon A. Craig: Heinrich von Kleist: Der Kampf gegen Napoleon, in: ders.: Die Politik der Unpolitischen. Deutsche Schriftsteller und die Macht 1770–1871, München 1993, S. 90.

4 Kleist: Sämtliche Werke und Briefe 4/35.
5 Ebd. 4/503.
6 Ebd. 3/259.
7 Ebd. 3/144f.
8 Ebd. 3/145
9 Ebd. 1/384.
10 Ebd. 1/363.
11 Ebd. 1/237.
12 Ebd. 1/247f.
13 Ebd. 1/253.
14 Ebd.
15 Ebd. 1/255.
16 Ebd. 3/53.
17 Ebd. 3/53 / 5.
18 Ebd. 3/59 / 61 / 63.
19 Ebd. 3/63.
20 Ebd. 3/65.
21 Ebd. 3/73.
22 Ebd. 3/76.
23 Ebd. 3/77f.
24 Ebd. 78 f.
25 Ebd. 2/239ff.
26 Ebd. 4/38f.
27 Ebd. 4/40.
28 Ebd. 3/537.
29 Ebd. 3/554f.
30 Vgl. ebd. 3/542.
31 Vgl. Hans Magnus Enzensberger: Eine Erinnerung, in: ders.: Zickzack, Frankfurt a. M. 1997, S. 95.
32 Kleist: Sämtliche Werke und Briefe 3/434.
33 Ebd. 3/829.
34 Ebd. 3/222.
35 Ebd. 3/829.
36 Ebd. 3/830.
37 Ebd. 3/222f.
38 Ebd. 3/223.
39 Ebd. 3/232.
40 Ebd. 3/233.
41 Ruth Klüger: Freiheit, die ich meine. Fremdherrschaft in Kleists «Herr-mannschlacht» und «Verlobung in St. Domingo», in: dies.: Katastrophen. Über deutsche Literatur, Göttingen 1994, S. 133ff.
42 Kleist: Sämtliche Werke und Briefe 3/233.

43 Ebd. 3/240 f.

44 Ebd. 3/243.

45 Ebd. 3/256.

46 Ebd. 4/505.

47 Ebd. 4/1067 f.

48 Ebd. 3/429 / 31.

49 Craig: Heinrich von Kleist, a. a. O., S. 92

50 Kleist: Sämtliche Werke und Briefe 4/352.

51 Ebd. 4/351.

52 Ebd.

53 Ebd. 2/461.

54 Ebd. 4/364.

55 Ebd. 4/420 f.

56 Ebd. 3/436.

57 Ebd. 3/499.

58 Ebd. 3/477 f.

59 Ebd. 3/436.

60 Ebd. 4/505.

61 Ebd. 4/1068.

62 Ebd. 4/509.

63 Zitiert nach Joachim Schickel: Guerilleros, Partisanen. Theorie und Praxis, München 1970, S. 42.

64 Ebd. S. 42 f.

65 Ebd. S. 43.

66 Ebd. S. 79.

67 Vgl. Herfried Münkler: Die Gestalt des Partisanen, in: ders. (Hrsg.): Der Partisan, Theorie, Strategie, Gestalt, Opladen 1990, S. 25.

68 Schickel: Guerilleros, Partisanen, a. a. O., S. 47.

69 Ebd. S. 49 f.

70 Ebd. S. 61.

71 Zitiert nach Münkler: Die Gestalt der Partisanen, a. a. O., S. 30.

72 Ebd. S. 51 f.

73 Ebd. S. 52.

74 Ebd. S. 59 f.

75 Ebd. S. 58.

76 Kleist: Sämtliche Werke und Briefe 2/460.

77 Schickel: Guerilleros, Partisanen, a. a. O., S. 71 f., 75 ff.

78 Heinrich von Kleist: Die Herrmannsschlacht, in: ders.: Sämtliche Werke und Briefe 2/553.

79 Johann Wolfgang Goethe: Sämtliche Werke, Bd. 1: Gedichte 1756–1799, hrsg. von Karl Eibl, Frankfurt a. M. 1987, S. 507.

80 Kleist: Sämtliche Werke und Briefe 2/554.

81 Ebd. 2/445.

82 Ebd. 2/535.

83 Ich folge im wesentlichen den Darstellungen im Kommentar zu Heinrich von Kleist: Sämtliche Werke und Briefe.

84 Ebd. 2/1062.

85 Vgl. Hans Peter Herrmann: Arminius und die Erfindung der Männlichkeit im 18. Jahrhundert, in: ders. u. a.: Machtphantasie Deutschland, Frankfurt a. M. 1996, S. 161 ff.

86 Kleist: Sämtliche Werke und Briefe 2/1108.

87 Ebd. 2/1064.

88 Ebd. 2/1089.

89 Ebd.

90 Ebd. 2/1092.

91 Ebd. 2/1097.

92 Ebd. 2/491.

93 Ebd.

94 Ebd. 2/504.

95 Ebd. 2/508f.

96 Ebd. 2/551.

97 Ebd. 4/1076.

98 Ebd. 3/491.

99 Ebd. 2/461 f.

100 Ruth Klüger: Freiheit, die ich meine. Fremdherrschaft in Kleists «Herrmannsschlacht» und «Verlobung in St. Domingo», in: dies: Katastrophen. Über deutsche Literatur, Göttingen, 1994, S. 133 ff.

101 Ebd. S. 133.

102 Ebd. S. 134 f.

103 Ebd. 134 f.

104 Kleist: Sämtliche Werke und Briefe 2/514 f.

105 Ebd. 2/505 f.

106 Klüger: Freiheit, die ich meine, a. a. O., S. 148.

107 Ebd. S. 144.

108 Ebd. S. 150.

109 Vgl. Ernst Tugendhat: Vorlesungen über Ethik, Frankfurt a. M. 1997, S. 74.

110 Kleist: Sämtliche Werke und Briefe 2/540.

111 Vgl. Jan Philipp Reemtsma: Freiheit, Macht, Gewalt, in: ders.: Mord am Strand, Hamburg 1998, S. 136 ff.

112 Klüger: Freiheit, die ich meine, a. a. O., S. 155.

113 Jean-Paul Sartre: Gesammelte Werke in Einzelausgaben, hrsg. von Traugott König, Politische Schriften Bd. 5, Reinbek 1988, S. 145.

114 In der Regel empfinden Kulturen ihre Art und Weise, zwischen erlaub-

ter, verbotener und gebotener Gewalt zu unterscheiden als normal, natürlich, gottgewollt etc. und die anderer Kulturen als abwegig, böse etc. – meist wird die andere Kultur nicht als anders unterscheidende wahrgenommen, sondern als eine, die gar keine oder willkürliche Unterscheidungen trifft, und also regellos oder zur Regellosigkeit hin tendierend gewalttätig ist.

115 Die Debatte «Öl oder Menschenrechte?» ist eine Spielart davon.

116 Diese Rhetoriken sind untereinander unterschiedlich verbunden. A und B in ihrem gemeinsamen Ideal (darauf verweisen diejenigen, die sich gegen das «Rot = Braun» wehren); B und C in ihrer gemeinsamen Antibürgerlichkeit, scheinbaren Illusionslosigkeit und Feindschaft gegen die Aufklärung (hierauf verweisen Totalitarismustheoretiker); A und C in ihrer Stimulierung ethnischer Hoffart (das betonen diejenigen, die die Einmaligkeit des Holocaust in Hinsicht auf die kolonialen und postkolonialen Massaker bestreiten).

117 Gotthold Ephraim Lessing: Werke 1778–1780, hrsg. von Klaus Bohnen und Arno Schilson, Frankfurt a. M. 1993, S. 627.

118 Wie weit auch immer solche Vorbild-Legenden reichen. Zuweilen reicht es, daß es sie gibt.

119 Kleist: Sämtliche Werke und Briefe 2/551.

120 Lessing: Werke 1778–1780, a. a. O., S. 485.

121 Daß diese Gründe nicht solche der zwischenstaatlichen Konventionen sind, sondern private, nimmt der Parallele nichts: im Gegenteil, wäre doch Saladin gerade dadurch in die Nähe der Thusnelda und Toni gerückt.

122 Kleist: Sämtliche Werke und Briefe 2/487.

123 Ebd. 2/489.

124 Dergleichen ist, in bildlich-metaphorischer Hinsicht häufig bei Kleist. Am bekanntesten: «Auf den Knien meines Herzens», hier z. B.: «In Deines Busens Blättern aufgeschrieben».

125 Kleist: Sämtliche Werke und Briefe 2/489.

126 Gotthold Ephraim Lessing: Sämmtliche Schriften, neun und zwanzigster Theil, Berlin 1994, S. 104 f.

127 Solche Sätze gibt es nur bei Lessing.

128 Lessing: Sämmtliche Schriften, a. a. O., S. 107 f.

129 Ebd. S. 108.

130 Zitiert aus Hans-Martin Blitz: Frühe Formen eines Nationalismus im 18. Jahrhundert: Konstruktionen «deutscher» Identität in Briefen zum Siebenjährigen Krieg, Vortrag, gehalten im Hamburger Institut für Sozialforschung, unveröff. Ms., S. 14. – Vgl. auch ders.: Aus Liebe zum Vaterland. Die deutsche Nation im 18. Jahrhundert, Hamburg 2000.

131 Ebd. S. 15.

132 Ebd. S. 14.

133 Kleist: Sämtliche Werke und Briefe 2/489.

134 Dies und das Folgende zitiert aus Kleist: Sämtliche Werke und Briefe (Kommentar) 2/1090 f.

135 Norbert Elias: Studien über die Deutschen, Frankfurt a. M. 1989, S. 418 f.

136 Ebd. S. 420.

137 Ebd. S. 422 f.

138 Ebd. S. 469 u. 472.

139 In «Brand's Haide» fragt Arno Schmidt, ob es etwas Widerlicheres gebe als eine solche Bitte um einen Befehl, und merkt an: «Pfui Deubel, Deutsche – nee!»

140 Kleist: Sämtliche Werke und Briefe 2/479.

141 Ebd.

142 Carl Schmitt: Theorie des Partisanen. Zwischenbemerkung zum Begriff des Politischen, Berlin 1975, S. 38.

143 Ebd. S. 38.

144 Herman Löns: Der Wehrwolf. Eine Bauernchronik, Hameln 1996, S. 187 f.

145 Ebd. S. 322.

146 Ebd. S. 149 f.

147 Ebd. S. 184.

148 Schmitt: Theorie des Partisanen, S. 44.

149 Zitiert nach: Hans Peter Herrmann: Arminius und die Erfindung der Männlichkeit, in: ders. u. a.: Machtphantasie Deutschland, Frankfurt a. M. 1996, S. 189 f.

150 Christian Gerlach: Die Wannsee-Konferenz, das Schicksal der deutschen Juden und Hitlers politische Grundsatzentscheidung, alle Juden Europas zu ermorden, in: ders.: Krieg, Ernährung, Völkermord, Hamburg 1998, S. 117.

151 Ich spreche hier nicht über die Absicht – das ist etwas anderes.

152 Zitiert nach Gerlach: Die Wannsee-Konferenz, a. a. O., S. 123.

153 «Ich will die höhnische Dämonenbrut nicht lieben! / So lang' sie in Europa trotzt, / Ist Haß mein Amt und meine Tugend Rache!»

154 Zitiert nach Gerlach: Die Wannsee-Konferenz, a. a. O., S. 124.

155 Zitiert nach ebd. S. 131.

156 Ebd. S. 127 f.

157 Schmitt: Theorie des Partisanen, a. a. O., S. 95 f.

158 Nicht unerwähnt soll sein, daß dies Stück ein paar kurios irritierende Possen hat, die signalisieren, daß seinem Verfasser über dem Sinn fürs Brutale der Sinn fürs sonderbar-Bizarre nicht ganz verlorengegangen

war, etwa die Irreführung der Römer durch ähnlich klingende Namen deutscher Dörfer, die Ausreden der irreführenden Scouts, man habe sie darauf vorbereitet, der Römer Varus könne kein «pf» sprechen und ein wenig mehr, wo das Stück auf wenige Augenblicke etwas, in diesem Fall in doppeltem Sinne, Irrlichterndes bekommt. Allerdings ist zu sagen, daß derlei im Kontext des Stückes fast nur albern wirkt, ebenso wie der Auftritt der prophezeienden alten Frau im Teutoburger Wald abgedroschen.

159 Kleist: Sämtliche Werke und Briefe 2/547.

160 William Shakespeare: Henry V., Akt IV, Szene 3.

161 Ebd. Akt V, Szene 2.

162 Ebd. Akt III, Szene 6.

163 Ebd. Akt V, Szene 2.

164 Kleist: Sämtliche Werke und Briefe 2/554.

165 Ebd. 2/449.

166 Friedrich Gundolf: Heinrich von Kleist, Berlin 1922, S. 141 f.

167 Kleist: Sämtliche Werke und Briefe 2/597.

168 Dirk Gratthoff: Heinrich von Kleist und Napoleon Bonaparte, in: Gerhard Neumann (Hrsg.): Heinrich von Kleist. Kriegsfall – Rechtsfall – Sündenfall, Freiburg i. B. 1994, S. 59.

169 Wolf Kittler: Die Revolution der Revolution – oder Was gilt es in dem Kriege, den Kleists «Prinz von Homburg» kämpft, in: ebd. S. 61 ff.

170 Kleist: Sämtliche Werke und Briefe 2/586.

171 Ebd. 2/593 u. 631.

172 Ebd. 2/594.

173 Ebd. 2/631.

174 Thomas Wichmann: Heinrich von Kleist, Stuttgart 1988, S. 206 ff.

175 Kleist: Sämtliche Werke und Briefe 2/1161.

176 Vgl. ebd. 2/1170 f.

177 Zitiert aus: Bernd Hambacher: Heinrich von Kleist, Prinz Friedrich von Homburg. Erläuterungen und Dokumente, Stuttgart 1999, S. 86.

178 Kleist: Sämtliche Werke und Briefe 2/585.

179 Für Interessierte: das brandenburgische wie das schwedische Heer sind in jeweils drei Flügeln aufgestellt. Im Rücken der schwedischen Armee fließt der Rhyn, über den drei Brücken führen. Der Kriegsplan des Kurfürsten ist wie folgt: der brandenburgische rechte Flügel unter Oberst Hennings soll unter Ausnutzung des waldigen Geländes unbemerkt den linken Flügel der Schweden umgehen, den Brückenkopf nehmen und so dem schwedischen Heer den Rückzug über den Rhyn abschneiden. Die brandenburgische Mitte wird vom Grafen Truchß kommandiert (dort steht auch der Kurfürst), von wo aus die Schweden zunächst unter Artilleriebeschuß genommen werden sollen. Sodann erfolgt von dort der An-

griff, dem sich der rechte Flügel unter Hennings anschließen soll, um so das schwedische Heer nach links hin in Richtung seines rechten Flügels von den Brücken ab- und in die hinter dem schwedischen rechten Flügel befindlichen Sümpfe hineinzudrängen. Gegenüber dem rechten Flügel der Schweden steht der linke Flügel der Brandenburger unter dem Prinzen von Homburg – die gesamte Kavallerie des Heeres. Der linke Flügel soll erst eingreifen, wenn der schwedische linke Flügel in Auflösung begriffen ist, nach rechts drückt und das schwedische Heer in Unordnung bringt – erst dann, auf ausdrückliche Order (zweifach abgesichert, da die Unzuverlässigkeit des Prinzen bekannt ist: durch schriftlichen Befehl und akustisches Signal: «die Fanfare blasen») soll die Kavallerie angreifen und dem Feind den Rest geben. – Homburg, wie bekannt, greift zu früh ein – der linke Flügel der Schweden ist in Bedrängnis, aber noch nicht in Auflösung, die Schweden bewegen sich nicht, wie vorgesehen, nach links, sondern nach rechts, um den linken Flügel zu verstärken. Homburg, der nicht zugehört hatte, als der Kriegsplan ausgegeben worden war, denkt, die Schlacht verlaufe plangemäß, man stehe kurz vor dem Sieg. Tatsächlich verläuft die Schlacht nicht nach Plan. Ob er nun letztlich die Schlacht noch herumreißt, wie Kottwitz, der den Schlachtplan auch nicht richtig begreift, meint, oder ob er die Bewegung der Schweden in Richtung des linken Flügels verstärkt – jedenfalls gerät Homburg zunächst in unvorhergesehenes Feuer, sein Korps wird zersprengt, er sammelt seine Truppen wieder. Da kommt die Nachricht vom Tod des Kurfürsten. Mit erneuter Verve wird der Angriff erfolgreich bis ins schwedische Lager vorgetragen. Die Schweden ziehen sich zurück, halten aber den Brückenkopf. Das brandenburgische Heer macht reiche Beute, Waffen, Fahnen, Feldzeichen und so weiter. Ein glänzender Sieg, zumal der Kurfürst lebt, aber nicht die geplante Vernichtungsschlacht in den Sümpfen. Die gelingt dann erst Hindenburg bei Tannenberg.

180 Buch VIII, 7 u. 29ff.
181 Titus Livius: Römische Geschichte, lateinisch und deutsch, hrsg. von Hans Jürgen Hillen, Buch VII–X, Zürich 1994, S. 207.
182 Ebd. S. 209.
183 Kleist: Sämtliche Werke und Briefe 2/601.
184 Ebd. 2/602 f.
185 Ebd. 2/606 f.
186 Ebd. 2/1190.
187 Ebd.
188 Ebd. 2/612.
189 Ebd.
190 Ebd. 2/613.
191 Ebd.

192 Ebd. 2/613 f.

193 Vgl. Jan Philipp Reemtsma: «Mein Gewissen, mein Gewissen, sag ich!». Nachgeholte Lektüre einer Sonntagsrede, in: ders.: «Wie hätte ich mich verhalten?» und andere nicht nur deutsche Fragen, München 2001, S. 186–192.

194 Vgl. in diesem Bande «Nathan schweigt».

195 Kleist: Sämtliche Werke und Briefe 2/624.

196 Ebd. 2/639.

197 Ebd. 2/640.

198 Ebd. 2/637.

199 Ebd. 2/644.

200 Ebd. 2/626.

201 Ebd. 2/643.

202 Ebd. 2/644.

203 Zitiert nach Hambacher: Heinrich von Kleist, a. a. O., S. 89 f.

204 Kleist: Sämtliche Werke und Briefe 2/642.

205 Ebd. 2/643.

## Nicht Kösteins Paradox

1 Zitate aus der *Dialektik der Aufklärung* werden im Text selber in Klammern nachgewiesen. Sie folgen der Ausgabe Theodor W. Adorno: Gesammelte Schriften, Bd. 3, Max Horkheimer und Theodor W. Adorno: Dialektik der Aufklärung. Philosophische Fragmente, hrsg. von Rolf Tiedemann, 2. Aufl., Frankfurt a. M. 1984; in den Nachweisen gilt die Ziffer vor dem Schrägstrich dem Band der *Gesammelten Schriften,* während die Ziffer dahinter die Seitenzahl bezeichnet.

2 Hannah Arendt: Rahel Varnhagen. Lebensgeschichte einer deutschen Jüdin aus der Romantik, 10. Aufl., München – Zürich 1995, S. 186.

3 Ebd.

4 Ebd. S. 188.

5 Ebd. S. 190.

6 Ebd. S. 195.

7 Ebd. S. 199.

8 Zygmunt Bauman: Moderne und Ambivalenz. Das Ende der Eindeutigkeit, übers. von Martin Suhr, Frankfurt a. M. 1995, S. 146 f.

9 Ebd. S. 196.

10 Ebd. S. 198.

11 Ebd. S. 238.

12 Vgl. Ludwig Tieck: Schriften, Bd. 20: Novellen, Berlin 1853, S. 181 ff.

13 Theodor W. Adorno: Gesammelte Schriften, hrsg. von Rolf Tiedemann unter Mitwirkung von Gretel Adorno u. a., Bd. 6: Negative Dialektik Jargon der Eigentlichkeit, 4. Aufl., Frankfurt a. M. 1990, S. 355 f.

## Überleben als erzwungenes Einverständnis

1 Imre Kertész: Roman eines Schicksallosen, Berlin 1996, S. 287.
2 Imre Kertész: Galeerentagebuch, Berlin 1993, S. 17 f.
3 Ebd. S. 8.
4 Ebd. S. 20 f.
5 Ebd. S. 21.
6 Ebd. S. 31.
7 Ebd. S. 15 f.
8 Kertész: Roman eines Schicksallosen, a. a. O., S. 260.
9 Kertész: Galeerentagebuch, a. a. O., S. 28.
10 Man vergleiche Texte, die sich mit ähnlichen Problemen herumschlagen, wie etwa «Krapps letztes Band» von Beckett, wo das gelebte Leben das redende Ich nur noch als Klang erreicht – aber denke daran, welche Rolle Beckett z. B. Tics in diesem Stück gibt.
11 Kertész: Galeerentagebuch, a. a. O., S. 26 f.
12 Vielleicht auch durch den kurzen Text zum «Überlebenden von Warschau».
13 Kertész: Galeerentagebuch, a. a. O., S. 70.
14 Kertész: Roman eines Schicksallosen, a. a. O., S. 7.
15 Ebd. S. 9.
16 Kertész: Galeerentagebuch, a. a. O., S. 74.
17 Kertész: Roman eines Schicksallosen, a. a. O., S. 67.
18 Imre Kertész: Ich – ein anderer, Berlin 1998, S. 66.
19 Ebd. S. 72.
20 Ebd. S. 75.
21 Ebd. S. 220.
22 Kertész: Roman eines Schicksallosen, a. a. O., S. 67.
23 Ebd. S. 85 f.
24 Ebd. S. 87.
25 Ebd. S. 88.
26 Kertész: Galeerentagebuch, a. a. O., S. 27.
27 Kertész: Roman eines Schicksallosen, a. a. O., S. 209.
28 Ebd. S. 89 f.
29 Ebd. S. 96.
30 Ebd. S. 112.
31 Ebd. S. 112 f.

32  Ebd. S. 113.
33  Ebd. S. 117.
34  Ebd. S. 125.
35  Ebd. S. 128.
36  Ebd. S. 42 f.
37  Ebd. S. 45 f.
38  Ebd. S. 151.
39  Ebd. S. 159.
40  Ebd. S. 153.
41  Ebd. S. 172.
42  Ebd. S. 165.
43  Ebd. S. 182 f.
44  Ebd. S. 190.
45  Ebd. S. 207.
46  Ebd. S. 209.
47  Kertész: Galeerentagebuch, a. a. O., S. 31.
48  Kertész: Roman eines Schicksallosen, a. a. O., S. 228.
49  Ebd. S. 259.
50  Ebd. S. 270 f.
51  Ebd. S. 281.
52  Ebd. S. 271.
53  Ebd. S. 281 ff.
54  Kertész: Galeerentagebuch, a. a. O., S. 29.
55  Kertész: Roman eines Schicksallosen, a. a. O., S. 280.
56  Ebd. S. 280 f.
57  Ebd. S. 258.
58  Kertész: Ich – ein anderer, a. a. O., S. 15.
59  Kertész: Galeerentagebuch, a. a. O., S. 34.

## «Ja, wenn der Beckett im Konzentrationslager gewesen wäre …»

1  Vgl. Jan Philipp Reemtsma: Die Memoiren Überlebender. Eine Text-
   gattung des 20. Jahrhunderts. In: ders.: Mord am Strand. Allianzen von
   Zivilisation und Barbarei, Hamburg 1998, S. 227–253 und ders.:
   «Trauma»-Aspekte der ambivalenten Karriere eines Konzepts. In: PTT/
   Persönlichkeitsstörungen – Theorie und Therapie H. 4 (1999), S. 207–
   214.
2  Theodor W. Adorno: Negative Dialektik. In: ders.: Gesammelte Schriften,
   hrsg. von Rolf Tiedemann, Frankfurt a. M. 1973, S. 360 f.

3 Die Bezeichnung «Anekdote» rechtfertigt sich, wenn man in der Edition
der Vorlesung, die der Niederschrift des letzten Teils der «Negativen Dialektik» vorausging, nachschlägt: «Ich kann Ihnen das vielleicht erläutern,
was ich hier meine und was für die Stellung zur Metaphysik, so wie ich in
diesen letzten Stunden noch versuche, sie zu umkreisen, konstitutiv ist,
wenn ich Ihnen eine Geschichte erzähle, die sich, ich glaube: im vorigen
Jahr zugetragen hat. Ich war in den Ferien zusammen mit einem Schriftsteller, den ich im Übrigen seiner moralischen Kraft wegen sehr hoch
schätze [...] Ich machte mit diesem Mann einen langen Spaziergang, es
war im Hochgebirge, und kam dabei auf Beckett zu sprechen, und er ent-
wickelte einen außerordentlichen Affekt gegen Beckett, und es entfuhr
ihm dabei das Wort: ‹Ja, wenn der Beckett im Konzentrationslager gewesen wäre, dann würde er wahrscheinlich ...›»; vgl. Theodor W. Adorno:
Metaphysik. Begriff und Probleme (1965), hrsg. von Rolf Tiedemann,
Frankfurt a. M., 1998, S. 194.

4 Vgl. Adorno: Negative Dialektik, a. a. O., S. 282.

5 Vgl. Anm. 3.

6 Man vergleiche Adornos Ausführungen zu Schönbergs «Überlebendem
von Warschau».

7 Adorno: Negative Dialektik, a. a. O., S. 354.

8 Adorno: Metaphysik, a. a. O., S. 11.

9 Ebd. S. 20.

10 Darum beginnt für Adorno die Metaphysik nicht mit Platon, sondern
mit Aristoteles' Kritik an Platon in der «Metaphysik»: «Aristoteles kritisiert in dem ersten, eigentlich metaphysischen Werk der Literatur – eben
jenem, das der Gattung der Namen gegeben hat – den Platonischen Versuch, der Sinnenwelt das Wesen einfach als ein davon Abgegrenztes,
schlechterdings Verschiedenes gegenüberzustellen. Er kritisiert vor allem die Platonische Hypostasis der Allgemeinbegriffe als eine Verdoppe-
lung der Welt [...] Er sucht aber gleichzeitig seinerseits nun selber der
sinnlichen Welt, der Welt der Erfahrung das Wesen abzuzwingen und es
insofern eben doch zu erretten: und genau diese Doppelintention auf
Kritik und Rettung, die macht das Wesen der Metaphysik aus. Also die
Polarität von kritischer Rationalität auf der einen Seite, verbunden mit
dem Pathos der Rettung auf der anderen Seite [...] Metaphysik wäre zu
definieren demnach als die Anstrengung des Denkens, das zu erretten,
was es zugleich auflöst.» Ebd. S. 35.

11 Adorno: Negative Dialektik, a. a. O., S. 362.

12 «Die gängige Todesmetaphysik ist nichts als der ohnmächtige Trost der
Gesellschaft darüber, daß durch gesellschaftliche Veränderungen den
Menschen abhanden kam, was ihnen einmal den Tod erträglich gemacht
haben soll, das Gefühl einer epischen Einheit mit dem gerundeten Leben.

Auch es mochte nur die Herrschaft des Todes verklären mit der Müdigkeit des Alten und Lebenssatten, der darum recht zu sterben wähnt, weil sein mühsames Leben vorher schon gar kein Leben war und ihm selbst die Kraft des Widerstandes gegens Sterben stahl.» Ebd.

13 Theodor W. Adorno: Jargon der Eigentlichkeit. Zur deutschen Ideologie, in: ders.: Gesammelte Schriften, a. a. O., Bd. 6, S. 505. Adornos Beschäftigung mit dieser Frage ist natürlich immer – oft explizit, wo nicht stets implizit – eine polemische Auseinandersetzung mit Heidegger. Darauf kann hier nicht eingegangen werden.

14 Adorno: Negative Dialektik, a. a. O., S. 361.

15 Ebd. S. 364.

16 «Philosophie selbst ist ein Stück Kultur, ist in die Kultur verflochten; und wenn sie sich so benimmt, als wäre sie unmittelbar, durch angebliche Urfragen, ein der Kultur Enthobenes, dann macht sie sich blind über ihre eigenen Bedingungen und verfällt dadurch ihrer Kulturbedingtheit nur erst recht, mit anderen Worten: wird erst recht Ideologie.» Adorno: Metaphysik, a. a. O., S. 201.

17 Ebd. S. 359 f.

18 In der Vorlesung heißt es: «Ich finde, daß das, was hier statthat: die Verwechslung, um die es sich hier handelt – deren subjektive Motivation ich verstehe und achte nach dem, was dieser Mensch hinter sich hat –, daß die doch Licht wirft auf den spezifischen Charakter von Ideologie, den der Umgang mit den metaphysischen Begriffen heute angenommen hat. Es gibt ein amerikanisches Sprichwort, das ungefähr besagt, daß es im Schützengraben keine Atheisten gibt; das alte deutsche Sprichwort, daß Not beten lehrt, weist ja in dieselbe Richtung, – und im Grunde hat dieser heroische Mann ganz ähnlich argumentiert.» (Ebd. S. 194).

19 In der Vorlesung ausführlicher als im abbrevierten Text: «Diese Argumentation ist deshalb so unschlüssig, weil die Situationen, in denen die Menschen dann gezwungen werden, nur um überleben zu können, das ‹Positive› zu denken, selber Zwangssituationen sind, die sie so einschränken, so auf ihre pure Selbsterhaltung zurückwerfen, sie so sehr zwingen, nur das zu denken, dessen sie bedürfen, um in einer solchen Situation überleben zu können, – daß dadurch der *Wahrheitsgehalt* dessen, was sie denken, hoffnungslos untergraben und gänzlich zerstört wird. Es ist möglich, daß, wenn Beckett im Lager gewesen wäre, daß er dann nicht den ‹Namenlosen› und nicht das ‹Endspiel› geschrieben hätte; aber daß dadurch das was er tut besser geworden wäre und wahrer geworden wäre als es ist, das halte ich allerdings nicht für möglich.» (Ebd. S. 194 f.).

20 Adorno: Negative Dialektik, a. a. O., S. 355.

21 Die Frage nimmt das berühmte Diktum, nach Auschwitz lasse sich kein Gedicht mehr schreiben, als Apropos auf.

22 Ebd. S. 356.

23 Adorno: Metaphysik, a. a. O., S. 173.

24 Adorno: Jargon der Eigentlichkeit, a. a. O., S. 503.

25 Es gibt eine Auseinandersetzung zwischen Adorno und Herbert Marcuse darüber. Vgl. Jan Philipp Reemtsma: Domine conserva nos in pace. Versuch ein Endspiel zu verstehen. In: Frankfurter Adorno Blätter 6 (2000). S. 11–41.

26 Adorno: Metaphysik, a. a. O., S. 168.

27 Ebd. S. 170.

28 Adorno: Negative Dialektik, a. a. O., S. 400.

29 Theodor W. Adorno: Ästhetische Theorie. In: ders.: Gesammelte Schriften, a. a. O., Bd. 7, S. 371.

30 Adorno: Negative Dialektik, a. a. O., S. 373.

31 Ebd. S. 364.

32 Adorno: Metaphysik, a. a. O., S. 166.

33 Ebd. S. 170.

34 Die berühmte Bitte steht im «Stundenbuch», Drittes Buch «Von der Armut und vom Tode»:
«O Herr, gieb jedem seinen eignen Tod.
Das Sterben, das aus jenem Leben geht,
darin er Liebe hatte, Sinn und Not.»
Gerechterweise muß man erwähnen, daß der Kontext der anonyme Tod der Großstadt ist, gegen den die zitierten Zeilen wie ein Abwehrzauber gerichtet sind:
«Da leben Menschen, leben schlecht und schwer [...]
Da wachsen Kinder auf an Feuerstufen [...]
Da blühen Jungfraun auf zum Unbekannten [...]
Und ganz im Dunkel stehn die Sterbebetten,
und langsam sehnen sie sich dazu hin;
und sterben lange, sterben wie in Ketten [...]»
Aber gleichwohl bleibt der Ton inkommensurabel und grotesk – und – war es angesichts des Massenelends in den Großstädten auch zur Entstehungszeit des Gedichts:
«Dort ist der Tod. Nicht jener, dessen Grüße sie in der Kindheit wundersam gestreift»
– es wird die Tuberkulose gewesen sein.

35 Améry, Jean: An den Grenzen des Geistes. In: ders.: Jenseits von Schuld und Sühne. Bewältigungsversuche eines Überwältigten, Stuttgart 1980, S. 39 ff.

36 Der nationalsozialistischen Lager, dann der Überlebenden des Gulag, schließlich auch die Zeugnisse anderer, die extremes Leid erlitten haben – vgl. dazu Anm. 1.

37  Es gibt eine Ausnahme: Dostojewskis «Aus einem toten Haus».
38  Adorno, Metaphysik, a. a. O., S. 179.

## Sonst nix

1  Rolf Vollmann: Shakespeares Arche, Nördlingen 1988, Eintrag «Der Sturm».
2  Caliban: «Dieses Eiland / Ist mein, von meiner Mutter Sycorax, / Das du mir wegnimmst.» (I, 2).
3  Caliban: «Wie du erstlich kamst, / Da streicheltest du mich und hieltst auf mich, / Gabst Wasser mir und Beeren drin und lehrtest / Das große Licht mich nennen und das kleine, / Die brennen tags und nachts» Prospero: «Du lügnerischer Sklav, / Der Schläge fühlt, nicht Güte! Ich verpflegte, / Kot wie du bist, dich menschlich; nahm dich auf / In meiner Zell, bist du versucht zu schänden / Die Ehre meines Kindes.» (I, 2).
4  Caliban: «Da liebt ich dich / Und wies dir jede Eigenschaft der Insel: / Salzbrunnnen, Quellen, fruchtbar Land und dürres. / Fluch, dass ich's tat, mir! (...) / Denn ich bin, was ihr habt an Untertanen, / Mein eigner König sonst; und stallt mich hier / In diesen harten Fels, derweil Ihr mir / Den Rest des Eilands wehrt.» (I, 2).
5  Caliban: «Ho, Ho! Ich wollt, es wär geschehn. Du kamst / Mir nur zuvor, ich hätte sonst die Insel / Mit Calibans bevölkert.» (I, 2).
6  Caliban: «Wie ich dir vorher sagte, ich bin einem Tyrannen untertan, einem Zauberer, der mich durch seine List um die Insel betrogen hat. (...) Durch Zauberei gewann er diese Insel, / Gewann von mir sie. Wenn nun deine Hoheit / Ihn strafen will – ich weiß, du hast das Herz (...) / So sollst du Herr drauf sein, ich will dir dienen (...) / Ich liefr ihn dir im Schlaf, / Wo du ihm seinen Kopf durchnageln kannst (...) / mit nem Klotz / Den Schädel ihm zerschlagen oder ihn / Mit einem Pfahl ausweiden oder auch / Mit deinem Messer ihm die Kehl abschneiden.» (III, 2).
7  Vgl. Jan Philipp Reemtsma: Das Implantat der Angst, in: Modernität und Barbarei. Soziologische Zeitdiagnose am Ende des 20. Jahrhunderts, hrsg. von Max Miller und Hans-Georg Soeffner, Frankfurt a. M. 1996, S. 28 ff.
8  SZ vom 1.8.2002.
9  Vgl. Niklas Luhmann: Macht, Stuttgart 1988, S. 20.
10  Mark Juergensmeyer: Terror in the Mind of God. The Global Rise of Religious Violence. Updated Edition With a New Reface, Berkeley–Los Angeles–London 2001 – Juergensmeyer hat Interviews geführt mit prominenten und weniger prominenten Vertretern militanter nordame-

rikanischer Christen, die für Anschläge auf Ärzte, die Abtreibungen durchgeführt haben, militanter jüdischer Vereinigungen, die für Mordanschläge auf Palästinenser verantwortlich sind, Vertretern von Hamas und Al Qaida, gewalttätigen Sikh-Organisationen und der Aum-Sekte.

11 Jan Carl Raspe: Kassiber, in: Pieter Bakker Schut (Hrsg.): das info. briefe der gefangenen aus der raf, Hamburg 1987, S. 198 f.

12 Holger Meins: in: ebd. S. 184.

13 Ders. ebd. S. 83.

14 Gudrun Ensslin, in: ebd. S. 169.

15 Leo Löwenthal: Schriften 2, Frankfurt a. M. 1981, S. 87.

16 Ebd. S. 114.

17 Leo Loewenthal: Critical Theory and Frankfurt Theorists. Lectures – Correspondence – Conversations. New Brunswick u. a. 1989, S. 104.

18 Die Gruppe um Atta bestand aus Modernisierungsgewinnern par exellence.

*Buchanzeigen*

## Jan Philipp Reemtsma bei C. H. Beck

*Jan Philipp Reemtsma*
„Wie hätte ich mich verhalten?" und andere
nicht nur deutsche Fragen
2001. 217 Seiten. Gebunden

„Welch ein Vergnügen, solche hellsichtigen Texte zu lesen! Die Essays
und Vorträge von Jan Philipp Reemtsma handeln in einer selten subtilen
Weise von deutscher Vergangenheit und Gegenwart – sie reden von
Moral ohne Moralismus, sind sensibel für die feinsten Verästelungen
und prekärsten menschlichen Konstellationen ohne Betroffenheitskult,
sie nehmen kleinste Tonfallschwankungen in der öffentlichen Rede
wahr ohne verkrampfte Verdachtshaltung, sie sind bestimmt im Urteil,
aber nicht selbstgerecht."
*Robert Leicht, DIE ZEIT, 21.6.2001*

*Winfried Hassemer/Jan Philipp Reemtsma*
Verbrechensopfer
Gesetz und Gerechtigkeit
2002. 230 Seiten. Gebunden

„Reemtsma und Hassemer haben alles geschrieben: Einen funkelnd
interessanten Beitrag über Verbrechen und Opfer, ein behutsam for-
muliertes, in der Sache aber hartes Manifest gegen eine aus dem Ruder
laufende Sicherheitspolitik und zugleich eine punktgenaue Anleitung
für Reformen im Strafprozess."
*Jost Müller-Neuhof, Der Tagesspiegel, 30. Dezember 2002*

*Saul Friedländer/Jan Philipp Reemtsma*
Gebt der Erinnerung Namen
Zwei Reden
Mit den Ansprachen von Andreas Heldrich, Christian Ude
und Christoph Wild.
1999. 63 Seiten. Paperback
Beck'sche Reihe Band 1308

## Verlag C. H. Beck München

# Beck'sche Reihe

*Fritz Stern*
## Verspielte Größe
Essays zur deutschen Geschichte des 20. Jahrhunderts
2. Auflage. 1999. 317 Seiten. Paperback
Beck'sche Reihe Band 1246

*Saul Friedländer*
## Wenn die Erinnerung kommt
Aus dem Französischen von Helgard Oestreich
2. Auflage. 1998. 192 Seiten. Paperback
Beck'sche Reihe Band 1253

*Norbert Frei/Dirk van Laak/Michael Stolleis (Hrsg.)*
## Geschichte vor Gericht
Historiker, Richter und die Suche nach Gerechtigkeit
2000. 187 Seiten. Paperback
Beck'sche Reihe Band 1355

*Harald Weinrich*
## Linguistik der Lüge
6., durch ein Nachwort erweiterte Auflage. 2000.
90 Seiten. Paperback
Beck'sche Reihe Band 1372

*Erich Trunz*
## Ein Tag aus Goethes Leben
Acht Studien zu Leben und Werk
1. Auflage in der Beck'schen Reihe. 1999.
217 Seiten mit 9 Abbildungen. Paperback
Beck'sche Reihe Band 1303

*Uvo Hölscher*
## Die Odyssee
Epos zwischen Märchen und Roman
2000. 360 Seiten. Paperback
Beck'sche Reihe Band 1402

## Verlag C. H. Beck München